作者简介

毕惜茜，女，江苏无锡人，毕业于华东政法大学。中国人民公安大学侦查讯问方向学科带头人，二级教授，博士研究生导师，现任中国人民公安大学侦查学院副院长，审讯科学与技术研究中心主任，国家检察官学院兼职研究员、海南省纪委兼职研究员，曾兼任北京市大兴区人民检察院副检察长。曾获全国三八红旗手、北京市教学名师等荣誉称号，公安部部级津贴。

主持的《侦查讯问学》获国家一流课程（金课），主编北京市高等教育精品教材《侦查讯问学》，公安部统编教材《预审学》，另有《侦查讯问原理》《侦查讯问理论与应用指导》等多部教材。近年来在《中国人民公安大学学报》《国家检察官学院学报》等核心刊物发表论文三十余篇。主持国家社科基金课题《公安监所管理体制改革研究》以及公安部、国家民委多项课题。现主持国家重点研发计划公共安全风险防控与应急技术装备重点专项225项目，带领国家级科研团队研发审讯技术及其装备。

PSYCHOLOGY IN INTERROGATION

司法实务技能培养丛书
SIFA SHIWU JINENG PEIYANG CONGSHU

心理突破

审讯中的心理学原理与方法

第2版
全新升级

毕惜茜◎著

中国法制出版社
CHINA LEGAL PUBLISHING HOUSE

司法实务技能培养丛书
总　序

陈兴良[*]

中国法制出版社即将出版“司法实务技能培养丛书”，该套丛书的策划编辑陈兴邀请我作序，我欣然接受。

美国著名大法官霍姆斯的一句名言流行于法学界：“法律的生命不在于逻辑，而在于经验。”这句话道出了英美法系司法活动的特点。在大陆法系国家，司法活动更关注法理，然而司法的技能仍然是不可或缺的工具。可以说，法律理论与司法技能对于司法活动来说，都是必备的构成要素。我国传统上都比较重视法理，对于司法技能未能予以足够的关注。反映在法律出版物上，各种法律书籍可谓琳琅满目，但以法律理论著作为主。即使是司法工作者的作品，也以阐述理论为追求。在这种情况下，法律理论工作者与司法实务工作者采取的是相同的话语体系和言说工具。由是之故，则道与器无由区分哉。

在司法活动中，司法人员既要有法律理念与法律原理的支撑，同时还要有操作规程与实践理性的指引。因此，我们既要

---

[*] 陈兴良，北京大学法学院教授、兴发岩梅讲席教授，博士生导师。

注重司法工作者的法律素质的养成，又要提倡司法经验的总结与提炼。法治不是一句空话，每一个司法工作者都是法治的践行者。因此，司法工作者应当通过日常事务的处理，充分体现法治的精神。在这种情况下，必要的司法技能与技巧就是十分重要的。就以在法庭上公诉人讯问被告人而言，需要事先的精心准备，并且要根据法庭上被告人的回答情况进行现场调整。只有这样，才能达到法庭讯问的目的。而在某些案件中，公诉人的讯问显得十分机械，甚至被被告人牵着鼻子走，这显然是公诉人的讯问能力不足所致。例如，我曾经见到公诉人按照被告人认罪准备讯问提纲。一旦被告人在法庭上翻供，不认罪，公诉人就显得十分被动，乱了自己的阵脚。而且，法庭上的讯问与侦查阶段的讯问，因其目的不同，讯问的方式方法也是完全不同的。侦查阶段的讯问，其目的是查明案件真相，或者对客观证据进行印证。因此，侦查讯问的过程是一个不断地从犯罪嫌疑人那里获得案件真实情况的过程。但在法庭上讯问的过程是一个展示被告人犯罪事实的过程，作为一个公诉人应当对整个案情了如指掌。因此，法庭上的讯问是明知故问，而且对被告人的每一个回答都应当了然于胸。在这种情况下，公诉人应当掌握讯问的节奏，在被告人翻供或者未能按照预期回答的情况下，就应当及时调整讯问进路。而这些讯问技能与技巧的掌握，非一日之功，而是需要以长期的出庭经历和经验为基础。当然，通过培训也能更好更快地掌握这些司法技能与技巧。

中国法制出版社组织出版的“司法实务技能培养丛书”，就是以总结司法实务经验为主要内容，并且为司法工作者进行技能培训提供教材或者参考资料的一套丛书。我认为这个出版创意值得肯定，也为法律书籍的出版开辟了一个广阔的领域。从陈兴编辑提供给我的拟出版的书稿来看，都是与司法实务密切相关的主题。例如，桑涛所著的《公诉语言学》一书，是一部应用语言学著作，将语言学的一般原理运用在公诉活动中，对公诉过程中的语言现象进行了深入的分析。该书既有对公诉语言的理论分析，又有对公诉语言的实际运用的讲解，可以作为公诉人培训的教材。值得说明的是，该书作者桑涛，长期从事公诉工作，具有丰富的公诉经验，而且曾经荣获“全国优秀公诉人”。这样一种公诉经历，使其对于公诉语言具有切身体会，因此论述起来可谓得心应手。除《公诉语言学》一书具有较强的学理性外，吴克利所著的《镜头下的讯问》一书则将视角投向讯问这一侦查技能。之所以说是“镜头下”，是因为讯问时需要全程录音录像。在全程录音录像的条件下，如何对犯罪嫌疑人进行有效讯问，这对职务犯罪侦查人员是一个重大的考验。当然，我也见过极不规范的讯问，即讯问不是在全程录音录像的情况下作出的，而是时录时断，为我所需。这种讯问就是违反法律的。我甚至还见过一份全程录音录像讯问的文字记录资料，与侦查人员所做的笔录完全不同，可以说是你录你的，我记我的。如果律师不听录音、不看录像，根本就看不出文字笔录与实际讯问之间的不同。更为可笑的是，一个职务犯罪的全程录音录像的讯问，两位侦查人员，一人讯问，一人记录。记录的时候，把录音录像设备关闭；记完以后再打开设备，接着讯问。有一次讯问，在记录的时候忘记关闭录音录像设备，讯问的侦查人员与被讯问人闲聊，被讯问人说刚才说的都不是事实，而侦查人员也表示理解，并说让你说什么你就说什么。这一情况被细心的律师发现，成为一个笑柄。从这个事件可以看出，正确的讯问不仅需要高超的技能，更需要严格的规范与高度的素养。《镜头下的讯问》一书紧密结合职务犯罪的侦查实践，将讯问的技能与技巧讲述得十分透彻。尤其是对于职务犯罪嫌疑人心理的分析十分到位，而对被讯问对象的准确心理把握，是讯问成功的必要保证。该书作者吴克利也是长期从事检察工作的司法实务工作者，并且查办过许多重大疑难案件，潜心钻研调查讯问的奥秘，成功地总结出了一套系统完整实用的审讯方法，并撰写出版了《审讯心理学》等著作。该书结合其丰富的讯问实践经验，对职务犯罪的侦查讯问进行了系统阐述，具有重要的参考价值。

虽然我只是读了“司法实务技能培养丛书”中的寥寥数本，但从中可以发现丛书策划者的创意是具有超前性的，这套丛书的出版必将有益于司法实务的培训工作，也将对侦查、公诉等司法实务工作有所裨益。

是为序。

谨识于北京海淀锦秋知春寓所
2016 年 6 月 18 日

再版序言

2017年10月我撰写的《心理突破——审讯中的心理学原理与方法》一书在中国法制出版社出版，拙作出版后受到广大读者的关注，特别是司法界的办案人员更是从专业的角度给予了支持，并以书为媒结交了许多志同道合的朋友和同仁，围绕审讯策略方法等问题进行了探讨和交流。

《心理突破——审讯中的心理学原理与方法》一书出版近三年，时间虽不长，但对审讯的研究已有了新的发展。审讯学的研究已经从法学、侦查学、心理学、语言学跨学科涉及脑科学、计算机科学、自动化控制等领域，无论是从法律规制还是审讯中策略方法的研究，乃至审讯中人工智能的研究和应用都有了新的内容和新的技术。据此，我对本书进行了修订，重点在于对国外审讯方法的评析与借鉴和科学技术在审讯中的应用。主要包括：一是在第二篇中充实了对英国侦查访谈技术的介绍和分析，并探讨了对我国的启示和借鉴；二是在第二篇增加了专题五，即“审讯中的人工智能”专题，探讨如何应用人工智能技术为审讯助力；三是为了更全面地探讨和分析类案审讯的策略方法，在第一篇专题六中增加了“老年犯罪嫌疑人心理分析及审讯对策”和“黑社会性质组织犯罪案件审讯对策”的相关内容，同时修改了职务犯罪案件审讯对策部分。

审讯是人与人之间的交互活动，审讯过程是一个充满着挑战和不确定性的过程，很难预测审讯结果如何，正因如此，审讯及审讯的研究充满魅力。随着科学技术的发展，以大数据为支撑，以行为分析原理和方法为基础的审讯技术将再次改变审讯的理念和审讯的模式。研究审讯新技术和新方法，提高审讯的科技化水平，实现从经验到经验加量化的审讯技术的研究和应用，以推动审讯的变革和发展是未来审讯重要的研究课题和发展趋势。

毕惜茜
2020 年 4 月

初版序言

从教30余年，一直没有离开“审讯”这一话题。审讯是一项古老而传统的侦查手段，如何通过审讯获取嫌疑人供述自古以来就是侦查中的难题。近年来，对于审讯（方法）的认识和研究发生了很大的变化，身体和生理强制的审讯方法逐渐退出历史舞台，获取嫌疑人的供述便变得更为艰巨。面对此形势，审讯中更要强调心理学方法的研究和应用。笔者就是基于此萌发了写一本关于审讯中的心理学原理和方法的书的念头。

笔者曾经在2013年撰写出版了《审讯原理与技巧》一书，全面系统地阐述了审讯的相关规定、准备以及策略。因此，在本书的撰写中，笔者尝试从全新的视角围绕着审讯中犯罪嫌疑人的供述心理、审讯中的心理学原理和方法以及审讯语言展开。本书分为三个部分：

第一篇：审讯中犯罪嫌疑人供述心理。本部分着重分析犯罪嫌疑人在审讯中的供述障碍及供述动机，即嫌疑人为什么不供？为什么又交代？为了使本篇更具有说服力，笔者做了问卷和访谈，并结合实证调查进行了分析。需要说明的是，笔者专门对经济犯罪案件、命案、职务犯罪案件以及女性犯罪案件、未成年犯罪案件做了调查和分析，并在此基础上研究审讯的策略方法。

第二篇：审讯中的心理学方法。审讯实践中有一批富有经验的侦查人员，他们能够成功地突破一些疑难案件，然而当问及他们使用了何种审讯方法技巧时，却很难得到答案。为了寻找这一答案，笔者借鉴了犯罪心理学、社会心理学、发展心理学等原理，对审讯中的一些方法做了分析、总结，从心理学的角度剖析和论证，力图使一些传统的审讯方法能够升华，并能够有理有据，得到传承。

第三篇：审讯中的语言技巧。本篇一方面从语言学的角度研究了审讯中的语用原则和策略、提问句式的类型和应用等；另一方面从审讯策略的角度研究了提问的语言技巧和方法。对于本篇的撰写笔者有两方面的考虑：一是语言是人内在心理的外显，也是侦查员审讯策略意图的体现，正如有句话所说“言为心声”，笔者从审讯策略的角度研究了提问的语言技巧和方法，不失为审讯学研究的另一视角；二是从审讯语言研究看，对审讯语言研究的成果总体较少。语言学家单纯以语言学角度研究为主，侦查学界则从方法技巧角度研究，大多数没有语料的分析。笔者试图将两者结合起来做一个尝试，且笔者一直有一个愿望就是撰写审讯语言的专著，在此篇中笔者将现有研究成果和心得呈现给读者，期待广大同仁和读者们的批评指正。

本书的疏漏和不足之处在所难免，敬请领导、专家、学者和广大侦查战线的同仁和广大读者批评指正。感谢所有对笔者在教学和研究中提供无私帮助的前辈和同仁们。

毕惜茜

2017 年 5 月

引　言

心理学是研究人的学问，是研究人的行为及其精神过程的科学。它对某一行为进行描述，即这是什么行为，解释为什么会发生，并预测将要发生的行为，以达到控制行为的目的。早在20世纪70年代就有专家预言，21世纪是心理学的世纪。近年来，心理学在刑事司法领域中被广泛运用，如人质危机谈判、犯罪心理痕迹分析和犯罪心理画像、审讯的心理学方法、罪犯心理矫正技术等。审讯是人与人之间的交流，是个体之间相互产生心理影响的过程，心理学对人的规律性认识可以帮助审讯人员制定有效的审讯策略，实现审讯目的。

心理学这一术语是从希腊文中“灵魂”一词演变过来的。[①] 心理学有着漫长的过去，但却只有短暂的历史。1897年冯特[②]在德国莱比锡大学建立的第一个心理学实验室标志着心理学成为一门独立的学科，至今也就百余年的历史，而人类对心理现象的关注可以说从很久以前就开始了。在短短100多年的历史中，心理学的应用涉及许多领域，诸如军事、商业、外交、政治等。

国外的历史记载中，也有许多运用心理战战胜对手的故

① 李汉松：《心理学的故事》，中国法制出版社2016年版，第9页。

② 冯特（Wilhem Wundt，1832～1920），德国心理学家和哲学家，被誉为心理学之父。

事。如公元前216年，迦太基统帅汉尼拔与罗马军队交战之前散布消息说："我们有一种秘密武器，任何人都不能抵御。"这一消息使罗马人军心涣散，惶惶不可终日。其实，汉尼拔所称的"秘密武器"只不过是一群驱以冲锋陷阵的大象而已。

在第二次世界大战期间，当欧洲战场的形势转为对同盟国有利后，美、英、苏三国便商定将在欧洲登陆作战，开辟第二战场。然而，美方上层却对何时登陆意见不一致。一方主张及早登陆，最迟不超过1944年5月底，另一方则认为最好在1944年8月以后登陆。双方争论的焦点是5月底登陆还是8月以后登陆。为此，时任美国总统罗斯福在1944年1月初命令中央情报局（CIA）在最短的时间制作一份有关希特勒心理和性格的有说服力的报告。经过一个多月的情报收集，一份详尽的分析报告放在了总统的桌上。在报告中对希特勒的心理和性格做了分析：(1) 他长年做隆鼻的手术，每次增高一点。因为希特勒是日耳曼人，对于日耳曼人而言，有一个高鼻梁会给人"刚毅、勇敢、无畏"的感觉。然而，他对这一手术却严格保密，直到德军在苏德战场上节节败退时，他加高鼻子的手术仍未停止。(2) 他会因孔雀死去而掉眼泪。希特勒对自己饲养的动物关怀备至，他拥有一个庞大的鸟类养殖场。当他饲养的一只孔雀死去，他难过地落泪。(3) 他夜间爱好坐"飞车"。希特勒一生没有驾驶过汽车，但是，他却喜欢在夜深人静之时坐上汽车要求司机以超过100公里/小时的速度飞驰，在当时，这是一个"疯狂速度"，另外，他又严格规定他所乘坐的大车最高时速不得超过37公里。(4) 他对长桌特别感兴趣。召开会议时他总是用很长的会议桌，德国一些优秀的木匠常常被招去制造长桌，他所拥有的一张最长的桌子将近50英尺（15.25米）。(5) 他很在意别人的手指，如果他不喜欢一个人的手指会转身走开，拒绝和这个人继续交谈。(6) 由于希特勒肌肉不发达，因此，夏天从不穿短袖，他周围的人对此也必须严格保密，否则会有“杀身之祸”。(7) 他一生对女人都无好感，但年轻时曾疯狂地爱上他的外甥女，最后以外甥女自杀收场。(8) 年轻时，他曾画过一些色情画出售，当权后，他悄悄指使人全部购回销毁。

美国心理学家依据这些资料得出希特勒有严重的心理问题的结论：（1）高度压抑。夜间飞车是为了求得心理压抑的解脱，希特勒不顾生命危险夜间“疯狂飞车”说明他的压抑程度已经很严重。(2) 心理脆弱。肌肉不发达并不是严重的缺陷，希特勒对此却“讳莫如深”，并到了反常的地步，说明他的心理十分脆弱。同样，他对于长桌的酷爱，是因为居于主席位置的人能够给人一种威严感，同时又可以与与会者离得远一点，显示其对于“威望”的渴求，同时表明对于下属心存疑虑。(3) “女性化”。希特勒对他人手部的关注相当反常，属于一种比较严重的女性性格，他对动物的“柔情”也是“多愁善感”的女性心理的特征。（4）心理问题严重。与自己的外甥女恋爱是一种不正常的情感，这次恋情的失败必然会在其心理上留下阴影，包括对自己鼻子的过分要求，到了畸形的程度。综上，此时的希特勒有着种种的心理问题，矛盾、压抑、扭曲都可以造成或归结为严重的心理障碍。这份报告的结论是如果盟军在1944年上半年发动强大的攻势，他将无法有效指挥，也无法承担起这样的压力和局面。罗斯福对这份心理分析报告反复阅读后决定在1944年上半年参加西线登陆战，这也是历史上最壮观、宏伟的登陆战。以后的事实也证实了这份报告结论的正确性。

我国历史上也有许多运用心理战获胜的故事。如越王勾践卧薪尝胆、项羽垓下四面楚歌、汉文帝赐书赵陀、诸葛亮七擒孟获、成吉思汗先声夺人等，都是著名的心理战史。

而把心理学最早应用于刑事司法领域的是冯特的弟子雨果·米斯特贝克于1908年出版的《在证人席上》（*On Witness Stand*），表明了心理学与刑事司法的结合，他也因此被认为是司法心理学的创始人。

在刑事司法领域，心理学的作用已经得到实务界和理论界的认可。可以说，在现代社会，人们最为关注的刑事司法活动莫过于侦查活动，在侦查活动中，心理学的应用又是人们关注和最为感兴趣的话题。

《圣经》中描述道，当上帝发现亚当因为自己裸体而感到害羞不敢出来见他时大为惊讶，于是问亚当，你是不是偷吃了禁果？亚当说，是夏娃给他吃的。上帝又追问夏娃，夏娃说，是蛇诱骗她吃的。有人说这是最早的一次对“违法”行为的调查。亚当和夏娃被查出偷吃禁果而被上帝赶出伊甸园，被罚在人间终生劳作，人类社会由此开始。这种意象经过岁月的洗刷和沉积已经潜隐在现代人的意识中，凝固为一种“侦查”情节。①

在我国古代周朝就有记载用“五听”的方法，也就是用察

① 左为民、周长军：《刑事诉讼理念》，法律出版社1999年版，第15页。

言观色的方法断案，而察言观色就是一种心理学的方法。《周礼·秋官·小司寇》中记载："五声听狱讼，求民情：一曰辞听，二曰色听，三曰气听，四曰耳听，五曰目听。"① 汉代的律学家郑玄对此注解曰："观其出言，不直则烦；观其颜色，不直则赧然；观其气息，不直则喘；观其听聆，不直则惑；观其眸子视，不直则眊然。"② 这其实就是通过察言观色来审理案件。"辞听"就是认真听取当事人的陈述，如果不说实情就会言语紊乱，没有条理；"色听"就是观察当事人在陈述时的表情，如果不说实话就会因羞愧而脸红；"气听"就是把握当事人的气息，如果说谎就会气喘不止；"耳听"就是注意当事人的听力，如果说谎就会听不进对方说的话；"目听"就是看当事人的眼神，如果不讲实话就会眼神慌乱，不敢正视。可见，古人从经验中获得了心理学的规律并对其不自觉地应用。

吴趼人的《我佛山人笔记》中记载：清苑县有兄弟两人各自分居，弟妇预谋夺弟之家产，借至兄弟借钱之机，在食物中下毒，不料兄子腹饥先食，中毒而死，弟妇转诬是侄媳妇谋杀亲夫。由于证据不足，当事人又屡供屡翻，因此三年不能定案。直隶总督邀某知府重审。知府调查后，第二日重审时就充分运用了"五听"的方法。他先对众人说："昨夜我梦见死者对我说'凶手不是我的妻子。杀我者，右手掌变青，白睛色变黄'。"说完，以目环视众人，然后指着弟妇说："你就是凶手，我说'杀人者右手掌变青'时，众人皆神色自若，唯独你

---

① 吕友仁、周礼译注，中州古籍出版社2004年版，第462页。

② （汉）郑玄注，（唐）贾公彦疏、周礼注疏，山东画报出版社2004年版，第965～966页。

却急视手掌，这是你自己招认了；我说‘杀人者白睛变黄’的时候，唯独你丈夫急忙看你的眼睛，这是你丈夫替你招认了，你还有什么可以抵赖的!”弟妇惊慌失措，被迫招认了犯罪事实。事后知府对人说：“我破此案并非神明，仅仅是运用了‘察言观色’四字诀窍罢了。”这一举例生动形象地体现了运用“五听”方法破案的特征。此案由于年代久远，又没有其他证据，知府便利用了罪犯心理上的弱点，通过察言观色，在罪犯失去心理平衡并形于颜表之际，出其不意予以揭露。

郑子产断案的故事也生动地体现了心理学的妙用。古代官吏郑子产一次在去上朝的路上，忽听一妇人在其夫坟前哭泣，于是他叫轿夫停下，仔细倾听，然后差人将妇人叫来盘问，妇人果然承认她就是杀夫凶手。仆人好奇地问子产为何如此神机妙算，子产分析道：如果有家人生病，那么此人的心理应是始病而忧，临死而惧，已死而哀。也就是刚开始生病时是担忧，面临死亡而恐惧，如果已经去世就只有悲哀了，而妇人在哭中不哀而惧，其中必定有诈。子产综合了人的情绪、生理反应进行分析，可谓心理学在断案中的朴素应用。

人的心理并不是虚无缥缈、神秘莫测的东西，而是人们在日常活动中熟知的精神现象。恩格斯曾将人的心理活动誉为“地球上最美丽的花朵”①，遗憾的是侦查人员面对的是犯罪现象的调查和犯罪心理的分析，尽管心理的具体内容千差万别，但背后的规律仍有着共性。

---

① 李安、房绪兴：《侦查心理学——侦查心理的理论与实践》，中国法制出版社2005年版，第19页。

心理学在刑事司法领域的应用主要体现在：一是要研究司法中的人，既包括司法人员选拔，什么类型的人适合于什么工作，某一工作适合哪种类型的人从事；也包括司法人员应该具备的心理品质，如认知、情绪、加工方式与决策、沟通能力等；还包括司法人员的心理健康、情绪波动、职业倦怠、抑郁、压力的缓解、心理调节、疏导、咨询、治疗等。二是要研究诉讼参与人的心理，包括犯罪嫌疑人、被害人、证人等。诸如犯罪人特点与犯罪心理，犯罪嫌疑人、被告人在诉讼中的心理，审讯中的犯罪嫌疑人供述心理与拒供心理，证人作证能力和证言的可靠性，等等。三是要研究提高司法公正与效率的心理学方法。如群体事件和人质危机谈判、犯罪心理痕迹分析和犯罪心理画像、测谎、调解中的沟通与说服、罪犯心理矫正技术等。

随着犯罪总量的不断增加，犯罪越来越智能化、隐蔽化，现代侦查活动与心理学有着更加密不可分的关系，包含了心理学、精神病学、遗传学等多学科涉及的问题。2012 年 5 月 29 日，加拿大保守党位于渥太华的总部收到一个带血迹的邮政包裹，打开发现里面是一只人脚，这成了世界头条新闻。当天晚些时候，渥太华警方在一家邮局发现一个装有一只断掌的包裹，收件人是加拿大自由党总部。警方证实两个包裹均发自蒙特利尔，蒙特利尔的一个看门人发现一只装有男性分解躯干的手提箱，里面没有头部和四肢。2012 年 5 月 30 日，警方证实，这些残肢属于同一个人——亚裔留学生林某。嫌疑人很快锁定为马尼奥塔。警方发布了通缉令，后升格为国际通缉令。最初，警方无法确定受害人是林某，可是一段视频很快流传开来，视频显示一名男子把碎冰锥反复刺入一名年轻亚裔男子的身体，随后，这名男子将死者的头颅割下和肢解，奸尸后吃掉部分尸体，警方证实这一段视频是真实的。视频中有杀人、奸尸、吃人肉、虐尸等画面，马尼奥塔的公寓作为犯罪现场。据电视台报道，在发送给保守党总部的包裹中还有一张纸条，宣称他将再次杀人。2012 年 5 月 31 日，蒙特利尔警方发出国际通缉令，因为马尼奥塔很可能离开加拿大飞往法国。后来证实，马尼奥塔确实前往法国，又从法国飞往德国柏林，在柏林被警方拘捕（摘自维基解密，2012）。这一血腥案件令人发指，媒体大肆报道，吸引人们的眼球。虽然人们对此类案件兴致很高，但要深入了解和剖析马尼奥塔的犯罪行为却是一个难题。百姓有着自己的一知半解，专家有着自己的解析。上述案件中邮寄残肢等作案手法本身就说明了其心理问题，案件还显示此人具有残忍、病态说谎等特点，包含了心理学、精神病学、遗传学等多学科涉及的问题，犯罪嫌疑人马尼奥塔的作案动机、人格特点、实施犯罪的行为特点、心理历程等非常复杂，要探明其背后的心理动因、描绘其整体的犯罪心理非常困难，但对侦查破案和审讯却是非常有必要的。①

近年来，心理学的理论与方法在刑事司法领域得到了广泛应用，在审讯中运用心理学方法的尝试也已经从以往注重常识性的经验总结过渡到强调实证的经验归纳。其实，心理学的方法在审讯实践中一直存在，但是在相当长的一段时间内它一直处于“配角”的地位。这一方面与科学技术的发展有关，另一

① 杨波、张卓主编：《犯罪心理学》，开明出版社 2012 年版，第 2 页。

方面也与历史上身体强制方法长期居于“主流”地位有关。然而，随着审讯中暴力性等取证方法被摒弃，心理学方法介入审讯并逐渐成为主流。

在国内研究中，并没有关于“心理学讯问方法”的明确定义。有学者将“心理学讯问方法”解释为：“各种心理学讯问法，是在用一般讯问方法讯问被告人达不到目的的情况下相继产生的。它的特点不是单纯从被告人的表情或态度上判断其陈述的真伪，而是在尊重被告人人格的原则上，运用心理学原理，采取适当的方法，设法使其供述犯罪事实真相。”[①] 还有学者解释为：“审讯的心理学方法是指在审讯过程中，审讯人员根据被审讯人员的心理活动规律，采取适当的和有效的心理控制手段，促使被审讯人员供述犯罪事实，或判断供述是否真实的各种审讯方法的总称。”[②] 按照上述定义，讯问中的许多方法都可以被理解为心理学方法。事实上，对“心理学讯问方法”的理解，学者们一直强调遵循心理学原理，而没有严格的程序要求，使用者则可以根据具体情境灵活使用。据此，笔者认为，心理学的讯问方法是指运用心理学的原理和方法对嫌疑人进行心理影响和干预，达到转变其拒供心理，改变其拒供态度，促使嫌疑人供述的目的。心理学的原理主要包括认知、人格、需求理论等；心理学的方法诸如讯问中改变犯罪嫌疑人态度的方法、通过分析犯罪嫌疑人情绪状态并合理引导其有利于

---

① 罗大华：《犯罪心理学》，群众出版社 1986 年版，第 361 页。

② 郑春蕾：《审讯心理对策研究》，载《湖北警官学院学报》2014 年第 8 期；刘格非、姚年勋：《浅谈如何提高农行风险审计谈话技巧》，载《中国农业银行武汉培训学院学报》2013 年第 9 期。

形成供述决意的情绪影响的方法、利用犯罪嫌疑人在讯问中的需求特征而施加心理影响的方法等。[①] 实践中常常使用的情感感化、说服教育等方法因其符合心理学的原理，亦属于心理学的方法。

与刑讯逼供等非法的审讯方法相比，心理学的审讯方法承受的道德和法律上的指责已经降低很多。[②] 其优势在于：第一，心理学的方法以信息的传递和交流为主，减少了侦讯双方的对抗。侦查人员在审讯中以信息传递为主要方式，通过对嫌疑人供述的信息进行加工，作出决策。为此，审讯中侦查人员要构建双方交流的平台，侦讯双方要建立“相容”关系，以利于双方的对话。第二，审讯更有针对性。根据心理学的理论对嫌疑人的注意、知觉、表象、记忆、言语、思维及个性特征和心理特点等进行分析，并据此作出不同人格类型、不同人类学特征、不同社会支持状态、不同归因方式、不同犯罪经历的分类，依据不同类型的嫌疑人设计的讯问方法更具有针对性，效果更好。[③] 第三，运用心理学的方法，可使嫌疑人的“态度转变”，而只有这样才能获得真实稳定的供述。正如上文所述，传统的审讯方法主要通过对嫌疑人施压或减压。这些方法都具有情境性的特点，有的甚至演化为暴力取证，迫使嫌疑人只能作出“供述”的选择。然而，这一选择并非嫌疑人态度的转变，一旦情境发生变化或消失，很可能导致嫌疑人翻供。侦查

---

① 毕惜茜主编：《侦查讯问原理》，中国人民公安大学出版社2017年版，第82页。

② 董开星：《非法证据排除vs讯问策略——以〈刑事诉讼法〉第50条中“欺骗”的理解为例》，载《金陵法律评论》2013年第8期。

③ 马皑、宗会生：《审讯方法及其心理学原理》，载《中国刑事法杂志》2010年第1期。

人员需要通过说服转变嫌疑人的态度，唯此才能获取真实、稳定的供述。正如美国艾瑞森等人所指出的，“相当大的奖赏或严厉的处罚，能够为行为提供强有力的外部理由。因此，如果你只要求一个人做一件事或者限制他做一件事并且仅此一次，那么最好的方法就是给予相当多的奖励或严厉的处罚。但是，如果你要对方形成固定的态度或行为，那么导致服从的奖赏或处罚越少，最后的态度改变会越大，而且效果越持久。大量的奖赏及严厉的处罚都是强烈的外部理由，因此能够激发顺从行为但阻止了真实态度的改变”。①

目前，心理学的方法已经在审讯中得到广泛运用，只是在应用方式上，分析嫌疑人的心理特征和状态时大多使用问卷、量表和访谈的方式，而对于行为特征的提取则主要靠观察和自我报告，缺乏科技化的设备和手段，既无法量化，也无法转化为可以执行的审讯技术和方法，因此，影响了心理学方式在审讯中应用的效果。

对审讯中的心理问题研究一般称为审讯心理（学），广义来说包括审讯人员心理、犯罪嫌疑人心理、证人和被害人心理的研究。证人和被害人心理的研究大多作为较为独立的门类，有一些专门研究的论著，这些论著主要从询问证人的法律规定、证人心理及询问对策几个方面进行，也有专门研究证言形成的心理、动机的相关论著。近年来，一些学者对认知询问技术和询问中催眠术的运用进行了研究，法学界则主要对询问证

---

① 毕惜茜：《侦查讯问方法研究》，载《中国人民公安大学学报（社会科学版）》2013 年第 5 期，转引自［美］艾瑞森等：《社会心理学》，侯玉波等译，中国轻工业出版社 2005 年版，第 160 页。

人的法律制度的完善进行研究。对于审讯人员心理和犯罪嫌疑人心理的研究多见于审讯学、审讯对策、侦查心理方面的著作和论文中。作为审讯活动的主体，审讯人员要科学地组织审讯活动并成功地控制审讯活动的进程与发展方向，必须具备相应的心理品质。主要集中于两个方面：一是从心理活动过程出发，探讨审讯人员应当具备的认知、情绪情感以及意志方面的特征；二是从个性出发，研究审讯人员在能力、气质等方面应当具备的特征。而对于犯罪嫌疑人在审讯中的心理特点、心理变化的一般规律以及审讯对策的研究在审讯心理学的研究中占有重要成分，本书也是集中对于犯罪嫌疑人在审讯中的心理（供述心理）及审讯对策展开的，供述心理主要包括犯罪嫌疑人供述心理障碍和犯罪嫌疑人供述动机，同时研究如何在审讯中有针对性地运用一些心理学的方法。就审讯而言，从心理学的视角研究审讯中犯罪嫌疑人的供述心理其意义有以下三个方面：

1. 为审讯策略和方法的运用提供心理依据

审讯是侦查人员为揭露案件真相，证实犯罪和查明犯罪人，对犯罪嫌疑人依法进行的侦查活动。在审讯中，犯罪嫌疑人深知审讯结果直接关系到自己的命运，大多不会轻易坦白交代自己的犯罪行为，而是千方百计地通过编造谎言等方式企图逃避或减轻自己的罪责，因而会有一系列剧烈而复杂的心理活动。侦查讯问人员只有了解犯罪嫌疑人的心理特点和心理活动规律，才能针对其心理，采取适当的审讯策略和方法，给犯罪嫌疑人施加积极的心理影响，改变其拒供态度，促其形成如实供述的动机，从而实现审讯活动的目的。

2. 有利于侦查人员控制自己的心理和言行，始终掌握审讯的主动权

审讯既具有法律性的需要又有艺术性的特点，审讯的法律性体现在这一执法活动中必须严格执法；艺术性就体现在审讯双方的心理较量，体现在审讯中审讯策略和方法的运用。侦查人员是审讯活动的主体，审讯活动能否顺利进行，与侦查人员能否洞察犯罪嫌疑人心理、控制自己的心理状态有重要关系。这是因为，审讯活动是由侦查人员与犯罪嫌疑人共同参与进行的，在审讯过程中，双方能否通过心理接触，达到心理相容，决定着审讯活动的成败。由于审讯活动的结果往往关系到犯罪嫌疑人的人身自由及生命权，犯罪嫌疑人会集中全部的注意力和智慧，干扰正常的审讯活动。侦查人员只要掌握犯罪嫌疑人心理特点及心理活动规律，就能在这种冲突的审讯中识别犯罪嫌疑人的种种反审讯伎俩，自觉地控制自己的言行，调节自己的不当情绪，建立必胜的信心，始终掌握审讯的主动权。

3. 有助于审查犯罪嫌疑人陈述的真伪

犯罪嫌疑人在审讯中的陈述，无论是真实的，还是虚假的，都受其一定心理状态的支配，并且这些心理状态会不同程度地通过其语言、行为表现出来。侦讯人员掌握了犯罪嫌疑人的心理现象及其变化规律，就能从犯罪嫌疑人的外部表现中，结合收集到的证据和案件事实，对陈述的真伪加以判断。

国外许多国家不仅将心理学知识应用到刑事司法领域，而且在侦查活动、审讯活动中也相对成熟，研究也较为深入，而在我国的研究还是相对薄弱的。近年来，随着刑事司法改革的深入和审判中心理念的提出，对办案规范化和证据的要求更高，审讯活动作为一项重要的取证手段，一直以来由于其封闭性和方法的不科学导致嫌疑人翻供、错供甚至冤假错案而受到人们的质疑和批评。在国外，传统的审讯方式因单纯注重对犯罪嫌疑人施加生理和心理压力，在审讯中靠熬夜、体罚，试图让犯罪嫌疑人开口，而失去了这样的手段后侦查人员就变得一筹莫展，案子问不下来，认为原因在于犯罪嫌疑人态度不好，暴力取证不仅侵犯了人权，也与现代法治精神相悖，被人们诟病。如何展开有效的审讯获得犯罪嫌疑人口供，同时如何切实保障犯罪嫌疑人权利，等等，这些问题成为理论与实务界关注的热点，也是审讯的难点。近年来，以心理学原理为基础的审讯方法、技术在公安、检察等部门被广泛运用，采用心理学方法开展审讯工作的尝试也已经从以往注重常识性的经验总结过渡到强调实证的经验归纳，展现了心理学的应用价值。

目 录

PSYCHOLOGY IN INTERROGATION

第一篇 审讯中犯罪嫌疑人供述心理

第二篇　审讯中的心理学方法

第三篇 审讯中的语言技巧

第一篇

审讯中犯罪嫌疑人供述心理

供述心理的研究是运用心理学理论与方法分析犯罪嫌疑人在供述过程中的心理现象，其研究目的是根据犯罪嫌疑人心理活动的基本规律，在非强制的前提下找出使犯罪嫌疑人如实陈述与案件相关与否的事实的审讯方法。

从心理学角度上看，供述过程既是犯罪嫌疑人在其人格发展和认知方式基础上对其所面临新环境的信息加工过程，也是其在特殊身份情境下与侦查人员的人际互动过程。在供述行为过程中，涉及诸多复杂的心理学问题。根据已有的心理学研究以及犯罪嫌疑人的独特属性，可运用于分析犯罪嫌疑人的心理的理论主要包括认知心理学理论、态度改变理论、人本主义心理学的需要与动机理论、社会知觉理论、发展心理学理论等。

专题一　审讯中犯罪嫌疑人心理分析

审讯中的犯罪嫌疑人心理是指犯罪嫌疑人在审讯过程中的心理现象和心理变化规律。[①] 心理学研究表明，心理是人脑的机能，是人脑对客观现实的能动反映，人的行为都是在心理的支配下产生的。犯罪嫌疑人心理是一种包含若干层次的复合心理，它包含违法犯罪人员所特有的犯罪嫌疑人个性心理和犯罪嫌疑人心理状态，同时也体现人类一般活动规律，既有反社会消极的一面，又有亲社会积极的一面。总体而言，犯罪嫌疑人心理属于常态心理，其形成与变化属于一般心理学规律，也就是说，犯罪嫌疑人心理是符合社会常态的，但是由于其有着特殊的经历，处于特殊的环境，并且在这一群体中事实上存在一定数量的心理变态或潜在的心理变态，因而犯罪嫌疑人会出现某些异常心理现象和反应，这又不完全是常态的。

犯罪嫌疑人在犯罪后被追查及审讯过程中的种种行为表现也必然是其在特定的环境中所形成的心理活动及其特点的外在反映。犯罪嫌疑人在犯罪后处于一种反侦查和逃避心理，表现为干扰侦查的

---

① 赵桂芬：《供述心理与讯问对策解密》，中国人民公安大学出版社2009年版，第22页。

视线、逃避侦查的意识，有目的地采取各种逃避侦查的手段，对于一些系列犯罪而言，反侦查的意识随着第一起案件的开始逐渐地就有了逃避的意识和干扰侦查的行为，而且随着作案不断地进行，作案手段会越来越隐蔽，作案经验也会越来越丰富，是一种习得的过程。侦查中，嫌疑人的作案手段包括一些反侦查手段和行为往往成为侦查人员分析案情、研究侦查破案和审讯的途径与方法的重要依据。研究犯罪嫌疑人的心理特点和规律，对于侦查人员制订审讯计划，正确选择和运用审讯策略和方法有十分重要的作用。

了解犯罪嫌疑人心理特点就要对其犯罪行为及犯罪发生模式等现象进行分析。从犯罪心理形成看犯罪行为有几种模式：一是犯罪人通常早期心理正常，缺乏基本社会化，表现为教养不当，过于乏爱或溺爱，形成缺陷人格，乏爱的突出人格特点表现为不择手段，溺爱的人格特点则表现为唯我独尊，违法尝试获得体验后犯罪心理形成反复。如2006年赣、浙、闽三省系列入室抢劫强奸杀人案犯罪嫌疑人董某，其早年生活正常，后成为留守儿童，11岁开始流浪，最大的向往就是挣钱、结婚、回家种地、养羊，也试图努力过正常人的生活，但后来绝望了，他曾说过“睡死过去那是最好了”，在其被抓后表示实在不甘心。二是自幼顽劣，从小教化无力，反社会人格逐渐稳固，犯罪心理不断恶化。典型的例子就是1999年至2000年流窜数省持枪抢劫杀人犯罪集团主犯张某。张某6岁就有偷窃行为，16岁辍学，17岁被劳教，性格张扬、狂妄，无情无义、道德水准低下，一生与犯罪为伴。2001年石家庄市重大爆炸案主犯靳某超也属此类。靳某超8岁上学，9岁因病导致听力障碍，16岁就业，24岁结婚，28岁因强奸罪被判刑10年。周围人对他的评价：自幼性情暴躁，乖戾，孤僻，自私。亲情淡漠，报复心极强，嫉妒心极强，好吃懒做，对周围人充满仇恨、易走极端。三是早期心理正常，基本社会化完成，但存在个性品质缺陷，遭遇生活事件或某种诱惑，形成危险心结，犯罪行为令人意外，犯罪后有悔恨。例如，2004 年云南大学杀害同学案犯罪嫌疑人马某爵三天杀害四名同学，犯罪动机令人困惑。其家庭健全，成长过程顺利，报道说因贫穷的自尊而杀人，有人认为是无法说出的“面子”问题。2011 年浙江省杭州市曾经位高权重的原副市长许某永因受贿、贪污、滥用职权被判死刑。许某永出生在贫困家庭，个人努力出人头地，他认为给后人打下经济基础十分重要，与他人攀比，心理失衡，金钱第一的意识越来越深，导致了最后的堕落。

还有一类是反社会人格障碍（ASPD），属于变态心理学或精神医学的术语，特指在个人行为中普遍存在的无视和侵犯他人权益的模式。此类人的异常表现始于早年，家庭背景基本正常，缺乏自然情感力，聪明且善于谋划，道德低下不可教化，肆意犯罪不会终止。2003 年杀害十几名未成年小男孩的犯罪人黄某即属于此类。自 2001 年 9 月至 2003 年 11 月黄某共杀害无辜青少年 17 人，轻伤 1 人。黄某自小受反映暴力题材影视剧影响，梦想成为一名杀手。2001 年夏，被告人黄某将家中面条机架改装为杀人器械，取名为“智能木马”。黄某精心策划后，决定向出入网吧、游戏厅、录像厅的男性青少年下手，实现自己的杀人梦想。有学者称黄某的犯罪心理问题主要为：孤独与冷漠造就其心理内向；生活乏味与挫折加强其内心的渴望与想象；影视剧中的英雄暴力行为唤醒其“梦想”；良好智力与独居成就了黄某的“杀人想象”。

由于犯罪嫌疑人的犯罪行为模式、心理过程不完全一样，其主要心理特点有：

一、对行为性质的认知偏离

认知是个体决策的基础。社会信息加工理论（social information

processing theory）认为，个体是通过认知过程引发行为的，且个体在社会信息加工过程的某些阶段的偏向和缺陷导致反社会行为的发生，而个体的受教育程度与其认知水平有很大的关系，一般来说，文化程度高则认知水平高。但由于嫌疑人在被追诉过程中与外界信息隔绝、情感隔绝，认知水平下降，即便是文化程度很高或智商很高的嫌疑人也会出现错误的判断。

在犯罪嫌疑人群体中，除了职务犯罪和部分经济犯罪外大多数犯罪嫌疑人文化程度较低。据笔者对500名监所在押的被拘禁人员调查问卷[①]显示，中小学（包括小学以下）文化程度为371人，占74%；大学以上的为29人，占6%。在暴力犯罪中文化程度低的居多，而犯罪行为的发生与个人认知水平以及道德认知水平处于较低阶段有密切关系。2003年河南杨某海因杀害66名无辜人员而震惊全国，杨某海高中未读完即辍学，其认知归因上属于极端的外归因，审判中杨某海多次说道："为什么别人有的我没有?"办案人员问他："你的这种行为会给社会带来什么影响?"杨某海竟然反问："社会?什么叫社会？和我有关系吗?"可见，杨某海属于较低的道德发展水平，缺乏基本的道德良心。

1. 犯罪思维呈现"自动化思维"的特点

自动化思维是一种迅速、自动、无须努力甚至无意识的思维方式，在我们的日常生活中随处可见，如人们所说的习惯性思维。职务犯罪中嫌疑人往往认为礼尚往来不算行贿受贿，帮人办事表示感谢收一点礼也是正常的，亲戚朋友之间的表示不算行贿受贿，"圈子"里的人是可以信赖的这类思想就属于自动化思维。河南省住房和城乡建设厅原厅长、党组书记刘洪涛说过："杀伤力最大的是熟

---

① 笔者于2010年在AH省四个看守所对500名在押人员做了问卷调查。

人、同学、朋友、同事、部下、老乡等，熟人面前，容易失去原则，经不起劝说和诱惑，最终自己彻底陷了进去。”

笔者曾对命案嫌疑人陈某做了访谈（陈某，男，28 岁，未婚，BJ 市 HR 区人）①。

笔者问：“方便告诉我们你涉嫌的罪名和目前所处的诉讼阶段吗?”

答：“罪名是抢劫。现已到检察院起诉阶段。”

问：“为什么要抢劫，可以说说原因吗?”

答：“抢劫时，是因为家里盖房没钱，想弄点钱。”

问：“为什么选择这种犯罪方式?”

答：“抢劫来钱快。作案时，拿绳子勒的黑车司机，怕他嚷嚷，把他勒死了。”

问：“为什么要选择银行，选择的是一家什么样的银行?”

答：“因为觉得银行钱多。选的是 HR 区的一家小银行。”

问：“后来呢?”

答：“去了之后，在中午就被警察抓了。”

问：“以前有工作吗?”

答：“以前曾在蒙牛干活，后来因为家里盖房，再加上工资也不高，就不干了，回家盖房去了。”

问：“盖房的钱从哪里来?”

答：“主要是自己家里的积蓄，再就是和亲戚朋友借点。后来钱不够了，就盖不下去了。”

问：“父母年龄多大，什么职业，有收入吗?”

答：“父母都是 55 岁，全是农民，基本没什么收入。我在蒙牛工作时，工资除去吃喝，一年也只能剩四五千元。盖房也没有雇人，主要靠自己盖。”

问：“你有过犯罪的前科吗?”

答：“2000 年因盗窃，被判过缓刑。当时 17 岁，高中没毕业。”

---

① 笔者于 2012 年在 BJ 市某看守所进行的访谈。

可以看出，陈某早期心理正常，辍学，文化程度不高，基本社会化已经完成，但遭遇生活事件，贫穷，未成年即入狱，有犯罪思维，且有惯性思维痕迹，表现为需要钱马上就想到抢劫。陈某在陈述自己的犯罪原因和犯罪手段时没有任何的掩饰，而是直接、坦然地说出“抢劫来钱快”“把他勒死了”。

2. 对行为危害性的合理化

将自己的行为解释成群体中的服从或者屈从。（1）用现象普遍说消除焦虑从众的必然性，责任扩散思维；（2）外在归责。将自己的行为解释成群体中的服从或者屈从，职务犯罪强调贡献与待遇的不均衡，受相对剥夺感的影响对自我补偿行为合理化，用个人角色替换公职角色，强调领导也是人。例如，侵财类犯罪嫌疑人往往哭诉自己缺钱，不得已而为之；命案类犯罪嫌疑人往往强调自己受了多大委屈；职务类犯罪嫌疑人往往强调自己的贡献与待遇的不均衡，受相对剥夺感的影响对自我补偿行为合理化。

3. 利用“道德推脱”降低罪责感

即个体产生的一些特定的认知倾向，包括重新定义自己的行为使其伤害性显得更小，最大限度地减少自己在行为后果中的责任和降低对受伤目标痛苦的认同。认知失调理论认为，当人们做了一件与自己信念不符的行为后，因为自我概念受到威胁而产生焦虑和不适。为了让这种失调产生的不适消失，人们通常会调整自己的行为或者态度，让行为与信念重新达成一致。道德推脱水平和撒谎呈正相关，他们不是不内疚，只是善于协调自己的认知，选择性地忘掉誓言，用各种借口逃避自己内心的谴责。职务犯罪嫌疑人强调自己的贡献以实现认知协调，强调目的合理性而忽略手段的违法性，行贿人将行贿行为视为争取更大群体利益的经常性手段，将受贿行为解释为维系长久合作关系而必需的方法。

嫌疑人的认知水平与供述态度关系密切。由于抱着逃避打击的心理，在审讯中嫌疑人往往将责任推给社会、推给同案人员，甚至推给家人。性侵犯嫌疑人辩解受到诱惑，还有人将自己的行为辩称为正当防卫。例如，嫌疑人白某某因发现妻子与其连襟有染，便伙同其妻及妻妹一起将连襟谢某杀害。案发后一年多破案，尸体已经焚烧，尸骨已经扔弃。由于证据不足，白某某在审讯中一直不供。

在第一次审讯中，侦查人员问："以前受过什么处理？"

答："没有。"

问："什么时候被拘留的？"

答："2008年12月2日。"

问："因为什么问题？"

答："说我杀人，还故意的，怎么故意了？我怎么故意杀人了？"

这句话表明嫌疑人白某某对杀人一事供认不讳，但对使用"故意"字眼很不满，甚至感到委屈。这是因为白某某杀人的原因是自己被戴了绿帽子，而白某某是一位农民，文化程度不高，不懂法律，他认为自己很委屈，有"被害人"情结，所以他认为把谢某杀了还不足以解恨，而并不认为自己是"故意"杀人。

二、负性情绪占主导，情绪调节能力差，高级情感部分或完全缺失

情绪情感是十分复杂的心理现象，情绪是以个体愿望和需要为中介的一种心理活动。情感的含义较为模糊，一般来说至少包括两种形式：一种是低级或基本情感；另一种是高级情感，属于人类意识。两者有区别，相互依存，不可分离。稳定的情感是在情绪的基础上形成的，而它又是通过情绪来表达的；情绪也离不开情感，情

绪的变化反映情感的深度，并且情绪中也蕴含着情感。[①] 犯罪嫌疑人的情绪情感受到其认知特征和认知行为的影响，在其供述态度形成中起到关键性作用。

1. 负性情绪突出，情绪调节能力差

所谓负性情绪是一种消极情绪反应，主要表现为意识觉醒程度增高，注意力不集中，情绪不稳定，激惹性高。在笔者对44名命案嫌疑人、被告人的访谈中，有23人自述道："自己平时就任性、急躁、好冲动、自控力差。"[②]

如笔者问张某某（男，26岁，涉嫌故意杀人，原系某大学武术专业大四学生）："你觉得自己是属于理性还是感性的人？"

答："感性，平时做事比较冲动。但我能吃苦。说不好就容易跟人动手，好打架。独立性强。"

又如，任某某（男，25岁，涉嫌抢劫杀人，初中二年级未毕业）自述道："平时比较冲动，不用脑子想，办事不周到，感性，敢作敢当，自尊心强。初中时和人聊天，聊到比较激动的时候，别人就说你别那么激动。"

问："平时爱好是什么？"

答："喜欢玩网络游戏，买装备，花挺多钱，没事儿的时候主要玩游戏。"

问："看书吗？"

答："也看，主要在网络上看《星辰变》这些网络小说。"

问："报纸、古典小说、传记看吗？"

答："不看（笑）。"

① 赵桂芬：《供述心理与审讯对策解密》，中国人民公安大学出版社2009年版，第82页。

② 笔者与赵桂芬教授等人于2012年在BJ市某看守所做的访谈。

负性情绪会降低犯罪嫌疑人的认知能力，冲动性原本就是其人格特征中突出的特点，理智感的缺失作为情感性犯罪人心理结构中的重要特征，必然影响其情绪的调节能力。

在审讯中负性情绪主要表现为焦虑、恐惧、压抑、紧张、悔恨、抵触等。焦虑是个体预感危险来临或事物的不良后果时的紧张、担忧、急躁和不安的情绪状态。恐惧是一种企图摆脱已经明确的特定危险的会受到伤害或威胁生命的逃避情绪。恐惧、焦虑的刺激源是嫌疑人与外界信息隔绝和情感隔绝，表现为对侦查人员所掌握的证据材料不了解，对同案犯是否被抓不了解，对社会关系可能对自己的评价不了解，对未来的处罚不可预知，同时失去人身自由和原有社会支持，社会关系情感纽带断裂，面对新的环境和新的群体，缺乏归属感，人的社会性需要如对亲人的惦念也常常会引发其情绪性波动。

笔者曾对17名经济案件犯罪嫌疑人、44名命案犯罪嫌疑人就焦虑、恐惧、紧张不安等几种心理做了调查（见表1、表2）①。

表1：侦查中经济案件犯罪嫌疑人心理

情绪类型	紧张、害怕、恐惧	后悔	焦虑不安担心	自信	理性
人数	7	1	6	7	5

表2：侦查中命案犯罪嫌疑人心理

情绪类型	紧张、害怕、恐惧	后悔	焦虑不安担心	侥幸	消沉、悲观	没反应
人数	32	16	3	4	3	2

调查显示，有39人都表示在作案后直至整个诉讼过程都感到紧张、害怕、恐惧，相当比例的人称在公安侦查阶段最紧张、不踏实。

① 此次调查与赵桂芬教授共同完成。

命案犯罪嫌疑人在侦查中绝大多数也表现出这样的心理，体现在羁押过程中的紧张和害怕。对绝大多数作案后、初次进入被拘禁环境的犯罪嫌疑人而言，无论其是有罪还是无罪，失去人身自由和进入拘禁环境等突发性事件的出现都会引发强烈的应激状态，产生明显的挫折感，出现一系列的身心不适应反应。同时由于对事态发展的难以预测和无法控制更增强了因无法预测和控制而又希望能够预测和控制产生的内在冲突①，导致嫌疑人紧张、害怕、恐惧心理突出，应该说这种以紧张和恐惧为主要表现的反应是正常的和常见的。感到焦虑不安和担心的人占有相当的比例。有的人出于对自己未来的担心、所承担法律责任的担心，还有的人出于对家庭、孩子、老人的牵挂和担心。访谈中有 5 人表示自己处理问题较为理性。由于经济案件犯罪嫌疑人文化程度高，认知水平高，情绪较稳定，所以面对问题通常能够理性处理。值得注意的是，和命案类犯罪嫌疑人相比，经济案件犯罪嫌疑人焦虑感更重，而明确表示后悔的情形只有 1 人，自信和理性的占一定比例，进一步说明经济案件犯罪嫌疑人认知水平高和情绪稳定的特点，也体现出大多数经济案件犯罪嫌疑人“认事不认罪”“罪责感轻微”的特点。

表 3 统计显示，“你经常感到心惊肉跳，心神不宁”分值最高，为 35.4%。说明部分犯罪嫌疑人时刻担心办案人员的审查，或担心同案犯的出卖，或担心知情人向警察提供线索，或对自己犯下的罪行感到良心上的谴责。28.1% 的人由于恐惧被追究刑事责任而“害怕听到警察提讯的声音”；16.8% 的人恐惧自己在作案时留下的痕迹会成为公安、司法人员追究其刑事责任的有力证据。

---

① 马皑、宗会生：《审讯方法与心理学原理》，载《中国刑事法律杂志》2010 年第 1 期。

表 3：犯罪嫌疑人在侦查阶段心理调查

因素（按序排列）	百分比	
	是	否
你经常感到心惊肉跳，心神不宁	35.4	61.8
你害怕听到警察提讯的声音	28.1	69.1
你时常做噩梦，夜里总被梦惊醒	27.6	69.3
你至今仍后悔在作案时留下了指纹或脚印或其他痕迹	16.8	78.3

从数据统计看，虽然恐惧心理的几种表现分值均不高，但是这并不能绝对说明犯罪嫌疑人恐惧心理不严重。因为恐惧是人在紧张状态下的一种本能反应，犯罪嫌疑人的受审地位和所处的监禁环境，决定了他们或多或少会产生恐惧心理，只不过每个人恐惧的表现形式和轻重程度不同而已，如有的害怕被提讯，有的常做噩梦，有的整日心神不宁，有的虽恐惧但却强作镇静。只有那些多次“进宫”的犯罪嫌疑人，由于已适应了监禁环境和受审的角色，恐惧心理相对较轻，但他们对“再次坐牢”仍有一定的恐惧感。

笔者曾在访谈中问陈某某（男，28 岁，未婚，BJ 市 HR 区人，涉嫌故意杀人）：“你被抓之后，心里是什么感受？”

答：“被抓后先被带到公安局，当时一下子脑子空白，什么都不想了。恐惧感只是来自作案的过程，会做噩梦，梦到被害人。觉得杀人偿命，自己这辈子完了。”

在整个审讯乃至侦查中犯罪嫌疑人大多会陷入深深的悲观和某种希望的矛盾当中，在这样的矛盾中，犯罪嫌疑人会产生焦虑情绪，表现为一是担心家庭；二是对处理的结果的不可预知；三是自己的前途和归宿。由环境改变的巨大反差引发的环境适应不良，这种以焦虑和恐惧为主要表现的反应是十分正常的，心理学的解释为“焦虑是一种未来指向的情绪状态，它的特点是，因为不能预测和控制将要发生的事件而感到担心”。[①]

2. **高级情感部分或完全缺失**

被羁押的犯罪嫌疑人、被告人的情感特征是其原有的犯罪心理结构中情感特征的延伸。与社会学相联系的高级情感有理智、道德观、美感等，对人的行为调节起重要作用。个体之所以实施犯罪行为在很大程度上是因为缺乏高级情感的调节，因此，对于有罪的犯罪嫌疑人来说具有高级情感部分或完全缺失的特点，当然，这并不代表他们不具备基本的情感。犯罪嫌疑人在失去自由被拘禁的环境中也会形成与之处境相关的基本情感，诸如孤独感、绝望感、自我封闭等。

孤独情绪在犯罪嫌疑人群体中是非常普遍的，主要是因为被羁押后在陌生、封闭、孤立、不和谐的环境中，犯罪嫌疑人容易产生孤独情绪。由于生活模式突然改变，一些犯罪嫌疑人会因失落和不习惯而感到异常孤独，大有“无可奈何花落去”的伤感，似乎自己已被社会抛弃，被他人遗忘；还有一些犯罪嫌疑人，当自卑、胆怯等消极情绪袭来时，孤独感也随之产生，这时就会因缺乏交际的勇气而把自己封闭起来，从而使自己更加孤独而难以自拔。

三、意志的两极性——对抗审讯的坚定意志和供述意志的薄弱性

意志指一个人自觉地确定目的，并根据目的来支配、调节自己的行动，克服各种困难，从而实现目的的品质。当人们善于运用这

① ［美］V. Mark Durand 等：《异常心理学基础》，张宁等译，陕西师范大学出版社2005年版，第123页。

一有益的力量时，就会产生决心，而人有决心就说明意志力在起作用。受意志支配的行为叫意志行为。例如，有些犯罪嫌疑人缺乏生活目标，懒散倦怠，浑浑噩噩，醉生梦死，对生活听天由命，被动敷衍，随波逐流，可谓意志品质不良；还有些意志发展不成熟的犯罪嫌疑人，常常把独断专行、刚愎自用当成独立自主，把盲从当成听话，把轻率当成利落，把迟疑、犹豫当成稳重、谨慎，把执拗当成顽强，把鲁莽当成勇敢，把拖拉当成耐心，把急躁当成高效率，把冲动当成冒险精神。不良的意志品质一经形成，会带来种种性格缺陷，例如，偏执、暴躁、依赖、自卑、猜疑、害羞、惰性、怯懦、莽撞等。犯罪嫌疑人意志表现为两极性的特点，既有符合社会要求的正确意志薄弱性又有违背社会要求的意志顽固性。审讯中的犯罪嫌疑人的意志呈现的两极性表现为对抗审讯的坚定意志和供述意志的薄弱性。季某业 20 年内从副处级顺利晋升省部级高官行列，落马后写下了上万字的忏悔书："我的行为已经触犯了法律，犯了受贿罪，悔恨不已、无地自容。"李某城忏悔道："我应该接受组织和法律的处罚，因为，人生都是现场直播，没有办法重来，而每个人都得为自己的行为负责，这是亘古不变的。""我真心诚意地认罪悔罪，真心诚意地接受法律对我的惩处。"

被称为"河北第一秘"的河北省原国税局局长李某，32 岁就走上了正厅领导岗位，并被列为国家税务总局和河北省人民政府的后备干部。然而，那时这位政坛上耀眼的新星倚仗其特殊的背景，大肆贪污受贿，数额特别巨大，2002 年 8 月 30 日，唐山市中级人民法院一审以受贿罪、贪污罪判处李某死刑。从李某就任省委办公厅秘书到被双规时的 7 年，他利用职务之便，共收取贿赂 680 余万元，美元 17 万元、港币 1 万元，合伙贪污公款 2000 万元，与他人合伙非法侵吞爱尔兰尼瓦利斯（国有）50% 股权，46.47475 万爱尔兰镑，非法侵吞河北省秦皇岛市中兴电子有限公司（国有）112.5 万美元的股权。在开始审查李某时，他表面上显得无所谓，并向办案人员“坦诚”道：“这几年我在工作上存在着一些问题，比如说工作方式不讲究，平时批评人过于严厉，惹了一些人，得罪了一些人，有时碍于情面也有一些收受土特产品和小礼品的事，这些问题在‘三讲’期间我都跟有关领导说过，都讲清了。但我自己能够把握自己，出格的事我不会做，像我这样年轻的干部，我会为自己负责。别人出于其他目的对我攻击那是他们的事，但我自己绝对没有什么违法违纪的问题，这一点请组织上相信我。”一连几天，办案人员每次和他谈话，他都用相似的内容进行回复，闭口不谈自己的经济问题。谈话中，为了表明自己的心底无私，他同陪护人员谈笑风生，表情自然庄重，显得极为平静。夜深人静，内心极度不安的李某绞尽脑汁地思考着应付办案人员的方法。他自认为自己的事情大都是和铁杆朋友一起所为，知情者甚少，办案人员不会掌握到他的直接证据。他也幻想着平时与自己交往甚密的人，甚至个别领导此时能向他伸出援助之手，帮他很快脱离险境。在这种心态的支配下，他做好了顽抗到底的心理准备。其实，对自己的过往他只要一回想起，就有一种说不出的恐惧和后怕。被逮捕后的李某内心虽然受到了强烈的震撼，但在表面上仍装出一副很受委屈的样子，顽强地抗拒着办案人员对他的审讯。平日里李某接受提审顽固抗拒，但虚荣心极强的他只要一回到监室便向同室的狱友吹嘘自己是正局级干部，提审他的都是中央派来的局级干部或部级干部，以显示自己身份高贵，满足一下自己的虚荣心。

可以看出，李某情绪调节能力比较强，具有很强的掩饰自己不良情绪的能力，心里明明紧张不安，当着办案人员的面却谈笑风生，显得很平静，在监室内还不忘吹嘘自己，这种内心情绪体验与外在情绪表现不一致是情绪的文饰现象，文饰现象的存在，使得侦查人员难以捉摸对方的内心活动。在审查初期，李某也表现出来很强的抵抗能力，表现为顽固，这些都是由其特殊地位带来的优越感和对刑罚后果的恐惧造成的，而一旦打破这一防线，则全面瓦解。李某后期还写了一封 8000 字的忏悔书，对自己的问题进行了深刻的反省。这一现象在职务犯罪中较为常见。原国家发改委副主任、能源局局长刘某男曾忏悔道："如果时间能倒流，我应该做两袖清风、心无旁骛干事业的人。"

专题二 犯罪嫌疑人供述障碍及审讯对策

犯罪嫌疑人心理非常复杂，尤其当他面临侦查和法律的惩罚时其心理活动频繁，极力掩饰自己的心理活动及犯罪行为不被发现，与侦查人员之间是一种侦查与反侦查、审讯与反审讯的较量。在刑事诉讼侦查、起诉、审判三大阶段中，侦查阶段犯罪嫌疑人心理波动幅度大、持续时间较长（见图 1）。

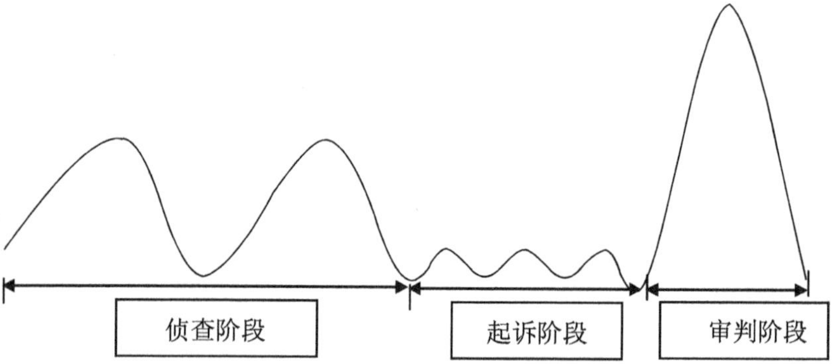

图 1：犯罪嫌疑人、被告人心理变化的规律

如图 1 所示，在侦查阶段，犯罪嫌疑人心理变化幅度大，心理状态不稳定，心理活动频繁，持续时间较长；起诉阶段，由于侦查已经终结，罪名已经基本认定，检察院负责核实并起诉，被告人此时心理较为平静，等待开庭；审判阶段，是决定他们命运和前途的关键时刻，因而，审判阶段是他们心理活动和变化最为激烈的时期，嫌疑人、被告人在整个诉讼过程中的心理始终都受它的制约，嫌疑人、被告人的心理又有新的变化和发展。审判前，表现为：一是恐惧与不安。在移交法院前，他们都经过了侦查阶段，所以此时的恐惧是对审判结果的恐惧。想到即将受到法律的制裁，前途可悲，又无法逃避，不免恐惧不安。二是预测刑期。在这个时期，他们急切希望得到法律知识，以预测自己的刑期，时常向同室人员打听案情和判刑多少，并与自己对照。三是防御与期望。在开庭之前就计划开庭的细节和将要说的话，并希望得到最好的结果。一般来说，诉讼阶段的头和尾即侦查阶段和审判阶段属于“高危阶段”，犯罪嫌疑人、被告人心理不稳定，波动大，心理活动频繁。侦查阶段由于犯罪嫌疑人立足未稳，未来得及建立防御体系，也是审讯的良好时机，有人称之为“黄金24小时”。审讯中，犯罪嫌疑人往往顾虑多、疑心重、戒备严，对侦查人员常常抱有戒备、抵触的心理，要解决这一问题，侦查人员要真诚、共情，消除隔阂和矛盾。侦查阶段如何分析嫌疑人心理，有针对性地施策是我们的研究重点。

一、供述障碍的基本理论

1. 关于供述障碍的定义

供述障碍，有广义与狭义两种理解。从狭义的角度，又称为供述心理障碍，是指妨碍犯罪嫌疑人作出真实和完全供述的心理活动。有学者在分析不利于犯罪嫌疑人供述的心理状态时，所用的词语是“消极心理”，并认为与一般人的四种基本情感（快乐、恐惧、愤怒、悲哀）相对应，“消极心理”主要表现为侥幸、畏惧、对立、悲观。对消极心理的定义，是促使犯罪嫌疑人谎供、拒供的心理。[①]

从广义的角度，供述障碍是指阻碍犯罪嫌疑人在审讯中供述的因素和原因。[②] 从广义的角度理解的供述障碍，不仅包括犯罪嫌疑人自身的因素，如心理上的认知错误、消极情绪和抗拒意志，还包括审讯人员的审讯态度和方法以及其他外在因素，如环境因素、案件因素等。广义的供述障碍，实际上是供述心理障碍产生的原因，而供述心理障碍则是由犯罪嫌疑人基于种种主客观因素的影响而形成的不利于其作出如实供述的某种心理状态。在侦查讯问学学科领域，较为流行的观点，是将供述障碍等同于供述心理障碍。

2. 供述障碍的类型

关于供述障碍的类型，通说认为，包括畏罪、侥幸、抵触、悲观、戒备五种类型。[③] 这种分类是按照供述心理障碍产生的原因来划分的。这些心理现象产生的原因不同，犯罪嫌疑人在审讯中采取的对抗方式也各异。在早期的侦查讯问学和预审学教材中，还包括了恐惧心理。从表面意义上来理解，畏罪心理本身已包含了对刑罚惩罚的恐惧和担忧，因而恐惧心理就失去了独立存在的价值。然而，认真分析畏罪心理的核心内涵会发现，与畏罪心理有关的认知和情绪，都是基于罪责问题而产生的，是对罪责问题的担忧和害怕承担刑事责任。而在审讯环境中，犯罪嫌疑人的恐惧情绪不仅与对罪责的认知有关，也与对审讯人员、审讯环境等因素的认知有关。至于恐惧心理是否会妨碍犯罪嫌疑人供述，还需做更深入的分析与论证。

有研究者根据犯罪嫌疑人心理内容的不同，将犯罪嫌疑人心理

---

① 丁文俊：《讯问心理语言研究》，警官教育出版社1997年版，第32～33页。

② 罗燕虹、廖曲波：《浅析犯罪嫌疑人的供述障碍》，载王怀旭主编：《侦查讯问研究与应用》，中国人民公安大学出版社1998年版，第169～176页。

③ 王怀旭主编：《预审学》，警官教育出版社1999年版，第108页。

（实质上相当于供述心理）分为九类：悔罪、恐惧、求生、猜忌、悲观、侥幸、畏罪、抗拒和戒备。根据犯罪嫌疑人心理在审讯中所起的作用和侦查人员所采取的普遍性手段的不同，可将犯罪嫌疑人心理分为三大类：一是对获取真实口供有利，需要侦查人员正确引导的，主要有悔罪心理；二是对获取真实口供利弊兼有，需要加以利用的，主要有恐惧、求生、悲观、猜忌心理等；三是对获取真实口供不利，需要进行有力矫正的，主要有侥幸、畏罪、抗拒、戒备心理等。① 在这种分析框架下，研究者认为，侥幸、畏罪、抗拒（在审讯背景下与抵触同义）、戒备是典型意义上的供述障碍，而恐惧与悲观是中性的心理活动，是审讯中可以加以利用的，如果不进行正确的引导，则可能成为供述的障碍。

有研究者提出了“理性的供述障碍”与“感性的供述障碍”的区分。前者是指基于使犯罪嫌疑人一方面深刻地认识到自己的行为严重违反人们的共同行为，另一方面又认识到犯罪结果会导致严重的刑罚惩罚，基于自我保护的本能，犯罪嫌疑人在认知上迫切需要阻止刑罚的实现。后者是指对犯罪行为的主观评价引发的心理结构上的自我分化现象，一方面，过错感、羞愧感和畏惧心理依然存在；另一方面，犯罪嫌疑人热衷于寻找各种开脱理由以消除内心不安，从内心渴求他人的认同和善待，从情感上排斥以追诉责任为根本目标的侦查和审讯。②

3. 供述障碍产生的原因

供述障碍是阻碍犯罪嫌疑人如实、顺利供述的心理活动，换句

---

① 董新臣、郗朝堂主编：《侦查预审心理学》，群众出版社1998年版，第139～140页。

② 马静华：《论供述障碍形成机制》，载《四川省公安管理干部学院学报》1999年第1期。

话说，是不利于犯罪嫌疑人如实供述的心理状态。这种心理状态的形成，受多种主客观因素的影响。基于影响因素的不同，学者将供述障碍界定为畏罪、侥幸等不同的类型。因而，对于供述障碍产生的原因，也是基于具体的供述障碍类型进行分析。例如，畏罪心理是犯罪嫌疑人受罪责感的压力和法律的威慑力的共同作用而产生的。侥幸心理是犯罪嫌疑人受先前经验的影响以及对侦查人员掌握证据情况的判断而形成的。戒备心理的产生原因，一是犯罪嫌疑人自我保护的本能，二是对侦查人员的不信任。抵触心理的产生主要基于以下原因：（1）政治信仰的不同；（2）较强的反社会意识；（3）对被拘捕有强烈的抵触情绪；（4）侦查人员审讯方法不当，损害了犯罪嫌疑人的人格和自尊，或者自己或家人曾受过公安机关的不公正对待，对侦查人员抱有成见。悲观心理的形成原因，主要是犯罪嫌疑人害怕被判处重刑或恐惧监狱生活；或缺乏正确的人生观，丧失生活情趣和希望；或认为已成为社会的罪人和家庭的累赘，没有继续生活的勇气。

有学者从社会认知的角度探讨供述障碍的形成原因：（1）犯罪行为的认知对供述障碍形成的影响。对社会越轨行为的羞愧心理和畏惧惩罚的心理，是供述障碍产生的内因性因素。笔者认为，从这个角度进行的分析，主要分析了罪责感形成的原因，也即畏罪心理产生的主要原因。（2）监舍环境的负面影响。犯罪嫌疑人在羁押环境中主动或被动地接受监舍亚文化的影响，产生妨碍心理接触的对抗性情绪，增加逃避审讯意识和经验技巧，致供述障碍强度较羁押前有所提高。（3）审讯认知过程。审讯人员对审讯环境和审讯过程各种可控因素的操纵失控，必然妨碍与犯罪嫌疑人正常心理接触关系的实现，其结果或者加剧犯罪嫌疑人的惩罚畏惧心理，或者减少其与说谎相连的焦虑感，局部地抵消了审讯人员正确运用其他方法产生的积极效果。[①]

二、实证调查及分析

被审讯人出于其自我保护的本能和趋利避害的认知取向，往往不愿意坦白自己的犯罪事实，拒供与谎供成为审讯中较为普遍的现象和难题。关于供述障碍的类型，通说认为，包括畏罪、侥幸、抵触、悲观、戒备五种类型[②]。这种分类是按照供述心理障碍产生的原因来划分的，产生的原因不同，犯罪嫌疑人在审讯中采取的对抗方式也各异。研究嫌疑人供述障碍和供述动机就是要解决嫌疑人为什么不供和为什么供述的问题，笔者对此做了实证调查，拟从实证调查并从心理学剖析研究如何审讯的策略，以合法地获取嫌疑人真实供述。

1. 样本情况

为了更深入地了解和分析犯罪嫌疑人供述障碍的形成及特点，笔者于2013年曾到GD省监管系统针对犯罪嫌疑人的畏罪、侥幸、戒备、抵触、悲观五种心理现象进行了问卷调查。

本次调查共发放问卷300份，收回300份，其中有效问卷284份[③]。从样本年龄情况看，14～18岁占少数，为7.8%；46岁以上占少数，为6%；大多数为青壮年，即以19～45岁为主。从样本文化程度看，以低层次文化为主，其中中小学文化占76.8%，大学以上占6.3%。样本捕前职业比较分散，由于城市农民工职业不稳定，这部分和无业人员均为职业不稳定者所占比例较大，为31.7%；其

---

① 马静华：《论供述障碍形成机制》，载《四川省公安管理干部学院学报》1999年第1期。

② 王怀旭主编：《预审学》，警官教育出版社1999年版，第108页。

③ 问卷收回后首先采用spss软件对数据进行初步处理，再对数据作相应整理得出结果。

次为公司职员和管理人员占相对多数；其余分布较分散。从样本前科情况看，大多数被试没有前科，占80.3%。从样本涉嫌罪名情况看，以盗抢骗财类犯罪为主，占34.9%；其他涉及的主要罪名有杀人、伤害、强奸以及经济犯罪等。需要说明的是，由于《刑法》规定的罪名较多，无法一一列出，仅将常见的一些罪名进行列举（见表4、表5、表6、表7、表8）。

表4：样本年龄情况

		频率	百分比（%）	有效百分比（%）	累计百分比（%）
有效	0	1	0.4	0.4	0.4
	14～18岁	22	7.7	7.8	8.1
	19～25岁	87	30.6	30.7	8.9
	26～45岁	156	54.9	55.1	94.0
	46～60岁	15	5.3	5.3	99.3
	60岁以上	2	0.7	0.7	100.0
	合计	283	99.6	100.0	
缺失	系统	1	0.4		
合计		284	100.0		

表5：样本文化程度

		频率	百分比（%）	有效百分比（%）	累计百分比（%）
有效	小学及以下	59	20.8	20.8	20.8
	初中	159	56.0	56.0	76.8
	高中	48	16.9	16.9	93.7
	大学以上	18	6.3	6.3	100.0
	合计	284	100.0	100.0	

表6：样本捕前职业

		频率	百分比（%）	有效百分比（%）	累计百分比（%）
有效	国家公务人员	4	1.4	1.4	1.4
	公司企业职工	51	18.0	18.0	19.4
	公司企业管理人员	46	16.2	16.2	35.6
	复员军人或警察	10	3.5	3.5	39.1
	教师或科研人员	2	0.7	0.7	39.8
	城市农民工	39	13.7	13.7	53.5
	无业	51	18.0	18.0	71.5
	其他	81	28.5	28.5	100.0
	合计	284	100.0	100.0	

表7：样本前科情况

		频率	百分比（%）	有效百分比（%）	累计百分比（%）
有效	从未受过处理	228	80.3	80.3	80.3
	曾被劳教过	12	4.2	4.2	84.5
	曾被判过刑罚	43	15.1	15.1	99.6
	其他	1	0.4	0.4	100.0
	合计	284	100.0	100.0	

表8：样本涉嫌罪名情况

		频率	百分比（%）	有效百分比（%）	累计百分比（%）
有效	盗窃	46	16.2	16.4	16.4
	抢劫	30	10.6	10.7	27.0
	诈骗	22	7.7	7.8	34.9
	杀人	4	1.4	1.4	36.3
	强奸	11	3.9	3.9	40.2
	伤害	30	10.6	10.7	50.9
	经济犯罪	32	11.3	11.4	62.3
	职务犯罪	7	2.5	2.5	64.8

续表

		频率	百分比（%）	有效百分比（%）	累计百分比（%）
	其他	99	34.9	35.2	100.0
	合计	281	99.1	100.0	
缺失	系统	3	0.9		
合计		284	100.0		

2. 供述障碍总体情况

笔者对五种供述障碍的总体情况做了调查。调查显示（见表9）在犯罪嫌疑人五种心理障碍中，畏罪心理居于首位（61.28%），比戒备心理（51.14%）高出10余个百分点，这也印证了学界所说的畏罪心理是犯罪嫌疑人普遍存在的最主要的供述心理障碍这种观点。有学者认为，戒备心理是由畏罪心理派生而来的，还有学者认为其余四种供述障碍皆由畏罪心理派生而来，可见这样理解自有其道理。从数据来看，畏罪和戒备的数值明显要高于其余三种。排在第三位和第四位的分别是悲观心理（45.83%）和抵触心理（45.33%），二者的比例较为接近，虽不及畏罪和戒备比例高，但也是非常可观的，二者也是犯罪嫌疑人重要的供述心理障碍。排在第五位的侥幸心理（31.83%），数值上明显低于前四种供述心理障碍，这说明在犯罪嫌疑人中存在试图蒙混过关的侥幸心理，不过这种侥幸心理是较为脆弱的，比较容易消除或缓解。①

① 在下文的分析中，考虑到戒备是畏罪的派生，在形成原因、表现等方面相似，故不单独列出分析。

表9：犯罪嫌疑人供述障碍总体比例

供述障碍	百分比（%）
畏罪	61.28
戒备	51.14
悲观	45.83
抵触	45.33
侥幸	31.83

3. 畏罪

畏罪是犯罪嫌疑人害怕罪行被揭露而受到处罚的一种心理状态。

（1）形成原因。一般来说，畏罪心理是犯罪嫌疑人受罪责感的压力和法律的威慑力的共同作用产生的。对罪责感的理解有两种说法：一是指犯罪嫌疑人在实施犯罪前就已产生的一种自我谴责的情感；二是指犯罪嫌疑人对犯罪行为应当承担法律责任的感知，即“感受到自己的行为要遭到社会批判，承受社会压力，接受国家权力的制裁”。[①] 由于犯罪行为不仅违反了法律，而且绝大多数的犯罪行为也违背了人的自然情感（如公正、怜悯等）。多数犯罪嫌疑人在实施犯罪行为之前，都能明确认识到自己即将实施的犯罪行为的反社会性以及随之而来的法律惩罚，并产生一种或明确或模糊的罪恶感。一般来说，犯罪嫌疑人会通过动机斗争，将对罪责的认识及自我谴责的情感暂时压抑下来，形成犯罪决意。当罪行暴露，面临法律的追究时，犯罪嫌疑人的上述认识和情感又被唤醒，形成心理压力，影响着犯罪嫌疑人在审讯活动中的心理选择。因此，上述两种说法都是罪责感的应有之义。一方面，犯罪嫌疑人在罪责感的压力下，希望能通过供认罪行来缓解内疚、痛苦等不良情绪，并能认识到供认罪行的必然后果是承担犯罪行为应负的责任。另一方面，刑罚的

① ［日］佐伯茂雄：《警官心理学》，张佐译，群众出版社1987年版，第101页。

严厉又使犯罪嫌疑人害怕承担罪责，担心自己的名誉、地位、事业、前途等受到不利影响。因此，在审讯过程中，犯罪嫌疑人经常处于罪责感的折磨与对承担法律后果的恐惧之中，而且由于犯罪嫌疑人的自卫本能的作用，后者的影响力更为强大，形成畏罪心理。这是有罪嫌疑人普遍存在的心理现象。

（2）问卷分析。笔者所做的问卷显示（见表10），百分比最高的为88.7%，最低的为37.5%，与其他各项心理障碍的表现相比较，总体分值较高，说明畏罪心理是犯罪嫌疑人较为普遍的心理障碍。调查结果表明，犯罪嫌疑人最突出的畏罪心理障碍是“我担心家人受到我的事情的影响”，其次是“监狱生活很苦，我不想在监狱中度过漫长的人生”，这两项肯定分值都超过80%。与其他因素相比，此两项有效百分比明显高出其他几项，可见，犯罪嫌疑人最担心的是家人受到自己案件的牵连、影响及漫长、痛苦的监狱生活，说明犯罪嫌疑人较普遍地存在着由于对即将失去自由的恐惧而害怕承担罪责的心理障碍，这是阻碍其如实供述的最主要原因。排在第三位的是“我担心成为罪犯后，出去以后无法面对亲朋好友”（62.3%），这个问题依然涉及家人及亲朋好友，说明被试既不愿意影响家人，也不愿意面对家人，两个问题相互关联。有49.8%的人认为“一旦承认自己犯罪，就有可能坐牢”，同样是坐牢，问题二“监狱生活很苦，我不想在监狱中度过漫长的人生”的有效百分比占到81.8%，是因为提问角度不同，其含义不同，“一旦承认自己犯罪，就有可能坐牢”是从供述角度设问的，由此更说明了由于不愿坐牢而产生的供述障碍。“即使以后出去了，再也无法恢复以前的生活状况了”的有效百分比为47.6%，这是由于社会对于坐过牢的人有“刻板印象”，再加上工作、家庭受到影响的一种心态。排在最后的是“只要承认自己有罪，我就要失去自己曾拥有的地位、财产或家庭”

(37.5%)，这是因为犯罪之前有一定社会地位的犯罪嫌疑人在犯罪嫌疑人总数中占一部分，回答问题的分母发生了变化。

表10：畏罪调查问卷

因素（按序排列）	有效问卷	有效百分比（%）	
		是	否
我担心家人受到我的事情的影响	283	88.7	11.3
监狱生活很苦，我不想在监狱中度过漫长的人生	275	81.8	18.2
我担心成为罪犯后，出去以后无法面对亲朋好友	276	62.3	37.7
一旦承认自己犯罪，就有可能坐牢	273	49.8	50.2
即使以后出去了，再也无法恢复以前的生活状况了	275	47.6	52.4
只要承认自己有罪，我就要失去自己曾拥有的地位、财产或家庭	269	37.5	62.5

(3) 畏罪表现。由于犯罪嫌疑人的认知和情感中的积极因素影响着罪责感的强度，使得有畏罪心理的犯罪嫌疑人在审讯中有着不同的表现。

第一，有强烈的逃避处罚或减轻处罚的欲望。在畏罪心理的支配下，一些犯罪嫌疑人存在能够逃避处罚的幻想，这种幻想构成了一种逃避现实的防御机能。为逃避或减轻罪责，有畏罪心理的犯罪嫌疑人在审讯中不是全部否认罪行，就是避重就轻，即使愿意承认犯罪行为的犯罪嫌疑人也不例外。他们对罪责问题特别敏感，只以对开脱罪责是否有利为标准来回答侦查人员的问话。因此，当审讯中涉及主要罪行或关键情节时，常采取极端的做法，或对事实矢口否认，或故意编造谎言，或供了又翻，出尔反尔。在抵赖罪行时，虽然犯罪嫌疑人大多数表现为情绪冲动，言辞激烈而强硬，但毕竟是对自身行为的违法性有所认识，有时在否认罪行或某些情节时也会表现出退让或不坚定。

例如，侦查人员审讯一名涉嫌组织、容留妇女卖淫的犯罪嫌疑人时，针对嫌疑人账户上每天由卖淫女存入一定量的钱款这一证据，问嫌疑人：“你是她们的老板吗？”

嫌疑人摇头否认。

侦查人员反问犯罪嫌疑人：“你不是她们的老板，她们为什么要把钱存在你的账户上？请问你怎么解释这种关系？”

犯罪嫌疑人在数次简单否认后说：“你说是老板那就是老板吧。”

虽然这种回答并不能表明他承认自己是老板，但至少可以反映出犯罪嫌疑人对抗的信心已经被削弱。只有少数狡诈的犯罪嫌疑人，才能掩饰其畏罪心理，表现坦然。

第二，部分犯罪嫌疑人产生记忆、思维及语言障碍。由于在羁押及审讯环境中，法律威慑力充分影响着犯罪嫌疑人的认知，会使一些犯罪嫌疑人失去逃避罪责的自信，而处在无所适从的恐慌之中。恐慌的存在，可能引起思维混乱、暂时性遗忘及语言障碍。在审讯中常出现语无伦次、吞吞吐吐等现象，但对罪责仍会不假思索地加以否认。

第三，包袱重，顾虑多，焦虑紧张，审讯中情绪低落，表达不积极，但对侦查人员的态度并不对立，能听得进侦查人员的话。

（4）审讯方法。因为畏罪心理的实质是害怕承担罪责，而刑事诉讼活动正是要解决刑事责任问题，所以，畏罪心理可以缓解，但很难根除。侦查人员应根据有畏罪心理的犯罪嫌疑人在审讯中的不同表现，有针对性地采取不同的审讯方法。总体来说，对有畏罪心理的犯罪嫌疑人，可以采取“打拉”结合的策略方法。“打”的含义就是加大心理压力。“拉”即减压。对于那种心理压力很大的犯罪嫌疑人要减轻压力，使其能正视现实，消除顾虑，丢掉不切实际的幻想；对于心理压力较轻的犯罪嫌疑人要在分析原因的基础上，结合具体案件和证据以及犯罪嫌疑人的个性特点，有针对性地施加压力，促使其产生供述动机。实践中可通过变换羁押场所、清监、切断联系，提升案件性质，侦查人员言语强硬、态度坚决和严肃，指出问题和利害关系等方法来加压。实践中可通过获取嫌疑人信任、帮助解脱、表示同情、肯定成绩、生活关心、指出出路、给予希望和宽大处理等方法实现。

审讯实践中常用的“红脸白脸法”也是“打拉”结合方法的具体运用。这种方法可以由两名审讯人员进行，也可以由一名审讯人员同时扮演红脸和白脸，红脸扮演友好、同情者，白脸扮演严厉的角色，可以训斥嫌疑人，表现出不耐烦，不友好，两人一打一拉。“红脸白脸法”的心理学基础就在于这两种角色的强烈反差，它强调了“红脸”的“友好”，使嫌疑人更愿意和红脸接近，对红脸说实话。美国弗雷德·英博认为，“红脸白脸法”特别适合那些既彬彬有礼，又态度冷漠的嫌疑人。对这一类型的嫌疑人，审讯人员由红变白，又由白变红，刺激嫌疑人作出积极的响应。

某年3月14日凌晨1时许，某卫生学校学生何某（女，16岁）在宿舍被强奸、杀害并焚尸灭迹。抓获犯罪嫌疑人周某，男，59岁，党员，该校校长，县人民代表，当地人称“老爷子”。案发后，周某曾以校长身份协助专案组工作，对前期侦查情况了解，加上现场被烧，痕迹物证提取有难度，周某不仅拒供，且态度嚣张，对周某的审理陷入僵局。周某在审讯中拒不供认，喊冤、绝食。后该案移送市局审理，并报逮捕。办案人员对案件材料研究后进行了第一次审讯。

问：周某（直呼其名），你来这儿后有什么想法？

答：这是你们的事情，我现在身不由己。

问：你犯了什么罪，你不清楚吗？

答：我听说你们这里是讲政策的，你们抓错了，我没犯罪，逮捕证上我也不会签字的。你们现在骑虎难下收不了场了吧。真正的凶手没抓着，我成了替罪羊。你们要对我的名誉负责，我要告你们。

问：骑虎难下？你知道吗，我们这里有个外号叫景阳冈，我们既然敢骑虎就不准备轻易下来，我们有决心将虎制服。

答：（苦笑一下，低头，未语）。

问：你现在已经被逮捕，说明你有可能受到法律的制裁。你是搞了一辈子教育工作的人，有关政策应该很清楚。但从你现在的态度看，我们感到很可惜。

答：（沉思片刻）何某的死我作为校长是有责任的。

问：我刚才对你说的话你应该明白。你虽然被逮捕了，但我们知道你有闪光的一面。你的能力很强，学校就是你在废墟上一手建立起来的，为此你也获得了不少的荣誉，这些都是你苦干干出来的，我们都了解。但是你老来失节，干出了与你多年党龄不相符的事情，至今还抱这种态度，太可惜了。

答：（流泪，哭诉）。

问：（倾听）。

……

答：（调整情绪）我是相信你们的，你们一定能帮我。我勤勤恳恳工作了一辈子。但确实老来失节，我与学校的李老师关系不正常，对不起党的培养，我是罪有应得。

问：你的作风问题大家都清楚。那不是我要问你的问题，它只能说明你一个方面的问题。

（稍停片刻）。

问：检察院是以什么罪逮捕你的你还不清楚吗？如果你仍然抱着侥幸的心理倚老卖老，法律是无情的。你这种态度会诋毁你一辈子的荣誉，何去何从你自己选择。

审讯结束时，周某二话没说在逮捕证上签了字。

本案中，嫌疑人社会地位较高，有文化，还是人大代表，有一定的社会关系网，且案件证据不充分。对此，侦查人员精心准备，审讯一开始就开门见山直呼其名："周某，你来这儿后有什么想法?"传递给对方的信息是"我们两人虽然是第一次见面，但是我对你很了解"。面对周某的对立和嚣张，侦查人员首先打消其气焰，但又不能使审讯陷入僵局："你知道吗，我们这里有个外号叫景阳冈，我们既然敢骑虎就不准备轻易下来，我们有决心将虎制服。"接着又拉一拉，缓和气氛，并运用其闪光点"苦干、做过贡献"来缓和矛盾，并用含蓄委婉的语言指出问题的严重性："但是你老来失节，干出了与你多年党龄不相符的事情。"这一方法奏效，周某哭泣、倾诉，侦查人员耐心倾听。但周某调整自己的情绪后仍然拒供，且抛小瞒大、避重就轻。最后，侦查人员以加压的方式结束。虽然这次审讯并未突破，但取得了阶段性效果，周某从开始对立到审讯结束时签字，态度已有所转变。①

4. **侥幸**

侥幸是犯罪嫌疑人自认为可以逃避罪责的一种心理状态。犯罪嫌疑人的侥幸心理，不是从被拘捕或被审讯后才产生的，一般在着手实施犯罪前就已存在。

（1）形成原因。侥幸心理是嫌疑人认为可以逃避罪责的一种自信，是以畏罪为前提而产生的，它形成的原因主要有以下三点。

①过去经验的影响。那些过去曾有过违法犯罪行为或生活上犯过错误而未被发现的犯罪嫌疑人，容易产生侥幸心理，而且随着经验增多，其侥幸心理就会不断得到强化。有的犯罪嫌疑人虽无上述

① 在上述笔录中，有下划线的为"打"，即加压，下画波浪线的为"拉"，即减压。

直接经验，但受一些间接经验的影响，如有直接经验的亲友、邻里、同监室人及其他社会关系的传播，也会产生侥幸心理。

②犯罪嫌疑人对侦查人员掌握证据情况的判断。犯罪嫌疑人对侦查人员掌握的证据的判断主要来自以下两种途径：第一，对作案情况和同伙情况进行分析，自认为作案手段高明，行动诡秘，没有留下痕迹，并且订立了攻守同盟，不会有人检举揭发，因此轻信不会有证据被侦查人员获得。第二，从审讯中分析，侦查人员并没有掌握有关自己犯罪事实的有力证据，因此，只要自己不供述，公安机关就不能找到自己的有罪证据，不能给自己定案治罪。侥幸心理促使嫌疑人实施反侦查手段对付审讯，但是，他们对证据是最为害怕的。

例如，某信用社保险柜被盗现金 7 万元人民币，抓获犯罪嫌疑人陈某某。陈某某自恃作案天衣无缝，现场没有留下任何痕迹，在审讯中气焰嚣张：“只要你们拿出证据，枪毙我都行。”

BJ 市 MY 县某大队民兵连长谷某某家爆炸案件的犯罪嫌疑人郑某，在没有直接证据的情况下，态度十分顽固，在审讯中喊冤叫屈，叫嚷：“天大的冤枉，把我碾成粉末我也要喊冤”，“我对天发誓，如果是我干的，天打五雷轰”。

他一会儿摇头晃脑，一会儿喘粗气，一会儿把拳头攥得咯咯响，在这些嚣张的气焰后面是侥幸过关的心理在作祟。

这都是基于证据的薄弱而使嫌疑人产生的侥幸心理。

③盲目相信自己的反审讯能力。部分犯罪嫌疑人自恃反审讯经验丰富，藐视公安机关的侦查能力，认为自己有能力对付侦查人员的攻势。SX 省 BJ 市发生的杀人、盗窃案件的犯罪嫌疑人为公安局

侦查员杜某某。杜某某是复员军人出身，多次盗窃财物以及枪支隐藏多年，后因杀害本市废旧收购站保卫干事李某等五人被捕。杜某某仗着自己是军人出身，是党员，是从事多年公安工作的侦查员，对立和侥幸心理严重，在逮捕他时，他说“在10分钟内放了我，算你们开玩笑，超过10分钟，我要告你们违法，你们将来要给我平反”。在审讯中，杜某某跷着二郎腿说：“我谅你们也不敢把我怎样”，“你们怎么把我抓来的，怎么把我送回去”。

犯罪嫌疑人的侥幸心理有轻重之别。大部分人是凭主观臆断，自信可以隐瞒罪行，企图以盲目的安全感替代内心的恐惧。这类犯罪嫌疑人的侥幸心理比较脆弱，容易被消除。少数犯罪嫌疑人的侥幸心理是在全面分析罪证和案情之后形成的，或逃避打击的经验较多。这种侥幸心理，比较自觉和稳固，不易被消除。

（2）问卷分析。在关于侥幸心理调查问卷中（见表11），肯定回答的最高分值为68.9%，最低分值为12.5%，超过50%的人仅有两项，其余五项分值低，总体分值差距大。排在第一项的问题是“我不确定警察手里的证据是否对我不利，但我仍然希望自己有机会获得不处罚或从轻处罚”，占68.9%。“不处罚”和“从轻处罚”是被试的期望和心理需求，正因为证据的问题使得这一期望“打了折扣”。而对于律师的期待也存在同样的心态，有期待，但是不确定，故分值为53.3%。接下来的问题也正说明了被试对于警察手里是否有证据并不确定，对运气、现场是否留有证据底气不足，有70%以上的人对此是持否定态度的，而大多数人（85.1%）认为即使自己不说，也有可能会判，绝大多数人（87.5%）对于同伴（同案）是不信任的。

表11：侥幸调查问卷

因素（按序排列）	有效问卷	有效百分比（%）	
		是	否
我不确定警察手里的证据是否对我不利，但我仍然希望自己有机会获得不处罚或从轻处罚	273	68.9	31.1
我相信律师能帮助我获得我期望的处理结果	276	53.3	46.7
警察手里掌握的证据不足，因此我可以否认与犯罪行为有关的问题	279	28.7	71.3
我相信现场不会留有痕迹证据	272	21.7	78.3
我相信警察手里没有什么证据	272	18.4	81.6
只要自己不说，就判不了我	275	14.9	85.1
我相信同伴是不会交代的	272	12.5	87.5

（3）侥幸表现。有侥幸心理的犯罪嫌疑人在审讯中的一般表现是：使用各种方法试探摸底，为有计划地抗拒审讯做准备；或在接受审讯时，以守为攻，辩解否认；或避重就轻，试图蒙混过关；或者抓住侦查人员问话或应答中的漏洞，主动反击；或者干脆一言不发，以免被抓住把柄。但是，由于犯罪嫌疑人在羁押环境中信息的匮乏，形成侥幸心理的认识基础就比较薄弱。因此，有侥幸心理的犯罪嫌疑人意志力差，疑心重，对证据非常敏感和惧怕。侦查人员如果对侥幸心理的成因掌握得准确，审讯中运用的方法得当，可以消除犯罪嫌疑人的侥幸心理。

（4）审讯方法。由于侥幸是绝大多数犯罪嫌疑人在审讯中出现的心理状态，是普遍存在的不切实际的乐观的防卫归因，所以他们总是希望执法或司法机关并不完全掌握自己犯罪的证据（事实又的确如此），希望侦查人员能够相信自己的辩解和陈述，希望主导审讯的过程。通过风险提示和榜样提示可以施加压力，在证据有限的情况下发挥指示、暗示的作用，动摇侥幸的自信基础。榜样提示的价值在于确定任何犯罪都必然要接受刑罚惩罚的不可否认性，以消除审讯对象原有认知中的侥幸成分①。

一般人认为在审讯中，对于有侥幸心理的犯罪嫌疑人，使用证据是最有效的方法。审讯实践证明，对不交代真实情况的犯罪嫌疑人，在侦查人员出示证据后，大多数人都会如实供认罪行。这是因为审讯中侦查人员和犯罪嫌疑人之间的较量，基本上是围绕着证据进行的。犯罪嫌疑人也懂得，证据是认定罪行的唯一根据，一旦侦查人员掌握了确切可靠的证据，犯罪嫌疑人的罪行就将被确定无疑。因此，犯罪嫌疑人在审讯中十分关注并设法知道侦查人员掌握证据的情况。当侦查人员拿出确切的证据时，作虚假供述的犯罪嫌疑人就会意识到他的罪行已经暴露，抵赖已经没有意义。随着审讯中不断地使用证据或者说服教育，这种信念也会不断加强，犯罪嫌疑人逐渐认识到，继续拒不认罪是毫无益处的，于是只好供认。

使用证据要想取得好的效果，在使用上要注意：一是应尽量一次性使用就取得应有的效果，这是因为使用的“证据”具有新颖性的特点，即反复使用同一份证据效果不好，只有一次性使用的效果。二是扫清外围，即排除其他可能性。如某单位会计室保险柜被盗，在保险柜上获取一枚指纹，抓获嫌疑人丁某，其指纹与现场指纹一致。在审讯中如果要使用指纹证据，就要排除丁某近日去过会计室的可能性，也就是排除丁某最近去会计室办过事而有留下指纹的可能性，如果丁某否定去过会计室，那么使用指纹证据就具有指向性和唯一性。三是审讯中侦查人员应把握“能少使用就不多用、能间接使用就不直接使用”的原则，即将手中有限的证据分散成几份使用，并尽量不暴露证据的多少。

审讯中使用证据的方法是很多的，采用何种方法要根据审讯情

① 马皑、宗会生：《审讯方法及其心理学原理》，载《中国刑事法杂志》2010年第1期。

势，犯罪嫌疑人的心理和情感程度，以及掌握证据的状况综合判断。常用的方法有以下几种：

①直接使用

口头说出证据的内容或者当面出示证据，促进犯罪嫌疑人供述罪行。直接使用的证据，可以口头提出，也可以直接出示物证、书证、证人证言和鉴定结论，或他们的照片和录音录像。

直接使用证据对犯罪嫌疑人刺激强烈，冲击力大，收效显著。但是这种方法是将证据直接摆在犯罪嫌疑人面前，给侦讯人员的回旋余地很小，因而要有成功把握才可使用。为此，应做到：第一，案情透明度要大；第二，使用的证据不仅确实可靠，而且能够击中犯罪嫌疑人的要害情节；第三，审讯语气要坚定，绝不能优柔寡断，否则，会增强犯罪嫌疑人的抵赖决心。

②间接使用

点出证据的来源或者已印证的某个情节，促使犯罪嫌疑人供述罪行。间接使用证据的方法，不易暴露侦讯人员掌握证据的情况，能给犯罪嫌疑人的心理造成强烈的连锁反应，使其意识到犯罪的证据已经被掌握，也容易被犯罪嫌疑人所接受，避免顶牛现象的发生。使用这种方法，因为证据是通过间接形式出示的，所以应特别注意时机的选择。

③连续使用

连续使用相互联系的，逐渐增加证明力的一组证据，直至迫使犯罪嫌疑人供述全部犯罪事实。

连续使用证据有两种具体做法：第一，使用一个证据，迫使犯罪嫌疑人交代一些问题；再使用一个证据，迫使犯罪嫌疑人再交代一些问题，使犯罪嫌疑人没有喘息的机会，直至交代清楚全部犯罪事实。第二，对比较顽固的犯罪嫌疑人，连续使用数个证据，造成大军压境之势。尽管犯罪嫌疑人暂时否认第一个证据，但否认不了第二个、第三个证据，在事实面前只能低头认罪。

连续使用证据的方法，用于证据比较确定、充分，而犯罪嫌疑人又坚持不吐实的情况。使用的证据，先用次要的，后用主要的，或者先间接使用，后直接使用。

④暗示使用

用含蓄的语言、形象的动作或者摆放查获的实物证据，使犯罪嫌疑人意识到办案人员已经掌握了证据而不得不交代罪行。暗示使用证据的形式，可以用含蓄的语言暗示已经知道了犯罪事实；可以用一种形象的动作暗示犯罪事实的某一情节；也可以把证据放在犯罪嫌疑人能够看到的地方，侦查人员不用任何语言和行为明确地指示给犯罪嫌疑人，而是通过犯罪嫌疑人的辨认，自己去感知。当识别出是犯罪物证时，便会意识到已无法隐瞒下去，因而只好如实供认。在已知赃物的规格、型号，而没有获取该赃物的情况下，也可以使用与该赃物相同规格、型号的物品代替，但是绝不能明点，也不能有任何暗示。①

审讯中还要注意运用情景证据，情景证据又被称为环境证据、情况证据，指案件发生时周围事物所构成的证据。如案发当天下大雨、下雪等；案发地旁边有大桥、铁路等；案发时正好发生交通事故。其作用是启发联想，加强心理刺激，产生心理定式。例如，犯罪嫌疑人付某，北京人，侦察兵复员后进工厂工作，不久工厂倒闭失业，后纠集九人形成了相对固定的犯罪团伙，在近四年的时间里作案多起，既有杀人、抢劫等严重犯罪，也有小偷小摸的违法行为。付某曾伙同刘姓团伙成员一起抢劫出租车司机并将其杀害。审讯中，

① 暗示用证在本书“审讯中的心理学方法”部分有详细论述。

付某态度顽固，不承认这起杀人案件。同伙刘某交代了这起案件，并说道：当付某拿枪对着司机要司机拿钱时，司机求饶，未等司机说完，付某即开枪，这是付某第一次杀人，开枪后付某揣上钱沿着铁道仓皇逃跑，边跑边呕吐，一路跑一路吐。审讯中面对付某的顽强抵抗，审讯人员不经意地说道：你以为你多能啊，侦察兵出身也会害怕，你第一次在铁道边的那事还记得吧？边跑边吐，吐了多少次你也不记得了吧，把胆汁儿都吐出来了吧。付某听后一愣，沉默片刻，点头。作案过程固然是审讯的主要内容，如果侦查人员能够把细节都了解得很清楚，亦可给犯罪嫌疑人造成心理定式，即“他们都知道了……”的心理暗示。

5. 抵触

抵触（对立）是犯罪嫌疑人基于逃避法律惩罚的心理需求而表现出来的不满、误解、敌视的抗拒心理。除将对被拘捕的抵触情绪带到审讯中外，还有欲隐瞒罪行或对有损自尊心的问话和某些做法感到不满而产生的抵触。抵触常常使犯罪嫌疑人情绪冲动，行为缺乏理智或以沉默消极对抗。

（1）形成原因。抵触心理形成原因较复杂，有的因意识形态、观点和立场的不同而对立，这主要反映在危害国家安全案件中的犯罪嫌疑人和“信仰”犯罪的犯罪嫌疑人中。这种情况在累犯和惯犯中较为突出，这类犯罪嫌疑人人格品质总和中的反社会性比较突出，对社会、他人尚且仇视，对公安机关的抵触情绪更为强烈，在审讯中表现为拒供、对抗。有的在侥幸心理的基础上产生对立，认为办案人员并没有掌握证据，只要自己不说审讯人员就没有办法。还有的在悲观心理的支配下，对前途失去信心，因而对审讯人员的提问极为反感；或者由于审讯人员方法不当，损害了犯罪嫌疑人的人格和自尊；或者自己或家人曾受过公安机关的不公正对待，对办案人员抱有成见。

（2）问卷分析。调查显示，抵触心理相关因素中超过50%的只有两项，排在第一的因素是“警察只站在被害人的角度考虑问题，根本不可能理解我的行为和感受”，可见，有相当多的嫌疑人对此不满。一方面是一些犯罪嫌疑人犯罪的原因与被害人有一定关系，被害人有过错，在一些杀人、伤害案件中，因情而杀的原因有的也是缘于被害人，此类案件中犯罪嫌疑人往往有“被害人情结”，他们不能站在被害人的立场考虑问题，罪责感不强，没有内疚和反省；另一方面是一些嫌疑人道德水平低，缺乏基本的情感。上文所说的付某抢劫杀害出租车司机的案件中，当侦查人员问付某为什么要这么做时，付某回答：“中国人素质真差，他（司机）把钱给我不就得了，要钱不要命我也没办法。”

涉及警察问话态度的问题有两个，分为“不好”和“粗暴”，前者肯定分值为52.7%，后者为35.3%，两者相比较而言态度粗暴的显然比例少，但是占35.3%也值得注意。因警察问话水平问题而拒供的分值排在最后，占28%，问话水平是技巧问题，也是嫌疑人是否能够供述的因素之一，但不是造成嫌疑人对立的主要原因。近一半的人认为“我说什么警察都不相信，我只能保持沉默”，这一问题原因比较复杂，由于我国刑事政策在执行的过程中存在一些问题，诸如“坦白从宽，牢底坐穿；抗拒从严，回家过年”的情况仍然存在，使得嫌疑人对警察的话不信任，还有一些人出于逃避打击的心理，对警察抱有戒备，也听不进去警察的话。而“我对当前的社会现实非常不满，对公安司法机关也没有好印象”“我没有犯罪，凭什么处理我”反映出嫌疑人的强对立，他们缺乏正确的态度，没有悔罪意识，他们对审讯活动的抵触心理比较严重。此外，这部分人认罪态度不好，由此也会产生侥幸心理，认为警察手中没有证据，只要自己抗拒到底，就能逃避法律制裁。持这种态度的占 48.2%、41.2%（见表 12）。

表 12：抵触调查问卷

因素（按序排列）	有效问卷	有效百分比（%）	
		是	否
警察只站在被害人的角度考虑问题，根本不可能理解我的行为和感受	274	63.5	36.5
警察的问话态度不好，听不进去我说的话，我很气愤	277	52.7	47.3
我说什么警察都不相信，我只能保持沉默	279	48.4	51.6
我对当前的社会现实非常不满，对公安司法机关也没有好印象	278	48.2	51.8
我没有犯罪，凭什么处理我	277	41.2	58.8
警察的态度太粗暴，让我配合讯问是不可能的	275	35.3	64.7
警察的问话水平太差，我不想说	275	28.0	72.0

（3）抵触表现。有抵触心理的嫌疑人在审讯中的表现可分为两类：一是积极的抵触行为。抵触心理使得一些犯罪嫌疑人的情绪失控，表现为行为暴躁，缺乏理智，出言不逊，气焰嚣张。二是消极的抵触行为。抵触心理也使一些犯罪嫌疑人情绪受到压抑，表现为对审讯反应冷漠，漫不经心，答非所问，甚至沉默不语。抵触心理使犯罪嫌疑人同侦查人员在审讯中冲突较多，往往使审讯陷入僵局。

（4）审讯方法。一般来说，对于有抵触心理的犯罪嫌疑人不要硬顶，要了解其产生对立的原因。对于因审讯方法不当或有误解或因悲观而抵触的犯罪嫌疑人，不应继续加压，要以缓解对立为主，使用“拆墙法”缓解对立和双方的矛盾；对于抱有侥幸心理或惯犯、累犯的抵触要打掉其侥幸或嚣张气焰，但注意不要使审讯陷入僵局。

例如，HN 省 ZK 地区曾发生一起抢劫银行案件，两名犯罪嫌疑人打死营业员抢走人民币，案件侦破，嫌疑人为兄弟俩，两人均有前科，家里有五兄弟，较为贫困。对弟弟康某光的审讯不顺利，康某光一直沉默，态度比较抵触。嫌疑人康某光态度对立，面对提问，眯着眼睛，一言不发。

问1："睡着了？你昨天晚上的嚣张劲儿哪去了？公安机关下这么大功夫侦破这个案件是为了给ZK人民有个交代。让你交代问题也是为了给受害人有个交代。你也有妻儿老小，受害人也有妻儿老小，就算你康某光没有爱心也没有孝心，但应该有良心啊，你的良心完全泯灭了吗？这个案件事实清楚、证据确凿、人赃俱在。你哥哥在哪里你知道不知道？你嫂子在哪里你清楚不清楚？你的坦白只是个时间问题，抵赖只是暂时的。"

问2："康某光困不困？咱们两人好好谈谈。'10·18'案件截至目前已经真相大白，人证、物证、科学鉴定你还不相信？你看看这是从你身上搜出来的三个存折，你再看看这是你哥的材料，对吧？这是你嫂子的材料，对不对？这个案子不是你自己做的，你和你哥哥一起做的。两个人做的事，你平时和你哥哥嫂子关系都不错，他们不会陷害你的，在证据面前拒不承认，这样下去难道对你有什么好处吗？再说，你还有个不满月的孩子，你母亲在这儿，老婆也在这儿，你不满月的孩子怎么办？"

答：（咬舌）……

嫌疑人康某光具有一定的反社会意识，多次犯罪，受过几次处理，审讯中表现为沉默以示对立。

审讯人员首先使用了三份证据加压，嫌疑人面对证据仍然沉默，审讯人员继续加压，提到老婆孩子等问题。此时，嫌疑人情绪激动，咬舌对抗。显然审讯不成功。那么，面对这种情况应该怎么办呢？对于有对立心理的嫌疑人在审讯中不要盲目加压，因为加压易产生心理抗拒（反弹效应），即人们意识到他们的选择和行为受到威胁时，他们的反抗就越加坚定。也就是压力越大，到一定程度，则反弹，较少获得暗示（听不进任何话），越会变得与你的观点相反。要注意使用“拆墙法”，所谓拆墙法即找到嫌疑人的兴趣点、注意点、薄弱点、同情点、闪光点，运用这些“点”来拆除侦讯双方心理的那堵“墙”，以缓和气氛、消除对立。

此案审讯失败的原因在于面对嫌疑人的抵触心理，侦查人员继续施压，先是使用证据，继而说：“你母亲在这儿，老婆也在这儿，你不满月的孩子怎么办?”康某光既对立又悲观，咬舌对抗，审讯陷入僵局。

我们还可以通过以下两场审讯进行比较。犯罪嫌疑人高某，女，34岁，初中文化，河南新野人，回族，郑州某厂工人。高某与本厂女工王某有积怨，常常发生口角。某年星期天上午10时许，高某与王某家人在公园相遇，两人发生口角，王某仗着人多对高某谩骂，两人发生厮打。厮打中高某趁王某不备，用随手从地上捡来的玻璃片将王某的左脸划破。法医鉴定：王某的脸左面颊创口弧形，创口长约9厘米，深度0.2厘米，缝合十针。高某的行为已经构成伤害，依法对高某拘留。在对高某拘留时，高某拒绝在拘留证上签字，第一次审讯态度对立，以哭代审。笔录摘要如下：

问：姓名?

答：（哭泣）。

问：站起来。

答：（仍然哭泣）。

问：让你站起来，听见了吗?

答：（高某很不情愿地站起来了）。

问：我现在向你宣布，依据法律你被拘留了。（出示拘留证）签字吧。

答：为啥？为啥要拘留我？我不签字。

问：为什么要拘留你，你不清楚吗？还问我？因为你犯罪了。

答：我犯啥罪了？

问：你犯了啥罪，你心里清楚，王某的脸是谁划破的？

答：她的脸被划破，该她倒霉。她也打我了。我没有罪，你们看我不顺眼就枪毙我吧。

问：我警告你，你已经被拘留了，你的态度恶劣，这样下去没有好下场。

答：（号啕大哭）我没有罪。你们枪毙我吧。我冤枉啊！实在是冤枉啊！

审讯难以进行下去。

高某的表现是中年女性的常见表现。女性有着其独特的心理特点，如钻牛角尖、自尊心强、要面子。高某因为王某也打了她但是就拘留她而不平衡，她对于犯罪的概念不清楚，不懂法，由此产生了强烈的抵触心理。因此，做好高某的心理转化是关键。首先，要缓解对立，让她明白为什么拘留她，语言上要注意不要用刺激性语言。预审人员改变策略，并更换了预审员，进行了第二次审讯。笔录摘要如下：

问：你叫什么名字？

答：（沉默）。

问：今年多大了？

答：34 岁。

问：和我同年的嘛。有孩子了吧。男孩？女孩？

答：男孩。

问：想孩子了吧。孩子肯定也想妈妈了。

答：（眼圈发红）我的事咋办啊？

问：昨天我的同事问你，就是要抓紧处理你的事，你不配合。

答：我冤枉啊！你们看（解开衣扣，露出胳膊上的划伤）。

问：情况我们了解了，事情的起因不是偶然的，责任也不在你一方。既然我们管了这事就会秉公处理的，你要放心，要信任我们。

答：（哭泣）是王某先挑事的，我才划的她。

问：你不要哭，好好地谈，只有谈出来，事情才有可能弄清楚。

答：（稳定情绪）……

在审讯中预审员告诉她，之所以拘留她，是因为她的行为触犯了法律，涉嫌伤害，这是有法律依据的，也有伤情鉴定。公安机关是秉公办事的，并不是个人意愿想拘留谁就拘留谁。同时王某也是有过错的。在解释了这些之后，高某转变了态度。

实践中冷置法、造成错觉法等对于打消嫌疑人的对立心理也有很好的效果。在审讯陷入僵局的时候，审讯人员可采取冷置法，即突然中断审讯来加大嫌疑人的不安、紧张。在连续审讯后，审讯没有取得进展，嫌疑人侥幸抵赖，在没有新的证据时可考虑中断审讯，一方面，引起嫌疑人揣测、不安和紧张的心理；另一方面，审讯人员要冷静下来重新考虑审讯的策略方法，在冷置一段时间后重新提审时审讯人员要注意运用新的方法，或调整人员、更换羁押环境，或造势用势使嫌疑人认为这一段时间侦查人员又获得了新的证据，自己无法抵赖下去。造成错觉是指审讯人员通过暗示的方法使犯罪嫌疑人产生证据已经被侦查人员获取、犯罪事实已经暴露、同案犯已被抓获的判断，从而供述的审讯方法。造成错觉是对于存在侥幸心理的犯罪嫌疑人针对其敏感多疑、容易在主观上出现错误判断的特点而实施的。如审讯中将同案犯从其身边带过去，使其意识到同案犯已经落网，此时审讯人员可以说："这件事不是你一个人干的，合伙干的事情即使你不说别人也会说。现在给你一个机会，你要抓住。"在审讯过程中有的侦查人员进来对审讯人员耳语几句，此时嫌疑人会紧张、揣测、不安。

6. 戒备

戒备是犯罪嫌疑人因怕罪行被揭露的一种防御反应。防御是人的本能，处于可能会被追究刑事责任地位的犯罪嫌疑人，由于防备罪行被揭露和对侦查人员的不信任，防御本能更加突出。

（1）形成原因。犯罪嫌疑人产生戒备心理有以下两种原因：①自我保护的本能。犯罪嫌疑人所处的特殊环境及法律地位，使其安全需要上升到主导地位，自我保护的本能更加充分地被激发出来，因而时刻警惕侦查人员从其言语失误中抓住犯罪证据，全身心处于紧张戒备状态，防止罪行被揭露。②对侦查人员不信任。犯罪嫌疑人在进行是否供述的动机斗争时，侦查人员及其宣传的法律和政策是否可信起着重要作用。他们受自己的主观想象或他人过去经验的影响，往往怀疑侦查人员的职业道德，害怕落入侦查人员设置的圈套，怀疑对他们进行说服教育时所宣传的“坦白从宽、抗拒从严”的政策，担心自己如实供述后不能得到公正的对待。

（2）问卷分析。调查显示，最高分值为63.8%，但最低分值并不低，为41.9%，有人认为戒备是畏罪的派生，从这一点似乎可以得到一定的说明。排在第一位的是“相信别人，肯定要吃大亏”，占63.8%，由于这一问话中“别人”的范围较大，并未限定是侦查人员，也可以说是对社会的不信任，在一定程度上说明社会诚信的缺失，当然，对于审查他的侦查人员更是缺乏信任。排在第三位的“对任何人都不信任，是比较安全的”说明了同样的道理。排在第二位的是对警察的不信任，但是是对特定的警察“承诺”的不相信，这一点与侥幸问卷问题三的反应是一致的，进一步说明了在执法中诚信的重要性。排在最后的“我提防那些对我过分亲近的人”，虽然位居最后，但其分值并不低，占41.9%，仍然说明了社会诚信、人和人之间的关系问题，就审讯而言，侦查人员在实施策略方法时也应注意尺度的把握方能取得好的效果（见表13）。

表13：戒备调查问卷

因素（按序排列）	有效问卷	有效百分比（%）	
		是	否
相信别人，肯定要吃大亏	279	63.8	36.2
警察不可信，他们说的承诺是不能兑现的	277	61.4	38.6
对任何人都不信任，是比较安全的	275	45.1	54.9
以前受过警察（社会）的不公正对待，因此警察（社会）都是不公正的	260	43.5	56.5
我提防那些对我过分亲近的人	277	41.9	58.1

（3）戒备表现。在戒备心理的支配下，犯罪嫌疑人在审讯过程中常有如下表现。

①对一切审讯活动抱有戒心，疑虑重重。犯罪嫌疑人时刻处于紧张状态，唯恐说错一句话，露出破绽；同时对侦查人员的言行表现出异乎寻常的关心，多方猜测其意图，对侦查人员的审讯，往往不愿立即回答，甚至以反诘的口吻向侦查人员试探摸底，然后再搪塞推诿或嫁祸于人；有的人在供述之后，又怀疑侦查人员是否相信自己的供述，能否作出公正的认定。

②对周围环境有着高度警觉。戒备心理较强的犯罪嫌疑人，对周围环境异常警觉，环境稍有变化就会引起恐慌。他们总是疑神疑鬼，有草木皆兵之感。严重的会产生幻听、幻视现象，精神处于失常状态。

（4）审讯方法。侦查人员首先要了解犯罪嫌疑人产生戒备心理的原因，力求有针对性地做好工作。其次要进行政策、法律教育，多用实例给予真诚、耐心地说服，一方面，改变策略；另一方面，使其真正认识并相信法律的严肃性和公正性，从而消除戒备心理。

实践中可用“散点审讯法”。“散点法”的原理即心理学的认同效应。抓住嫌疑人的兴趣点、注意点、同情点、闪光点与嫌疑人产生认同效应，可以缩短侦讯双方的心理距离，消除或减弱嫌疑人的防范和戒备，使嫌疑人更加能够接受审讯人员。认同效应包括两个方面的内容：一是观点方面的认同，二是特征方面的认同。嫌疑人的兴趣点、注意点、同情点、闪光点正是双方观点和特征在某些方面相同或相似的体现，使得嫌疑人视审讯人员为“自己人”，产生一种“同体观”，缩小了侦讯双方的心理距离。对于有抵触心理的嫌疑人同样可用“散点法”来拆墙。从心理学的角度看最初给人带来轻度积极甚至中性感受的刺激会随着呈现次数的增加而变得更为具有吸引力。通常来说，熟悉度越高，就越具有吸引力。然而，最初令人反感的刺激会随着呈现次数的增加变得更加令人反感，[①] 在需要增加嫌疑人的焦虑体验时，侦查人员可以将嫌疑人不喜欢的刺激信息不断地重复和曝光；而在需要提高嫌疑人的供述动机及需要拉近与嫌疑人的心理距离时，可以再次提及嫌疑人人生中的闪光点或其感兴趣的话题。

某案件的审理中，审讯人员问：“你叫什么名字？”

答：“大师弟子。”

问：“住在哪里？”

答：“在人间。”

问：“到底住在哪里？”

答：“天上人间。”

问：“谈谈你的问题？”

答：（眼睛一闭，头一低，沉默）

问：（政策教育）。

答：“别说了，别说了，我就信我师傅的。”

此后，双眼紧闭，双手合十，再也不说话。

---

① ［美］菲利普·津巴多、迈克尔·利佩：《态度改变与社会影响》，邓羽等译，人民邮电出版社2007年版，第179页。

面对僵局，审讯人员抓住犯罪嫌疑人认死理，钻牛角尖，刻板，不灵活的特点，精心策划，抓住其痴迷和对“师傅”盲从的“点”。一天，又将这名犯罪嫌疑人提到审讯室，此人进来后坐下又紧闭双眼、双手合十，就在这时，审讯人员“砰”地拉开抽屉，此人下意识睁开眼睛，预审人员拿出他们的“圣书”（*ZFL*），此人立即双眼紧盯这本书，紧接着审讯人员打开书翻到“L某”的标准照一页给他看，犯罪嫌疑人一见更是全神贯注，来了精神。

审讯人员说：“这是谁？你认识吧。”

答：“（点头）是师傅。”

问：“你不是说就信师傅的吗？”

答：（点头）。

问：“那么，今天就‘请’你师傅在这儿，你当着你师傅的面该说话了吧，可不能在师傅面前说假话啊。”

答：“（片刻，点头）是。”

7. **悲观**

悲观是指犯罪嫌疑人自知罪行将被揭露，面对法律的惩罚而对自己的前途、追求丧失信心的一种消极失望的心理状态。

（1）形成原因。产生悲观心理的原因，主要有以下几种：一是害怕被判处重刑，或对日后漫长的监狱生涯心怀恐惧，产生自由无望、前途渺茫的绝望感；二是在其先前的人生经历中，缺乏正确的人生观，无法摆脱和解决一些现实问题，导致丧失生活情趣和希望，并且这种状态持续到羁押审讯阶段；三是犯罪心理已经定型，犯罪已成为一种需要，但又无法摆脱人身自由受限的局面；四是犯罪后自责、后悔，自认为已成为社会的罪人和家庭的累赘，没有继续生活的勇气。

（2）问卷分析。调查显示，最高分值为61.8%，最低分值为

24.6%，分值差较大。超过50%的分值之间差距不大，都是悲观的外在表现和情绪反应。而分值较低的后三位则是绝望感的体现，如我认为我是没有希望了、害了家庭、有罪之人，根本原因是对自己的前途丧失信心、对家庭的内疚、对失去社会支持的被抛弃感，这几方面也是悲观的主要原因，但持有此想法的比例并不高（见表14）。

表14：悲观调查问卷

因素（按序排列）	有效问卷	有效百分比（%）	
		是	否
我经常感到情绪在渐渐低落	280	61.8	38.2
我很难乐观地看待我的未来	281	59.4	40.6
最近一段时间食欲不好，吃东西没有胃口	279	55.2	44.8
我认为我是没有希望了，法院想怎么判就怎么判吧	281	37.7	62.3
我害了我的家庭，再好的处理结果对我都没有意义	278	36.3	63.7
我已经成为世界人眼里的有罪之人，没必要再为自己争取什么	280	24.6	75.4

（3）悲观表现。在悲观心理的强烈冲击下，犯罪嫌疑人个性的稳定性发生急剧变化，丧失了生存欲望，生理和心理均产生反常的表现，不能控制自己的行为。在接受审讯时，或反应迟钝、表情冷漠、以沉默来应对审讯；或情绪激动，行为暴躁，甚至歇斯底里；或表现出对侦查人员的怀疑或仇视，不听任何劝告和警告，固执地采取自暴自弃或顽抗到底的态度；或者迎合侦查人员的审讯盲目回答；也有少数犯罪嫌疑人做出极端行为，进行暴力破坏或自残自杀。

（4）审讯方法。悲观心理是犯罪嫌疑人最为严重的心理障碍，也是较为难以矫正的心理障碍，帮助解脱，提供支柱是主要的审讯方法。因为，不管怎样，力求生存是人的本能。悲观心理代替其他心理，往往是暂时的现象，一旦环境或审讯信息的变化表现出对其有利的一面，其心理依然可能恢复到平衡状态。对于有悲观心理的犯罪嫌疑人，侦查人员要有极大的耐心和热情，唤起他们对人生的留恋和对新生活的向往，激发其争取光明前途的信心。

犯罪嫌疑人蒋某（男，1971 年 9 月出生，小学文化，无业，曾因抢劫罪、故意伤害罪被判处有期徒刑 20 年）与被害人张某是发小，从小在一个村子长大。蒋某出狱后一直没有稳定的工作，后蒋家拆迁有一笔拆迁款，家里给蒋某分了一笔钱，他就想用这笔钱做生意。蒋某自己不懂生意，张某自告奋勇说帮他经营，并打保票说开超市肯定挣钱，约好经营半年开始返钱给蒋某。于是，蒋某将生意全部交给张某打理，张某租了一间库房开了一家超市。但自打开业至案发近两年时间，张某一分钱没有给蒋某返利，并推诿说没挣钱、生意不好做。蒋某因妻子怀孕生孩子急需用钱多次找张某索要，张某以资金紧张为由一直不给，且平日里张某还常常调戏蒋某的妻子，并当蒋某妻子的面嘲笑他说："找这样一个老婆是你前世修来的福，你根本就不配。"一天早上 5 时许，蒋某起来后买了早点又去找张某索要钱款，进门看张某未醒就用地上的锤子朝其头部打击，然后跑了出去。在外面转了十几分钟，又回到现场看张某的情况，发现张某站在门外观望，看见蒋某就瞪着他并朝蒋某冲过来，蒋某进屋，两人在屋里追打起来，蒋某从裤兜里掏出裁纸刀朝张某颈部喉咙位置连划几下，又用锤子朝张某头部砸了几下，造成张某头部重度颅脑损伤死亡。

蒋某在审讯中谈及自己的经历（曾经判过刑）和怀孕的妻子就低头不语，有时还落泪。说到被害人张某时则一言不发，保持沉默。蒋某杀人一是因为经济问题，在这个问题上蒋某认为自己是占理的，张某赖账，经济上说不清；二是因为张某比较霸道，对蒋某的妻子不尊重，常说"你老婆和你不配，配我还差不多""你老婆嫁给你糟蹋了”，还私下给蒋某的老婆打过电话，等等。蒋某心里觉得有理、委屈。而他不交代也有面子问题，毕竟两人是发小，正如蒋某在审讯中所说：“张某毕竟是我兄弟，发小，我没法说，面子上过不去，说出来不好听。他做的事也不够朋友。”

蒋某的心理既有畏罪也有悲观，出于对刑罚后果的感知而畏罪，出于对家人尤其是没有出生的孩子而觉得没希望和内疚。对于张某有负疚，也有不满。从审讯思路体现的是以阐明利害关系、暗示我们有证据，你要相信科学、不会轻易放你。“拉”则体现在“为自己着想。现在就是争取机会从轻，也是对自己好，对家人好”。因为蒋某有委屈而杀人，审讯中运用了合理化策略进行引导，以“杀人是有原因的”来降低其罪责感，减压；同时在审讯中“斥责”（骂）张某的不义、不对、不讲道理和对蒋某老婆的不尊重，以此降低其因为杀发小没面子的自我归责。另外，因为蒋某妻子怀孕快生产了，可进行情感感化。

在对前述提到的河北省原国税局局长李某的审讯中也充分体现了针对李某的心理实施对策，有效地突破了李某的心理防线。被执行逮捕后的李某内心虽然受到了强烈的震撼，但在表面上仍装出一副很受委屈的样子，顽强地抗拒着办案人员对他的审讯。一连几天，办案人员每次和他谈话，他都用相似的内容进行回复，闭口不谈自己的经济问题。谈话中，为了表明自己的心底无私，他同陪护人员谈笑风生，表情自然庄重，显得极为平静。平日里李某接受提审顽固抗拒，但虚荣心极强的他只要一回到监室便向同室的狱友吹嘘自己是正局级干部，提审他的都是中央派来的局级干部或部级干部，以显示自己身份高贵，满足一下自己的虚荣心。办案人员（组长亲自提审）在观察了李某的言谈举止和心理素质状态后，一天上午 8 时半将李某提押到审讯室，开展了第一次面对面的交锋。李某态度仍很强硬，一开始就拒绝合作。组长知道此人虚荣心强，但很健谈，长时间地与世隔绝愿意向别人倾诉一下心里话。

针对李某的这一特点，组长说："李某，咱们两个定个协议，今天谁也不谈案子，只是随便聊聊天。"

一听说只是聊天，李某的强硬态度马上缓和了下来。办案人员知道李某很迷信，懂佛教，便跟他聊起了佛经。

组长说："李某，佛教有句话：菩提即我，我即菩提，现在只有你自己才能救你自己。"

李某长叹一口气道："我现在被关到外省，没有人来救我。"

组长一听紧接着就抓住李某的话柄，说："李某，听说你爱算命，那么我就给你测个字算算你的命运，你愿意听吗？"

李某一听是算命，认为找到了知音，极为迷信的他顿时来了精神，便连忙应声道："组长，你说说看，你测个什么字，我听听。"

组长笑言道："就拿你刚才说的被关到外省的外字说吧，把外字拆开，左边是个夕阳的夕字，右边是个前途未卜的卜字，如果在外字下面加一个口，就是个咎由自取的咎字，如果在外字头上加一横杠，就是个死路一条的死字，你看看这个外省的外字对你的前景预料是不是很不妙？"

看似随随便便的一段话，李某听后脸色顿时大变，内心的恐惧和不安跃然于脸上，显然"拆字术"给了他很大的震动。组长见李某的思想受到了触动，便紧接着和李某谈起了他的孩子。事前办案人员从管教干部的介绍和所看到的材料中得知，李某对他年仅 8 岁的儿子感情很深，在狱中常常想念那个无辜而可怜的孩子，于是，他要从这里再次打开一个缺口。

问："李某，你想孩子吗?"

李某认真地点头答道："很想，我和他妈妈离婚后，我工作很忙，很少回家，孩子既缺少母爱，又缺少父爱。平时孩子对我依赖性很强，只要我出差，几乎天天给他打个电话。现在我进来这么长时间了，真不知道他生活得怎么样。"言语之间透露出一丝悲凉和对爱子的思念之情。

组长紧接着说道："据说你的孩子很可爱，也很聪明，你出事后他主动向老师提出不当少先队大队干部，因为他觉得没脸见人，听说现在好多小朋友因为你的事而不愿意同他玩，他很孤独。"

一听说儿子目前的生活情况，李某的泪水顺脸而下，说话也变得哽咽起来："进来后我曾经做过一个梦，梦见可可哭着对我说：爸爸，我不愿去别人家……你为什么不回来?我这一辈子也许再也见不到儿子了，真不知道他今后该怎样生活。"

看着李某的心灵受到了震动，组长便乘胜追击道："李某，你对党对人民犯下了重罪，但你的孩子是无辜的，他现在才8岁，可你的犯罪给他幼小的心灵带来了多么大的创伤啊。你应该清楚，你讲不讲自己的问题不是你一个人的事情，你不仅要对你自己的未来负责，而且还要对你的亲人负责。我们党开展反腐败斗争绝不是为了剥夺一些人的生命，更多的还是挽救，是对其他人的警示，是为了维护法律的尊严。如果你认为办你的案子就是为了剥夺你的生命，那么你就大错特错了。你受党培养教育多年，无论是从人性的角度还是从正义的角度来看，都应当在这方面有一个新的认识。我告诉你，你要有勇气面对现实，向司法机关坦白交代你的罪行，这只能说明你有较好的悔罪态度，为你争取宽大处理创造一个好的条件。你要明白，检举和立功，使那些藏在深处的腐败分子得到应有的惩罚，是你的一种悔罪表现，否则就像我刚才和你拆字时所得到的结论一样，只有死路一条。”

一番入情入理、咄咄逼人的话语犹如一发发重型炮弹，句句击中李某的痛处。李某的心理防线开始产生变化。在凌厉的思想政策攻势下，数小时后，顽强抗拒了108天的李某最终失魂落魄地说：“组长，我服了，我现在缴枪，什么都给你们说了吧。”紧接着，他主动交代了先后多次收受他人贿赂300余万元的犯罪事实，并讲明这些赃款现已转移到新加坡和中国香港特别行政区。此时已近下午6时。

为了鼓励李某继续讲下去，办案人员和李某共进晚餐。吃饭之间，故意避开案件不谈，只和李某谈家庭，谈事业，谈文学名著，使李某在一种宽松和谐的氛围中感到了自己的人格尊严，感到了他人的真诚相待，促使着他进一步将交代犯罪行径的决心下定。晚饭后，李某又一鼓作气地交代出曾转移到中国香港特别行政区700多万元港币的犯罪事实和在新加坡也有几百万元存款的情况。根据李某的这一初步交代，李某涉嫌经济犯罪总金额已超过千万元，数额之巨大，令办案人员感到震惊，李某的缺口终于被打开了。

专题三　犯罪嫌疑人心理变化过程和规律

审讯过程中，犯罪嫌疑人的心理状态并不是保持一成不变的，随着审讯的进行和深入，犯罪嫌疑人的心理状态也会随之发生变化，不同阶段表现出的心理特点不同，相应的审讯方法也会有所不同。

一、审讯初始阶段——第一次审讯

根据法律规定，侦查机关必须在采取拘留或逮捕措施后的24小时之内对犯罪嫌疑人进行第一次审讯。法律之所以这样规定，一方面是为了保障犯罪嫌疑人的合法权益，防止久押不审，犯罪嫌疑人实际上处于“闲置”状态；另一方面也是出于审讯的需要，因为犯罪嫌疑人刚刚被采取限制甚至剥夺人身自由，这对其心理冲击是非常大的，也是心理最慌张、心态最不稳的时期。俗话说“好的开始等于成功的一半”，对于审讯这句话同样适用。“如果第一次审讯搞好了，就能顺利突破案情，为及时审结案件打下良好的基础；如果第一次审讯未能搞好，就可能使办案活动陷入僵局，不能及时结案，有的甚至形成疑难案件。”① 对于刚失去人身自由的嫌疑人，本能的

① 周水清：《审讯与取证技巧》，警官教育出版社1999年版，第58页。

恐惧使其慌乱，再加上犯罪嫌疑人对侦查人员掌握了多少与案件有关的证据并不知晓，也并不知道侦查人员对自己的了解程度，所以犯罪嫌疑人在初次审讯中会不断揣度侦查人员，对侦查人员的每一句话都认真琢磨，表现出极大的戒备心理。所以初次审讯具有首因效应，即第一次审讯中，审讯人员以什么样的形象出现，留给犯罪嫌疑人什么样的印象是非常重要的，这也是犯罪嫌疑人非常关注的。他们以审讯人员的仪表态度、言行举止为初步的判断依据，评价审讯人员办案是否有水平、作风是否认真严谨，是否实事求是，是否有人情味，等等，判定自己遭遇的对手是好对付的还是难以过关的。因此，审讯人员在亮明身份之后，可有分寸地对自己的情况适当进行自我介绍，有意识地给自己的形象定位，塑造一定的角色，树立良好的第一印象，这是审讯向纵深发展并取得成功的必经步骤和重要基础。

1. 审讯人员主体因素的影响

审讯人员是审讯活动的主持者，对审讯活动的成败和效率起决定作用，必须由经过严格训练且有良好素质的人员担任。作为一名从事讯问的侦查人员应当全面具备办案所需要的能力，其中，敏锐的观察力、严谨的思维能力、机智的应变能力、良好的交际能力和较强的说服力尤为重要。审讯人员和犯罪嫌疑人之间的人际关系定位应该是“相容”关系，相容关系即“威慑下的和谐”，也就是说双方既不能是对立关系，也不能是融洽关系。审讯是一项严肃的执法活动，带有威慑力，体现出法律赋予审讯人员的自然威信，通过接触，双方要建立心理相容的关系，建立对话的基础，才能由自然威信转为自觉威信，也就是犯罪嫌疑人由刚开始的畏惧、害怕、对立为主的情感体验，转为发自内心地对侦查人员的尊敬、信任、友好、依恋，这就是自觉威信，人际吸引。

2. 审讯环境因素的影响

装饰不同的房间对人的情绪、知觉和判断确实具有不同的影响。环境装点、房间摆设是一种静态无声的非言语传播符号，显露出设计者或房间主人希望传达的特定信息，这往往就是“此时无声胜有声”的效果。本文所指的审讯环境特指空间环境，就是通过对审讯场所的大小、光线、桌椅摆放、审讯桌设置、色彩等几个可能影响到审讯的因素进行分析，营造特定的审讯氛围影响嫌疑人心理，以期达到良好的审讯效果。社会心理学的大量研究表明，人会屈服于环境压力，即使屈服会对其长期利益不利。嫌疑人也不例外，尤其是在相对封闭的社会交往空间内，随着与外界信息的隔绝，其心里会产生无助、孤独的情绪体验。审讯室是专门用作审讯的空间，对审讯室的布置总的要求是简洁、保密、安全、不受外界干扰。在布置审讯室时可考虑以下因素：

（1）房间面积。审讯室的面积不宜过大，也不宜过小。过大，会使审讯空间显得松散，影响双方的交往，也容易分散注意力，不利于形成严肃的气氛，从而增加控制的难度。过小，会使审讯空间显得狭窄，审讯气氛过于紧张，也不利于双方的交往，特别是不利于犯罪嫌疑人陈述案情，同时也不利于审讯中的安全。一般认为，审讯室在 15 平方米至 18 平方米比较合适。审讯室的形状以长方形为好。

（2）室内装饰。对室内装饰总的要求是简单、安全。过多的装饰物会改变严肃的气氛和造成犯罪嫌疑人精神分散，不利于审讯的开展。①审讯室的颜色。总体以柔和浅色为好，这种颜色有助于情绪的稳定和思维集中，大脑也不容易疲劳，能够在较长时间内保持精力旺盛，同时还能产生洁净、庄重的心理效果，如白色、乳白色、淡黄色、淡蓝色、浅绿色等。②审讯室的照明。一般认为使用白色光为好，亮度要求不要太暗，也不要太刺眼。光线照射的重点，应以犯罪嫌疑人为主，能清晰看清其全身动作，特别是面部的表情。而审讯人员部位，应稍暗一些，起掩护作用。实践中，可根据需要调整灯光的强度。③审讯室应当不受外界干扰。可以是无窗式或者有窗挂帘，看不到外边的活动，要能够隔音，不能有共鸣音，不要安装电话或者电话无铃。④审讯室的物品摆放。审讯室里摆放的物品主要有侦查人员使用的桌椅，犯罪嫌疑人坐的椅子或凳子，为方便记录用的小黑板，录音、录像的设备，监控设备等，不要有与审讯无关的物品，特别是不安全物品。审讯室四周墙上是否悬挂图片、画、横幅等要根据具体的案情和审讯策略实施的需要而定。

（3）室内设置。①座椅设置。是指审讯人员和犯罪嫌疑人所用桌椅的规格和座位的摆法。座位的安排直接影响侦讯双方交往的程度和对犯罪嫌疑人影响的效果。一般来说，审讯人员使用的桌子高大一些，桌子上可以有个挡板，有利于掩护审讯人员桌面摆放的案件材料，桌子的颜色应为咖啡色或深咖啡色，这样设计优点是体现审讯的严肃、庄严和权威（见图2），座位、距离、审讯台等安排都比较合适。图3为当前较为常见的审讯室，与图2相比设备更先进。

图2：审讯室1

图3：审讯室2

犯罪嫌疑人的座位一般是按照标准设置的束缚椅（见图4）。在图4中显示的束缚椅是统一制式，实践中较常见，其好处是较为安全。

图4：束缚椅

我国香港特别行政区警方在审讯中审讯的桌子为三角桌。这样的设置据称更有利于双方的交流（见图5）。

图5：三角审讯台

②座位的安排。通常情况下侦讯双方在审讯中有四种位置选择（见图6）。

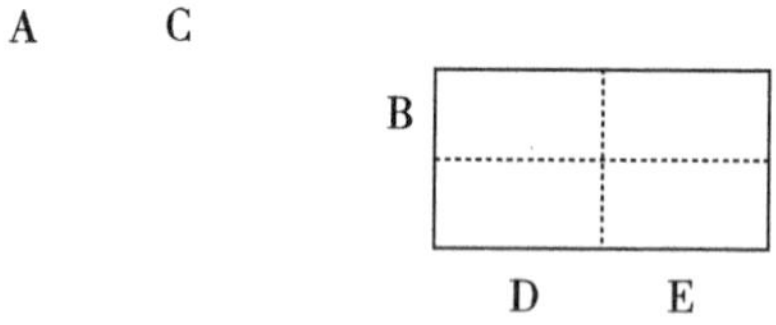

图6：座位安排示意图

假如审讯人员位于A位置，那么C位置为合作位置，B位置为交流位置，D位置为防御位置，E位置为独立位置，不同的位置产生不同的心理效应。A、C合作位置的双方关系融洽，目的一致，地位相等，但是，缺乏目光的交流和体态语言的沟通，谈话容易冷场、中断。审讯中，侦讯双方目的不一致，地位不对等，同时还需要目光的交流和体态语言的沟通，所以，审讯中较少采取这种位置。A、E位置一般是不熟悉或者陌生人之间，不愿意交流，暗示出“井水不犯河水”的心理，不利于交流、说服、引导，也不适合审讯。上述两种位置安排不适合审讯中的人际交往。A、B 位置处于近距离的相邻关系，能使侦讯双方自由、自然、平和地交流，减少了对立，有利于说服和引导。A、D 位置的优点在于侦讯双方可以进行面对面的目光交流，交谈不易中断，也有利于审讯人员观察、把握嫌疑人的心理反应。A、D 位置的特点就是防范气氛很强。可见，A、B 和 A、D 两种位置安排较适合审讯的展开。在审讯中，审讯人员可以根据具体情况来决定，当需要体现审讯人员的威慑和权威时，可以选择 A、D 位置；当审讯气氛过于对立和紧张时，为了中和冲突，建立人际吸引，可以选择 A、B 位置。但是，需要注意的是 A、D 位置中间需要为审讯人员安排桌子（审讯台），而不需要给犯罪嫌疑人安排任何包括桌子在内的依靠，因为，犯罪嫌疑人只要有所依靠，心理上就有了屏障，哪怕是一根绳子让其倚着，其心理也会有所变化，供述也会发生变化。而 A、B 位置的侦讯双方中间不需要任何障碍，即使是桌子。因为，既然这种位置安排是为了缓和气氛，中和冲突，那么，交流的双方要无障碍进行，正如心理学家所说的，如果你要和一个戴着墨镜的人交流思想，那是白费劲儿。

审讯双方座位的安排以双方相邻而坐和相对而坐有利于审讯活动展开。相邻而坐能使侦讯双方自由、自然、平和地交流，减少了对立，有利于说服和引导；相对而坐的优点在于侦讯双方可以进行面对面的目光交流，交谈不易中断，也有利于审讯人员观察、把握嫌疑人的心理反应。

（4）审讯人员与犯罪嫌疑人之间的距离。实践中，侦讯双方座位的距离通常为 1.5 米左右，这样的距离安排好处为：一是安全；二是能将犯罪嫌疑人一举一动全部纳入审讯人员的视野，有利于分析犯罪嫌疑人的心理活动和行为表征。

心理学研究证明，如果在其他方面条件相同，人们往往倾向于在空间距离方面更加接近的人。由于空间距离的接近为侦讯双方的信息交流和沟通提供了更多的机会，双方空间距离接近能使侦讯双方产生更多的交往频率。为此，笔者认为“近距离审讯”，或者称为“零距离审讯”更容易沟通和建立人际吸引。

从审讯实践来看，近距离审讯为侦讯双方的信息交流和沟通提供了更多的机会。近距离审讯的作用包括两个方面：一是审讯人员在空间距离上和嫌疑人接近，更容易沟通和建立人际吸引，距离近了，交流和沟通也就更容易了，正如你能站在 3 公尺以外的地方大声地向一位姑娘求爱吗？近距离审讯中情感感化、说服教育的效果更好。二是近距离审讯打破了犯罪嫌疑人的私有空间，能给犯罪嫌疑人更大的压力，使犯罪嫌疑人在心理上有一种犯罪已经暴露、无法隐瞒的感觉。需要注意的是，有的公安机关的审讯室安置了铁栅栏将侦讯双方隔开，这种设置是从安全角度考虑的，但从人际交往来看不利于双方的交流和沟通。无论哪一种位置安排，侦讯双方中间都要避免设置类似铁栅栏这样的障碍（见图 7）。

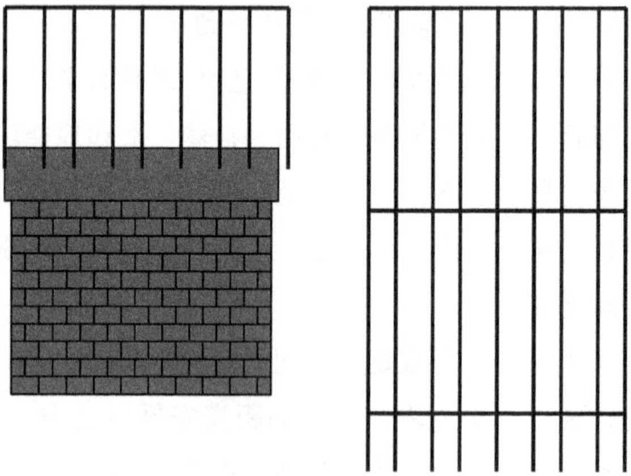

图 7：审讯室的隔离栅栏

图7中有两种栏杆设置，其中一种下半部分为水泥墙，这样的设置使得审讯更难以有效展开。因为在侦讯双方坐下后，下半部分被遮挡，不利于审讯人员观察、了解犯罪嫌疑人的行为及反应。

审讯是在一定的场所进行的，不同的审讯场所对犯罪嫌疑人会产生不同的心理刺激和影响。科学合理选择审讯场所，对突破犯罪嫌疑人的心理防线，取得其供述与辩解都有着重要作用。

值得注意的是，近年来，以英国为代表的许多欧洲国家逐渐地从 Interrogation（审讯）过渡到 Interview（访谈）。多年前，英国的审讯目标即获取口供，多起错案发生后，英国从1992年开始推行一种由警察、心理学家和律师共同研究的新的审讯方法，有人称之为 PEACE 审讯模型（也有人称之为一种培训模型），其目的是获取信息，而不是获取口供。许多欧洲国家正努力以侦查访谈（investigative interviewing）取代对抗式的审讯（见图8）。

图8：挪威审讯室图[①]

① 本图由挪威奥斯陆大学人权研究所 Asbjorn Rachlew 教授提供。

据了解，挪威警方在PEACE模型的基础上略加调整，审讯以访谈的形式出现，同样强调与嫌疑人的交流和沟通，因此，在审讯中双方座位的安排有所改变（见图8），从座椅摆放体现了强调双方交流和沟通的意向。

（5）行为科学智能化审讯室。随着社会文明进步和对人权的重视和加强保护以及现代信息技术的高速发展，现代行为科学技术正逐渐走入警务工作和刑事司法领域。将最新的行为科学的技术成果转化到实战中，进一步提升实战部门的战斗力势在必行。行为科学智能化审讯室是在常规的行为观察系统基础上使用高隐蔽前端采集设备，录制审讯音视频，它能将面部图像处理系统、音频采集与情感分析技术、目标跟踪系统、眼动采集分析系统和生理信号采集分析系统连接起来，使几个相互独立的系统开始走向融合。能够通过实时记录被观察人员的肢体动作、面部表情、眼动轨迹、语音变化及多项生理指标；并利用计算机对采集的数据进行数字化处理，以达到对行为进行客观的分析和研究。

行为科学智能化审讯室是一个综合系统，由审讯前端、指挥控制中心和远程观察指挥终端三大部分构成，各自搭载不同的行为科学技术产品，以实现在审讯过程中科学的行为分析。

审讯室是本系统的前端部分，包括通用审讯室、特殊审讯室、询问室、辨认室、暂押室等，实现对审讯室现场环境温湿度、时间日期、案件审讯的笔录、电子签名的显示，以及高清图像、高质声音等现场信号的采集和直录的同时，配备行为分析系统移动工作站以与后台分析指挥控制中心进行实时数据分析传输与反馈。

控制指挥中心是整个系统的核心，通过专用网络实现对前端部分信号的控制、回放、显示；审讯活动的全程管理、与前端审讯室的信息交流指挥；以及听从远程观察指挥终端的指示等功能。搭载包括眼动数据分析系统、面部表情识别与分析系统、语音情感分析系统、肢体动作分析系统以及犯罪认知心理生理检测系统的整合行为分析系统，能对前端记录到的行为进行完整的技术分析并生成报告。

远程观察指挥终端是该系统提供的远程接口，上级领导以及行业专家可以从办公室或家里观看审讯现场的进展和发生的情况，以及行为分析的结果，及时向指挥控制中心提供意见和指导。行为科学智能化审讯室所有墙壁进行隔音软包处理，防止审讯过程中犯罪嫌疑人发生意外。

通用审讯室：审讯室主要应用于犯罪嫌疑人的审讯工作，建成的数字化审讯系统包括实时音视频监控、案发现场及证物呈现、遥测式眼动追踪系统、面部表情分析系统、压力分布测量系统，所有设备不需要犯罪嫌疑人穿戴任何传感器，在不干扰正常审讯的情况下，智能采集数据，并能够完整记录整个审讯过程，便于各级领导通过网络传输掌握审讯进程，指挥审讯工作。通用审讯室的建成，有利于提高侦查办案水平，使侦查办案更趋规范化、专业化、信息化。

特殊审讯室：该审讯室包括常规音视频监控、案发现场及证物呈现，智能控制室可以对审讯情况实时观看、录像、指挥、比对等，参审人员通过计算机、话筒、调音台等设备参与现场审讯，实现联合会审，结合遥测式生理仪进行测谎审讯，并可结合通用审讯室中的设备进行多维度数据审讯，还可拓展电脑设备的应用。

询问室：询问室主要是针对案件报案人及证人的询问，除常规音视频监控、案发现场图片（视频）呈现外，智能控制室可实时参与询问工作。该询问室以暖色调为主，避免报案人及证人因紧张而影响案件询问工作。

辨认室：辨认室为了满足 1∶1 的人物辨认，辨认的单反防暴玻璃镜幕墙可容 7 人并排站立同时进行辨认，镜前 4 组射灯满足了辨认的需要。声音隔离功能采用特殊材料的单反隔音玻璃，加上先进的隔音技术，有效地将声音隔离开，并具有单反光线的作用。具备抗冲击、撞击的能力。主要以音视频监控为主，结合单向透视镜，进行辨认。同时能将嫌疑人的相貌和声音收集起来储存到电脑里，并及时进行比对。

暂押室：作为暂时看押人员、待审讯人员的休息之所，门只可以在外面打开，暂押室配备音视频监控，证物呈现，并结合目标跟踪系统可以实时了解嫌疑人在房间每个角落的移动状态，包括移动的距离、移动的速度等，从而帮助侦办案件人员结合行为观察了解嫌疑人的心理状态。

智能控制指挥室：实时参与和指挥审讯与询问工作，通过控制对摄像机进行调整，清晰呈现犯罪嫌疑人的正位、侧位面部表情。控制中心根据犯罪嫌疑人的面部表情、生理数据、眼动数据、肢体动作数据、语音波形数据的图形变化相结合，全面判断犯罪嫌疑人的心理状态，达到更好的审讯效果，根据现场的需要，控制室将犯罪证据（如录像、录音）等，通过呈现系统分别切换到各个审讯室，支持多个审讯录像同时播放，以便于在研讨案件时反复观看，深入研究，同时可作为诉讼证据呈现法庭。

远程观察控制终端：远程观看控制智能控制室的审讯记录情况，可调取审讯音视频资料。

二、克服供述障碍阶段

在初次审讯了解犯罪嫌疑人的基本态度后，接下来要做的就是分析犯罪嫌疑人的拒供心理以及拒供表现并采取相应的策略。几乎所有的犯罪嫌疑人都有不同程度的畏罪、侥幸等基本的消极心理，所以教育、情感感化等方法都会成为主要的审讯方法，这些都是通用且必要的。在此阶段，犯罪嫌疑人可能会采取拒供、谎供、翻供等多种手段对付审讯。

1. 拒供

即指犯罪嫌疑人在审讯中否认罪行或拒绝回答问题。拒供的犯罪嫌疑人在审讯中有不同的表现形式，有的公开对抗，如软磨硬泡、肆意顶撞、推诿诡辩；有的则沉默不语、一言不发，或表现出对审讯不以为然的神情。

2. 谎供

即指犯罪嫌疑人在审讯中故意作出与犯罪事实不一致的陈述。当简单的否认不能掩盖犯罪事实时，犯罪嫌疑人常常用谎供的手段来欺骗侦查人员，以求蒙混过关；或者故意激怒侦查人员，使侦查人员表现出不理智的行为，从而达到干扰审讯的目的。

3. 翻供

即指犯罪嫌疑人在审讯中推翻以前所作的有罪或罪重的供述，而作无罪或罪轻的供述。犯罪嫌疑人在初审时，在侦查人员审讯攻势及自身罪责感等因素影响下作出了有罪或罪重的供述，经过试探摸底阶段，其被拘捕时的紧张情绪得到缓和，对即将到来的处罚的恐惧感开始增强，加上同监室人的教唆及其他因素，犯罪嫌疑人后悔向侦查人员作了有罪供述，于是推翻原供述而作新的供述。

侦查人员在与犯罪嫌疑人对抗冲突的环境中，情绪最容易受到影响。在这一阶段，首先，侦查人员应当保持头脑冷静，既不能感情用事，也不能丧失对已获取的犯罪信息的正确判断和继续审讯的信心。其次，侦查人员要善于分析犯罪嫌疑人对抗的主要原因，采取适当的方法加以转化。最后，侦查人员还要善于识别有罪嫌疑较大而有意对抗和确有冤情而激愤对抗两种情况。前者主要表现为拒不交代，在审讯中拖延时间。后者表现为愿意陈述案情，审讯时回答问题的速度快，希望尽快结束这种不愉快的经历。

三、动摇反复阶段

经过对抗相持的激烈斗争，在侦查人员巧妙地使用证据、引导、结合攻心，犯罪嫌疑人的心理防线渐渐出现动摇，侥幸心理、抵触情绪渐趋缓和。这时，犯罪嫌疑人犹豫、动摇、矛盾的心理逐渐上升，犯罪嫌疑人的心理活动转入动摇反复阶段。这一阶段，犯罪嫌疑人徘徊在是如实供述还是继续对抗的十字路口，动机斗争异常激烈，主要表现在以下几方面。

1. 态度变软，口风不那么强硬了

在对抗阶段的嫌疑人有时表现很强硬，甚至嚣张："你们抓错了人，要给我平反"，"凭什么抓我，你们有证据就拿出来"，"逮捕证上我不会签字的，你们爱怎么着就怎么着"，等等。通过审讯人员的工作后，嫌疑人心理、态度发生了变化，首先表现在态度不嚣张，说话不强硬了。

2. 话到嘴边留半句，犹豫不决，矛盾心理突出

犯罪嫌疑人的心理顾虑主要反映在以下三个方面：一是是否确实能得到从轻处理；二是侦查人员是否掌握确凿证据；三是交代罪行是否确实能得到家人的理解与支持。犯罪嫌疑人的矛盾心理主要表现为态度突然间由硬变软，吞吞吐吐，犹豫不决，表现出力不从心，不可能战胜侦查人员的心态。在行为方面的突出表现是"话到嘴边留半句"，欲言又止，低头沉思；或者露出要交代问题的口风，通过与侦查人员对话，或借助同监号其他人之口，传言要交代问题，并且在说话口吻、对侦查人员的态度上与以前大不相同。

3. 提条件和要求

犯罪嫌疑人试图与侦查人员讨价还价，试探能否得到从轻处理，

在回答问题时，强调其他犯罪嫌疑人的罪责或被害人的过错，减轻自己的罪责，以求从轻处理。

4. 倾诉

这一阶段的嫌疑人倾诉欲望强烈。杀人案件的嫌疑人往往通过倾诉自己的委屈来辩解杀人的理由，盗窃案件嫌疑人往往倾诉自己家里穷、急需一笔钱不得已而“偷”，职务犯罪嫌疑人往往倾诉自己作出了多大的贡献等，为自己的犯罪寻找一个“合理的理由”，下一个台阶，宣泄自己的压力。

如上文提及的HN省ZK地区的抢劫银行案件中，其中一名嫌疑人康某建（哥哥）笔录摘要。

问：“坐吧。抬起头来，看着我，认识我吗?”

答：“不认识。”

问：“不认识？我们在看守所见过。现在已经晚上7点多了，把你从看守所提出来，你心里应该明白。前两天你不是还要告公安局吗?”

答：（沉默）。

问：“吃过饭了吗?”

答：“没有。”

问：“（对民警说）去买点牛肉和烧饼（拿出烟递给康某建一支），民警把铐子打开。康某建，事到如今你不要抱任何幻想，我们已经打交道一个多月了吧，我们全体民警不分白天夜里都在工作，现在可以这么讲，你说与不说只是时间问题，可以肯定地告诉你，抢银行的案子我们已经破了，你应该意识到，也应该知道，外面上上下下，楼上楼下这么多人的声音，刑警队三班倒在工作，你父亲保佑不了你，你应该知道我们为什么说这句话，说透了，钱已经挖出来了（民警买回晚餐），康某建，先吃饭吧，吃完饭咱们再谈。”

答：（吃饭）……

问：“再给倒杯水?”

答：“再给我一支烟吧。”

问："可以。"

答："（抽烟，喝水，长叹气）我从14岁开始就跟俺村里一个小孩去挑大粪，因为当时家里穷，挑大粪多少能挣点工分了啥的。人家一回家他妈妈多少能准备点儿热汤热水了啥的，我到家一看，别说热汤热水，有时连个……一点剩饭都没有，当时（民警打断）。"

问："这个你就别说了，我们都知道，包括你两次判刑的情况，你就把这个案子从头到尾说一下。"

答："（片刻，摇头）这事儿不是我干的，我也不知道。"

问："不是你干的？刚才我已经和你说过，你父亲保佑不了你，埋在你父亲坟头的钱你总要说清楚吧，钱不放在家里，不存在银行，埋在你父亲坟头算怎么回事。"

答：（沉默）。

上述审讯中下划线部分为嫌疑人的倾诉，倾诉的内容是家里穷，为自己抢劫（侵财）寻找理由和借口。对于倾诉，审讯人员应该耐心听取，并加以引导。

在动摇反复阶段，犯罪嫌疑人想继续对抗，又怕受到从严惩处；想供述罪行，但仍然抱有保持沉默也许能逃脱惩罚的侥幸心理。审讯的进展迫使犯罪嫌疑人进入权衡利弊的重要关头，此时侦查人员要善于抓住有利时机，因势利导。供述动机的形成有一个过程，极不稳定，侦查人员要特别注意发现其动摇迹象，同时要抓住时机，运用各种审讯的策略和方法，开展积极的心理战，防止其供述心理出现滑坡。此外，侦查人员要积极与犯罪嫌疑人进行心理沟通，避免出现情感对立。在经过上述三个阶段后，随着犯罪嫌疑人对罪行的逐步交代及对审讯环境的逐步熟悉，主要心理障碍已基本解除，但心理障碍的残余还存在，畏罪心理、侥幸心理等仍然对其供述决策起影响作用。要促使其形成供述决意，必须彻底消除其残存的心理障碍。对尚存畏罪心理的犯罪嫌疑人，侦查人员要善于运用宽严案例，使其切实相信坦白从宽的政策；运用信件、电话等通信方式，向其传达家人的谅解。对仍有侥幸心理的犯罪嫌疑人，要向其说明证据的客观性并适时出示证据。最后，切忌因初步胜利而喜形于色或急于求成。在作案数起的犯罪嫌疑人在审讯中交代其中一起案件的情形下，侦查人员如果表现出终止审讯的意思，就会暴露掌握证据的情况，使后续的审讯陷入僵局。

四、供述问题，固定和巩固审讯成果

在审讯活动中，当犯罪嫌疑人的心理防线完全崩溃，对抗审讯的意志彻底动摇，并且形成了供述动机时，犯罪嫌疑人的心理活动就进入了供述阶段。

在这个阶段，犯罪嫌疑人的供述动机占主导地位，为了争取好的认罪态度，对审讯活动表现出积极的态度，愿意回答侦查人员的问题，如实供述问题。因案情和犯罪嫌疑人个性不同，供述时也有一些差异。

（1）一些累犯、惯犯和较理性的犯罪嫌疑人，在侥幸、畏罪心理的支配下，供述时仍存有幻想，能少供就少供；有证据便供，无证据便不供；问得紧就供，一般性的问就不供。

（2）一些大案、要案犯罪嫌疑人认识到证据确凿，为争取态度好而彻底供述，但也想从侦查人员那里探听同案犯情况、公安司法机关对该案的态度、社会对此案的反应、有无翻供和争取从宽处理可能。

（3）一些罪行较轻的犯罪嫌疑人如实供述后有如释重负的感觉，但仍然渴望从轻处理。

以上情况表明，犯罪嫌疑人在供述罪行阶段，仍有可能基于自

我保护而出现供述态度的变化，对侦查人员来说，应当将这一阶段看作双方心理战的关键阶段。首先，要继续做好说服教育工作，鼓励审讯对象已有的进步，强化和巩固这种心理转化；其次，要追清犯罪嫌疑人的全部犯罪事实；最后，对交代不彻底的犯罪嫌疑人，要分析原因，有针对性地解决犯罪嫌疑人残余的心理障碍，获取全部的供述。无论是犯罪嫌疑人转变态度后的主动供述，还是迫于无法反驳的逻辑之困或证据之困的被动供述，都需要巩固审讯成果，固定口供。按照《刑事诉讼法》的规定，固定嫌疑人口供的形式有三种：一是书面记载的嫌疑人口供，为“审讯笔录”；二是犯罪嫌疑人自己写的书面供词；三是审讯录音录像。

1. 审讯笔录

审讯笔录是公安机关侦查人员在侦查活动中，为了证实犯罪、查明犯罪事实，对犯罪嫌疑人进行审讯时如实记载审讯情况的文字记录。

审讯笔录的结构分为以下三部分（见图9）：

讯　问　笔　录（第1次）范例

时间：200X年09月08日16时02分至200X年09月08日17时45分

地点：XX市XX区公安XX派出所

侦查员姓名、单位：林XX、陈XX，XX市XX区公安局XX派出所

记录员：陈XX 单位：XX市XX区公安局XX派出所

犯罪嫌疑人：周XX 性别 男 出生日期1990年12月25日 户籍所在地XX省XX市XX县XX镇XX村XX组XX号

问：我们是XX市XX区公安局XX派出所的民警（民警出示了工作证），现根据《中华人民共和国刑事诉讼法》第九十二条之规定对你传唤讯问，你在《传唤证》上签名、捺指印吧？

答：嗯。（周XX在《传唤证》上签名、捺指印，时间约3分钟）

问：对你进行传唤是经过XX市XX区公安局领导审批的，传唤时限是12小时，你知道吗？

答：知道了。

问：我们现在依法对你进行讯问，你是未成年人，根据《中华人民共和国刑事诉讼法》第十四条第二款之规定，我们对你进行讯问时，可以通知你的法定代理人到场。现在我们已通知了你爸周X到场了，对于你爸在场你有什么意见？

答：我没有意见。（周XX父亲周X，男，41岁，XX省XX市XX县人，在XX市XX区做木工，住XX市XX区XX街道XX村XX号。应我所通知准时到场，侦查人员对周X宣布了有关纪律并说明了注意事项）

问：我们现在依法对你进行讯问，你应当如实回答我们的提问，对与案件无关的问题，你有拒绝回答的权利。你听明白了吗？

答：听明白了。

问：你知道你是因为什么事情被传唤到我们XX派出所的吗？

答：（低头，不说话）。

问：是什么事？知道了吗？

如果你不懂得看，我们可以给你宣读？不理解的地方，我们负责向你解释？

答：我会自己阅读。（侦查人员将一份《犯罪嫌疑人诉讼权利义务告知书》递给周XX，周XX看《犯罪嫌疑人诉讼权利义务告知书》约5分钟）

问：你对犯罪嫌疑人的诉讼权利和义务清楚了吗？

答：清楚了。

问：针对《中华人民共和国刑事诉讼法》规定的有关诉讼权利和义务，你有什么要求？

答：没有。

问：现在你先说说你的姓名、性别、年龄、职业等个人基本情况？

答：我叫周XX，男，15岁。现在没有什么事做，在玩。

问：你的姓名、别名、绰号等都要说清楚？

答：我就叫周XX，没有外号、绰号。

问：你的出生日期和身份证号码？

答：我是1990年12月25日出生，身份证号码我不知道。（经侦查员查询为******19901225***1）

问：你的户籍所在地和现在的住址？

答：我的户籍在XX省XX市XX县XX镇XX村XX组XX号，现住XX市XX区XX街道XX村XX号。

问：你是哪个民族的？

答：汉族。

问：你的文化程度？

答：初中一年级。

问：你的工作单位？

答：我现在没有单位。

问：你有没有使用电话和QQ号

答：我没有使用电话，QQ号是1829**56，网名“黑马”。

问：你的个人简历？

图9：审讯笔录范例

首部。①标题。即文书的名称“审讯笔录”，写在文书顶端正中，标题后用括号注明次数。②审讯起止时间（具体到某时某分）。③审讯地点。④侦查员、记录员姓名及单位。⑤犯罪嫌疑人姓名、性别、出生日期、户籍所在地。

上述内容通常是事先印制好的格式化笔录头，制作笔录时要求按规定填写齐全。

正文。这部分内容是审讯笔录的重点。根据审讯次序的不同，记录内容也有所不同。第一次审讯，一般先亮明侦查人员的执法身份，履行有关权利、义务告知，接着问清并记明犯罪嫌疑人的基本情况。包括姓名、化名、曾用名、出生年月日、户籍所在地、暂住地、籍贯、出生地、民族、职业、文化程度、家庭情况、社会经历、是否受过刑事处罚或者行政处理等情况。最后审讯并记录关于案件事实、情节及相关细节问题。第二次及之后的审讯、记录，对上述犯罪嫌疑人基本情况只要记录一下姓名、性别、年龄、户籍地、住址、职业等简单项即可。然后根据侦查人员的审讯和犯罪嫌疑人的回答，再记录与犯罪有关的情况。审讯、记录工作中，应当重点记清犯罪嫌疑人的犯罪时间、地点、动机、目的、手段、情节和后果，以及与犯罪有关的人和事。

尾部。审讯笔录的尾部内容就是犯罪嫌疑人表明对审讯过程及笔录内容的意见。通常就是：“以上笔录我看过（或向我宣读过），和我说的相符。《犯罪嫌疑人诉讼权利义务告知书》收到一份并看过也明白。”如果犯罪嫌疑人要自写补充内容，加上犯罪嫌疑人自写的补充内容。最后，签名（盖章）、写明日期、捺指印。从程序上说，笔录尾部就是履行笔录核实确认手续。

制作审讯笔录注意的问题：

（1）审讯主体合法。按照法律的规定，审讯的侦查人员“不得少于二人”。实践中单人审讯的现象还偶有发生。如张某涉嫌非法经营案，审讯笔录显示侦查人员对其的审讯时间为2014年7月4日12时05分~12时23分，地点为“预审大队四中队第六审讯室”，审讯人为“王某”。很明显原本两人的审讯变成了一人审讯。又如，犯罪嫌疑人陈某某涉嫌非法经营一案，审讯录像中显示仅有一名侦查人员对犯罪嫌疑人进行审讯，在相应的审讯笔录中却有两名侦查人员的签名。再如，王某某涉嫌盗窃一案，虽然审讯录像显示在审讯过程中有两名工作人员，笔录签名也为两人，但从制服来看，其中一人应为协警或安保人员而非侦查人员，违反了《刑事诉讼法》中关于审讯犯罪嫌疑人必须由侦查人员进行且侦查人员不得少于二人的规定。

既然法律规定审讯由两名侦查人员进行，那么就意味着侦查人员在既定的时间段内只能审讯一名犯罪嫌疑人，可是，实践中发生侦查人员在同一时间段内出现在两次或多次审讯笔录中，也就是出现“交叉审讯”的情形。如霍某、吕某涉嫌寻衅滋事一案，一份审讯笔录显示侦查人员对霍某的审讯时间为“2013年10月15日11时10分~12时10分”，地点为“SC派出所”，审讯人为“马某、韩某”，记录人为“韩某”；而另一份审讯笔录显示侦查人员对吕某的审讯时间为“2013年10月15日10时45分~11时58分”，地点为“SC派出所”，审讯人为“马某、韩某”，记录人为“马某”。马某和韩某在相同时间段内出现在了两次审讯笔录中，两人显然不会“分身术”，很明显存在交叉审讯的情形。审讯人员相同，只是记录人员不同，在交叉审讯的情形之下，表明存在单人审讯的可能。如张某、贾某涉嫌故意伤害一案，其中一份审讯笔录显示侦查人员对张某的审讯时间为“2014年4月7日17时40分~18时16分”，地点为“DX区看守所第九审讯室”，审讯人为“李某、张某1”，记录人为“李某”；对贾某的另一次审讯时间为“2014 年 4 月 7 日 18 时 00 分 ~ 18 时 29 分”，地点为“DX 区看守所”，审讯人为“李某、张某 1”，记录人为“李某”。两次审讯时间有重合，显然存在交叉审讯的情形。

（2）防止连续审讯。由于法律对一场审讯的时间和次数没有明确的规定，“实践中审讯的频次主要取决于案情的复杂程度、嫌疑人的个体情况等因素”。[①] 调查发现[②]，犯罪嫌疑人的受审讯次数平均为 6 ~ 8 次，两次审讯的间隔在 5 分钟以内的共有 32 次，间隔在 5 ~ 10 分钟的审讯共有 17 次，间隔在 10 ~ 15 分钟的审讯共有 19 次，间隔在 15 ~ 20 分钟的审讯共有 8 次，间隔在 20 ~ 30 分钟的审讯共有 1 次。“多次审讯，尤其是间隔时间很短的多次审讯也是对犯罪嫌疑人的一种精神强制。”[③] 如刘某涉嫌容留他人吸毒案，一天之中侦查人员对犯罪嫌疑人刘某进行了三次审讯，分别为“2014 年 8 月 22 日 9 时 15 分 ~ 9 时 30 分、9 时 35 分 ~ 10 时 10 分、10 时 15 分 ~ 10 时 56 分”，地点都是在 DA 区看守所第十审讯室。两次审讯之间的间隔都只有 5 分钟，意味着这次审讯刚结束，下一次审讯就开始，中间没有给犯罪嫌疑人休息的时间。

（3）规范审讯地点。调研显示，大多数案件羁押前的审讯地点是公安机关刑侦支队或派出所的审讯室，有 25 例审讯的地点是派出所的讯（询）问室，有 2 例审讯的地点是某公安分局西大院，有 1 例拘留通知书地点和犯罪嫌疑人实际所处地点不一致。如李某抢劫一案，拘留通知书上记载的内容为“2014 年 1 月 25 日 1 时刑事拘留，犯罪嫌疑人被羁押在看守所”。同时，被拘留人家属签字时间为

---

① 闫召华：《口供中心主义研究》，法律出版社 2013 年版，第 150 页。

② 笔者调取的为 BJ 市 DX 区人民检察院 2014 年 150 份侦查卷宗。

③ 闫召华：《口供中心主义研究》，法律出版社 2013 年版，第 150 页。

“2014 年 1 月 25 日 1 时”。可是，审讯笔录显示的时间为“1 月 25 日 1 时 10 分～1 时 40 分，地点是刑侦支队”。显然，李某不会同一时间出现在两个地方，时间存在明显的冲突，这说明至少有一个是在作假。不规范的背后往往隐藏着违法的情形，看守所外的审讯地点往往成为刑讯逼供等非法行为的发生地。“有人统计，47 例提到刑讯地点的指控中，看守所内仅 2 例，占 4%，派出所、刑警队等地 36 例，占 77%。抓获地、外提地也都被提到。”①

《刑事诉讼法》有明确规定，对于已经被拘留、逮捕的犯罪嫌疑人应该在看守所内进行审讯。可是，实践中的情形并非全然依照法律的规定进行。调研显示，共有 80 例侦查人员将审讯地点写成“某公安分局预审大队某看守所第×审讯室”的情形，预审大队并非法律意义上犯罪嫌疑人被羁押地点，将其与看守所作为一体显然是不合适的。

（4）审讯内容与笔录内容吻合。笔录是审讯内容的反映与固定，应当忠实于审讯的原意，不应该有人为“操作”。实践中仍然存在审讯内容与笔录内容存在较大出入的情形。如侦查人员只记录犯罪嫌疑人的有罪供述，对无罪辩解却不记录或轻描淡写。例如，王某涉嫌故意伤害一案，侦查人员在审讯犯罪嫌疑人王某时，未如实记录其供述与辩解，制作笔录后也未依法交由犯罪嫌疑人核对、更正。另外，有的审讯时间的长短与笔录记录的内容多少不成正比。如曹某涉嫌故意伤害一案，某次审讯犯罪嫌疑人曹某的时间为“2014 年 8 月 14 日 9 时 13 分～9 时 21 分”，而审讯笔录却记录了 4 页纸，仅 8 分钟的审讯如何记录下这么多的内容？

依照法律的规定，侦查人员应当在笔录上签名，犯罪嫌疑人在

① 王爱平、许佳：《非法供述排除规则的实证研究及理论反思》，载《中国刑事法杂志》2014 年第 2 期。

对笔录核对无误后也应当签名。而实践中并非每次审讯都能做到规范严谨。调研中发现1例侦查人员未签名、4例犯罪嫌疑人未签名、26例犯罪嫌疑人漏签“以上笔录我看过（或向我宣读过），和我所说相符”、4例犯罪嫌疑人签字日期与笔录抬头时间不一致的情形。另外，在审讯笔录中出现错别字是很常见的情形，而有的错别字直接影响了案件质量甚至定性，特别是对案件人姓名同音不同字的情况不加辨别就直接记录的情形并不少见。如在某涉嫌寻衅滋事一案中涉及“王”姓人员，侦查人员共对其审讯了6次，在这些笔录中，“王”姓人员的名字出现了“王力”“王立”“王利”“王黎”几个不同的版本。

2. 书面供词

是指犯罪嫌疑人自行书写的供述犯罪事实的书面材料。也有称为亲笔供词（见图10）。

于200X年5月6日收到犯罪嫌疑人朱XX的亲笔供词。

侦查员：王XX、林X

书 面 供 词

我叫朱XX，男，19岁，汉族，XX省XX市人，现住XX市XX区XX镇XX村XX号。200X年5月6日因涉嫌强奸罪被XX市公安局XX分局刑事侦查大队传唤，应侦查人员要求，现将我涉嫌强奸罪的有关情况详细交代如下。

去年10月份，我先通过网络聊天认识了林XX，11月份通过林XX介绍认识了王XX。起先只是见面认识了一下，到了今年3月份，我就有打电话跟王XX聊天、闲聊等，到今年4月12日左右，我从上海回到XX镇家中，没再去上海打工了，就与她发展为男女朋友关系，频频地电话来往联系，经常约她在XX市的XX古街、XX学生街等地玩，发展成很亲密的男女朋友关系。

图10：书面供词实例

书面供词包括首部、正文和尾部三部分：

首部。包括文书名称，即“书面供词”。犯罪嫌疑人的基本情况，在何种情况下书写的，即写明是自行请求书写供词，还是应侦查人员要求书写。

正文。它是文书的主要部分。犯罪嫌疑人应如实地写清犯罪的时间、地点、动机、目的、手段、情节和后果，以及所知道的与犯罪有关的人和事等。

尾部。犯罪嫌疑人应当在末页紧接最后一行供词的下面签名（盖章）、捺指印，并写明时间。

3. 审讯录音录像

为了对审讯过程进行监督和制约，防止发生刑讯逼供等违法现象，我国《刑事诉讼法》对审讯同步录音录像制度进行了规定，这是法律第一次明确规定审讯录音录像，从2018年《刑事诉讼法》实施以来，审讯录音录像对遏制刑讯逼供等非法取证取得了明显的效果。但是，在实施中仍然需要注意以下几方面内容。

（1）录音录像内容的完整性

法律规定，应当对每一次审讯全程不间断地录音录像。实践中一些办案部门仅仅录一次系统笔录，有的多次审讯只录一次，办案人员常以去外地取证未带设备或设备故障无法录制进行解释。有的移送的录音录像本身就不完整。甚至有的审讯快要结束才开始录制。还有的存在先审讯、后录制，供则录，不供则不录。

（2）录音录像内容与笔录内容一致性

主要表现为：一是录音录像中嫌疑人明确表示对某个情节记不清楚，而笔录中却记得很清楚；二是录音录像中没有提到的内容笔录里有；三是录音录像时间很短，笔录却长达十几页，或者录音录像时间很长，笔录却很短。例如，刘某、李某运输毒品案件中，李某的笔录记录："刘某给我打电话，说要在我这里放一点东西，我心里明白是毒品，我同意了"，而录音录像里面并没有显示李某说了"我心里明白是毒品，我同意了"这句话，类似的情况在该案中不止一处。

（3）录音录像制作的规范性

尽管司法机关制定了关于同步录音录像的规范性文件，但实践中仍然做法不一：一是同步录音录像缺少附随材料。如制作录音录像的单位、时间、人员等。二是对于缺失的录音录像未说明原因。三是录音录像不完整。有的录像没有全景，只有嫌疑人半身影像，有的画面不清晰，有的声音不清楚，有的根本无法播放，等等。

专题四 犯罪嫌疑人供述动机调查与分析

有关犯罪嫌疑人为何会供述罪行准确原因的研究在审讯理论和实务中一直为人们所关注。一般来说，犯罪嫌疑人承认或供述罪行会给自己带来严重的后果，罪行越重，陈述后所面临的处罚越重，犯罪嫌疑人考虑到供述的不利后果时通常会抑制供述，但仍然会有一些人在没有外部压力的情况下承认犯罪事实；而另外一些人则需花很长的时间、使用一些策略方法或在证据较为确实充分的情况下供述。英国的古德琼森教授指出，如若警方没有对其怀疑并加以审查，近70%的嫌犯不会供述；约20%的嫌犯会在没有警方的质疑下进行供述；而剩余的10%则不确定。[①] 美国的英博教授的研究表明，如果仅仅期望犯罪嫌疑人由于负疚进行供述，而不通过审讯，是无法实现目的的。显然，犯罪嫌疑人有各种各样的供述理由，并时常需要综合多种因素，包括案件的情况、羁押环境、证据如何、侦查员的审讯策略和技巧、犯罪嫌疑人的心理状态等。国内外学者对这些因素作了实证分析和调查，笔者也进行了调查和分析，希望借此

① ［英］古德琼森：《审讯和供述心理学手册》，乐国安、李安等译，中国轻工业出版社2008年版，第139页。

得出是什么因素导致犯罪嫌疑人供述，以指导审讯实践。

一、研究概况

供述动机是犯罪嫌疑人自白的内在动力或内心起因。供述动机不是凭空产生的，是受犯罪嫌疑人在羁押状态中法律地位的变化、生存环境的改变而产生的需要所支配[①]。在对犯罪嫌疑人供述动机的研究中，人们已总结若干影响供述动机形成的因素，它们是：希望获得从宽处理；受良心谴责，有悔罪感；一人做事一人当，自己做的事情自己敢于承认；对侦查员的感激；亲属、朋友、同事的宽容；自知罪行难以隐瞒；难以忍受肉体上的伤害和痛苦；企图逃避追查其他罪行或同案人[②]。笔者曾经在 1998 年对犯罪嫌疑人供述动机形成因素的调查中对以上八种供述动机因素做了实证研究，以验证这些因素的有效性[③]。调查显示，排在前四位的是：第一，"一人做事一人当，自己做的事情自己敢于承认"。在可能影响犯罪嫌疑人愿意供述的动机因素中，"一人做事一人当，自己做的事情自己敢于承认"分值最高，82.7% 的被试（在押犯罪嫌疑人）对此持肯定的回答。一方面，证实了犯罪嫌疑人中确实有一部分人具有敢作敢当的性格特征，使其在选择犯罪行为时缺乏理智，在供述罪行时比较主动；另一方面，并且是更主要的一面，这种结果揭示了犯罪嫌疑人供述罪行中的一种期望状态：他们更希望自己是因为敢作敢当而供述罪行，而不是因为其他外界因素的影响而被迫供述。第二，"希望

---

① 赵桂芬：《供述心理与审讯对策解密》，中国人民公安大学出版社 2009 年版，第 142 页。

② 赵桂芬：《犯罪嫌疑人从宽期待供述动机形成机制之实证研究》，载《中国人民公安大学学报（社会科学版）》2009 年第 2 期。

③ 笔者在 1998 年与赵桂芬教授对 BJ 市和 TJ 某区看守所 1200 名在押人员做了问卷调查。

获得从宽处理”。嫌疑人虽然认同法律的处罚，但却恐惧惩罚，因为犯罪嫌疑人处于供或不供的动机选择状态时，其内心的焦虑使其食不知味，寝不能眠，期待从宽是其最大的愿望。第三，“受良心谴责，有悔罪感”。这一因素的影响力排在第3位，肯定回答的百分比是75.7%。这一结果表明，对于犯罪嫌疑人而言，多数人都可以感知到对于自己犯罪行为的内疚，对于社会和国家的损失而内心受到谴责，从而对于将受到的法律制裁能够接受。第四，“自知罪行难以隐瞒”。这一因素在八种供述动机的调查中的影响力排在第4位，肯定回答的百分比是69%①，表明50%以上的嫌疑人供述的因素是客观原因导致的。

总体来看，2010年之前，学者对嫌疑人供述动机进行的研究是从上面所提到的八个方面进行的，有的学者还对某监狱100余名罪犯做了关于供述动机的调查，并据此提出了动之以情晓之以理、情感感化、使用证据等方面的审讯策略。从国外学者研究情况看，代表性的有英国学者古德琼森和美国审讯专家霍姆斯两人，他们在犯罪嫌疑人供述动机方面的研究成果显著。他们十分注意将实践进行总结研究，关于供述动机方面的观点有：

（1）认知因素，认知是信息加工的过程，古德琼森认为审讯中犯罪嫌疑人意识到侦查人员握有证据罪行，已无可隐瞒，因此企图做控方的污点证人以获得从轻处罚或辩诉交易。

（2）生理因素，是指嫌疑人有某种生理疾病或智商低而无法抵抗审讯，因而较易获得其供述。

（3）情绪因素，是指犯罪嫌疑人被抓获后，其内心受到良心谴责和羞耻心，或其自身产生的焦虑情绪与巨大压力等迫使其自白。

---

① 毕惜茜、赵桂芬：《在押犯罪嫌疑人心理状况调查之二——供述心理的分析》，载《预审探索》1998年第3期。

（4）社会情境因素，是指嫌疑人接受审查与社会隔离，审讯中侦查人员对其施加压力和影响，使其难以抗拒而自白。侦讯方的影响一是合法有效的审讯策略，如侦查人员的关心、理解、富有感染力的语言说服和令人信服的论证，包括嫌疑人的亲属的劝解，或者感化等，使得犯罪嫌疑人如实交代；二是通过欺骗、利诱、威胁或刑讯逼供得到口供，这种以非法方法获取的口供存在不真实性。

霍姆斯研究发现少量嫌疑人的供述源自其内心的异常需求，例如，某些犯罪嫌疑人喜欢受虐，其进行供述是为了满足内心需要；某些服刑人员由于长期监禁，已经不能适应外界社会生活，觉得生活在监狱里更舒适；某些犯罪嫌疑人在接受审讯时，可以重新感受犯罪的快感体验；某些犯罪嫌疑人为了让其亲人感到难堪，报复家人，而进行供述。①

古德琼森的研究较为显著的是总结了一些供述理论模型试图解释犯罪嫌疑人供述的机制和过程。

1. 里德供述模型。审讯被认为是克服反抗和供述欺骗的心理控制。

2. 供述决策模型。试图关注审讯过程中影响犯罪嫌疑人决策的各种因素。

3. 供述的精神分析模型。供述被看作源于内心的冲突和犯罪感。

4. 供述的相互作用模型。审讯的结果被看作源自背景变量和相关特征的相互作用。

5. 供述的认知—行为模型。依照供述的前因和可感知的后果来

---

① 张冬冬、从均广：《浅议影响供述动机的因素》，载《河北公安警察职业学院学报》2006 年第 3 期。

研究。①

古德琼森指出上述模型之间有很大程度的重复，但每一种模型都针对羁押审讯过程中犯罪嫌疑人为何供述作出了不同的假设。对此国内的研究较为缺乏。

在当前刑事司法改革和以审判为中心的背景下，取证手段的合法性越来越受到人们的关注。通过何种手段获得犯罪嫌疑人供述的研究和应用显得越来越迫切。为此，笔者对 1998 年的问卷做了调整，在上述八个方面的基础上，细化了问卷内容，以嫌疑人的供述内驱力、供述诱因、对自己在接受审讯中的表现和个性进行评价等为主要内容设计了调查问卷，同时还设置了对侦查人员的评价，并进行了访谈，旨在通过调查和分析为审讯提供策略方法的依据。

二、犯罪嫌疑人供述动机实证调查

笔者分别于 2014 年 12 月赴 GD 省 SZ 市、2015 年 3 月赴 SC 省 MY 市对看守所 500 名在押人员进行了问卷调查，并做了部分访谈。

1. 样本情况

（1）年龄情况。在调查的 500 名在押人员中，未成年人为 50 人，占 10%，19～25 岁为 197 人，占 39.4%，25～60 岁为 198 人，占 39.6%，40～60 岁为 45 人，占 9%，60 岁以下的为少数。

（2）性别情况。男性为 84.7%，女性为 15.3%。

（3）文化程度。中小学（包括小学以下）文化程度为 360 人，占 72%，高中文化程度为 102 人，占 20.4%，大学以上文化程度为 38 人，占 7.6%，以低层次文化为主。

---

① ［英］古德琼森：《审讯和供述心理学手册》，乐国安、李安等译，中国轻工业出版社 2008 年版，第 119 页。

（4）捕前职业。职业情况较为分散，有确切身份的情况首先是无业人员181人，占36.2%，其次是公司企业职工70人，占14%，城市农民工人126人，占25.2%。这三类人员占主要成分。

（5）涉嫌罪名情况。侵财类犯罪占的比例较大，盗窃为155人，占31%。抢劫为77人，占15.4%。总体以侵财和暴力、侵犯人的生命健康这几类犯罪为主。

（6）所处诉讼阶段。处于侦查阶段和审查起诉阶段人员比例几乎一样，各占42%；审判阶段略少占16%。

（7）前科情况。有前科的总体较少，占总数的三分之一，约占33%。

2. 问卷设计

本次调查在设计问卷时是根据对供述形成机制的理论假定设置的，通过研究嫌疑人进行供述的动机形成，对以下问题进行研究[①]：（1）研究嫌疑人如何形成其供述动机，及其交代相关行为的驱动力，并在调查问卷中采用“为何交代自身犯罪行为”的表示方式便于其理解；（2）嫌疑人进行供述的诱因，包括主体内因素和主体外因素，主要研究通过缓解犯罪嫌疑人的内心压力是否可以促使其进行供述；（3）嫌疑人个性的自我评价，研究犯罪嫌疑人的供述动机与其个性之间的关联关系；（4）研究嫌疑人被审讯的过程中，分析其外在表现的差异性获得其优势需要的差别；（5）研究其他影响嫌疑人形成供述动机的因素，获得从侦查员主体影响的途径对于嫌疑人形成供述动机的影响。要求被试对每一个问题作出“是”或“否”的回答，未设置中间项，对数据运用spss15.0做统计处理。

---

① 本次调查问卷根据2007年赵桂芬教授对河北等地的调查问卷设计，增加了侦查员主体因素对供述动机形成的影响部分。本次调查问卷数据统计情况和2007年赵桂芬教授所做问卷的数据统计情况基本一致。本书所做调查与赵桂芬教授等人共同完成。

3. 问卷分析

（1）交代犯罪行为的内驱力（见表15）

表15：交代犯罪行为的内驱力

你为什么交代犯罪行为	人数/百分比（%）		
	是	否	有效问卷
期望获得从宽处理	456/91.2	44/8.8	500
希望得到家人、亲友的谅解和支持	441/88.7	56/11.3	497
想获得内心的平静	401/81.2	93/18.8	494
受良心谴责，后悔自己的所作所为	387/83.3	78/16.7	465
一人做事一人当	343/76.2	107/23.8	450
无法继续隐瞒自己的行为	219/45.7	260/54.3	479
为了保护他人	88/18.6	387/81.4	475
避免警察继续追究其他犯罪行为	80/16.8	396/83.2	476

调查显示有456人，占91.2%的人“期望获得从宽处理”；有441人，占88.7%的人“希望得到家人、亲友的谅解和支持”，可见这两个方面为嫌疑人供述的主要原因。超过50%的人供述的原因依次是：“想获得内心的平静”“受良心谴责，后悔自己的所作所为”“一人做事一人当”等，所占比例依次呈递减趋势。在前述调查研究中，对于从宽处理的正面答复的百分比远远高于其他因素。由此得出，在被羁押的过程中，犯罪嫌疑人大多具有强烈的安全需要。没有人可以从情感层面接受法律的严惩，这是因为犯罪嫌疑人由此会受到社会的排斥，从而与原本生活的群体产生割裂，会出现对于未来发展与生存的焦虑，从而有极强的不安全感①。在这一心理支配下，犯罪嫌疑人的内心安全需求为优势需要，从而会促使其产生供

① 马皑、宗会生：《审讯方法及其心理学原理》，载《中国刑事法杂志》2010年第1期。

述动机。[①] 然后是尊重需要，表中“想获得内心的平静”“受良心谴责后悔自己的所作所为”“一人做事一人当”这三个问题肯定回答的百分比都超过了70%，分值较高表明了这一问题。“希望得到家人、亲友的谅解和支持”在肯定回答中排在第二位，有88.7%的人有这一需要，即爱的需要。被羁押的犯罪嫌疑人置身于封闭的、陌生的环境中，人际交往受到很大限制，必然会导致孤独感，更渴望交流、温暖、慰藉等情感。

（2）供述动机形成的诱因（见表16）

表16：促使犯罪嫌疑人供述动机形成的诱因

下面哪些因素促使你交代犯罪行为	人数/百分比（%）		
	是	否	有效问卷
亲友的规劝	348/72.8	130/27.2	478
侦查员态度诚恳，帮助分析交代与不交代的利弊	313/64.9	169/35.1	482
不说实话内心承受的压力太大	306/64.1	172/35.9	478
被害人遭受的痛苦让自己很内疚	302/63.3	175/36.6	477
侦查人员真诚的关心	290/61.7	180/38.2	470
侦查员出示证据自己无法辩解	288/61.5	180/38.4	468
侦查员指出供述中的矛盾，无法自圆其说	286/50.8	184/39.1	470
侦查员说不交代就要受到法律更严厉的惩罚	218/46.3	253/53.7	471
心慌意乱，糊涂了，只好顺着侦查人员的意思回答问题	179/39.2	278/60.8	457
刑讯逼供	166/35.3	304/64.7	470

表16中显示有348人，占72.8%的人供述的原因是“亲友的规

① 赵桂芬：《供述心理与审讯对策解密》，中国人民公安大学出版社2009年版，第145页。

劝”，这一影响位居第一。接下来的三个因素分值相近，即“侦查员态度诚恳，帮助分析交代与不交代的利弊”“不说实话内心承受的压力太大”“被害人遭受的痛苦让自己很内疚”；还有61%左右的人供述的因素是来自“侦查员真诚的关心”和“侦查员出示证据自己无法辩解”。从总体上看，审讯策略方法的使用排在各项因素的后几位，即“侦查员出示证据自己无法辩解”“侦查员指出供述中的矛盾，无法自圆其说”。其中有166人，占35.3%是因为“刑讯逼供”而供述，虽然排在最后，但值得关注。

上述结果表明，有归属需要的犯罪嫌疑人对供述以获得亲友谅解有更大的内在动力，在这一因素的支配下“亲友的规劝”的影响是巨大的，适时用亲情打动、感化犯罪嫌疑人往往能使其拒供心理发生改变。“不说实话内心承受的压力太大”“被害人遭受的痛苦让自己很内疚”这两方面的供述诱因分值都是60%多一点，说明有尊严需要的被试者，对自身的犯罪行为有罪责感和谴责感，在其信念体系中尚有良心和道德意识，具有反思能力，因而希望通过说出事实真相来减轻自己的压力，惩罚自己的犯罪行为；有64.9%的人对“侦查员态度诚恳，帮助分析交代与不交代的利弊”作出肯定回答，其影响排在第二，“一般情况下，当侦查人员找到犯罪嫌疑人的突破口时，嫌疑人才会坦白自己的罪行……实际上是希望侦查人员以恰当的方法给他‘指明前途方向’”①。可见，侦查人员帮助其趋利避害、指明方向对于犯罪嫌疑人供述与否起着重要的作用。表16中排在较后面的是“侦查员出示证据自己无法辩解”“侦查员指出供述中的矛盾，无法自圆其说”，说明审讯策略方法在促使犯罪嫌疑人供述上的影响力还有待提高。需要注意的是，“刑讯逼供”对促使犯罪

---

① ［美］阿瑟·S. 奥布里、鲁道夫·R. 坎普托：《刑事审讯》，但彦铮、杜军等译，西南师范大学出版社1998年版，第40～41页。

嫌疑人供述也有一定的影响，占 35.3%，说明审讯中的非法审讯方法还存在。

（3）审讯中的表现和对自己的评价（见表 17）

表 17：审讯中的表现和对自己的评价

在讯问中你有什么样的表现	人数/百分比（%）		
	是	否	有效问卷
紧张恐惧	356/83.1	131/26.9	487
冷静	232/48.9	242/51.1	474
心里有数，满不在乎	87/18.2	377/81.3	464
和侦查人员争吵	80/16.9	393/83.1	473

被试中“紧张恐惧”的占多数，有 356 人，占 83.1%，这是一种情绪维度；“冷静”是第二个比较突出的表现，占 48.9%，反映出其理性水平；“心里有数，满不在乎”与“和侦查人员争吵”的占少数。可见，嫌疑人作案后，尤其是被羁押审查中的紧张、恐惧心理比较普遍。

（4）被试对自己个性的评价（见表 18）

表 18：对自己个性的评价

你认为自己是个什么样的人	人数/百分比（%）		
	是	否	有效问卷
自尊心强	404/84	77/16	481
内向，喜欢把想法憋在心里	254/53.8	218/46.2	472
容易接受别人意见	245/52.2	224/47.8	469
胆小怕事	148/32.1	313/67.9	461
只在乎自己的感受，而不考虑家人或朋友的感受	121/26.7	338/73.6	459

从嫌疑人对自己的评价中可以看出“自尊心强”占绝大多数，有 404 人，占 84%，显示嫌疑人在羁押的环境中希望自己的人格受

到尊重；一半多的人认为自己“内向，喜欢把想法憋在心里”，一方面表明部分被试的性格特点，另一方面也有一些人以此来说明自己拒供的原因；一半的人表示“容易接受别人意见”，一般来说，有尊重需要的人更容易接受别人的意见，同时也会考虑他人的感受。“胆小怕事”和“只在乎自己的感受，而不考虑家人或朋友的感受”占一小部分。

（5）影响犯罪嫌疑人供述动机形成的其他因素（见表19）

表19：嫌疑人心目中更能接受哪一类侦查员

因素	人数/百分比（%）				
性别	男		女		有效问卷
	261/52.5		236/47.5		497
语言	普通话		家乡话		465
	381/81.9		84/18.1		
职务	有职务		一般民警		485
	328/67.6		157/32.4		
年龄	较大的		中年	年轻	489
	208/42.5		158/32.3	123/25.2	
你认为侦查人员在与你打交道中有多大程度能了解你的想法	不了解	了解一小部分	了解大部分	完全了解	465
	125/26.9	190/40.9	101/21.7	49/10.5	

侦查员主体因素对犯罪嫌疑人供述动机的形成是有影响的，那么这种影响体现在哪些方面？影响力有多大呢？表19显示，对侦查员的性别因素被试的态度倾向性不明显，男性侦查员（52.5%）和女性侦查员（47.5%）差异幅度不大，可见，一般来说被试人员对侦查人员性别没有特别的要求。而在语言和职务的问题上态度差异较大。从语言上看，虽然家乡话易懂，能够起到拉近距离的作用，但绝大部分被试（81.9%）还是认为普通话更好，这是因为审讯是

执法活动，在犯罪嫌疑人心目中侦查员代表的是“政府”，执行的是法律，其形象是正面的、严肃的，审讯中使用普通话也更能代表这一总体形象；对于侦查员的职务情况，67.6%的被试人员做了肯定回答，因为有职务的侦查员有一定权限，能说话算数，犯罪嫌疑人更愿意向他们供述，体现出“权威效应”。侦查员的年龄情况由年龄较大的、中年的到年轻的肯定回答的百分比从42.5%、32.3%到25.2%，分值呈递减趋势，年轻的侦查员分值较低，这是因为在审讯中年轻的侦查员往往表现出经验不足、急躁、方法简单等，不能赢得犯罪嫌疑人的信任；相对而言，年长的侦查员经验丰富、沉稳，显示出让人既畏惧又尊重和信任的一面，这一点在对嫌疑人的个别访谈中也得到印证。而对于“你认为侦查人员在与你打交道中有多大程度能了解你的想法”这一问题，被试对“完全了解”“了解大部分”及“不了解”的肯定回答分值较低，总体倾向是“了解一小部分”（40.9%），这一分值并不高，未能超过50%，说明实践中侦查人员与犯罪嫌疑人的沟通不够，对犯罪嫌疑人的情况了解不够。

三、调查结论及审讯策略

上述调查显示，从嫌疑人供述动机的形成来看，安全需要为优势需要，在犯罪嫌疑人供述动机形成中起支配作用；尊严、人际交往和爱的需要较为明显，在犯罪嫌疑人供述动机形成中起着重要作用；审讯的方法和侦查员主体情况对供述动机的形成有一定影响；根据调查的情况，就审讯的策略方法而言，即“侦查员出示证据自己无法辩解”“侦查员指出供述中的矛盾，无法自圆其说”的影响排在在押人员供述动机因素的后几位，前者为利用证据的方法，后者为利用矛盾的方法；调查还显示，非法审讯仍然存在。

对此，笔者认为在审讯中除使用证据、利用矛盾等方法外，重点应在如何与嫌疑人建立人际吸引，即建立与嫌疑人能够交流、沟通的人际交往关系，缓和双方的对立和矛盾，同时禁止非法审讯方法，提倡“软审讯法”。

1. 建立人际吸引，缓和对立，加强交流

上述调查显示，被试中“紧张恐惧”的占多数，有356人，占83.1%。在此次调查中笔者还对看守所20余名嫌疑人进行了访谈。

例如，问：（被访谈人：景某某，男，1989年生人，黑龙江人，涉嫌抢劫杀人）“你被抓之后，心里是什么感受?”

答：“被抓后先被带到公安分局，当时一下子脑子空白，什么都不想了。晚上天天做噩梦，梦到被害人，觉得自己这辈子完了。”

又如，问：（被访谈人：任某，男，山西人，1985年生人，涉嫌诈骗、盗窃）“出事后心情怎么样?”

答：“害怕，特别是遇到警车就害怕，躲着走，警车走后就好点。”

问：“这几天怎么过的?”

答：“紧张，没事就喝酒，喝了就什么都不想了。”

可见，当犯罪嫌疑人处于一种被审查、被追诉状态时，意味着被社会所否定，意味着被贴上群体标签、谴责和抛弃，普遍会有焦虑、紧张、恐惧感，同时由于嫌疑人失去人身自由，处于一种相对封闭状态，面临法律的处罚，他们迫切需要与人交流、沟通、慰藉。而调查显示，多数嫌疑人认为侦查人员并不了解他们。嫌疑人对“完全了解”“了解大部分”及“不了解”的肯定回答分值较低，总体倾向是“了解一小部分”（40.9%），未能超过50%，说明实践中侦查人员与犯罪嫌疑人的沟通不够，对犯罪嫌疑人的情况了解不够，基于这样一种情况的审讯也是不尽如人意的，其效果可想而知。

笔者在访谈中问及对侦查人员的印象或是否在意侦查员的态度

时，被访谈人普遍反映比较在意侦查员的态度，希望能和他们谈谈。

例如，问：（被访谈人：陈某某，男，河北人，1984年生人，涉嫌伤害致死）“你对侦查员态度在意吗？”

答：“很在意，如果警察态度好，我也会配合。”

问：“具体谈谈你喜欢什么样的侦查员。”

答：“年龄比我大一些，能和我分析分析，讲道理的。”

再如，问：（被访谈人：高某某，男，吉林人，1977年生人，涉嫌故意杀人）“你希望什么样的侦查员来办你的案件？”

答：“素质高的，好沟通的。”

问：“能否具体谈谈？”

答：“年龄无所谓，希望专业一点。之前有个侦查员和我谈，很耐心，给我举了个例子，这个例子把我说服了。其实我知道他们（侦查员）要什么，他们也应该知道我要什么，我要尊重，他们要案子。”

又如，问：（被访谈人：林某，男，福建人，1970年生人，涉嫌抢劫杀人）“你对侦查员印象如何？”

答：“他们都是照本宣科的，办案的警察年龄不大，老吓唬我。”

问：“能具体说说吗？”

答：“他们就是要我谈案子，别的不让说。”

问：“他们（侦查员）了解你吗？”

答：“不了解，什么都不了解。”

问：“监所的管教员和侦查员谁更了解你？”

答：“管教员了解一些，管教没事儿会来聊。”

问：“你希望什么样的侦查员来办你的案件？”

答：“耐心一点儿的，态度好点儿的，年龄大点儿的好。”

可见，嫌疑人更渴望与人沟通、交流，通过与嫌疑人交流和沟通满足嫌疑人的情感需要，在适当的诱因刺激下，就会成为支配供述行为的动力。那么如何能更好地与嫌疑人沟通和交流呢？笔者认为要与嫌疑人建立一种“相容”关系，即“威慑下的和谐”。侦查人员面对嫌疑人既要有威慑力又要“和谐”。侦查人员的地位和身份天然地带有权威性和威慑力，这种权威和威慑被称为“自然威信”，但仅有自然威信很难取得犯罪嫌疑人的信任和尊重，因为自然威信没有建立起自己的内在魅力和权威效应，只有建立“自觉威信”，即人格魅力，取得对方的信任和尊重才有可能得到对方的信服。

2. 提倡“软审讯”

“软审讯”这个概念并不是法律术语，是相对于“硬审讯”即暴力审讯而言的。正如何家弘教授谈到的“在相当长的一段时间中，无论是侦查人员还是司法人员，在对被告人和犯罪嫌疑人进行审讯时，所使用的均为‘硬’方法，即刑讯逼供。在查明案情的过程中，刑讯逼供可以让司法官员和侦查人员获得口供，在当代民主社会中，刑讯逼供虽然在不少国家都被明令禁止，但是在审讯工作中依然会有诸如变相审讯和秘密刑讯等刑讯逼供的方法出现”①。所谓“软审讯法”是建立在心理学基础上，对人的心理和行为进行分析，旨在通过态度改变的方法促使其供述。在实践中常用的如情感感化、说服教育、心理同情、合理化策略等都属于态度改变的策略方法。其重点在于减少犯罪嫌疑人的焦虑，减轻其压力，降低其罪责感，由此获得安全感和对自己的“认同”感。由于犯罪嫌疑人对自己的未来难以预测和无法控制，他们处于一种缺乏安全感的焦虑状态，“正是由于对不确定的后果的焦虑与恐惧，同时由于诉讼过程的不确定，更增强了其因无法预测和控制而又希望能够预测和控制产生的内在

---

① 何家弘：《从硬审讯到软审讯》，载《“检察官职业素养”——第四届国家高级检察官论坛》2008 年 11 月 13 日。

冲突”①。这种状态可能导致犯罪嫌疑人采取拒供来逃避真实陈述的后果，这种后果可以归结为两种：物质后果和精神后果。物质后果包括失去自由、收入损失等现实的挫折；精神后果包括被社会否定、自尊心的损伤、自豪感的丧失等，这些因素阻碍了嫌疑人的供述②。帮助嫌疑人减轻罪责感和焦虑情绪是转变态度的有效方法，主要途径有：合理化（Rationalization）；自我防卫（Projection）；罪责最小化（Minimization）。合理化即态度改变的方法，即利用其对社会支持和安全感的需求，对其犯罪的理由“合理性”地接受，并给予充分的同情和理解，以此来降低其罪责感，使其放弃自我否定，帮助其摆脱对自己未来的不可预测、现实的不可控制带来的不安全感，选择说实话达到内心的平静。

审讯中犯罪嫌疑人往往会抱怨自己收入太低，家里有孩子还有老人，急需用钱；有的嫌疑人倾诉因为情感受到欺骗而杀人；还有的嫌疑人申辩因为做生意被骗，不得已而去诈骗；等等。在嫌疑人申辩和倾诉自己犯罪的“正当理由”时，侦查员不必急于说服对方，首先要耐心倾听，同时加以引导，表示出对他的处境的同情，对其犯罪理由的“合理”的接受，甚至可以主动帮助嫌疑人保持其“受害人形象”。侦查人员还可以采取“成全”的态度，“通过使受众产生共鸣来说服受众”③，如对犯罪嫌疑人说“你虽然现在被逮捕了，但我们了解你，你讲义气，孝顺，在单位表现不错。张某某（被害人）不仁不义欺负了你老婆，你无法忍受，值得同情，但是你的行

---

① 马皑、宗会生：《审讯方法及其心理学原理》，载《中国刑事法杂志》2010 年第 1 期。

② ［美］费雷德·英博：《审讯与供述》，何家弘等译，群众出版社 1992 年版，第 369 页。

③ ［美］菲利普·津巴多、迈克尔·利佩：《态度改变与社会影响》（第 10 版），邓羽等译，人民邮电出版社 2007 年版，第 137 页。

为毕竟触犯了法律……”这种“认同”和“共鸣”对于那些自认为“冤枉”“情有可原”的嫌疑人来说是非常重要的，这些方法使对方为自己找到了一个犯罪的“正当”理由，使其在道德上能够自我解脱和接受，即“通过自我合理化造成的一种长期的态度改变”①。

---

① ［美］艾瑞森等：《社会心理学》，侯玉波等译，中国轻工业出版社2005年版，第160页。

专题五　虚假供述及甄别

虚假供述（false confession）是指供述者对自己未曾犯下的某项犯罪行为进行供认。包括谎供和错供。谎供是故意提供虚假供述；错供者主观上认为自己提供的是真实的陈述。

国外的研究显示，因 DNA 测试而被改判无罪的罪犯中，有 20%~25% 曾向警方作出有罪供认，且这一比例在谋杀案中更高（White，2003）。Gross，Jacoby，Mateson，Montgomery 和 Patel（2005）曾对美国 1989 年至 2003 年得到揭示的 340 件错案进行分析，发现有 51 件是由虚假供述所引发的。英美等国学者在虚假供述上已做较多研究。在我国，尽管犯罪心理学者近十几年来从未停止过以心理学的方法来探究审讯，然而虚假供述在我国尚未有系统研究，仅以专题章节形式在少数译著中提及。通过对多起著名案例的比较分析，Kassin 和 Wrightsman（1980）将虚假供述总结为三种类型：自愿型（voluntary）、强迫—屈从型（coerced - complaint）、强迫—内化型（coerced - internalized）。这一分类得到诸多研究者的认可及批评。因提出“九步审讯法”而闻名于美国审讯界的 Inbau 等人亦引入这一分类来阐述虚假供述现象（Inbau，Reid，Buckley &

Jayne，2001）[①]。

在日本的刑事审判中，有罪率高达 99.9%，冤案频发（见表 20、表 21），而且，这些案件几乎都有自白，即虚假自白。

表 20：日本战后有名的冤案（1）[②]

发生年份	案件名称	审判的经过
1948	免田事件	1951 年确定死刑，1983 年复审确定无罪
1949	弘前事件	1951 年第一审无罪，1953 年确定 15 年徒刑，1963 年出狱，1977 年复审无罪
1949	松川事件	1950 年第一审判 5 名死刑，1959 年撤销退回，1963 年全部人员确定无罪
1950	财田川事件	1957 年确定死刑，1984 年复审无罪
1950	梅田事件	1958 年确定无期徒刑，1971 年出狱，1986 年复审无罪
1951	八海事件	1952 年第一审判死刑等，经过周折，1968 年确定无罪
1953	德岛事件	1956 年确定 13 年徒刑，1958 年确定放弃上诉，1979 年死亡，1985 年复审无罪
1954	岛田事件	1960 年确定死刑，1989 年复审无罪
1954	仁保事件	1962 年第一审死刑，经过周折，1972 年确定无罪
1955	松山事件	1960 年确定死刑，1984 年复审无罪
1967	布川事件	1978 年确定无期徒刑，1996 年出狱，2011 年复审无罪
1969	高隅事件	1976 年第一审确定 12 年徒刑，经过周折，1986 年确定无罪
1970	大森林银事件	1973 年第一审无期徒刑，1982 年确定无罪
1972	山中事件	1975 年第一审死刑，1990 年确定无罪
1974	甲山事件	1974 年逮捕，1975 年不起诉，1978 年再次逮捕起诉，经过周折，1999 年确定无罪
1990	足利事件	1991 年逮捕起诉，2000 年确定无期徒刑，2010 年复审无罪

① 详细分类前文已述。

② 表 20、表 21 由日本浜田寿美男教授提供。

表21：日本战后有名的冤案（2）

发生年份	案件名称	审判的经过
1947	福冈事件	1956年2名确定死刑，1975年1名特赦无期徒刑，另1名处刑
1948	帝银事件	1955年确定死刑，同刑，1987年狱中死亡，仍在请求第19次复审
1949	三鹰事件	1950年第一审9名无罪，1955年1名确定死刑请求复审，1967年狱中死亡
1950	牟礼事件	1958年确定死刑，1989年狱中死亡
1952	藤本事件	1957年确定死刑，1962年复审请求被驳回后处刑
1961	名张事件	1964年第一审无罪，1972年确定死刑，第7次复审请求中
1962	江津事件	1973年确定无期徒刑，1987年出狱，1991年死亡
1963	狭山事件	1964年第一审死刑，1977年确定无期徒刑，1994年出狱，第3次复审请求中
1966	袴田事件	1980年确定死刑，第2次复审请求中
1967	日产事件	1972年确定无期徒刑，1988年出狱，1992年认可复审后又被撤销
1974	富山事件	1981年第一审无罪，1987年确定10年徒刑，1995年出狱，复审请求中
1979	野田事件	1993年确定12年徒刑，1994年出狱，复审请求准备中
1979	大崎事件	1981年确定10年徒刑，1990年出狱，2002年认可复审后被取消
1984	日野町事件	2000年确定无期徒刑，复审请求中，2011年死亡
1986	前川事件	1990年第一审无罪，1997年确定7年徒刑，2003年出狱，复审请求中
1989	姬路事件	1996年确定7年徒刑，1997年出狱，复审请求准备中
1992	饭塚事件	2006年确定死刑，在准备复审请求中，2008年被处刑
1995	东住吉事件	2006年确定无期徒刑，复审请求中
2001	仙台事件	2006年确定无期徒刑，复审请求中

一、虚假供述的形成

1. 身体强制与心理强制的审讯方法

美国错案报告中认为非法审讯方法与虚假供述关系密切，包括逼供、辩诉交易和青少年及精神有障碍群体。向嫌疑人呈现虚假证据在美国是被允许的，“如果审讯人员对嫌疑人说，我们已经在现场提取到你的指纹（实际上没有），你还是交代吧。这种欺骗就无不当”（何家弘，2008）。但心理学家的研究却发现，使用这一圈套会增加虚假供述发生的可能性。事实上，在许多被证实的虚假供述案件中都曾用到过这一圈套。

引发虚假供述的因素很复杂，包括个人因素和情境因素。个人因素包括：（1）服从。以古德琼森服从量表为研究工具的研究表明，被试显示出更明显的服从特征。（2）受暗示性。（3）年龄。青少年在决策中显示出“不成熟的判断”的特点，缺乏对未来风险的感知能力。情境因素包括：（1）诱骗；（2）许以利益；（3）威胁、压力；（4）身体、精神折磨。

无论是个人因素还是情境因素不外乎为身体强制与心理强制的两大方法。身体强制主要着眼于对犯罪嫌疑人肉体施加痛苦的方式来迫使犯罪嫌疑人作出供述。在人类发展的相当长的一段时间内，实践中的审讯方法主要是由身体强制所主导的。18 世纪末期，启蒙思想家对于身体强制的审讯方法进行了猛烈的抨击，身体强制的合法性遭到了重创，并在后来为发达资本主义国家的立法以及判例所禁止。如今，身体强制的审讯策略已经成为国际公约所明文禁止的行为，随着身体强制策略因其严重侵犯人权而逐渐退出历史舞台，心理强制策略便迎来了其发展期。在率先废除身体强制的国家，经过多年的发展，心理强制策略已经成功地取代了身体强制的地位，但不能忽视的是心理强制策略的潜在风险。

美国学者通过实证研究发现，与身体强制的审讯策略不同，心理强制的审讯策略不仅具有导致强迫顺从虚假供述的潜在危险，而且还可能诱发新的虚假供述类型——强迫内在化虚假供述。所谓强迫顺从虚假供述是指无辜者出于工具性的目的，例如，避免令人厌恶的处境、逃避各种明示或者暗示的威胁、获得或明或暗的各种好处，而对其根本未实施的犯罪作出自我归罪性陈述，尽管犯罪嫌疑人知道自己是无辜者。心理强制的审讯策略之所以容易导致强迫顺从性虚假供述是因为心理强制的审讯策略，常常使犯罪嫌疑人形成一种错觉，即警方有充足的证据证明其有罪，只有作出有罪供述才能获得量刑上的优待，这种错觉经常导致部分无辜者陷入两难选择的境地。要么作出承认犯罪以获得从宽处理的理性选择，要么作出以丧失量刑上的优待为代价的感性选择——矢口否认。在这个两难的选择过程中，有些无辜者就会选择暂时作出虚假供述，以求得量刑上的好处，然后再想方设法寻求证明自己无罪的证据。需要说明的一点是，与身体强制诱发的强迫顺从性虚假供述容易引起警方自身的警觉不同，由心理强制引发的强迫顺从性虚假供述很难引起警方的警惕，这是因为由心理强制诱发的强迫顺从性虚假供述的产生过程与犯罪嫌疑人真实陈述的产生过程一样，二者都是在审讯人员的高度暗示性和诱导性审讯策略的猛烈攻击下，经过长时间的拉锯战后获得的。因此，在心理强制的审讯时代，对于虚假供述的辨识更加艰难。①

强迫内在化虚假供述是指无辜且脆弱的犯罪嫌疑人由于受到高度暗示性和诱导性审讯策略的影响，在审讯的最后阶段真诚地相信自己实施了所指控的犯罪行为而作出的陈述。以美国为例，由于米

① 吴纪奎：《心理强制时代的审讯规制》，载《环球法律评论》2009 年第 3 期。

兰达规则的确立，从20世纪60年代末，美国的审讯实践便基本实现了身体强制的转变，并且在审讯实践中摸索出一套行之有效的心理学审讯策略，这些审讯策略不仅成功诱使80%的犯罪嫌疑人放弃了米兰达权利，[①] 而且还采取有效的审讯策略突破犯罪嫌疑人的心理防线顺利地拿到口供。

我国当前的审讯方法也面临着转型问题。近年来，诉讼法学界的有些学者提出应对刑事诉讼法规定的威胁、引诱、欺骗等审讯方法给予一定的宽容度，与此同时，侦查理论界以及实务界也开始加强对于审讯方法的研究，并提出了一些行之有效的审讯策略。在我国长期的审讯实践中，侦查人员根据自己的审讯实践经验总结了一些审讯方法，其基本的程式是以施加压力为主要方法，以增强犯罪嫌疑人的紧张与焦虑，利用犯罪嫌疑人求生、求轻的本能对压力产生服从或屈从，有的则以利益作为诱因，使犯罪嫌疑人利益屈从。其供述的模式主要有：（1）在侦查人员坦白从宽，抗拒从严感召下供述；（2）在侦查人员告诉他如果不承认可能带来不利后果后供述；（3）在侦查人员作出某种承诺后供述；（4）在身体和精神折磨之下供述。可以看出，上述几种供述模式都是由于情境性力量，即诱因、压力、诱导策略促使嫌疑人供述，而“逼”和“诱”的因素下增加了虚假供述的风险，一旦这种情境因素消失或暂停，犯罪嫌疑人极有可能翻供（见图11、图12、图13）。

① 参见 Richard A. Leo&Welsh S. White, /Adapting to Miranda: Modern Interrogators. Strategies for Dealing-Withthe Ob-stacles Posed by Miranda0, 84Minnesota Law Review, 1999, pp. 431－447。以及 Richard A. Leo, /The Impact Of M－iranda Revisited0, 86Journal of Criminal Law & Criminology, 1996, pp. 660－666。

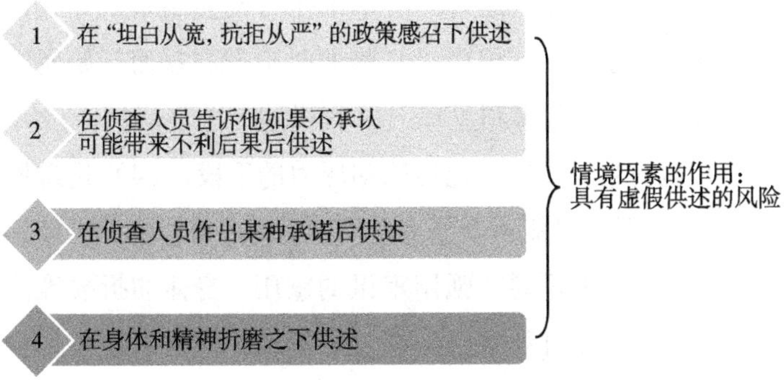

图 11：自白的几种情形

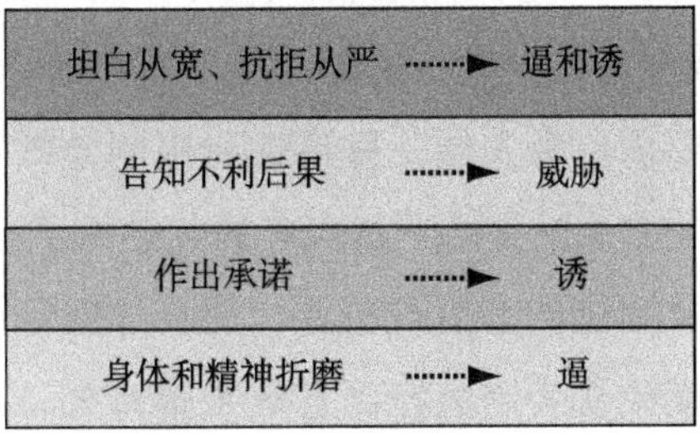

图 12：自白的原因

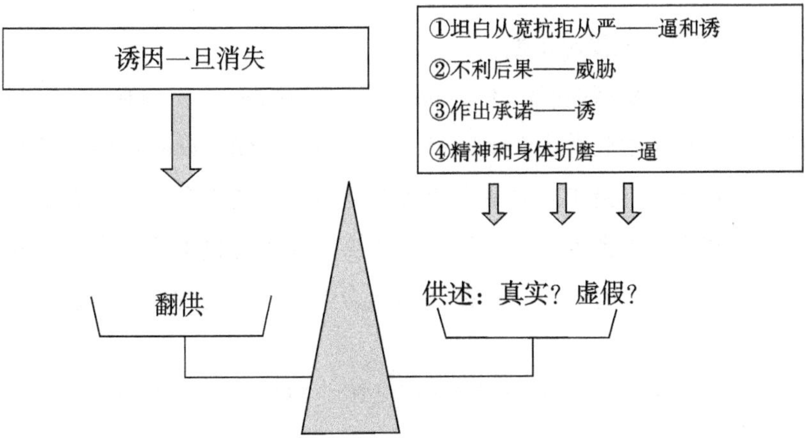

图 13：虚假供述的产生风险

强迫—屈从型虚假供述是由于审讯压力或强制审讯导致的，犯罪嫌疑人没有自愿供述，但因为一些即时附带利益而开始屈服于审讯者的要求和压力。附带利益有：（1）供述后准许回家；（2）结束会见；（3）应付情境要求，包括感知压力的手段；（4）逃避警方的羁押。① 犯罪嫌疑人可能不十分清楚供述后的后果，但他已经感知到现在所面对的利益的诱惑、强制审讯的重压、身体的折磨等情境因素带给他的压力，即时利益已经超过了不确定的后果使他选择做虚假供述；另外，短期的虚假供述比直接否认的惩罚后果更能接受，这更增加了犯罪嫌疑人选择做虚假供述的可能。艾瑞森等人认为："相当大的奖赏或严厉的处罚，能够为行为提供强有力的外部理由。因此，如果你只要求一个人做一件事或者限制他做一件事并且仅此一次，那么最好的方法就是给予相当多的奖励或严厉的处罚。但是，如果你要对方形成固定的态度或行为，那么导致服从的奖赏或处罚越少，最后的态度改变会越大，而且效果越持久。大量的奖赏及严厉的处罚都是强烈的外部理由，因此，能够激发顺从行为但阻止了真实态度的改变。"②

2. 嫌疑人的受暗示性

强迫—屈从型虚假供述（coerced – compliant false confession）和强迫—内化型虚假供述（coerced – internalized false confession）即错供，强迫屈从型错供，包括完全无辜的屈从型错供和不完全无辜的屈从型错供两种类型，前者是指犯罪嫌疑人内心也不相信自己实施了被指控的犯罪行为，而是在外部压力下被迫作出的屈从表现；后

① ［英］古德琼森：《审讯和供述心理学手册》，乐国安、李安等译，中国轻工业出版社 2008 年版，第 169 页。

② ［美］艾瑞森等：《社会心理学》，侯玉波等译，中国轻工业出版社 2005 年版，第 160 ~ 161 页。

者是指犯罪嫌疑人具备某些违法犯罪的事实，但在外部压力下被迫承认夸大的或不存在的犯罪事实，这种屈从型错供，往往会被既有的违法犯罪事实所迷惑。错供的形成原因在于受到非法审讯方法、嫌疑人个性的影响。其中暗示易感性是较为重要的特征。

受暗示性是指个体对外界的暗示性刺激以特定的方式作出反应的倾向。例如，在审讯情境中，办案人员在正式向团伙成员之一的某犯罪嫌疑人提问之前，花了较长的时间认真翻阅一本厚厚的案卷，侦查人员的这一行为，对犯罪嫌疑人就是一个暗示性的刺激，是用间接的方法向犯罪嫌疑人传递一种信息，即他的某个同伙已经作出了详细的供认，办案人员正在翻阅的就是对其同伙的审讯笔录。某犯罪嫌疑人是否能够受到这种信息的影响，并且按照办案人员的期待形成其同伙已经供认的认识并改变拒绝供述的态度，与其“受暗示性”的强弱有关。

英国学者古德琼森教授提出了“审讯的暗示感受性”概念来解释不同的人对于警察审讯反应的差异性。他还发明了古德琼森暗示感受性量表（Gudjonsson Suggestibility Scale，GSS），以具体测定个人对审讯的暗示感受性。古德琼森认为，犯罪嫌疑人的暗示易感性的强弱，与其个性特征有关，例如，与易于相信他人、低智商、记忆力差、低自尊、缺乏自信以及焦虑等高度相关（Gudjonsson，1991）。[①] 除犯罪嫌疑人因个性特征而具有的受暗示性特点外，审讯情境本身也会导致犯罪嫌疑人受暗示性增强，主要理由有如下三点：

（1）犯罪嫌疑人在审讯中易产生不确定性认识。一般来说，犯罪嫌疑人在被羁押的情形下，面临着法律追诉或刑罚惩罚的可能性，

① Gudjonsson，G. H. The application of interrogative suggestibility to police interviewing. In J. F. Schumaker（Ed.），*Human suggestibility*：*Advances in theory*，*research*，*andapplication*（pp. 279 – 288）. New York：Routledge，1991.

无论犯罪嫌疑人是否与案件事实有关联，对办案人员掌握证据的情况及审讯意图的认识都处于不确定状态。但这些情况对犯罪嫌疑人选择供述行为有着至关重要的作用，因而迫切需要了解这些信息。其迫切性越强，则其对认识对象的注意程度越高。当个体全神贯注于注意对象时，会导致感觉阈限降低而感受性增高，从而较易受办案人员提供的暗示信息的影响。

需要强调的是，犯罪嫌疑人感受性不正常增高，一方面与犯罪嫌疑人对办案人员提供信息的高度关注有关，另一方面与犯罪嫌疑人自身对有关信息的记忆和认识的不确定性有关。“不确定性”在暗示现象中是一个非常重要的概念，暗示性刺激能够引起被暗示者的关注并且导致被暗示者做出特定的行为反应，其中一个重要的前提，就是被暗示者对暗示性刺激存在着“不确定”的认识。例如，犯罪嫌疑人非常清晰地记得自己在犯罪现场始终是戴手套作案，即使办案人员向其暗示已经提取到他留在现场的指纹，犯罪嫌疑人也不会受这种暗示刺激的影响而形成办案人员已经掌握其犯罪证据的认识。

在很多情形下，在外界信息的影响下，有罪的犯罪嫌疑人对证据暴露情况的“确定性”认识是可以被改变的。一方面，有罪的犯罪嫌疑人在作案的过程中，由于主客观条件的限制，必然要在现场留下一些物质痕迹甚至是极少量的微量物证，或者有未被犯罪嫌疑人感知到的目击证人等。因此，即使是惯于伪造现场、反侦查手段高明的犯罪嫌疑人，也常常不能形成“确定性”的认识，即侦查人员不可能掌握有关他犯罪事实的证据。另一方面，犯罪嫌疑人在羁押中由于与外界联系中断，对侦查人员掌握证据情况也无从知晓。这种情况也说明，犯罪嫌疑人虽有侥幸心理，但其侥幸心理是盲目的，是建立在其主观“不确定”认识的基础上的。笔者的实证调查

（1998）同样证实了这种推理的正确性。[①] 被调查的1104名在押犯罪嫌疑人，侥幸心理相对较弱。犯罪嫌疑人侥幸心理的脆弱，使其容易受外界有关信息的影响而改变其关于侦查人员掌握证据情况的认识。

（2）办案人员权威性的地位及信息不对称都会使犯罪嫌疑人的受暗示性提高。审讯是一个封闭的社会互动，在这种互动情境中，互动双方在占有信息与社会地位方面都极不平衡。

就与犯罪有关的信息来说，有罪的犯罪嫌疑人对犯罪事实的了解，是全部犯罪事实中他自己亲身经历的部分；办案人员对犯罪事实的了解，是全部犯罪事实中除了尚未调查清楚的部分之外的部分信息，其中尚未调查清楚的部分，主要是犯罪嫌疑人在封闭的犯罪环境中亲身经历的部分，而这部分内容，也是办案人员希望通过审讯行为加以确定的部分。由于办案人员有资源（现场勘查所得、调查访问以及各种情报信息的收集等）可以查清大部分与案件有关的信息，而这部分信息是犯罪嫌疑人并不掌握的，因此，就此类信息来说，办案人员具有相对较高的权威性，犯罪嫌疑人对办案人员传递的此类信息，可以不加批判地接受。

就双方的社会地位来说，在审讯情境中，办案人员处于支配与控制的地位，而犯罪嫌疑人处于被支配的地位。低地位者一般倾向于相信高地位者所传递的专业性信息。如果办案人员在审讯过程中始终能够以专业的精神与语言向犯罪嫌疑人提问以及对犯罪嫌疑人的提问做出专业性的反应，会提高在这种互动中的权威地位；此外，办案人员如果能够与犯罪嫌疑人建立良好的心理相容关系，也能够提高互动中的人际信任。审讯互动中办案人员权威地位的确立以及

---

① 赵桂芬、毕惜茜：《犯罪嫌疑人供述障碍的心理学研究》，载王怀旭主编：《侦查讯问研究与应用》，中国人民公安大学出版社1998年版，第153～161页。

犯罪嫌疑人对侦查人员的信任，都可以使犯罪嫌疑人的受暗示性提高。

（3）审讯情境会使犯罪嫌疑人产生紧张焦虑情绪。在笔者的调查中，审讯中最为突出的心理与行为表现是“紧张恐惧”。无论是有罪的犯罪嫌疑人还是无辜者，绝大多数都极为关心审讯及自己供述行为的后果，害怕在审讯中受到不公正的对待和身体或精神的折磨。此外，在羁押与审讯环境中，犯罪嫌疑人对未来及可能遇到的危险的认识是不确定的，由此而易形成焦虑感。犯罪嫌疑人在审讯中的紧张情绪和焦虑感，使他们的认知水平下降，对自己的记忆能力与记忆的内容都有可能产生怀疑。当侦查人员的提问中包含着某种需要犯罪嫌疑人搜索记忆的内容加以确定的信息时，犯罪嫌疑人就会产生困惑感，难以形成确定性的认识，从而可能产生接受侦查人员的信息的倾向。

此外，根据国外学者的理解，紧张或焦虑情绪本身往往和有罪感存在直接联系。当受暗示性高的犯罪嫌疑人在羁押或审讯情境中体验到强烈的紧张、焦虑情绪时，可能会使他们产生错觉，认为这种情绪就是他们自身有罪的一种生理唤醒。也就是说，情绪本身可能就是内化型错供形成的一种原因。[①]

二、虚假供述的识别

虚假供述的识别是一项世界性难题。由于各种原因，即使是嫌疑人自愿作出的有罪供述也有可能是虚假的。在审判中，法官从嫌疑人供述的“自愿性”和“可信性”进行判断，排除合理怀疑。在侦查中，要正确识别虚假供述并不容易，有很多人会认为“一个没

---

① Schachter, S. & Singer, J. E., Cognitive, social and physiological determinants ofemotional state. *Psychological Review*, 1962, 69, pp. 379 - 399.

有杀人的人是不会承认自己杀人的”。然而，实际发生的很多冤假错案清楚地表明这种情况完全有可能发生。已经曝光的佘某林案、赵某海案、张某平叔侄案、念某案等都存在虚假供述。这些冤假错案大多与刑讯逼供有关，但是，没有刑讯逼供并不等于嫌疑人供述完全自愿。实践表明，即使在没有刑讯逼供的情况下，也可能存在嫌疑人的虚假供述。有学者指出：“当前曝光的错案大都有很大的偶然性。以杀人犯罪的错案为例，一部分是因为真凶再现了，另一部分是因为被害人死而复活了；前者被戏称为‘真凶再现型’，后者被戏称为‘被害人复活型’。”

法学和心理学都是对人的现象进行研究，知觉、记忆、决策、沟通等现象是两门学科共同关注的问题。供述真实性的识别和判断从法律层面是审查判断供述合法性和真实性，对供述真实性的审查就是甄别口供的真伪。从心理学层面看包括非语言的观察分析、话语内的分析和生理反应的检测①。随着科学技术的发展，开始运用行为科学技术对犯罪嫌疑人在审讯过程中的行为进行全面记录与分析，获取更为全面的行为信息，帮助侦查人员判断供述动机及口供的真伪。这些技术包括现代的眼动分析技术、面部表情识别分析技术、语音分析技术、生理检测技术、肢体行为分析技术。总的来说，识别嫌疑人的供述有以下途径：一是从法律的角度对供述进行审查判断，包括嫌疑人讯问录音录像、讯问笔录等；二是通过非言语进行识别和判断；三是运用证据进行识别；四是图示的方式。第一种方法是目前最常用的，几乎所有案件对口供的审查判断都是通过笔录、录音录像等进行，运用非言语行为对供述的识别主要是行为科学技术手段，包括语音识别、面部表情识别等方面，这些技术目前正处

① ［日］片成男、高木光太郎：《陈述的心理学分析方法——日本足利案件的文体分析为例》，载《全国侦查中的心理学应用研讨会论文汇编》2016 年 11 月。

于开发研究中，而运用证据对口供的识别是国外学者正在进行的研究，图示的方式日本学者研究较多。本书除了介绍从法律层面对供述进行审查判决，还借鉴相关学术成果对语音识别技术、证据识别做介绍和分析。

1. 从法律层面判断嫌疑人供述真实性

对嫌疑人的供述真实性的审查，一般包括以下几个方面。

第一，审查供述的动机。犯罪嫌疑人供述的动机多种多样，有基于悔悟的，有求于解脱的，还有争取从宽处理的，等等，当然也包括迫于各种压力而供述的。作出供述的动机和原因与供述的真实性息息相关。如果犯罪嫌疑人、被告人出于真心悔过等动机而作出供述，表明供述的作出基于内心意愿，这样的供述因具有较高的真实可靠性而证明力较强。如果是在供述激励机制的影响下，为了获得较轻的处罚而作出口供，此时供述的真实性往往较高，但是并不绝对，也可能避重就轻，只承认一部分犯罪事实或者作出虚假供述，此时就需要办案人员根据自己的经验综合嫌疑人、被告人的家庭环境、受教育程度、道德品行等基本情况以及相关的证人证言进行判断。比如，我国《刑法》中规定，有重大立功表现的，可以减轻或者免除处罚，在这一激励机制下，犯罪嫌疑人、被告人在供述中就有可能故意诬陷他人以获得法律上的宽恕，特别是共犯供述常常“避重就轻，诬攀他人，因而造成冤狱者，数见不鲜”。①

2011 年 2 月 6 日下午 2 时 30 分许，BJ 市某区苗圃西里 67 号发生一起伤害致死案件，经查为租住在此的黑龙江人赵某杰（男，1967 年出生）、杨某（女，1965 年出生）所为。两人逃跑。经网上通缉，2011 年 7 月将两人抓获。经过审讯，赵某杰供述，事发当日，

---

① 何胜利：《口供在刑事诉讼中的地位和作用》，载《江苏警官学院学报》2004 年第 1 期。

叶某坤（被害人，男，1969 年出生）企图强奸杨某被赵某杰撞见，赵某杰伙同杨某用蒙古刀将叶某坤杀伤，叶某坤跑至村口倒地，被人发现后报警。两人被抓获后对这一事实均供认，动机就是因为叶窜至赵某杰和杨某的租住处对杨某实施强奸。

分析：(1) 现场照片和笔录。现场勘查发现案发小屋地上有避孕套，和强奸不符。(2) 村头有一卖烟的老头说，这个女的（指杨某）不是正经人，经常看见她招男人到她屋里，像是个招妓女。村里也有人反映这个女的像是干这行的。(3) 据房东说，当时这一男一女来这里租房子说是做买卖的，这里进货方便，近一些。(4) 两人出逃后落脚处的老乡米某友反映，2 月 6 日晚上两人来他家里，在他家住了几天后就走了，不知道去哪里了。当时两人经济非常窘迫，连 100 元都拿不出来，米某友还给了他们 200 元。所以，做买卖的说法不可信。

审讯笔录摘要：

问：基本情况。

答：略。

问：宣读权利告知书。

答：知道了。

问：为什么要隐瞒真实姓名？

答：(沉默)。

问：为什么不说话。

答：（沉默片刻）。我和杨某于 2011 年 2 月在北京丰台大红门，大概是正月十四，把一个南方男子扎了，死没死不知道，我们俩人就走了。

问：详细过程交代一下。

答：我和杨某是在黑龙江大庆蔬菜批发市场认识的，当时我们都在那里卖菜，我们两人都离婚了，就住一起了。1999 年我们来到北京丰台经营服装买卖，一直到出事。出事那天大概是上午八九点钟吧，我去大红门服装批发市场批服装，杨某自己在家，就是租的房子那里，大概上午 10 点来钟我回家，在房门外就听见杨某在喊：

“救命！”我急忙踢开门进屋，一个南方小个子男的要往外跑和我撞个满怀，他手里有一把蒙古剔刀，我抓住他，他就用刀划我，我转身刀扎在我屁股上，我抢过刀，照他的肚子扎了四五刀，他大喊救命，我就住手了，他推开门就跑了。

问：你租的是民房还是公房？

答：民房，是平房。

问：房东叫什么名字？

答：不知道叫什么。

问：你回家是几点？

答：上午11点左右。

问：房间的格局是怎样的？

答：一进门是小厨房和水池子，再进去是卧室。

问：你进屋能和小个子撞个满怀吗？

答：能。那个男的正要跑，杨某也下地了，上衣完整，下身没穿好，我还看见裤衩了。

问：你用刀子除捅他肚子外，还捅了哪里？

答：没有。但我个子高，也可能伤到其他部位。

问：这时杨某在干什么？

答：用巴掌打他后背。

问：说什么话了吗？

答：没有。

问：以前认识这个小个子男的吗？

答：不认识。

问：你和杨某拿了这个男的身上什么物品吗？

答：没有。

问：你看见这个男的身上有什么东西吗？

答：没看见。

问：当时用的蒙古剔刀哪去了？

答：放在家里水池子台边上了。

问：事后杨某是怎么对你说这件事的？

答：她说这个男的进屋把她强奸了。

问：你逃亡这么长时间去了哪些地方？

答：近期到调兵山做小生意。

问：你为什么要扎那么

多刀？

答：当时就想扎服了他。

问："服了"是什么意思？

答：就是他不还手了。

……

两名嫌疑人都承认伤害致死这一事实，但是动机方面供述有虚假可能。由于起因不同，量刑有很大不同。如果因为强奸引起的是正当防卫（或过当），至少是激情杀人。如果因为敲诈或抢劫引起的则情节恶劣。虽然二人承认捅人了，但说是叶某坤强奸所致。所以，查清案件的动机、起因对于此案很重要。案件总体情况似乎与嫌疑人所称强奸不符，不排除以下情况：其一，本身就是卖淫嫖娼，因为嫖资问题发生纠纷；其二，以招妓为名实施抢劫；其三，以招妓为名实施敲诈。

第二，审查供述形成的时间以及一贯性。对供述真实性的考察，除对其内容进行考察外，还需要对供述做出的时间和多次供述之间的一贯性进行考察。实践办案中，对犯罪嫌疑人一般都要进行多次审讯，从而会形成多次供述，这就需要对多次供述进行纵向上的比对才能确定供述的真实性及证明力。如果多次供述内容基本一致、具有一贯性，则表明供述者在多次审讯中的心理状态都较为稳定，受外界因素的干扰较少，这样的供述内容可靠性较高，对案件事实的证明力也就更大。如果供述内容经常反复，经常出现矛盾，那么供述的真实性就大打折扣。另外，供述作出的时间早晚对供述的证明力也有一定的影响。一般而言，在诉讼较早期特别是刑拘后立即作出的供述，其受内外因素影响较小，与后期作出的供述相比真实性相对较大，当然这种情况并不是绝对的，需要结合案件具体情况进行综合考量。需要指出的是，在目前我国司法实践中，对多次供述进行比对最常用的方法是对每一次审讯笔录都进行审查，这种做法因审讯笔录本身存在真实性问题而不科学，最好的方法是对同步录音、录像进行审查，这样可以最大化回复供述取得的整个过程，以此来审查供述的一贯性。对于没有录音录像的，可以根据被告人在法庭上的供述和侦查人员出庭作证的证言来判断供述是否具有一贯性。这里需要指出的是，供述的一贯性是指供述实质内容特别是关于犯罪的供述具有稳定性，而非所有内容都稳定不变，因为供述毕竟是经过主体大脑加工作出的主观性陈述，受主体记忆、感知和表达能力影响较大，对犯罪的具体情节可能出现错误的感知、错误的记忆，比如，说色盲的人无法正确分辨颜色，或随着时间的推移遗忘了一些细节，这些都可能导致陈述内容出现虚假和变化，但是这并不能说供述具有不自然的特征，不能因此而否定供述的证明力。

第三，审查供述的具体内容。如果犯罪嫌疑人的供述内容做到具体明确，能说明犯罪的时间、地点、手段、动机、目的以及其他细节方面，并且前后多次供述的内容基本一致，供述内容较稳定的，供述的真实性也相对较大。① 因为若犯罪嫌疑人确系犯罪行为的实施者，且其真心坦白，那么其供述的内容应当明确而具体，包含一些外人无法知悉的犯罪细节方面的内容，这也被称为“暴露秘密”的陈述。特别是当这些犯罪细节并未被侦查人员所获悉，但在之后的调查中被证实，则该供述的证明力较高。比如，根据犯罪嫌疑人的供述找到了作案的凶器或者找到了被害人的尸体，这就反映出犯罪嫌疑人的供述中包含的秘密被证实，其真实性就很高。《最高人民法院、最高人民检察院、公安部、国家安全部、司法部关于办理死刑案件审查判断证据若干问题的规定》第 34 条规定，根据被告人的供述、指认提取到了隐蔽性很强的物证、书证，且与其他证明犯罪事

① 范红亚：《浅谈口供的真实性》，载《法制与社会》2015 年第 6 期。

实发生的证据互相印证，并排除串供、逼供、诱供等可能性的，可以认定有罪。从这可以看出，关于“暴露秘密”的供述对案件事实充分的证明。

第四，从犯罪嫌疑人一贯行为、文化程度、身份等来判断。对平时一贯表现良好的初犯、偶犯，其在审讯过程中作出的供述真实性相对较强，而对于积习成癖的累犯，其反侦查能力较强，供述中的虚假成分可能更多，在判断其供述真实性时就要慎重。

1999 年，BJ 市西客站分局刑警队接报案称，BJ 某通信技术公司职员郭某某于 1999 年 10 月 7 日晚失踪。公安机关接到报案后，询问了郭某某的亲友及部分目击郭某某当晚活动情况的证人，但一直未能找到郭某某的下落。2006 年 7 月 7 日，BJ 登高力科贸有限公司员工在西客站北恒大厦地下二层风机室发现一具尸体并报案，经公安机关鉴定，死者为郭某某，被他人用钝器多次打击头面部导致颅及脑损伤死亡，因尸体腐败风干，也不排除合并其他手段致死的可能性。公安机关在排查中发现曾在西客站施工的杨某华言语异常有作案嫌疑。赵某强，男，53 岁，农民；杨某华，男，52 岁，农民；王某明，男，43 岁，农民。三人为四川射洪人，文化程度：一人只会写自己名字，不识字；另二人小学一年级，长年在外地打工，案发期间在西客站工地打工。经审讯，杨某华供述伙同赵某强、王某明，在西客站地下二层强奸、杀害一名女青年并藏尸于风机室。公安机关据此抓获赵某强、王某明，二人最初不供述，后分别作出有罪供述。法院一审宣告三被告人无罪。一审宣判后，检察院第一分院提起抗诉，BJ 市高级人民法院经审理裁定驳回检察院第一分院的抗诉，维持原判。

本案中三名被告人的供述呈现由不供认犯罪到供认犯罪，由供述犯罪细节少到供述犯罪细节多，由供述不一致到逐渐趋向一致的特点，真实性难以确定。除本案有罪供述与其他证据之间不能相互印证外，供证矛盾明显，存在诸多疑点。如供述不符合嫌疑人半文盲这样文化程度的人的表述特点，另外，此案时间较长，而嫌疑人的描述过于细致，反而不真实。

王某明审讯笔录摘要：

问：这个女孩的特征？

答：身高在1.60米以上，口音是北京人，体形一般，不算胖也不算瘦，一般化。头发披到肩，上身穿深色的休闲服，具体什么颜色记不住了，前胸那儿有拉链，休闲服是长袖的，头发上也没有什么配饰，里面穿了一个胸罩，什么颜色的记不清了。下身穿休闲裤，长裤里面穿三角裤，深红色的，脚上穿一双拖鞋，深色的。

问：案发当时这个女孩都带了什么物品？

答：她挎了一个包，右手拎了一个塑料袋。

问：包的特征？

答：黑色的皮质包，磨砂面的，包的上面有两根提带，包的上面有弧度，提带在包的两侧，包长约30公分，高约20公分，厚二三公分，包的提带是两根，都是半圆的，长40多公分，包是用暗线缝的，手提包也是黑色的，包的拉链安装在包的顶端，包的内衬是浅色布质的，在包的里面两侧各有一个小包。

问：包里都有什么物品？

答：有一部手机、200元、身份证、驾驶证、一根和毛笔一样画眉的化妆笔、口红、大宝搽脸油、一个红色半圆的钱包、一块毛巾、一包带有塑料包包的卫生巾、一个香港回归的圆形纪念章、一条围巾、一副眼镜、一个小圆镜，别的记不清了。

问：都有什么特征？

答：身份证名字叫郭什么的，不是郭某红就是郭某银，住址是北京，具体什么记不清了……

上述审讯中王某明对于一个时隔七年的案件的叙述过于详细，不符合常规，可信度较弱。由于本案案发系因为被害人尸体被发现，属于“先证后供”，增加了判断被告人有罪供述真实性的难度。本案三名嫌疑人文化程度较低，王某明的供述中所用语言诸如：“配饰”“内衬”等不符合一个半文盲的农民的语言特点。

在审查刑事案件案卷材料时，人们总是想当然地以为所有材料都是“真实”的，不论其证明力大小，不论其证明内容能否印证案件的犯罪事实，至少笔录所呈现的内容都是犯罪嫌疑人自己亲口表述，而侦查机关也已经较为准确地记载了犯罪嫌疑人的供述与辩解。但在少数的案件中，也能发现犯罪嫌疑人的口供记载内容与其实际供述过程不一致，尤其是在证据种类单一，犯罪嫌疑人的供述与辩解在全案证据中起重要作用的案件，如贩卖毒品、容留他人吸毒等常出现“一对一”的案件。之所以会出现此类情况是由于案件类型的特殊性，该类案件能收集到的证据较少，所以侦查人员极力追求犯罪嫌疑人的口供内容能与相关当事人的证词对应，避免出现“一对一”的不利局面。在审讯中，为了增加嫌疑人供述的真实性和证明力，提问时需注意周延性。例如，嫌疑人供述：“3 年前的 6 月 5 日上午 10 点钟，我在西单商场偷了……”此时要加问：“为什么记得这么清楚?”原来那天是他女朋友生日所以记得清楚，这样就合理、可信了。因为人的记忆是有限的，超出一般记忆情形的要问原因，才能增加供述的真实性。再如，“你今天给某某送的什么东西”，答：“白粉”，应追问：“白粉是什么?”答：“是海洛因”，这样的供述才有证明力。

2. 运用语音情感分析技术（LVA）识别供述真伪

由于犯罪嫌疑人反审讯意识和能力的提升，虚假供述的识别难度越来越大。如何有效识别犯罪嫌疑人供述的真伪，是办案人员必须面对和解决的问题。传统的比对法、鉴定法、侦查实验法等方法为我们甄别供述真伪提供了可行的途径，而行为科学技术则丰富了供述真伪甄别的方法，并且这种方法显得更为有效。运用语音分析技术识别供述真伪即通过语音情感分析技术探测嫌疑人对审讯问题的认知情绪反应，通过数字化数据分析识别，诸如犹豫、思考、紧张、负罪感、愧疚、内心冲突以及谎言等。LVA 技术利用一个专有的和独特的技术，发现以声音为媒介的大脑活动的痕迹。该技术的核心在于信息生成的算法，精确地检测从较高频率（RHFR）到较低频率（RLFR）范围内的微小变化。绝大部分我们能够理解的、听到的以及能够分析的声音都处于这两个范围内，LVA 技术具有一套独特的算法，以区分不同的压力类型、认知过程和情感反应，使用 129 个音频参数精确地发现和测量声波中无意识的变化，并创建一个基调以便标示谈话者的情绪图谱。

中部某省某市一公司涉嫌非法集资。公司高层都已被警方控制。但公司高层口径都非常统一，承认的事实一是有集资的事实，但并无恶意；二是所筹措的款项都用于公司的经营；三是对相关法律政策了解不足，也许操作上有违规的地方，但并无违法的故意；四是由于管理松懈，款项的支出只需要管理层签字就可以，还没来得及建立详尽的账目，但集资人的名录都登记在册，肯定会按时还款。

由于涉及集资人员众多，需要短期内将转移出去的款项追回，否则有可能造成群体事件。在对公司高管审查无果的情况下，基于涉及非法集资的案件，应该有财务人员参与，否则很难实施。财务人员刘某作为重点审查人员，警方经过与刘某持续三天的谈话，她非常顽固，始终不承认对非法集资的关键事实知情。坚称所有的财务行为都是按领导指示办理，具体用途，去向均不知情。办案人员希望借助 LVA 情感分析系统核实刘某是否确实不涉案，期望通过

LVA 分析发现线索，引导办案方向。

办案人员将与刘某的谈话录音导入 LVA 系统中，谈话录音共 3 分 45 秒，通过 LVA 系统发现刘某在以下几处出现了明显的异常：

问："你们收的现金是怎么处理的？"

答："这点钱，有一部分就按你们说的贪污了，有一部分付利息了。"

问："领导让你把钱汇出去干什么了？"

答："这个你得去问他，他用来干什么我不知道。"

问："你知道你们领导在外面有其他公司吗？"

答："据我所知，没有别的公司。"

问："领导私人借款你知道什么用途？"

答："他怎么写的，我就认为他是干什么的。"

问："领导私人借款你为什么没有记账？"

答："我想他用了就马上还回来了，就没记账，这点最失策。"

通过以上分析，刘某在案件的关键点，资金的去向，用途等方面都有很高的异常情绪，她在没有记账方面说了谎。由此可以判断警方的调查方向没有错，坚定了警方的决心，警方决定利用这一点，马上对刘某进行二次谈话，明确告诉她在什么地方说了谎，并且已经确定她有私人借款的相关账目，刘某在思考半小时后，承认了涉及非法集资案，并且交出账本。警方据此账本成功追回大部分集资款项。

行为科学是研究自然和社会环境中人的行为或人类集合体的行为，以实现预测和控制人的行为目的，它是基于心理学、人类学、社会学、经济学、政治学和语言学等学科的一门边缘科学。国外警察机构已有类似的研究和相应的机构，如美国联邦调查局、英国苏格兰场、日本警察总部等都有专设的行为科学部（BSU）或行为科学小组。其任务是根据对犯罪嫌疑人行为的调查和统计学分析，并依据这类分析为重大、复杂、疑难刑事案件的侦查和审讯提供具有可行性的策略建议。美国 FBI 中就设有行为科学学科，BSU 可以为个案侦查提供犯罪（罪犯）分析结论、侦查建议、不明嫌疑人的侧写（刻画）、审讯策略方法、要案管理、起诉和审查策略以及提供专家证词等服务和帮助。[①]。

3. **运用证据识别供述[②]真伪**

近 30 年来，随着国外学者对谎言行为的实验研究以及运用仪器识别谎言技术的发展和引进，国内相关研究也得到促进，并且在研究范式上经历了很大的变化，从传统意义上的生理心理测试，发展到利用多种检测方法进行包括微表情、眼动、声音等多个观察对象的测查。除了借助神经生理科学的研究成果运用仪器检验人们在说谎时的神经生理变化之外，人们更希望掌握运用观察就可以识别谎言的方法，以便更好地在日常警务工作中随时发现谎言，为达到这一目标，国外学者进行了大量的关于非言语线索的相关研究和培训，然而，总体上的研究结果表明，人们对谎言识别的准确率保持在机会水平上，例如，研究人员（Bond C. & Depaulo B. M. , 2006）在一项元分析研究中大规模地考察了人在辨别真假陈述方面的能力。通过对近 2.5 万人的测试结果加以分析，他们发现被试辨别真伪的平均准确度也仅为 54%，略高于随机概率[③]。鉴于依靠非言语行为识

① 中国人民公安大学侦查学院于 2012 年成立了“中国人民公安大学行为科学侦查应用实验室”，包含语音分析、眼动分析、肢体行为分析、生理信号采集分析等。

② “运用证据识别供述”已经开始受到国内学者的关注，赵桂芬教授曾发文介绍并分析此种识别供述的方法，本部分将赵桂芬教授的研究进行介绍。其成果发表在《中国人民公安大学学报》2017 年第 3 期。

③ 林喜芬、秦裕林、葛岩：《无辜者何以被怀疑——警察辨别真伪陈述能力的认识——行为研究述评》，载《上海交通大学学报（哲学社会科学版）》2015 年第 4 期。

别谎言的准确性存在的问题，研究者们在近十年来将研究重点放在如何利用主动的提问技巧来识别谎言。本书通过梳理国外学者对揭露谎言方法的研究进展，引入以使用证据策略（Statistic Use of Evidence，SUE）为主的揭露谎言方法，为国内侦查审讯中揭露谎言方法的理论研究与实践提供借鉴。在真实的审讯中，审讯人员手中或多或少会掌握一些表明犯罪嫌疑人与犯罪有关的证据。而审讯中的关键技术，是如何运用这些证据来引出犯罪嫌疑人是否说实话的线索。国外学者认为，SUE 技术是假定无辜者和说谎者具有不同的反审讯策略，而实证研究也证明了这一论点。无辜者运用更直接的言语策略，即正面回答审讯人员的提问，而有罪者对与犯罪有关的关键信息更多采用回避策略。研究者们通过实验发现，SUE 技术在识别欺骗方面是成功的，可用于引出关于过去行为或意图方面的欺骗线索（无论是成人还是儿童）。运用该技术培训瑞典的警察，结果发现，那些受训过的警察在识别谎言方面的能力要远超出那些未被训练过的警察，受训过的警察识别谎言的准确性为 85%，而未受过训练的警察识别谎言的准确性为 56%。

（1）SUE 框架矩阵

SUE 技术既包括策略层面，也包括技巧层面。策略层面更抽象更原则，与具体案件无关。而技巧层面的 SUE 技术就更加具体，包括了一套不同的与个案相关的具体技术，一般来说，可以有三组技巧：证据技巧、提问技巧以及出示技巧。这些技术在准备审讯计划的时候就要加以考虑，在审讯过程中也是非常重要的。SUE 技巧可以用来评估证据，以及系统地穷尽有罪犯罪嫌疑人对证据的可能解释，并用最有效的方式出示证据。而所有的技巧必须是在相关策略框架下进行。研究者认为，与策略层面的 SUE 相比，技巧层面的 SUE 还没有得到足够的研究。研究人员（Granhag P. A.，2010）假定，当出示单个证据时，可以用两个维度考察提问框架的几个方面：第一个维度是关于证据来源的可靠性强度（由弱到强），第二个维度是对证据准确性的感知程度（由低到高）。这两个维度的交互关系，可以通过一个例子来说明：在一个案例中，在犯罪嫌疑人的住处发现了装有爆炸材料的手提箱，审讯人员在购物中心获得了视频监控中的一段，观察到此嫌疑人购买的红色手提箱和作案工具是相似的。对于这个视频证据，审讯人员可以对其进行多重建构：证据的来源可以是弱的（我们有信息告诉我们你在购物中心购买……）或是强的（视频监控显示的是……），证据的具体性或精确性可以是低的（你去过一个行李箱商店）或高的（你买了一个红色手提箱）。证据的来源与精确性可以相交而形成一个框架矩阵，可以更好地展示或解释一份证据可以在哪几个方面来使用。在这个象限中，A 代表最间接的证据表现形式，即弱的来源和低的精确性（如有信息告诉我们你最近去过一个行李箱商店）；B 和 C 代表的是中间水平；而 D 代表的是最直接的用证方式（我们通过监控视频发现你最近买了一个红色手提箱）。需要注意的是，这个矩阵仅限于一份证据的四种选择，而在现实的侦查审讯中，一份证据可以有多种不同的组合表达方式。因此，审讯人员事实上对于证据的处理可以有更多的选择。

Granhag 等人（2013）通过回顾以往的 SUE 的研究发现，既往研究主要采用多证据的方式来进行实验，而多证据在现实侦查中的运用情形应当更为复杂，对发展一套具有可操作性的用证技巧来说更具有困难性。因此，他们设计了仅围绕单个证据进行揭露谎言提问的实验。在实验的提问方法设计上，研究人员分别采用三种不同的模式：一是审讯开始，在自由陈述之前出示证据，然后让犯罪嫌疑人就证据问题自由陈述（Early evidence）；二是在让犯罪嫌疑人自由陈述后和提出一些具体问题后出示证据（SUE - Basic），简称为

SUE－B；三是在时机上与 SUE－B 一致，但出示证据的方式是按照证据的框架矩阵顺序进行（SUE－Inremental），简称为 SUE－I。研究人员认为，基于有罪者和无辜者在面对证据时心理上的差异（有罪者采取回避的策略，而无辜者直接回答），采用逐级出示（先从象限 A 开始，再象限 B 或 C，以 D 结束）的方式和直接说出 D 相比在揭露谎言方面可能会更加有效。在逐级出示的情况下，犯罪嫌疑人为了维持和证据的一致性，会不断提供新的谎言，进而其陈述的一致性就会被牺牲掉。关于对 SUE 揭露谎言效果的实验设计如下：研究人员先对 195 名成人被试（129 名女性和 66 名男性）进行情境实验，之后运用三种谈话方式对被试（有罪和无辜）在随机分组的基础上提问，并对谈话结果采用双盲的方式在真实性上进行七级评分，然后对结果进行统计分析。研究人员对实验数据运用交互分析发现，总体上，有罪的嫌疑人（M＝5.67，SD＝1.35）和无辜者（M＝2.39，SD＝1.34）相比，表现出更突出的陈述和证据之间的不一致，说谎的人表现出较高的陈述和证据的不一致性；在运用的具体方法上，早期出示和两种 SUE 相比，在引出更多的有罪者和无辜者的差异方面效果更差一些。此外，有罪的嫌疑人和无辜者在陈述之间的不一致上也有显著差异，有罪的嫌疑人更倾向于改变自己所说的故事。在三种方法中，运用 SUE－I 可以更多地引出有罪者与无辜者在陈述上的差异，SUE－B 在效果上稍弱一些，而早期出示在引出有罪者与无辜者陈述不一致性的差异上没有差别。①

（2）SUE 对质技术

最近，研究人员（Tekin S. 等人，2016）通过对犯罪嫌疑人对

① GRANHAG P. A., STROMWALL L. A., WILLEN R. M., et al. Eliciting cues to deception by tactical disclosure of evidence: The first test of the Evidence Framing Matrix [J]. Legal and Criminological Psychology, 2013, 18 (2): pp. 341－355.

审讯人员掌握证据的感知程度的不同，对 SUE 技术在运用方法上进行改良，并对其在揭露谎言和引出供述的效果方面进行检验。改良的 SUE 技术被命名为 SUE 对质技巧（SUE - Confrontation tactics），该技巧是建立在 SUE 框架基础之上，目的是促使犯罪嫌疑人由隐瞒转为直接承认。其基本原理是针对侦查中已经获得的证据进行评估，分析待证事实和可用证据之间的关系，然后有计划地以掌握充分的证据影响犯罪嫌疑人对侦查掌握并不充足的证据部分的感知。实践中经常发生的情形是，侦查人员掌握犯罪嫌疑人计划阶段（阶段一）、踩点过程中（阶段二）的证据，但不掌握作案关键环节（阶段三）的证据，此时，就可以运用这种技巧。审讯人员首先通过策略性地使用可用证据获得犯罪嫌疑人在阶段一和阶段二的陈述和证据之间的不一致；之后，审讯人员通过指出这种不一致与犯罪嫌疑人直接对质进而影响他们对阶段三的证据的感知，会误认为侦查人员已掌握所有证据而不得不放弃狡辩。研究人员假定如果在进行对质之后，责令犯罪嫌疑人对陈述和证据之间的不一致作出解释（这种方式被命名为 SUE 对质/解释技巧），犯罪嫌疑人为了维护自尊和可信度，会运用更多的解释来证明他们是无辜的，因而暴露出的矛盾会更多。结果同样支持上述研究，即两种 SUE 技术比审讯开始出示证据在获得陈述与证据的不一致方面更为有效。并且，通过对 SUE 的改良运用，可以更高效地获得犯罪嫌疑人承认有罪的情节或证据。[①]

（3）针对非预期的问题的提问

国内学者也从认知—行为科学的角度综述了国外学者的识别谎

① TEKIN M. S., GRANHAG P. A., STROMWALL L. A., et al. How to make perpetrators in denial disclose more information about their crimes [J]. Psychology, Crime & Law, 2016, 22 (6): pp. 1-35.

言的研究，其中涉及在审讯中运用非预期的问题提问而引出犯罪嫌疑人在认知上的困惑及言语反应上的矛盾。研究者建议作为审讯人员，要事先对提问的问题进行区分，即嫌疑人在进行反审讯计划或串通时能够想到的问题和无论如何都想不到的问题。例如，在共同犯罪案件中，当同案犯之间准备串供时，一般会讨论相互之间怎么说来避免入罪。当审讯这一组同案犯，分别问他们能够预期的问题时，两者的回答应该是重叠的；当问及他们无法预期的问题时，两者的回答就可能出现不同。而对于无辜的犯罪嫌疑人或同案犯，在两种条件下，他们的陈述相互之间的关系都不会显著不同。

关于运用证据揭露谎言的时机，部分 SUE 研究已经涵盖了这一部分。此外，还有一些主要针对审讯中揭露谎言的时机问题的实证研究。

根据 Granhag P. A. 等人（2013）的综述，由美国学者（LEO R. A. ，1996）进行的研究表明，对犯罪嫌疑人进行指控同时伴随证据的出示，是美国典型的审讯方法。事实上，两者结合而进行的审讯占了研究样本中的 80% 以上。而在英国进行的一项研究（1993）则呈现不同的方法，大约只有 12% 的样本是在审讯的开始就使用证据的。2004 年，一项由 30 名有经验的警察对模拟犯罪嫌疑人的审讯发现，警察在何时以及怎样出示证据的审讯风格上有很大的差异。Granhag P. A. 等人总结，近些年的诸多研究共同表明，警察在审讯中使用证据是常见的现象，个别研究中达到 100%，而在审讯结束前才使用证据的有三分之一左右。Sorochinski 等人（2011）发现，证据一直保留到最后出示，和同样的证据通过渐进式的方式出示相比，能够在说谎者和说实话者之间产生更丰富的言辞差别，主要体现在陈述和证据的不一致性上。而更早地出示证据，对发现欺骗的线索来说是效果最差的。需要更进一步的研究来解决不同的证据应当怎样出示，以达到引出对欺骗的诊断性线索的目的，或更有利于观察者识别谎言。而另一份研究（Dando & Bull，2011）同样支持更早使用证据效果较差的结论，但在渐进式和最后用证的效果方面，与前述研究得出的结论是相反的。这两份研究反映出的问题可能有样本的问题以及研究方法的问题，但另一方面，审讯过程本身很难用精确化的方式度量，因为涉及人的心理以及人际互动，其中有诸多不可控制的变量。总之，共性的认识就是在审讯中可以通过出示证据来揭露谎言，而且有技巧地出示证据的效果要优于无技巧和无计划地出示证据。

Walsh 等人（2015）为了研究使用证据的时机与揭露谎言的效果，提出证据出示模式（Evidence Disclosed Model，EDM）可分为审讯开始出示与过程中出示以及审讯结束前出示三种情形。他们的研究表明，审讯开始出示仅在有限的范围发挥作用。他们认为，目前的研究结果表明，运用证据揭露谎言的提问策略比 PEACE 模型下采用的信息收集型提问①，从总体上能获得更多的信息。但审讯开始出示证据的 EDM 模式存在着更多的错误引导的可能，因为调查人员的典型方法是向犯罪嫌疑人出示其有罪的证据，然后试图说服嫌疑人接受有罪的叙事，因而主要提问方法是引导性提问。因此，审讯开始就出示证据的模式被认为是最薄弱的技术和最不可能收集全面的陈述。另外，目前的研究发现，当访谈人员试图获得一份详细的供述时，如果嫌疑人已经开始陈述，通过分阶段的方法进行证据出示

① PEACE 是由一套侦查访谈中培训模型的几个环节的首字母组成，具体包括计划和准备（Planning & Preparation），建立关系和解释谈话目的（Engaging with the interviewee & Explaining the interview process），获得陈述（Account），结束访谈（Closure of the interview），评估（Evaluation）。参见 CLARKE C.，MILNE R.，BULL R. Interviewing Suspects of Crime：The Impact of PEACE Training，Supervision and the Presence of a Legal Advisor [J]. Journal of Investigative Psychology and Offender Profiling，2011，8（2）：pp. 149 – 162。

(渐进的EDM)，谈话不仅更加有技巧，同时也可以获得更完整全面的陈述。总体上，他们的研究发现，使用证据最好的阶段是犯罪嫌疑人已经处于心理动摇的临界点，有供述行为的动机时，此时采用逐渐出示的方式，可以获得更多的有用信息，过早或过晚出示证据都是盲目的和缺乏效果的。[①]

三、有心理强迫属性的审讯策略在审讯中的适用之界限

由于审讯行为本身具有强迫属性，心理强迫由于不涉及侵犯人权的身体伤害与虐待，因而在审讯中应当是一个中性概念。但“度”的把握至关重要，否则亦涉及非法。我国《刑事诉讼法》规定了“不强迫自证其罪”的原则，其“强迫”既包括了通过刑讯的身体强迫，也包括了威胁、引诱、欺骗方式等施加的心理强迫，然而，在审讯中，侦查人员常常要运用说服教育、情感感化以及使用证据等常规的审讯方法，在运用这些方法时，也会从策略的角度考虑各种方法的全面运用，因此，引而不发、避实击虚等审讯策略就常常被巧妙地使用。这些策略和方法，从严格意义上来说，或多或少都有对犯罪嫌疑人的认知、情绪情感以及意志进行引导和影响的功能，因此也具有心理强迫的特征。[②]

威胁、引诱、欺骗的取证手段并不像那些直接作用于人身体的强制性物理手段一样，它是通过言语、环境、心理等向犯罪嫌疑人施加压力，对于威胁、引诱、欺骗获得的供述应属裁量排除。

威胁可以分为两种：一种是不会影响到犯罪嫌疑人的意志自由的，如办案人员加重语气、态度严肃，包括审讯中运用“白脸和红

---

① 赵桂芬:《国外侦查讯问中识别谎言方法的新发展及启示》，载《中国人民公安大学学报（社会科学版)》2017年第3期。

② 赵桂芬:《论审讯中的心理强迫》，载《中国人民公安大学学报（社会科学版)》2013年第2期。

脸”的审讯策略，只要“白脸”的扮演者没有使用暴力，没有以暴力相威胁，只是对犯罪嫌疑人进行“贬低”，表现出来不耐烦，对被审讯者造成一定的压力，那么这些审讯方法都是适当的。另一种是法律所禁止的方法。比如说“再不说就把你女儿工作搞没了!”等，包括以剥夺犯罪嫌疑人生命、自由、财产，损害其名誉、信用等这些不利结果相威胁的方法，都是不适当的，应属非法取证。

引诱包括诱供和引供，“诱供是指侦查人员以给予犯罪嫌疑人某种利益或好处为条件，诱使其供认。引供则是指侦查人员通过自身的假设或推想来引导犯罪嫌疑人进行供述”①。引诱也包括很多内容，比如围绕“坦白从宽”所进行的规劝和政策攻心，对犯罪嫌疑人表示关心、为犯罪嫌疑人积极安排和家人见面，等等，这些行为都是可以理解和被人们所接受的。过度的或者是极有可能影响犯罪嫌疑人供述自愿的引诱，主要是指办案人员以法律禁止，或在其权力范围之外的利益相引诱。比如“如果你现在交代，只判你三年，如果不老实，最后要判五年以上”或“你若交代可以不判你死刑”等，事实上，作为侦查人员，他并没有定罪量刑的权力。此种情况下，即使是无罪的犯罪嫌疑人，也有可能为了避免从重处罚而承认自己有罪。

欺骗，即通过虚构的情节使得别人得出虚假认识的行为。② 有学者指出：“侦查思维的一个基本特征是‘对抗性’，又可以称为‘博弈性’。在侦查中要擅长运用策略，则难免会采用一些欺骗手段。”③

---

① 毕惜茜主编：《侦查讯问理论与实务探究》，中国人民大学出版社2004年版，第50页。

② 安文霞：《“威胁、欺骗、引诱”审讯方法的另类思考》，载《政法学刊》2012年第6期。

③ 龙宗智、何家弘：《“兵不厌诈”与“司法诚信”》，载《证据学论坛》（第6卷），中国检察出版社2003年版，第167页。

实践中，办案人员常把引诱和欺骗作为审讯策略技巧来使用，很多时候，引诱和欺骗与常用的审讯策略技巧并不容易区分。

当办案人员告知犯罪嫌疑人："你现在不交代可别后悔。"这是否属于威胁？当办案人员告诉犯罪嫌疑人只要如实交代，检举揭发其他人的犯罪行为，就可能得到从轻处理是否属于引诱？通常，如若犯罪嫌疑人的自由意志没有被剥夺，即为合法的，所获得的口供可作为证据使用。

在审讯中，适度地欺骗、引诱被认为是审讯的策略或谋略。审讯策略不可避免地存在着欺骗的成分。如办案人员用明示或暗示的方式告诉嫌疑人："别人已经交代，你扛着也没有用，只会对你自己不利。"费雷德·英博教授指出了判断取证合法性的标准，办案人员在取证中，如果对特定哄骗方式的合法性产生疑问，则可以自问"该方式是否会导致无罪人员承认罪行？"当得出否定答案时，则可以继续取证；当得出肯定答案时，则需要停止。这种标准是可以被接受和理解的检验标准。① 超过限度的欺骗主要是指办案人员以超出自身权力范围不可能实现的允诺或者以虚假的证据和事实欺骗犯罪嫌疑人，从而使犯罪嫌疑人违背意愿，作出虚假供述。比如说："快讲吧，讲了就没事情了，就放你回家。"在 2012 年 9 月由北京市第一中级人民法院审理的被称为 2012 年《刑事诉讼法》第一案的郭某奎等贩卖毒品案中，本案的辩护律师指出，当郭犯于 2011 年 8 月 21 日在四川被逮捕之后，北京市公安局的两名工作人员通过威胁亲人安全、摔板凳及拍桌子等手段迫使其认罪。并且，相关工作人员在押送郭犯的路程当中，当面讨论相关案情，对其诱供，告知当事人在其认罪的情形下不会判很久。郭犯的辩护律师要求法院启动排除

① ［美］弗雷德·英博：《审讯与供述》，何家弘等译，群众出版社 1992 年版，第 276 页。

程序，要求排除公安侦查人员采用诱供和逼供而得到的相关供述。另外，郭某奎向法庭具体叙述了侦查人员威胁的内容，即“你要是不承认就别想再见到你女儿”。该案主审法官在事后接受记者采访时表示，其之所以接受辩方提出的非法证据排除主张，非常重要的理由之一就是被告提出的受到侦查人员威胁的内容非常具体，而其之所以未接受出庭作证人员有关未对被告人进行威胁的说明，理由恰恰是：“主要为公安和检察官证人没有阐述审讯时的具体情形，没有具体说明对于郭某奎没有实施言语威胁。相反，郭某奎及其辩护律师所给出的所受到的言语威胁则十分详尽，而侦查人员与公诉人没有给出具体内容，因此法庭怀疑侦查人员进行了威胁。”① 虽然从审讯的目标上来看，犯罪嫌疑人易被欺骗，则侦查人员就易获得供述，但从司法行为的最终结果看，这种在心理强迫状态下获得的供述，有错误的可能，可能导致刑事错案的发生；另外，犯罪嫌疑人一旦认识到被欺骗，则有翻供的可能，同时滋生对公安司法机关的怨恨情绪，损害了刑事司法的社会效益。因此，除了合法的审讯策略与方法外，欺骗、引诱等心理强迫的方法在审讯中应当被禁止。

在审讯中具体运用审讯策略时需要注意策略与欺骗、引诱的界限，防止基于策略与方法的过度运用而导致的错案以及与司法诚信背道而驰。欺骗、引诱等心理强迫的方法，在审讯中会影响到犯罪嫌疑人意志的选择，可能导致犯罪嫌疑人形成有关案件证据、法律处置等内容的一种确定性的认识，在这种确定性认识的影响下，犯罪嫌疑人难以做出依据自己的选择性判断的供述决策，因而形成供述意志的非任意性结果。有关研究表明，受监禁者意思能力瑕疵的概率远高于正常人，且此概率与监禁期成正比。该研究特别针对心

---

① 《证词涉嫌逼供所得，法庭弃用非法证据》，载《北京青年报》2012 年 9 月 14 日。

理临崩溃症状、思维过程混淆、心理健康全面恶化这三类心理问题，因为这三类心理问题最可能直接影响意思表示正常与否。通过对特定数量人群的抽样调查，美国学者得出以下数据：自由状态下，正常成年人罹受心理临崩溃症状的比例为7.7%，思维过程混淆的比例为10.8%，未出现心理健康全面恶化的个案；普通保护性监禁的情况下，成年人出现上述三种心理问题的比例分别为48%、65%和52%。[①] 因此，除了合法的审讯策略与方法外，欺骗、引诱等心理强迫的方法在审讯中应当被禁止。

根据最高人民法院相关精神，由于使用威胁、引诱、欺骗的方法收集的证据极有可能是虚假的，因此，如果法庭通过审查审讯记录等证据材料能够认定侦查人员采用引诱、欺骗方法获取被告人供述，且该供述不能与在案证据相互印证，也可以从证明力的角度，因该供述具有虚假性而依法排除。

---

① 陈诚：《受监禁者行为能力瑕疵实证——基于心理学、司法制度及司法实践的考察》，载《北京科技大学学报（社会科学版）》2010年第2期。

专题六 几类案件犯罪嫌疑人心理分析及审讯对策

一、经济案件犯罪嫌疑人心理分析及审讯对策①

一般来说，经济案件犯罪嫌疑人由于受到文化程度、家庭背景、生活环境等方面的影响，认知水平较高，思维清晰敏锐，情绪较稳定，贪利动机明显，表现在犯罪实施上既有智能性、专业性，又有一定的隐蔽性。

1. 经济案件犯罪嫌疑人基本情况

（1）从年龄看，经济案件犯罪嫌疑人年龄偏大。据统计，17名经济案件犯罪嫌疑人中40岁以上的超过一半，笔者根据访谈情况统计其平均年龄为41.8岁；20～40岁7人，占总数的41%，40岁以上10人，占总数的58.8%。

（2）从文化程度看，大学以上的占52.9%，明显高于命案犯罪嫌疑人，这一点也可以解释经济犯罪需要专业化的手段和知识，如合同诈骗、贷款诈骗、证券操纵、贪污等需要掌握一定的金融、财

---

① 笔者曾于2012年至2013年在BJ市某看守所对44名命案犯罪嫌疑人、17名经济案件犯罪嫌疑人、16名未成年犯罪嫌疑人做了问卷调查与访谈。本部分及命案部分实证部分内容源于此次调研。

会等方面的专业知识。

（3）从职业看，经济案件犯罪嫌疑人大多有稳定的职业，而且所从事的职业多为会计、网络、金融等行业，调查显示，其中有10人自己开公司或是单位法人、老板，占总数的58.8%。命案犯罪嫌疑人的职业特点：一是以打工者居首位，职业不稳定；二是无业人员占有相当的比例；三是他们所从事的职业大多是体力劳动或技术含量比较低的工作。

2. 心理特点

（1）认知水平较高，思维敏捷，灵活，反应快。经济案件犯罪嫌疑人多有着较高的文化和智力水平，有的还具备较强的专业技能，与智力水平高相关联的认识特点是思维敏捷、灵活。在犯罪实施过程中，他们往往运用自己的专业知识和技能钻空子或利用制度漏洞，有的还具有创造性。

（2）情绪复杂且较稳定。此类犯罪嫌疑人情绪复杂性表现为：一是普遍具有冷静的情绪特点。因为其高智能的特点使其自信且理性，处理日常问题和实施犯罪时表现出冷静的特点。二是经济案件犯罪嫌疑人日常工作和面对的事物通常是繁杂的数据和较好的文字能力，情绪不稳定难以处理。但经济案件犯罪嫌疑人在具有冷静的情绪特点的同时也会表现出易激惹的情绪特点，如容不得别人的挑战，受不了委屈和别人的轻视，在遇到不顺心和失利的时候，他们就会激起一比高低的冲突欲望①。

（3）思维偏执，认事不认罪。高智能者一旦形成某种观念一般不易改变，他们不会去进行道德评价和法律评价，一般也不接受别人的劝告或谴责，虽然他们文化程度较高，但法律意识薄弱，很多

① 罗大华、何为民主编：《犯罪心理学》，中国政法大学出版社2007年版，第298页。

高智商者甚至是法盲，在笔者的访谈中，其思维偏执和对法律的无知表现为认事不认罪，他们对自己做的事情侃侃而谈，有时甚至在炫耀，但涉及法律责任时一概不知或不认，并且“理由充分”，理直气壮地为自己辩解或开脱。

例如，笔者访谈因涉嫌证券操纵犯罪嫌疑人汪某某时，问：“你怎么看待自己的性格?”答：“我是个技术型的人，不会交际，对政治什么的都不懂，自己在这一方面的修养也不够，积累不够。较真，以自我为中心。交友不慎，被小人所害。”笔者在访谈王某某（男，利用办学校涉嫌诈骗）时，问：“你承认自己是诈骗吗?”答：“不承认。我要是诈骗，来北京这么多年早就该出事了。”问：“那你现在承认什么?”答：“我只承认我违规办学，其他的都不承认。”

（4）贪利动机明显，但动机冲突不明显。从笔者访谈的 17 名经济案件犯罪嫌疑人的犯罪动机来看，几乎都是为了追逐金钱利益而直接实施或帮助实施的犯罪。智能犯罪人对被害后果一般不直接感知，因为犯罪嫌疑人实施犯罪时直接面对的是机器或数据、程序等，并且很多被害人是无名的、未知的，被害人的损失和痛苦不直接刺激犯罪人的感官，难以引起其对自己行为的反省、后悔与罪责感。涉嫌证券操纵犯罪的汪某某在谈自己的感受时说：“生意场上出事的都不是事情本身的性质，都是自己本身不注意，得罪人了，后来就被调查，就出事了。我们这种行业，基本上都是和计算机打交道，不怎么会和人交流，我也是交友不慎，被人盯上了。”另一名证券老总也谈到，他知道自己是犯罪，但他没什么愧疚。因为他没有骗个人，他认为自己是钻空子，他只是点背，别人做的也有很多，只是没被抓而已。因为行长出事了，为了立功，才把他检举了。

3. **审讯对策**

（1）选配经验丰富，熟悉经济犯罪相关专业知识、法律的人员担任审讯人员。一方面，由于经济犯罪的专业性较强、科技化程度较高，因而，证实、追究经济犯罪也离不开相关专业知识和科技手段的支撑；另一方面，由于犯罪嫌疑人在审讯中侥幸心理较为突出，因而，他们在审讯中往往也会有态度傲慢、狂妄自大、盲目自信等行为表现，并且还会积极利用自己的专业知识来对抗、干扰审讯。因此，对经济案件犯罪嫌疑人，应当选派审讯经验丰富、熟悉相关专业知识的审讯人员，只有这样，才能掌握审讯的主动权。

（2）选准突破口。审讯突破口的选择和实施，直接关系到经济案件犯罪的进程和突破。经济案件犯罪具有共同作案、连续多次作案的特点，选择哪个犯罪嫌疑人、哪起案件或诈骗事实首先突破，审讯人员必须认真考虑，作出准确的判断和选择。一般来说，应以熟悉、了解两个或多个犯罪单元情况的嫌疑人作为审讯突破的重点对象，他们要么负责查询网银账户、分拆资金，要么负责银行开户等，突破他们后就可以查明两个以上犯罪环节的事实。突破时要分化其与集团主犯和一般人员的关系，强化其对主犯的怨恨和对一般人员的猜疑心理，适当使用侦查中所获证据，鼓励犯罪嫌疑人走坦白从宽之路。审讯中要采用摆事实、讲道理的方法，以大量无可辩驳的证据证实其犯罪，率先打开缺口，并从证据、数额、事实、情节、量刑等方面给犯罪嫌疑人施加压力，促其交代犯罪事实。

（3）注重调查取证。①从封存、审查账目、产品入手，收集证据材料。在经济犯罪中，某些单位或个人，利用制作假账，隐瞒收入；对营业收入采取少记或不记账；利用虚假的会计原始凭证偷逃税款等手段，实施犯罪活动。因此，在办理涉嫌经济案件犯罪的过程中，在不影响企业生产经营的情况下，调取、查封有关账册、文书材料；冻结银行账号；扣押或封存有关产品，防止犯罪嫌疑人及其他人涂改、转移、毁灭证据。②鉴定。经济案件的鉴定主要包括税务鉴定、司法会计鉴定和物证技术鉴定。为搞好各项鉴定工作，侦查人员在审讯过程中，应当根据侦查中获取的与逃税、抗税、骗税案件有关的账目、会计报表等财务资料，对犯罪嫌疑人犯罪行为涉及的账证上的问题进行鉴定，确定犯罪事实。对在暴力抗税现场提取的痕迹物证也应进行鉴定，如果税务人员被打伤，还应进行法医鉴定。所有这些鉴定结论，都会给侦查人员准确认定涉税犯罪提供科学依据。③询问证人。收集证人证言，是查处经济案件犯罪常用的取证措施。经济案件犯罪的线索中，很多都源于知情人的控告或举报。因此，应做好询问证人的工作。在询问证人之前，要认真做好准备，制作询问计划。在询问过程中，态度要认真诚恳。询问结束后，由证人签名盖章。

实践中常见的使用证据、说服教育、攻心感化、利用矛盾等策略方法都适用对经济案件犯罪嫌疑人的审讯，具体使用哪一种策略方法还需要因人而异，因案而定。

二、命案犯罪嫌疑人心理分析及审讯对策

本书所指命案包括了犯罪中致被害人死亡的案件类型。从犯罪动机看，可理解为包括各种动机的故意犯罪而致人死亡的案件，如抢劫杀人、强奸杀人、绑架杀人、报复杀人等。此类案件历来都是审讯的重点和难点。2010 年 6 月最高人民法院等六部委联合颁布了《关于办理死刑案件审查判断证据若干问题的规定》，对死刑案件的证据规格、证据标准提出了要求，命案的办理比以前更加严格，证据要求也更高。近年来，我国命案呈下降趋势，引人注目的是运用

科技手段侦破命案积案已经成为新的亮点。①

1. **命案犯罪嫌疑人基本情况**

（1）从年龄看，命案犯罪嫌疑人平均年龄为24.7岁；未成年嫌疑人16人，占总数的36%，20～40岁22人，占总数的50%，40岁以上6人，占总数的13.6%。经济案件犯罪嫌疑人平均年龄为41.8岁；20～40岁7人，占总数的41%，40岁以上10人，占总数的58.8%。

（2）从文化程度看，命案犯罪嫌疑人以低层次的文化为主。中小学32人，占总数的72.7%，大学以上5人，占总数的11%。这一特点在未成年命案嫌疑人中更为突出，在16名未成年犯罪嫌疑人中，中小学13人，占总数的81.25%，高中2人，占总数的12.5%，大学（未毕业）1人，占总数的6.25%。经济案件犯罪嫌疑人初中文化2人，占总数的11.8%，高中（包括中专、高职）5人，占总数的29.4%，大（专）学以上9人，占总数的52.9%，未统计的1人。经济案件犯罪嫌疑人的文化程度明显高于命案犯罪嫌疑人，在笔者的访谈中也发现了这一特点。

例如，问：（王某，男，1989年出生，吉林四平人，职高文化，故意杀人）“你平时在号里跟人聊天聊什么？”

答：“什么都聊，但一般跟暴力犯能一起聊聊，跟经济犯聊不到一块儿去。”

又如，问：（杨某某，男，1986年出生，山东济宁人，绑架杀人）“和同屋的人聊天吗？”

答：“不怎么和经济犯聊，他们说的我们不懂。”

问：（高某某，男，34岁，吉林延边人，故意杀人）“你们

① 近年来，运用科技手段侦破命案积案取得的成绩引人注目。甘肃省白银市系列强奸杀人案件的侦破就是典型代表。公安机关运用DNA技术成功将从1988年至2002年连续作案的犯罪嫌疑人高某勇锁定，案件于2018年告破。

和经济犯聊天吗？”

答：“有差距，说不上话。”

问：“什么差距？”

答：“他们有文化。”

（3）从职业看，命案犯罪嫌疑人的职业状况一是以打工者居首位，职业不稳定，这一点在未成年嫌疑人中也较为突出，13 名中小学文化中，基本上都是中小学毕业或辍学即走向社会，由于年龄小，文化程度低，所从事的职业都是临时性的打小工、跑跑腿等；二是无业人员占相当高的比例；三是他们所从事的职业大多是体力劳动或技术含量比较低的工作，有的卖羊肉串、有的在酒吧当服务生、有的当保安等。

例如，问：（任某某，男，1985 年出生，山西运城人，抢劫杀人）“你干什么工作的？”

答：“在北京当电焊工，我有证，在山西老家学的。”

问：“平时收入怎样？”

答：“工作不稳定，收入不够花，我到过许多地方打工，四川、贵州、云南、天津。”

又如，问：（杨某某，男，32 岁，山西人，故意杀人）“你从事什么职业？”

答：“卖过羊肉串，酒店当过服务生，还干过保安。”

2. **心理特点**

总体来说，命案犯罪嫌疑人由于受到文化程度、家庭背景、生活环境等方面的影响，认知水平低，思维方式简单，负性情绪突出，犯罪动机多样，表现在犯罪行为上既有预谋性也有情境性。

（1）认知水平低，思维方式简单。命案犯罪嫌疑人以直接攻击他人的行为获得情感满足或利益满足，有的出于人际冲突，有的出于利益冲突。由于他们文化低，认知水平低，思维方式简单，解决问题的方式直接，行为以攻击性为主。认知水平低则不利于审讯目的实现，一方面，表现为侦查人员说服教育的难度增大，侦查人员出示证据或揭露矛盾的行为不能使犯罪嫌疑人产生侦查人员预期的反应；另一方面，犯罪嫌疑人在理性判断能力下降的情况下，暗示感受性有可能增强，容易受侦查人员提问或情境中包含的诱导性因素的影响，作出与案件真实情况不符的错误供述。

一些价值观和道德观歪曲的嫌疑人普遍具有迷信暴力的倾向①。

例如，问：（杨某某，男，32岁，山西人，故意杀人）“能简要介绍一下你的案情吗？”

答：“我把一个小姐给杀了，因为当时和她开玩笑，她打了我一耳光，我也喝了酒，失手就把她打死了。”

问：“以前认识她吗？”

答：“见过一次。因为她当时打了我一个耳光，我妈都没打过我耳光，我当时就生气了。”

因为一点小事诱发命案，其因果关系简单，显示出嫌疑人意志品质中控制力差，激惹性高，一些小的刺激都可能引起其过激的反应，可谓动机简单，性质恶劣。

（2）负性情绪突出，情绪调节能力差，性格有缺陷。一般来说，命案犯罪嫌疑人的情感脆弱，表现为消极的情绪反应和情感水平低。在羁押与审讯过程中，犯罪嫌疑人受情境的影响和罪责感的压力的影响，极易出现负性情绪，如愤怒、恐惧、紧张、抵触等。

负性情绪会降低犯罪嫌疑人的认知能力，冲动性原本就是其人格特征中突出的特点，理智感的缺失作为情感型犯罪人心理结构中的重要特征，必然影响其情绪的调节能力，在审讯中表现为紧张、恐惧，有的愤怒、悲观。需要注意的是，犯罪嫌疑人虽然在总体上

① 罗大华、何为民主编：《犯罪心理学》，中国政法大学出版社2001年版，第310页。

情绪的调节能力较差，但也有一部分犯罪嫌疑人善用表达抑制的策略，具有较强的掩饰自身不良情绪的能力，在审讯中表现得若无其事，这种内心情绪体验与外在情绪表现的不一致，在心理学中就是情绪的文饰现象。文饰现象的存在，使得侦查人员难以判断犯罪嫌疑人内在的心理活动，不利于有针对性地运用审讯的策略和方法。

在访谈中我们注意到命案犯罪嫌疑人家庭问题较为突出，有的小时候和父母一起生活时就目睹了父母的争吵甚至离婚，有的是自己的小家庭出现了问题，有的家庭成员有问题，有的缺乏良好的教育，等等。例如，嫌疑人陈某某，男，28 岁，涉嫌抢劫杀人，在谈起自己的家庭时陈某某说："父母经常闹分居。因为父亲赌博，父母之间不说话，自己过自己的，我对这个现状很无奈。有时候太压抑会选择喝酒，或上哪吼叫发泄一下。"

在笔者所访谈的犯罪嫌疑人中一半以上来自农村，案发时在北京打工，生活艰辛，经济拮据，平时从不看书，业余生活大多是去网吧或是喝酒，在未成年嫌疑人中，相当一部分人由于家庭问题或生活贫困过早地进入了社会，在北京干一些体力活，如在市场切羊肉、卖羊肉串、工地当小工等，处于一种自生自灭，无人关心无人管的状态。

值得注意的是，在命案犯罪嫌疑人中单亲家庭占有一定的比例，根据调查显示，在 28 名成年犯罪嫌疑人中有 5 人从小父母离异，还有 4 人家庭成员有问题：一人母亲是聋哑人；一人父亲有精神疾患；一人父亲长期殴打虐待妻子，后嫌疑人伙同其母亲将父亲掐死；一人父亲在他小时候就带着他偷东西，父亲曾因盗窃判刑。在未成年嫌疑人中这一比例更高。在 16 名未成年人中有 6 人从小父母离异。一般有两种情况：一种情况是自小无人管，自生自长，他只能采取"不择手段"的生存方式，而"不择手段"一旦形成习惯就会在他一生中都以不择手段的方式生存，由此与犯罪相伴，与监狱为伍[①]；还有一种情况是由爷爷、奶奶抚养长大，这种抚养环境往往过于溺爱，容易形成偏执型人格特点，养成一种唯我独尊、无法无天的性格。当他在这种背景下形成与人相处的性格和观念，走入社会时，容易出现以自我为中心、自私的行为方式，而无视法律和公共利益、规则，不能自我控制。上文提到的因为小姐打了他一个耳光而将小姐杀害的杨某某就是生长在单亲家庭。杨某某家在农村，很小的时候父母就离异了，从小由爷爷、奶奶抚养长大。在初中二年级时因为爱玩游戏，学习不好辍学，曾因盗窃被拘留。在他成长过程中既缺乏母爱，又被祖父母溺爱，缺乏正常的生长环境，在扭曲中长大。

（3）犯罪动机多样，犯罪行为上既有预谋性又有情境性。在28名命案犯罪嫌疑人中[②]，涉及的犯罪动机多样，因财杀人的11起，报复杀人的1起，杀亲、感情纠葛的9起，纠纷、打架致人死亡的7起。据调查，这11起因财杀人和1起报复杀人都是有预谋的犯罪。例如，林某，男，41岁，因抢劫杀人被捕。林某的目的是搞钱，以租房子为名在网上“钓鱼”，专门选择那些在二环内有房子的有钱人为作案目标。杨某某，男，25岁，山东人，在京打工，因开饼屋失败赔了10万元，为了还债以租车为名在网上选择开好车的女性实施绑架犯罪。而报复杀人的犯罪嫌疑人曾某因与其女上司素日矛盾较深，于是预谋将上司杀害。其余有的属于激情犯罪，这部分大多是因情而杀，如妻子或女朋友出轨将其杀害，有的父亲虐待母亲，儿子将父亲杀害，等等。还有的属于情境中的某些因素所引起，如邻里纠纷矛盾激化，酒后自控力减弱，有的言语不和导致冲突，等等。

---

① 李玫瑾：《犯罪心理研究——在犯罪防控中的作用》，中国人民公安大学出版社2010年版，第54页。

② 笔者访谈的44名命案犯罪嫌疑人中，未成年嫌疑人16名，成年嫌疑人28名。

3. **审讯对策**

（1）使用证据。通过社会心理学的研究我们可以发现，要通过使用证据改变犯罪嫌疑人的供述态度，使犯罪嫌疑人如实作出有罪供述，是有心理学依据的。要消除犯罪嫌疑人的偏见，引起犯罪嫌疑人的注意和正确的理解，使犯罪嫌疑人产生认知的不协调，并注意使用证据、提供信息的方式方法，使这种信息不协调导致的压力越来越大，最终改变犯罪嫌疑人的拒供态度。为了达到这一目的，巧用证据要讲究一定的方式和策略。命案犯罪嫌疑人在审讯中以畏罪心理为主，并存有一定的侥幸心理。面对审讯其主要的心理需求是逃避，逃避侦查，逃避责任，最终目的是逃避法律的制裁。对此，大多侦查人员都有较强的使用证据意识，都意识到证据是突破犯罪嫌疑人心理防线的有力武器。

命案犯罪嫌疑人虽然心存侥幸，但对侦查人员手中是否握有证据并不掌握，加之我们通过现场勘查、调查访问等或多或少地能够掌握一定的证据，嫌疑人侥幸心理的基础薄弱。因此，在审讯中，侦查人员要善于利用侦查中获取的各类证据材料，向犯罪嫌疑人传达出其无法逃脱罪责的信息。如前所述，有的案件现场抓获、有的同案犯已经抓获并供述、有的有视频录像等，因此，审讯中抓住犯罪嫌疑人的抵赖具有盲目性的特点，侦查人员在审讯中可以通过运用暗示或间接使用证据等方式来达到较好的效果。

审讯中巧用证据并不等于简单地将证据正面出示给犯罪嫌疑人看，让犯罪嫌疑人承认犯罪事实，而是要通过巧妙使用案件中有限的证据，改变犯罪嫌疑人的供述态度，突破口供，使犯罪嫌疑人如实供述。

使用证据方法主要有明示法、暗示法、连续法、补充法和分解法。明示法即直接使用，包括口头告诉犯罪嫌疑人证据信息、当面出示书面证据、播放证言录音和证据录像等。这种方法对犯罪嫌疑人冲击大、效果好。暗示法包括动作静的暗示和语言动的暗示，动作静的暗示是将证据摆放在犯罪嫌疑人能够感知的地方，让犯罪嫌疑人自己感知，语言动的暗示是用双关语、含蓄词汇、反衬语、正话反说、体态语等暗示犯罪嫌疑人侦查机关已经掌握的证据。连续法是连续使用能够证明犯罪事实的不同证据：一种是逐步推进，对犯罪事实的不同部分使用不同的证据；另一种是持续使用多份证据，使犯罪嫌疑人不得喘息，迫使犯罪嫌疑人如实供述。补充法是在犯罪嫌疑人如实供述犯罪事实后，出示侦查机关本来就掌握的证据，进一步打消犯罪嫌疑人的侥幸心理，起到巩固口供和核实证据的作用。分解法是将一项完整的证据分成多个部分，夹杂在侦查人员所提的问题之中分次使用，使证据有所指又不完全暴露给犯罪嫌疑人，使得犯罪嫌疑人摸不清侦查机关掌握证据的底细，逐步摧毁犯罪嫌疑人的拒供心理。①

（2）说服教育。说服教育的因素包括侦查人员、信息、说服教育方式、犯罪嫌疑人。这些环节的作用对最后的态度改变都产生了影响。

①提供信息要实事求是。在对犯罪嫌疑人进行说服教育时，审讯人员必须依据法律政策，实事求是，既不超过法律承诺，也不显现出没有信心。超过法律承诺会使犯罪嫌疑人产生怀疑，从而不信任审讯人员，不利于今后的审讯，表现得没有信心则不会引起犯罪嫌疑人充分重视。例如，有的在审讯犯罪嫌疑人时，应当告知犯罪嫌疑人如实供述可以从轻处罚，并列举一些自己办理的因为如实供述而取保候审或判处较轻刑罚的案例，从而让犯罪嫌疑人如实供述；另外还有一些审讯人员对犯罪嫌疑人说只要交代了问题就没事了，

① 毕惜茜主编：《侦查讯问学理论研究综述》，中国人民公安大学出版社2012年版，第337～339页。

可以回家了，结果犯罪嫌疑人知道自己的行为是犯罪，即使如实供述也不可能一点后果都没有从而认为审讯人员过分夸大。这说明要想获得犯罪嫌疑人的信任，就要实事求是地介绍如实供述的优缺点，从而使犯罪嫌疑人能够接受教育的内容而转变其态度。

②说服教育要晓以利害。教育必须使人们认识到后果的严重程度，从而在人们内心产生威胁与压力，而不得不听从劝告、转变态度以消除心理上的负担，达到内心的安宁。

③要从正反两方面进行说服教育。对于是从正反两方面教育还是单方面教育，哪种方法更有效的问题，霍夫兰德在第二次世界大战中对军队士兵进行的实验结果表明：单方面的教育容易转变教育程度低的士兵的态度，进行正反两方面的教育对文化程度较高的士兵的效果好。另外，单方面的教育对最初态度和施教者强调的方向一致的士兵有效；正反两方面的教育对最初态度与教育者意图相矛盾的士兵更有效。因此，受贿犯罪嫌疑人大都文化程度较高，易采用正反两方面教育；对如实供述的犯罪嫌疑人，要积极鼓励，对拒不供述的犯罪嫌疑人，要从正反两方面进行教育。

④提出要求要循序渐进。实验社会心理学研究表明，要转变一个人的态度就要首先了解对象原有的态度与目标态度之间的距离。如果态度截然相反，操之过急，对象不但不会接受反而可能产生逆反，而循序渐进提出要求，不断缩小差距，人们才可能改变态度。费里德曼的广告牌实验可以诠释这一点。①

---

① 费里德曼（1966）以家庭主妇为被试者，向一组被试者先提出一项要求，要求在她家门口挂一块牌子，待家庭主妇同意了这项要求之后又提出另一项要求，即要求在她家院子里竖一个架子。向另一组被试者同时提出上述两项要求。结果表明，最初提出较小要求，后来再提出一步要求这种方法比一开始就提出两项要求，容易使人接受而转变态度。上述研究表明，要求人们转变态度时，应该分阶段逐步提出要求，不要急于求成，欲速则不达。这种情况在日常生活中也是经常会遇到的。

（3）利用矛盾。利用矛盾进行分化瓦解，首先要善于发现矛盾。矛盾无处不在，无时不在，却需要侦查人员利用自己的理性判断、逻辑思维和社会常识发现犯罪嫌疑人供述中的矛盾。犯罪嫌疑人在接受审讯时，为了掩饰罪行，逃避应有的处罚，在审讯中一定会胡编乱造、歪曲真相、虚构情节，造成犯罪嫌疑人的供述与客观证据之间、供述与社会常识之间、供述与有关技术鉴定、供述与录音录像资料、前后供述之间产生矛盾。犯罪嫌疑人不可能对他虚构的事实的每个环节和细节都设想得天衣无缝。而且，犯罪嫌疑人由于人身自由受到限制，也无法改变同案人的供述、证人证言、各种书证、鉴定结论等证据。因此，这就需要侦查人员仔细审查分析所有的卷宗材料，收集分析一切与案件和犯罪嫌疑人有关的信息，按照审讯预案有计划地开展审讯。

要想发现犯罪嫌疑人供述的矛盾，首先要仔细审查在案材料，从中发现并分析属于什么种类的矛盾。其次在审讯时要察言观色，结合犯罪嫌疑人的个性特点、陈述环境、面部表情、语言语气、身体语言等，分析犯罪嫌疑人的供述是否存在矛盾。在审讯的同时，要及时调查核实犯罪嫌疑人的供述，必要的时候进行司法鉴定，从而核实揭露犯罪嫌疑人的谎言。在审讯时要反复审讯，从中发现不一致之处。例如，间歇重复审讯同一问题，隔一段时间再问一次；同一问题从不同角度反复审讯；纵横交叉审讯，打乱问题的时间顺序、时间的发展顺序，使犯罪嫌疑人不能顾及太多，从而暴露其中的矛盾。最后还要分析犯罪嫌疑人的供述是否符合逻辑关系、科学原理和社会常识。

对于犯罪嫌疑人，侦查人员利用其供述中的矛盾瓦解其意志时要注意策略，可采取迂回进攻的战术。侦查人员在审讯时发现其供述中存在前后不一致、不符合常理、不符合法律等情况时可曲线进攻或从侧面进攻，先固定其存在矛盾的供述，使犯罪嫌疑人在不知不觉的情况下进入审讯人员设下的陷阱和包围圈后，再出其不意攻其不备，在其没有设防的条件下，通过出示证据、常理判断、法律规定等方式，对其施加压力，使其意识到自己存在的矛盾，从而为了解决认知上的不协调而不得不作出真实供述。

（4）针对犯罪嫌疑人的求生心理，趋利避害，要瓦解其心理防线，犯罪嫌疑人的一切言行都是受其特定心理支配的。因此，掌握犯罪嫌疑人的心理特点，讲究审讯艺术，是审理故意杀人案件的重要方法。在审讯过程中，犯罪嫌疑人为逃避打击，实现其求生欲望，会施展出各种各样的反审讯手法，这往往是其求生心理活动的具体表现。要突破犯罪嫌疑人的拒供防线，就必须针对犯罪嫌疑人的求生心理，对症下药。如何突破犯罪嫌疑人普遍存在的抗拒求生心理呢？趋利避害是任何人都具有的本能的理性选择，保命求生是任何人面临危险时均具有的正常反应。犯罪嫌疑人选择抗拒求生，是其认为通过抗拒能够给其带来好处，只要侦查人员让犯罪嫌疑人意识到抗拒没有好处或者抗拒已经没有意义时，犯罪嫌疑人自然就会放弃抗拒求生，从而选择坦白求生。侦查人员应当通过说服教育、使用证据等方法，结合案件的实际情况，让其明白“坦白从宽”才是自己的理性选择。如果是共同作案的，可以通过阐述“囚徒困境”的道理，分化瓦解同案犯罪嫌疑人之间的拒供防线，打掉其抗拒求生的幻想，最终变“抗拒求生”为“坦白求生”。

三、女性犯罪嫌疑人心理分析及审讯对策

社会心理学和发展心理学的研究表明，男女两性在个性方面存在着以下差异：（1）攻击性。攻击性包括生理上的攻击行为和语言上的攻击行为。攻击性的强弱是男女两性在个性和行为方面最为显著的差异之一，男性往往比女性富于攻击性。当受到刺激时，男性

表现出愤怒，甚至大动干戈；而女性却焦虑不安，甚至自责。（2）支配性。支配性有两种表现：其一，是支配他人，以获得别人的顺从并以此作为满足；其二，是对别人所施加的影响予以抗拒，这是从相反方向体现了个人的自我支配感。众多研究表明，男性与女性相比，男性更具有支配欲，而女性则更具有顺从性。具体表现为：男性能够自我决定，遇事有主见、果断；女性遇事则显得优柔寡断、胆小怕事、信心不足。（3）自信心。一般认为，女性的自信心通常低于男性，她们的自我评价也低于男性。正是由于女性缺乏自信心，并且有较强烈的恐惧成功感，因而在事业上、成就上受到了一定的影响。男女两性在自信心方面的差异，反映到犯罪问题上，可以明显看出：女性犯罪无论是在数量上，还是在犯罪率上，都远远低于男性，这与女性普遍自信心差、胆小怕事的特点有关。（4）移情作用。移情作用是指一个人感受到他人正在感受着的情绪；或者把自己的感情倾注到别人身上，认为别人也具有类似的情绪反应。可见，移情作用有两种表现形式：一种表现为一个人感觉到别人的情感时，引起自己的情绪反应；另一种表现为一个人以自己的情绪情感状态去理解别人的情绪反应。（5）受暗示性。一般认为，女性比男性更容易受暗示。女性比男性更多地考虑别人对自己的反应和态度，对团体的压力更为敏感，因而女性易受他人影响，容易产生从众心理和从众行为。正是由于女性易受暗示性，对团体有较高的遵从，所以，当女性加入犯罪团伙后，她们往往会自觉地服从团伙，并利用自己的性别优势拉拢和引诱其他女性加入犯罪团伙。

总体来说，女性犯罪在犯罪总数上占少数，但近年来缓慢上升。由于女性犯罪嫌疑人具有认知窄、情感丰富、细腻、起伏大、意志薄弱、爱钻牛角尖等特点，因此，对她们的审讯应根据其生理和心理特点，采取相应的审讯策略和方法。

为了更深入地了解近年来女性犯罪的基本情况以及心理，笔者于2017年1月在AH省HF市、BB市进行了问卷调查。[①]

1. **基本情况**

笔者在HF市女子看守所发放问卷420份，收回有效问卷418份。

（1）年龄情况

调查显示，女性犯罪嫌疑人中19～25岁106人，占总数的25%，26～45岁235人，占总数的56%，其余为少数（见表22）。

表22：女性犯罪嫌疑人年龄统计

年龄	人数	百分比
14～18岁	1	0.2
19～25岁	106	25
26～45岁	235	56
46～60岁	73	17
60岁以上	3	0.7
总计	418	98.9

（2）文化程度

调查显示，女性犯罪嫌疑人文化程度偏低，文盲44人，占10.5%；中小学190人，占45.2%，上述两部分均为低层次文化，为234人，占总人数的55.7%；中专、高中69人，占16.4%；大专以上108人，占25.7%（见表23）。

① 本次调研与赵桂芬教授等共同完成。下文中未成年、职务犯罪的实证数据均源于此次调研。

表23：女性犯罪嫌疑人文化程度统计

文化程度	人数	百分比
文盲	44	10.5
小学	71	16.9
初中	119	28.3
中专	27	6.4
高中	42	10.0
大专	85	20.2
本科	20	4.8
硕士及以上	3	0.7

（3）捕前职业

由于女性犯罪嫌疑人职业的不稳定性，而且自由职业不好界定，且打工和自由职业之间有交叉，所以，对于职业的统计，除表24统计的五种职业情况外，还有保洁、务农、美甲师、幼师等。排在第一位的是从事营销的人员，包括卖保险、推销医疗用品、房地产营销；排在第二位的是打工，打工的含义比较广，即使做营销的也可以将其定义为打工，理解不完全相同，笔者按其填写的情况统计。总体来说，女性犯罪嫌疑人职业状况不稳定（见表24）。

表24：女性犯罪嫌疑人捕前职业统计（排在前5位的职业）

职业	人数	百分比
营销	108	25.8
打工	88	21
无业	73	17.4
自由职业	25	0.59
公司职员	22	0.52

（4）涉嫌罪名

近年来，除一些常见犯罪类型女性均有参与外，一些发案率较小的犯罪如污染环境、危险驾驶、非法制造爆炸物等女性也同样参与其中。总体来看，女性犯罪以诈骗、盗窃等传统犯罪形式为中心，呈多样性分散化向边缘犯罪发展态势。除表25所列犯罪类型外，非法吸收公众存款（16人）、非法拘禁（13人）、开设赌场（9人）较为突出，尤其是经济犯罪涉及人数较多（见表25）。

表25：女性犯罪嫌疑人涉嫌罪名统计（排在前5位的罪名）

涉嫌罪名	人数	百分比
诈骗	103	24.5
容留他人吸毒	36	7.6
盗窃	33	7.9
传销	26	6.2
贩毒	25	6.0

虽然女性受教育和受保护程度在不断提高，但是相对男性来说进入社会比较晚，思想单纯，判断力不高，社会经验不丰富，容易服从于权威，对身边的男性易产生依附心理。正是由于如此，在实施犯罪中，尤其是共同犯罪、团伙犯罪中，女性一般不是犯罪的主犯或首犯，她们多带有胁从、受胁迫或被教唆的特点，加上女性体力本来就不如男性，心理承受能力也不如男性，因而女性在犯罪实施过程中很难完成血腥的、残忍的、暴力性强的犯罪行为，而这些犯罪行为多是男性犯罪人所为，女性犯罪人多是帮助男性犯罪人踩点、望风或提供犯罪工具等。在一些暴力犯罪中，如抢劫、绑架、故意杀人等犯罪，女性参与的比率较低，即使参与犯罪，一般也处于从属地位。而对于非法吸收公众存款、非法获取公民个人信息、掩饰、隐瞒犯罪所得等犯罪参与得较多，并且对于诈骗案件等女性也多利用其具有的亲和外表和言辞，来取得当事人的信任从而达到目的，比较符合女性特点。

据笔者对2012年至2014年BJ市女性犯罪案件涉及2000余名女性犯罪嫌疑人的统计表明，女性犯罪案件中以非法获取公民个人信息和非法吸收公众存款犯罪较为突出，据了解，这是当年侦破的两个犯罪团伙，也使得当年女性犯罪数量激增（见表26）。

表26：2012～2014年BJ市女性犯罪案件种类统计表（排在前5位的罪名）

涉嫌罪名	人数
非法吸收公众存款罪	997
非法获取公民个人信息罪	795
诈骗罪	141
盗窃罪	50
开设赌场罪	47

2. 心理特点

为了深入分析和了解嫌疑人的心理特点，笔者就女性犯罪嫌疑人的心理做了问卷（见表27）[①]。

表27：女性犯罪嫌疑人心理调查问卷

题目	选项	频数	百分比	备注
我的喜怒哀乐都写在脸上了	是	294	70.5	有效回答417
	否	123	29.5	
我一旦有了自己的想法，就不会轻易改变	是	292	70.0	有效回答417
	否	125	30.0	
我羡慕那些遇事能沉得住气的人，我很少能做到这一点	是	281	69.2	有效回答406
	否	125	30.8	

① 此表也用于未成年和职务犯罪嫌疑人的心理调查，对女性犯罪嫌疑人的问卷进行统计后，按照肯定回答的分值高低排序，为了便于阅读及比较，对未成年、职务犯罪的问卷也按照此顺序排列。

续表

题目	选项	频数	百分比	备注
我感觉现在更容易紧张和着急	是	270	67.0	有效回答 403
	否	133	33.0	
我经常犯一些粗心大意的错误	是	273	65.6	有效回答 416
	否	143	34.4	
我很想让自己处变不惊，但我很少能做到	是	254	63.0	有效回答 403
	否	149	37.0	
我解决问题时主要是靠个人的独立思考	是	244	58.8	有效回答 415
	否	171	41.2	
一点小事也会让我的情绪发生变化	是	237	58.5	有效回答 405
	否	168	41.5	
我总担心会有出乎我意料的事情发生	是	232	57.4	有效回答 404
	否	172	42.6	
我不喜欢跟着别人做事	是	236	56.9	有效回答 415
	否	179	43.1	
我的心中经常充满烦恼	是	229	56.5	有效回答 405
	否	176	43.5	
我很少能轻松入睡，也容易惊醒	是	217	53.4	有效回答 406
	否	189	46.6	
我不在乎大多数人的看法，总是坚持自己的观点	是	208	51.6	有效回答 403
	否	195	48.4	
我感到很孤独	是	206	50.9	有效回答 405
	否	199	49.1	
我经常感到情绪在逐渐低落	是	225	47.8	有效回答 417
	否	192	52.2	
我经常哭或有哭的感觉	是	189	46.6	有效回答 406
	否	217	53.4	

续表

题目	选项	频数	百分比	备注
我时常会有恐慌感	是	193	46.4	有效回答 416
	否	223	53.6	
社会没有对我的价值作出正确评价	是	181	45.4	有效回答 399
	否	218	54.6	
我很少有长时间的稳定的心情	是	183	45.4	有效回答 403
	否	220	54.6	
我的心情变化无常，一会儿高兴，一会儿悲伤	是	183	44.0	有效回答 416
	否	233	56.0	
一件小事能让我烦恼很长时间	是	176	43.5	有效回答 405
	否	229	56.5	
我是那种凭感觉做完一件事之后又常常后悔的人	是	180	43.2	有效回答 417
	否	237	56.8	
我很难静下心来考虑问题	是	175	42.0	有效回答 417
	否	242	58.0	
即使知道对我不会有伤害，我也对一些人或事担惊受怕	是	168	41.9	有效回答 401
	否	233	58.1	
我遇到问题时很少冷静思考，常常凭感觉就作出决定	是	173	41.5	有效回答 417
	否	244	58.5	
我说话不假思索	是	138	34.2	有效回答 404
	否	266	65.8	
假如不是有人和我作对，我不会有目前的处境	是	138	33.3	有效回答 415
	否	277	66.7	
看暴力电影过瘾	是	76	18.9	有效回答 403
	否	327	81.1	
我总是正确的	是	69	16.7	有效回答 413
	否	344	83.3	

排在第一位的是“我的喜怒哀乐都写在脸上了”，反映了女性情绪化的特点，排在第二位和第三位的是“我一旦有了自己的想法，就不会轻易改变”“我羡慕那些遇事能沉得住气的人，我很少能做到这一点”，反映了女性一旦认准的事并不很容易改变以及希望自己能够更稳定、更有控制力的一面，这一点在“我很想让自己处变不惊，但我很少能做到”“我解决问题时主要是靠个人的独立思考”这两个问题中也有同样的反映。“一点小事也会让我的情绪发生变化”反映了女性情绪的不稳定性，“我的心情变化无常，一会儿高兴，一会儿悲伤”“一件小事能让我烦恼很长时间”“我遇到问题时很少冷静思考，常常凭感觉就作出决定”同样反映了嫌疑人的情绪特点，而“我感觉现在更容易紧张和着急”“我很少能轻松入睡，也容易惊醒”“我的心中经常充满烦恼”“我时常会有恐慌感”说明嫌疑人在被拘禁和审查状态下的焦虑、紧张。“我不喜欢跟着别人做事”是关于独立性的测试，对此被试的回答“是”占56.9%，“否”占43.1%，虽然肯定回答占多数，但与否定回答的差距并不大，可见，近一半的人喜欢跟着别人做事，这也反映出女性的跟从和依赖性特点。具体来说：

（1）社会认知系统薄弱，具有特有的非社会化认知系统

女性犯罪嫌疑人由于主观和客观方面的原因，使其认知不能按正常顺序递进地、有层次地由低级向高级水平发展，形成了非正常的认知发展过程。由于她们形成的社会认知系统薄弱，使她们不能正确地评价事物，凡事都以自己的需要和直接经验为标准，很容易被小恩小惠所诱惑。女性受传统观念的影响，对自己要求相对男性要低，受教育程度低，这一点在不发达地区更为明显，这使得她们认知范围窄，爱钻牛角尖，对自己身边的事情比较感兴趣。善于接受形象的、直观的信息，与男性相比，思维能力低于他们，而敏感

性超过男性。独立思考能力较男性弱，在理解问题上常常以感性、直接经验为标准，带有片面性，容易被表象迷惑，看问题表面化。

（2）女性情绪情感丰富，情绪不稳定，感情细腻，富于内心体验和敏感性

调查显示，女性情绪的稳定性差，情绪情感的起伏性大，“心情变化无常，一会儿高兴，一会儿悲伤”，行为举止容易受心境的影响，“一点小事也会让我的情绪发生变化”，她们心中充满烦恼，长时间处于被情绪感染的体验中，“经常感到情绪在逐渐低落”；多种性质的情绪体验交错刺激，陷入情绪之中，被情绪所左右，容易引起内心的强烈冲突和矛盾；而且情绪体验深刻，容易受情绪的感染支配而做事。女性大都是感情的理想主义者，但情绪的稳定性却很差，女性在对待事物认知上一般带有肤浅性和表面性，因而在行为上表现出一种偏激性和冲动性，感情的瞬间爆发不能用意志来控制，所以女性犯罪人多怀有报复心理。当一个情感很丰富的女性，自己为了感情付出很大牺牲后，而对方却无动于衷，毫不在乎，有时不但得不到尊重和肯定，反而遭到拒绝和抛弃，甚至遭到辱骂和毒打，在这样一种挫折的打击下，某些女性往往产生了委屈、嫉妒、愤怒和仇恨的心理，进而表现出盲目冲动，产生报复行为，多带有暴力性。

（3）两极分化的意志特征

调查显示，女性犯罪嫌疑人的意志有极大的两极性：一方面，女性犯罪嫌疑人意志的动力特点表现为冲动性、激情性、偏激性、无批判性，较为脆弱，“羡慕那些遇事能沉得住气的人，我很少能做到这一点”，“我很想让自己处变不惊，但我很少能做到”；另一方面，在实施犯罪过程中，由于她们认识上的狭隘性和行为上的情绪性特点，意志行为受情绪支配，表现出顽固而执拗的意志特征，“一

旦有了自己的想法，就不会轻易改变”。另外，女性的意志力通常也受情绪的影响，有了好的情绪，则意志坚定，不甘落后；一旦心情不好，情绪低落，意志也就不强，易产生自暴自弃的悲观心理。由于女性性格上的软弱性和依附性，女性比男性更易受暗示，戒备心强，“即使知道对我不会有伤害，我也对一些人或事担惊受怕”且认识有反复性。在审讯中常表现为敏感、多疑，注意观察预审人员的言行，有时对一句话反复纠缠，常常交代快，反复也快。

3. 审讯对策

（1）感化为主。女性犯罪嫌疑人一般感情都很丰富，思念牵挂多，我们要及时抓住其思念子女、亲人或期盼家庭早日团圆的特有心理特点，动之以情，加大力度，唤起其家庭责任感和感情责任观，促使其供述犯罪行为。

（2）审讯开始阶段要注意铺垫，以“聊”为主，注意女性犯罪嫌疑人心理和情绪的变化，注意缓解压力和紧张，不要急于求成，以谈社会、谈家庭、谈感情，不谈案情的聊天为主，拉近双方的距离，消除其戒备，待时机成熟再谈案情。一般来说，在取得女性嫌疑人信任后，她自己就会主动谈及案情，愿意倾诉，侦查人员要倾听并注意引导。

（3）充分考虑到女性犯罪嫌疑人自尊心、虚荣心强的特点，最好采用说服、教育、启发的方法，利用女性犯罪嫌疑人依附性、从属性强和容易受暗示的心理特点，晓之以理，言语委婉，使其悔悟；避免言语过激，导致女性犯罪嫌疑人过于激动或自暴自弃而一言不发，守口如瓶。

四、未成年犯罪嫌疑人心理分析及审讯对策

我国和世界上大多数国家一样，以生理年龄作为界定未成年人的标准，将未成年人的年龄标准确定为未满 18 周岁的公民。按照我

国法律规定，我国未成年人承担刑事责任的年龄阶段为14周岁至18周岁，因此，审讯中的未成年人应当是已满14周岁未满18周岁的犯罪嫌疑人。

青少年时期是人生中的一个特殊时期，在这一时期，青少年具有的一些特征决定了他们比成年人具有更多的犯罪倾向和偏差行为，这一时期甚至又被称为青少年人生发展的“试错”期，他们尝试着去模仿成年人的行为，又不必承担由此产生的代价。当前，青少年违法犯罪呈现出犯罪成员日益低龄化、团伙犯罪突出、抢劫犯罪明显增加、犯罪手段成人化、暴力化、犯罪方式智能化、在校生数量增多等特点，多数未成年人犯罪不是偶发的，而是长期越轨生活的结果。

1. 基本情况

根据最高人民法院的统计，近年来，未成年人犯罪案件继续减少，2015年全国法院判决生效的未成年被告人43839人，同比下降13.04%，但并不意味着未成年人犯罪绝对数量的减少和未成年人犯罪的趋轻。笔者在AH省HF市看守所对未成年犯罪嫌疑人发放问卷68份，收回有效问卷68份。

（1）文化程度（见表28）

表28：未成年犯罪嫌疑人文化程度情况

文化程度	人数	百分比	备注
文盲	0	30.4	共68人
小学	12	17.6	
初中	55	80.9	
中专	1	1.5	
高中	0	0	
大专	0	0	
本科	0	0	
硕士及以上	0	0	

表28调查显示，未成年犯罪嫌疑人文化程度都为中小学，只有一名中专文化，显然处于低层次文化。据笔者对2012年至2014年BJ市未成年犯罪嫌疑人为5300人的统计结果显示，文化程度也处于较低水平，中小学文化的为4201人，占总数的79.3%，大学在读的为82人，占总数的1.5%，高中的为858人，占总数的16.2%，文盲的为159人，占总数的3%（见表29）。笔者对BJ市未成年犯罪嫌疑人文化程度的统计反映了同样的问题（见表29）。

表29：2012～2014年BJ市未成年犯罪嫌疑人文化程度统计

文化程度	人数
文盲	159
小学	1337
初中	2864
高中	858
大学在读	82
大学以上	0
总计	5300

未成年犯罪嫌疑人大多犯罪前身份主要为农民、无业者和学生。他们中的大多数人小学或中学即辍学，家庭贫困，过早进入社会，处于社会底层。由于自身生理和心理尚不成熟，面对社会的复杂和压力，工作不稳定，生活来源没有保障，他们大多处于一种无助、无奈、无力的状态，自生自灭。

2012年笔者在看守所访谈未成年白某时，问："平时有什么兴趣、爱好？"

答："听歌，出去转转。"

问："看书吗？"

答："不识字。"

问："还想学习吗？"

答："我后悔，别人给我发短信，我只能回电话。"

问："为什么不好好学习？"

答："贪玩。"
问："现在干什么？"
答："小学没读完就不读了，家里穷，就跟着村里人来打工，在农贸市场帮老板切羊肉卷。"

（2）涉嫌罪名

调查显示，未成年人涉嫌罪名以盗窃、抢劫、寻滋犯罪位于前列（见表30）。

表30：未成年犯罪嫌疑人涉嫌罪名

犯罪种类	人数	百分比
盗窃	24	35.3
贩卖毒品	1	1.5
故意杀人	2	2.9
过失杀人	1	1.5
毁坏财物	2	2.9
交通肇事	1	1.5
聚众斗殴	9	13.2
强奸	1	1.5
抢劫	19	27.9
入室抢劫	1	1.5
寻衅滋事	7	10.3

笔者又将2012年至2014年BJ市未成年人犯罪情况进行了统计，排在前五位的分别是盗窃案、入室盗窃案、寻衅滋事案、故意伤害案、抢劫案（见表31）。可见，未成年人犯罪案件以财产类犯罪为主，行为带有暴力性。

表 31：2012～2014 年 BJ 市未成年人涉嫌犯罪情况统计（前五位）

序号	犯罪种类	人数
1	盗窃案	1245
2	入室盗窃案	907
3	寻衅滋事案	647
4	故意伤害案	448
5	抢劫案	284

（3）前科情况

在 67 人中只有两人有前科，绝大多数无前科（见表 32），进一步调查显示，两名有前科的前科情况也是盗窃。

表 32：未成年犯罪嫌疑人前科情况

题目	选项	人数	百分比	备注
是否有前科	是	2	3%	有效回答 67

2. 心理特点（见表 33）

表 33：未成年犯罪嫌疑人心理调查问卷

题目	选项	频数	百分比	备注
我的喜怒哀乐都写在脸上了	是	42	61. 8	
	否	26	38. 2	
我一旦有了自己的想法，就不会轻易改变	是	42	61. 8	
	否	26	38. 2	
我羡慕那些遇事能沉得住气的人，我很少能做到这一点	是	45	69. 2	有效回答 65
	否	20	30. 8	
我感觉现在更容易紧张和着急	是	43	66. 2	有效回答 65
	否	22	33. 8	
我经常犯一些粗心大意的错误	是	51	75. 0	
	否	17	25. 0	

续表

题目	选项	频数	百分比	备注
我很想让自己处变不惊，但我很少能做到	是	39	60.0	有效回答 65
	否	26	40.0	
我解决问题时主要是靠个人的独立思考	是	41	60.3	
	否	27	39.7	
一点小事也会让我的情绪发生变化	是	39	60.0	有效回答 65
	否	26	40.0	
我总担心会有出乎我意料的事情发生	是	38	58.5	有效回答 65
	否	27	41.5	
我不喜欢跟着别人做事	是	60	88.2	
	否	8	11.8	
我的心中经常充满烦恼	是	46	70.8	有效回答 65
	否	19	29.2	
我很少能轻松入睡，也容易惊醒	是	39	60.0	有效回答 65
	否	26	40.0	
我不在乎大多数人的看法，总是坚持自己的观点	是	44	67.7	有效回答 65
	否	21	32.3	
我感到很孤独	是	39	60.0	有效回答 65
	否	26	40.0	
我经常感到情绪在逐渐低落	是	34	50.0	
	否	34	50.0	
我经常哭或有哭的感觉	是	43	66.2	有效回答 65
	否	22	33.8	
我时常会有恐慌感	是	31	45.6	
	否	37	54.4	
社会没有对我的价值作出正确评价	是	33	50.8	有效回答 65
	否	32	49.2	
我很少有长时间的稳定的心情	是	40	61.5	有效回答 65
	否	25	38.5	

续表

题目	选项	频数	百分比	备注
我的心情变化无常，一会儿高兴，一会儿悲伤	是	43	64.2	有效回答 67
	否	24	35.8	
一件小事能让我烦恼很长时间	是	42	64.6	有效回答 65
	否	23	35.4	
我是那种凭感觉做完一件事之后又常常后悔的人	是	52	76.5	有效回答 68
	否	16	23.5	
我很难静下心来考虑问题	是	45	66.2	有效回答 68
	否	23	33.8	
即使知道对我不会有伤害，我也对一些人或事担惊受怕	是	42	64.6	有效回答 65
	否	23	35.4	
我遇到问题时很少冷静思考，常常凭感觉就作出决定	是	45	66.2	
	否	23	33.8	
我说话不假思索	是	40	61.5	有效回答 65
	否	25	38.5	
假如不是有人和我作对，我不会有目前的处境	是	24	35.3	
	否	44	64.7	
看暴力电影过瘾	是	43	66.2	有效回答 65
	否	22	33.8	
我总是正确的	是	27	39.7	有效回答 68
	否	41	60.3	

表 33 调查显示，被试对上述问卷中的问题做肯定答复的占绝大多数，几乎都超过半数，只有“我总是正确的”这一问题肯定者没有超过半数。“我不喜欢跟着别人做事”这一问题肯定回答的分值最高，绝大多数未成年被试对此表示肯定，占 88.2%，表现出对独立的倾向。“我是那种凭感觉做完一件事之后又常常后悔的人”，“我

经常犯一些粗心大意的错误”反映出未成年人的不成熟。“我经常哭或有哭的感觉”“我的心情变化无常，一会儿高兴，一会儿悲伤”反映出其情绪不稳定性的特点。“我总担心会有出乎我意料的事情发生”“我的心中经常充满烦恼”“我很少能轻松入睡，也容易惊醒”“我感到很孤独”做肯定回答的多于否定回答，主要原因是处于监禁的环境，面临法律处罚的一种不安、紧张和焦虑感。在未成年嫌疑人心理问卷中反映出来的统计数据显示未成年人心理倾向与女性有很多相似之处，尤其在情绪情感的特点方面，但未成年嫌疑人“是”和“否”的分差大于女性相同问题的分差。

（1）错误的信念体系。信念体系是指人的人生观、价值观和世界观等心理内容和观念形态的总和。人的信念体系是人们进行行为选择的重要指示和调节系统。主要表现为错误的人生观，缺乏远大的理想和抱负，法制观念缺乏。有学者曾对280名未成年犯罪嫌疑人对有关人生的问题进行了问卷调查（见表34）。

表34：关于人生观的看法和态度①

不撒谎办不成事，老实人吃亏	98%
英雄就是胆子大，敢拼命	92%
友谊就是讲哥们义气，为朋友两肋插刀，有福同享有难同当，全扛不抬人（自己扛不供同伙），否认有真正的友谊	92%
自由就是想干什么就干什么，谁也管不着	92%
人都是自私的，人不为己天诛地灭	90%
美就是穿得时髦，长得漂亮	80%
不知道什么是理想和前途，只知道图钱	65%

（2）自我意识发展欠缺。自我意识又可称为自我，是指个体对于客观的自我主观感觉和认识，包括自我认识、自我情感和自我调

① 罗大华、何为民主编：《犯罪心理学》，中国政法大学出版社2007年版，第328页。

控三种形式。属于自我认识方面的有自我感觉、自我观察、自我评价等；属于自我情感方面的有谦虚或骄傲、自尊或自卑等；属于自我调控方面的有良心、羞耻心、罪恶感、道德等内容。人格的形成过程也就是自我意识形成和发展的过程，自我意识的成熟程度标志着人格的成熟程度和发展水平。自我意识发展欠缺意味着个体难以客观地观察和评价自我，也难以正确地认识和对待他人，即难以适当地自我调节和自我控制，又难以准确地认识和接受社会规范与社会价值。因而，自我意识发展欠缺的人就是一个“自我迷失者”，常常表现出对社会难以适应。未成年嫌疑人大多数都不同程度地存在自我意识发展欠缺，具体表现有：第一，过于自卑或过于以自我为中心。自卑和以自我为中心是由于作为主观的我和对于作为客观的自我缺乏正确的评价和认识而导致自我观念失调的两个相反的极端表现。自卑感是人对自身价值过于低估的一种心理体验，轻度的自卑感常常以自强向上为补偿形式，而过分的自卑感则可能导致孤僻、冷漠、悲观以及攻击性行为、自暴自弃等以获得心理补偿。与自卑相反，以自我为中心则表现为一种过于扩大了的自我价值感并以此自私和放纵自己。具有自我中心倾向的人过分关注自己，过分自我欣赏，如果不被人称赞便总以为受到轻视，有时甚至以反社会行为或某种怪异行为作为自我表现形式。未成年人自尊与自卑感并存，即渴望别人对他们的认同，但由于大多数人都是品学兼差的“双差生”而受到别人的议论和歧视感到自卑。第二，内在的自我价值准则不成熟。内在的自我价值准则是指个体在社会化过程中对社会规范和社会价值的习得与内化，具体内容有良心、羞耻心、罪恶感、责任感、道德观和法律意识等，它作为一种抽象的个体意识深刻地影响着人的行为方式。一个人格和道德获得良好发展的人，有良好的、成熟的内在价值准则，一旦实施了违背内在价值准则的行为，便会产生羞耻感和罪恶感；反之，那些人格和道德未得到健康发展的人，对自己的反社会行为显得麻木不仁，缺乏应有的羞耻感和罪恶感。一个人如果未能形成成熟的内在价值准则，也就意味着他缺乏良好的自我监督、自我调节和自我控制机制，在一定条件下，某种冲动或非理性行为就难以得到控制。第三，缺乏应有的自我控制能力。自我控制是个体在自我认识、自我评价的基础上和一定的宏观环境影响下自我监督、自我完善、选择目标、自我约束的心理活动。具有一定的自我控制能力，不受环境的绝对支配，是人区别于动物的重要标志之一。人的控制能力的高低取决于人的自我意识水平、内在价值准则的成熟程度和个人的意志品质。未成年犯罪嫌疑人大多自我控制能力较差，具体表现为易冲动、敢于冒险、胆大妄为、不计后果，这大大降低了他们自身对外界不良刺激与诱惑的免疫能力，因此，在金钱和物质的诱惑面前表现为意志薄弱，难以自控。

在对未成年犯罪嫌疑人张某甲的访谈中，张某甲所表现的人生态度就很具有典型性。

问：（张某甲，17岁，男，北京人，涉嫌抢劫、故意伤害致死，被判9年11个月有期徒刑）："你是自首的？"

答："是的，是同案的母亲劝我们去的。"

问："怎么看你的事情？"

答："我后悔了。"

问："是对自首后悔吗？"

答："是，（马上又改口）不是。"

问："对什么事后悔？"

答："没什么。对判罚不后悔，对被打死的人不后悔，因为他指使人强奸了我女朋友。"

问："你有女朋友？"

答："有。还不止一个，四五个吧。"

问："为什么交这么多女朋友？"

答："我周围的哥们都这样，玩玩呗，就一个是认真的。"

问：“看得出你自己是不愿自首的，为什么？”

答：“因为不懂法。觉得家里拿点钱，把人埋了就没事，在外面多活一天算一天。”

问：“抢劫的事是你自己主动交代的吗？”

答：“不是，抢劫的事是因为现场的烟蒂认定的。我当时没认。当时抢了2000多块钱，一枚戒指。这事判我一年十一个月。是和我哥（自认的大哥）一起干的，他现在也进来了，估计是我同案检举的。”

问：“你这样的‘哥’多吗？”

答：“多，都是上学的时候在社会上认识的，为了好在社会上混，他们都罩着我。”

问：“你和你同案也是这种关系吗？”

答：“是，他也罩着我。我们在一起就是帮人打架什么的，出去挣点钱。打架一般都拿着砍刀。砍刀是租别人的，也有自己的。我们也给别人租刀，一人押金50元，租4把刀200块钱。我们焊刀一把30元。我和我哥手里有50把刀吧，我管刀。打架的话去一车人500块钱，一般4～5个人，每人能分个100元。”

问：“平时闲下来都干什么？”

答：“喝酒，白酒能喝1瓶多，喝完就睡觉。在外面基本天天喝，在家边吃狗肉边喝酒。白天睡觉，后半夜喝酒，晚上去打狗。一般就是去工地给人办事弄点钱。平时在一起的就7～8人，老去泡迪厅，也去饭店喝。我们去迪厅玩不花钱，认识里边的人。一般去找漂亮的小姑娘。”

问：“你平时是一个什么样的人？”

答：“任性。把我惹急了就好冲动，喜欢打打杀杀。”

问：“以前进过公安局吗？”

答：“以前有过前科，盗窃，寻衅滋事，因为是未成年，都是罚款，没被关押。”

（3）认知水平低，社会阅历浅，思维片面，对许多人生问题愚昧无知，观念模糊，是非颠倒。由于未成年犯罪嫌疑人普遍文化程度低，其认知水平也低。

在访谈张某乙时，问：“平时有什么兴趣、爱好？”

答：“没有。有时和别人聊天。”

问：“平时闲下来都干什么？”

答：“看看电视。不爱玩游戏，不上网，书也不看，因为小学没上完，字也认识不多。自己名字也写不好。电视什么都看。以前在家也就是干活，没什么爱好。家里也没有什么游戏机，也没电脑，来北京后会上网了。”

问：“家里有什么人？”

答：“我是河北人，来北京打工不到一年，父母离婚，我跟我爸过。小的时候妈妈就走了。有时候也想妈妈，但是只是记忆里见过妈妈。几岁走的我也不记得。我家是农村的，家里是靠父亲挣钱。”

（4）情绪不稳定，易激动和外露。“喜怒哀乐都写在脸上了”，情绪的外露和变化多端，如“一点小事也会让我的情绪发生变化”，“心情变化无常，一会儿高兴，一会儿悲伤”，一件小事也容易促使未成年人产生激情，当激情爆发时往往不管不顾，好逞强，爱虚荣，喜怒无常，高兴时容易动感情，愤怒时十分冲动。

笔者在访谈读中专的未成年嫌疑人熊某时，问：“因为什么被抓？”

答：“聚众斗殴。”

问：“涉及多少人？”

答：“两边都几十个人吧，我是我们这边的头，也有几十个人，有死伤的，把我给抓了。”

问：“都是在校生吗？”

答：“有些是别的学校的，就我们学校旁边，有些是拉来的人。”

问："你们经常打群架吗？"

答："点头。"

问："父母管吗？"

答："也管，也宠我。我听不进去，挺任性冲动的。"

问："有什么兴趣爱好？"

答："上网，玩游戏。"

问："以前和公安局打过交道吗？"

答："有两次寻衅滋事，拘留了，因为是未成年人所以未进所。"

问："怎么看待你自己的事情的？"

答："平时好牛，好痞，爱管闲事，假仗义，现在后悔了。"

（5）意志比较薄弱，自控能力差。多数被试对"我羡慕那些遇事能沉得住气的人，我很少能做到""我很想让自己处变不惊，但我很少能做到"表示认同，未成年人心理、生理还不成熟，遇事不冷静，处理问题能力不强，这都是未成年人的普遍现象。

3. 审讯对策

（1）针对未成年犯罪嫌疑人的心理特点，审讯中要着重对其进行政策、法律和人生观的教育，以启发引导为主，改变其错误认识，帮助其重获自尊感。

根据未成年人认知特点和情绪特点，循序渐进。审讯中侦查人员要入情入理分析帮助他们分清是非、美与丑、善与恶、高尚与低下的界限，将审讯犯罪事实与教育结合，将问明案件情节与分析利弊结合，动之以情，晓之以理。注意尊重和保护其自尊，既不许诺，也不恫吓、威胁，不挖苦、不讽刺，将训斥改为教育和帮助，消除冷漠感。方法上要形象、生动、直观，语言上要通俗易懂。可选择那些具有典型意义的案例，从看得见、摸得着的实例入手。在讲解法律时要注意结合未成年人自身问题，讲明其行为的危害，并让其懂得法律的宽和严。

(2) 审讯中法定代理人到场制度的执行与完善

对未成年人的法律保护是一个国家文明程度的体现。我国已于20世纪90年代加入了《联合国少年司法最低限度准则》(《北京规则》和《儿童权利公约》)。少年司法制度是国家司法制度的重要部分，是一个国家政治文明的重要标志。美国、英国、德国、意大利等早已成立少年法院。在亚洲，日本、泰国和新加坡等国也先后成立了少年法院，加强了对未成年人的司法保护。对于审讯中法定代理人制度的执行多数侦查部门基本能够履行，但不尽如人意。一方面，有的未成年人居住偏远地区，通信和交通不便或经济困难，不能前来参与审讯，有的未成年人被家庭抛弃无人前来参与审讯，等等。另一方面，一些侦查人员以“有碍侦查或者无法通知的情形”拒绝法定代理人到场；由于法律并未规定是否每次审讯都需请法定代理人到场，实践中只请一次的情况较为多见。造成这一现象的主要原因：一是思想上不重视，认为通知法定代理人到场的工作烦琐，需要提前联系，还要根据代理人的时间安排审讯时间，为法定代理人办理入所手续、审讯中还要注意妨碍侦查的行为，等等，因而执行起来比较消极；二是限于办案期限，不愿通知其代理人到场；三是担心法定代理人到场后影响审讯的效果。所以，有些侦查部门将这一规定看作鸡肋，执行中往往变成了案卷中的一纸法定代理人无法到场的工作说明。

人们对待未成年人犯罪的态度常呈现两种立场：一种是教育、挽救、矫治，其理论基础是未成年人心智发育不成熟，其自我控制力不足，尚未形成判断事物的标准和具备处理问题的能力；另一种是对未成年人犯罪要和成年人有一样的惩罚，尤其是有些未成年人犯罪的手段恶劣，后果严重的，应该让他们承担责任。我国新修正的刑事诉讼法设立了“未成年人犯罪案件诉讼程序”，专门规定了审理未成年人犯罪案件的诉讼程序，旨在保护未成年犯罪嫌疑人的诉讼权利。该章明确确立了“对犯罪的未成年人，实行教育、感化、挽救的方针，坚持教育为主，惩罚为辅的原则”，可见，《刑事诉讼法》加大了对未成年人的保护。

①从法律规定看，2013 年《未成年人保护法》第 56 条第 1 款规定：“讯问、审判未成年犯罪嫌疑人、被告人，询问未成年证人、被害人，应当依照刑事诉讼法的规定通知其法定代理人或者其他人员到场。”《公安机关办理刑事案件程序规定》规定，审讯未成年的犯罪嫌疑人，应当针对未成年人的身心特点，采取不同于成年人的方式；除有碍侦查或者无法通知的情形外，应当通知其家长、监护人或者教师到场；审讯可以在公安机关进行，也可以到未成年人的住所、单位、学校或者其他适当的地点进行。《刑事诉讼法》也对此作出规定。

②“合适成年人（appropriateadult）参与”制度。近年来对于审讯中请未成年法定代理人到场制度的完善许多学者提出了“合适成年人参与”制度。“合适成年人参与”制度被称为“一项独特的英国式的发明”，起源于英国的肯费特案件，是国外刑事司法制度中维护犯罪嫌疑人（主要是未成年犯罪嫌疑人和有精神障碍犯罪嫌疑人）权益的一项重要制度。其基本含义为：警察在审讯未成年犯罪嫌疑人和有精神障碍犯罪嫌疑人时，必须有适当的成年人（如监护人或者专设的合适成年人）到场。其主要作用是为未成年犯罪嫌疑人、有精神障碍犯罪嫌疑人提供帮助，协助其与警察沟通，同时监督警察在审讯过程中是否有不当的行为。当前，无论是英美法系的英国、美国、澳大利亚、新西兰，还是大陆法系的德国、奥地利、日本等国家和地区都有关于此项制度的立法。1984 年英国《警察与刑事证据法》中规定，除非在紧急情况下，警察审讯未成年人

时必须有合适成年人在场。为确保该制度实施，1998 年英国在《犯罪与骚乱法》中确定合适成年人参与审讯是一种法定要求[①]。2010 年 4 月 19 日，上海市高级人民法院与上海市人民检察院、公安局、司法局联合签发《关于合适成年人参与刑事诉讼的规定》，统一了上海少年司法实践中的合适成年人参与刑事诉讼制度。

2013 年《刑事诉讼法》对法定代理人参与诉讼进行了改革和完善。规定审讯未成年犯罪嫌疑人应当通知其法定代理人到场，在法定代理人不能到场或无法通知的情况下，也可通知其成年近亲属、所在学校、居住地的居民委员会、未成年保护组织的代表等到场，并将有关情况在审讯笔录中注明。虽然草案未明确称之为合适成年人参与制度，但与 1996 年《刑事诉讼法》相比，扩大了原规定的仅有法定代理人参与审讯的范围。

就一般情况而言，未成年人的父母、监护人、近亲属及教师是最为适当的合适成年人。他们最了解未成年人，容易与之沟通并赢得其信任。此外，从某种程度上说，未成年人的父母、监护人到场也是一种权利。因此，在选择适当成年人时，应当首先考虑未成年人的父母、监护人、近亲属。但实践中可能会遇到许多特殊情况，如未成年人没有父母、监护人、近亲属；或者其父母、监护人、近亲属因经费、工作等原因不能到场，或者拒绝到场。这时候就需要有其他适当的人来承担成年人的职责。因此，建立一支常备的、专门的合适成年人队伍是必要的。

（3）未成年犯罪嫌疑人易受暗示性分析

暗示和受暗示性这两个概念有很大不同。虽然它们作为一对范畴紧紧联系在一起，但在相关文献中，人们认为这两个概念指同一

---

① 姚建龙：《英国适当成年人介入制度及在中国的引入》，载《中国刑事法杂志》2004 年第 4 期。

个含义。格奥格（Gheorghiu，1989）认为，麦当格雷（McDougall，1908）将暗示概念定义为：暗示是一个沟通过程，这一过程导致人们在没有充分逻辑基础上，就确信这个交往中的建议[①]。麦当格雷认为这个定义涵盖了暗示和受暗示的所有特点。但也同时提出这一定义的问题：没有把作为暗示这一刺激条件和个体对暗示的反应区分开。如果把暗示作为刺激条件就可以把暗示和受暗示性这两个概念进行区分。易受暗示性是指个体对暗示信息进行特定反应的倾向性。

古德琼森和克拉克提出了供述易受暗示性模型，在这一模型下，影响审讯的易受暗示性的因素有三个：一是不确定性。即被审问者对答案深信不疑，反映了嫌疑人的主观感受和记忆能力。二是人际信任，这是一个重要的决定因素，如果嫌疑人认为审讯人员值得信任，是为自己的利益着想就不会对审讯人员的暗示产生怀疑，从而采取肯定性的应对策略，反之亦然。三是对成功的期望，这是导致受暗示反应的一个必要前提。这一理论假定“在不确定性、人际信任和高度期望的条件下，大多数人都会表现出易受暗示性。被审讯者接受暗示的程度取决于他们对审讯情境的认知评价以及他们所能采取的应对策略。一个帮助人们拒绝暗示的应对策略包括能够客观和批判性地看待情境因素，不责成自己提供答案，除非他对事实很确信。一个服从暗示的策略包括对情境的不现实评价以及不愿意承认自己对记忆的不可靠性”。[②]

根据古德琼森供述易受暗示性模型，影响易受暗示性结果的因素主要有不确定性、人际信任、高度的成功期望。审讯中，审讯人

---

① Gudjonsson，G. H. The psychology of interrogations and confessions：A handbook. Chichester，England：John Wiley & Sons，2003.

② ［英］古德琼森：《审讯和供述心理学手册》，乐国安、李安等译，中国轻工业出版社2008年版，第301页。

员可以操纵这三个变量，而这一技术对于青少年来说尤为危险[①]。古德琼森文中未对未成年人易受暗示性做专门的实验和研究，国内研究人员的研究发现，犯罪嫌疑人受暗示性的强弱与年龄、性别以及情绪等因素相关，年龄小的、情绪不稳定的以及女性犯罪嫌疑人的暗示易感性较强。[②]

有学者对未成年人、成年人、老年人的受暗示性做了实验[③]（见表35）。

表35：不同年龄阶段被试的受暗示人数统计

年龄阶段	被试人数	受暗示人数	百分比
未成年组	50	48	72.7
中年组	50	6	9.1
老年组	50	12	18.2
合计	150	66	100

表35显示，未成年组的受暗示人数最多共48人，占总人数的72.7%；中年组的受暗示人数最少共6人，占总人数的9.1%；老年组的受暗示人数在三个年龄组中居中，占总人数的18.2%。

相对于未成年人自身固有的发育缺陷来讲，未成年人所处环境、提供供述的过程及审讯人员等外部因素也会影响未成年人供述的真实性。在很多情形下，客观因素要通过主观因素来对未成年人供述的真实性施加影响。审讯人员影响未成年人供述真实性的因素主要包括审讯人员与未成年人交流过程中通过神情、动作、语气流露出来的对案件的先入之见，审讯人员提出不利于导出真实答案的问题

① 许永勤：《未成年人供述行为的心理学研究》，中国人民公安大学出版社2011年版，第6页。

② 宋金叶、张蕾、张艳芳：《犯罪嫌疑人的受暗示性研究》，载《铁道警官高等专科学校学报》2009年第3期。

③ 宋金叶：《影响犯罪嫌疑人受暗示性的因素研究》，中国人民公安大学硕士论文。

以及审讯人员对于未成年人言语的不当解读，等等。

未成年人普遍会受到审讯人员暗示的影响，只是不同年龄的未成年人易接受暗示的程度有所不同。这是因为，未成年人在幼儿时期就认识到了成年人具有自己无法比拟的知识基础，可能认为审讯人员是一个权威人物，习惯性地认为审讯人员早就知道了问题的答案，认为自己只能按照“正确答案”回答问题。通过对未成年人受到暗示性的研究结果显示，侦查人员事先具有的对案件的偏见以及那些指责性的或者降低人格的评论足以导致未成年人接受一场充满暗示性的审讯。例如，审讯人员在审讯过程中通过教训或假设性的语言提到了有关案情的信息，则该未成年人供述的真实性就面临着特殊的危险。此外，未成年人还经常遵从于成年人的价值判断。

侦查人员对问题的设计是影响未成年人供述真实性的另一因素。一般在审讯中多次要求未成年人以“是/不是”来回答问题而不听从其解释就会使错误回答的概率增加；如果连续审讯同一问题，接受审讯的未成年人可能误解为审讯人员对自己的答案不满意而有意多次更换自己的答案。还有一些问题也潜在地暗示了审讯人员的期望，如“难道你没有动手吗?”或反义疑问句“他也去了或他也偷了，不是吗?”另外一些问题预设了可能造成记忆溯源错误的信息，如“你打他时，他是大声喊叫了还是哭了?”这些反义疑问句、嵌入否定词的问题和预设性问题比其他类型的问题更具暗示性，由这些问题所引出的答案一般真实性较低。当审讯人员把这类诱导性较强的问题换成稍具或不具诱导性的问题时，未成年人回答问题的错误概率明显减小。例如，“你打他了吗?”可以换为“你做什么了?”此外，不同年龄段的未成年人具备不同程度的理解能力，他们对信息的理解有赖于自己接受任务的繁简程度，内含多个小问题的“合成性问题”显然会增大未成年人供述时犯错误的概率。

另外，侦查人员对未成年人供述的解读也影响着未成年人供述的真实性。对成年人的陈述进行意译可能不会出现什么问题，可对未成年人的陈述进行意译很可能失去那些具有价值的信息。从这个意义上讲，按照未成年人的语言逐字逐句地记录其供述能够在最大限度上保留未成年人的特有词汇、推理过程和专门术语，有助于对其供述的真实性作出准确评价。

因此，在审讯未成年犯罪嫌疑人时，应当谨慎使用暗示性方法，防止审讯对象因认知特点而易于受到引导性的暗示的影响。

（4）注意对未成年犯罪嫌疑人年龄的查证

据2010年北京市人民检察院调研显示，北京市多个基层检察院都反映未成年人案件的年龄认定是一大难题。在近几年退回补充侦查的案件中，排在前三个问题之一的就是未成年人年龄的认定。主要问题有：

①部分未成年人身份难以核实。有的案卷材料中有户籍证明以及常住人口基本信息，但都没有照片，审讯时嫌疑人能熟悉说出自称身份的那个人的个人信息，使办案人员难以判断嫌疑人是否冒充了身边熟悉的未成年人的年龄和身份。

②公历、农历混淆，导致年龄认定出现偏差。有的未成年人出生在20世纪90年代中期，当时我国有一部分地区使用农历为新生儿报户口，如果不仔细查证就可能出现将不够责任年龄的人定罪。例如，李某寻衅滋事案，案发时间是2010年4月26日，李某的出生日期是1994年3月21日。李某和其法定代理人都提出他是使用农历来登记户籍的，经过查证，李某的出生日期为公历1994年5月1日，案发时，他没有达到刑事责任年龄。

③户籍证明与言词证据不一致。有的是因为户籍登记错误，有的是家属撒谎，造成不一致的情况。

④不讲真实姓名或从未上过户口。有的嫌疑人态度较为抵触，不愿说出自己的真实姓名，有的出生在农村，是接生婆接生的，没有出生证明，也没有上过户口。

对于年龄的查证，首先要杜绝成年犯罪嫌疑人冒充未成年人身份的情形。要审查户籍证明、身份证、户口簿复印件等材料。如无照片，可从犯罪嫌疑人上过学的学校调学籍表上的照片；要认真提取嫌疑人的供述和辩解。详细问明嫌疑人的出生时间、农历还是公历等情况；还可到犯罪嫌疑人原籍计生部门调取嫌疑人父母的计生档案、学校的学籍档案、防疫部门的新生儿接种记录，家中有兄弟姐妹的注意查明子女的出生间隔是否符合自然规律等；还可调取嫌疑人的父母、老师、接生员、邻居、同学的证言进行综合审查判断。

（5）重点审查未成年人案件是否有教唆犯，是不是胁从犯、从犯

未成年人由于身心发育不成熟，认知能力有限，知识含量不足，阅历较浅，有一些犯罪手段复杂，其原因和动机不明的要注意深挖其背后是否有教唆犯。当嫌疑人辩解自己是胁从犯或从犯时，审讯人员不要轻易打断其辩解，要详细了解案发的时间、地点、人员等。例如，小刘伙同杨某、程某、梁某共同实施了 5 起抢劫犯罪。在审讯中，小刘声称自己是被杨某殴打胁迫参与犯罪的，并说梁某也知道此事。经过查证：①审讯梁某，梁某说小刘确实被他打过，是因为小刘踩坏了他的床板，不是胁迫小刘犯罪。②在第 4 起抢劫案件实施时，杨某回老家了，是小刘提议抢劫并最终实施。小刘却声称杨某在老家打电话给他胁迫其抢劫，此说法显然不合理。③在最后一起抢劫中，被害人被小刘扎伤了，所有犯罪嫌疑人中只有小刘持刀伤人，连杨某自己都没有做过这样的事情。④小刘从未就被打一事报警或告知家人。综上因素，小刘不存在胁从犯的情节。

五、老年犯罪嫌疑人心理分析及审讯对策[①]

近10年来，我国的人口老龄化问题逐步显现，[②] 老龄化问题给我国社会经济的发展和转型带来诸多挑战。老年人的社会阅历和生活经验较为丰富，因此他们犯罪被拘捕后，抗审形式多种多样，给侦查工作带来很大困难。研究老年人犯罪的类型、动机和目的，有助于我们更好地把握老年人犯罪的内涵，更好地分析和评估老年犯罪嫌疑人在审讯过程中的心理特点和供述障碍，从而调整和改进针对老年犯罪嫌疑人的审讯对策。

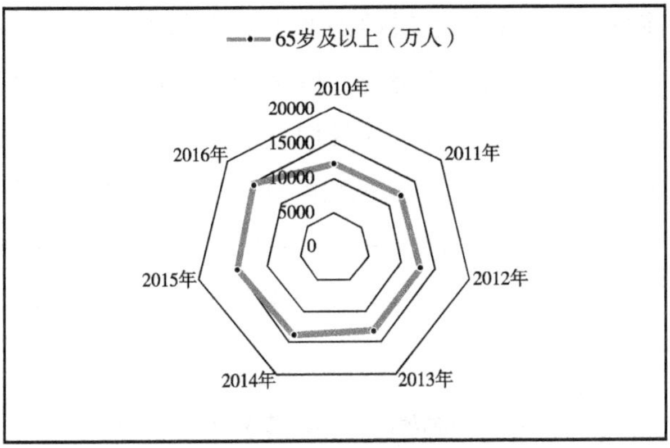

图14：2010年至2016年我国65岁以上人口变动情况

（一）老年人犯罪实证分析

老年人犯罪并没有明确具体的概念，凡涉及老年人犯罪的定义，其重点多在于明确老年人的生理年龄界限，即将达到一定年龄界限的犯罪主体所实施的犯罪行为统称为老年人犯罪。老年人的年龄划

① 本部分由毕惜茜、马麒共同完成。

② 根据中国政府网的统计数据，截至2016年年底，我国60岁以上老年人口已经超过2.3亿人，占总人口的16.7%。其中，65岁及以上老年人口已经超过1.5亿人，占总人口的10.8%。这使得我国成为目前世界上唯一一个老年人口超过两亿人的国家。

分在不同地域有不同的标准，本文所称老年人犯罪指年龄已满 60 周岁的人所实施的犯罪行为。

老年人犯罪是多种主客观因素相互作用的结果。老年人犯罪主观方面因素既包括老年人自身的生理原因，如身体衰弱、病痛折磨或难以寻求适当渠道满足其性需求，也包括心理原因，如因退休后长期赋闲无事可做所导致的思想上的空虚与偏执，身体机能因高龄退化从而降低了自身的是非判断能力，受传统社会观念束缚而偏向于某些堕落思想。老年人犯罪也有外部客观原因，如因儿女工作繁忙而成为空巢老人，因同龄朋友来往减少等因素导致其精神依托缺失等。目前我国并没有国家层面的老年人犯罪统计数据，社会各界难以全面了解老年人犯罪的情况，但是从相关司法侦查和审判实践中得出的统计数据，依然可以为我们提供部分参考。笔者赴宁夏回族自治区银川市 W 区和 L 区人民法院和公安机关进行了调研，并对部分在押老年犯进行了访谈。表 36 和表 37 分别为宁夏回族自治区银川市 W 区人民法院和 L 区人民法院近年来审理老年人犯罪案件的数据统计。①

表 36：宁夏回族自治区银川市 W 区人民法院 2014～2016 年审理老年人犯罪案件统计表

<table>
<tr><td rowspan="2">性别</td><td>男</td><td colspan="2">女</td></tr>
<tr><td>56 人</td><td colspan="2">0 人</td></tr>
<tr><td rowspan="2">年审结案件数及涉案人数</td><td>2014 年</td><td>2015 年</td><td>2016 年</td></tr>
<tr><td>23 件/24 人</td><td>10 件/10 人</td><td>20 件/22 人</td></tr>
<tr><td>文化程度</td><td colspan="3">该 56 名犯罪嫌疑人中，文盲或小学文化程度的有 52 人，占 92.9%。</td></tr>
<tr><td>职　　业</td><td colspan="3">职业主要为农民，以生活在农村地区的孤寡“空巢”老人为主，其中农民 53 人，占比 94.6%，其余 3 人为退休工人。</td></tr>
</table>

① 本次调研由马麒、侯慧如在 2017 年暑期共同进行。

续表

涉案类型及数量	故意伤害	强奸、猥亵儿童	非法持有枪支	盗窃/诈骗/敲诈勒索	失火/交通肇事	其他
	2 件	12 件	14 件	9 件	7 件	9 件
审前羁押率	2014 年判处的 24 名老年犯中，被采取逮捕措施的有 5 人，逮捕率为 20.8%；2015 年和 2016 年，审判前被逮捕的分别为 5 人和 11 人，均达到了 50% 的逮捕率。					

表 37：宁夏回族自治区银川市 L 区人民法院
2013 年至 2016 年 1～6 月审理老年人犯罪案件统计表

性别	男	女		
	45 人	0 人		
年审结案件数及涉案人数	2013 年	2014 年	2015 年	2016 年 1～6 月
	8 件/8 人	8 件/8 人	19 件/19 人	10 件/10 人
占年刑事案件总数比重	1.84%	1.83%	3.6%	3.25%
文化程度	中学文化程度以下的有 41 人，占比 91.1%，其中，小学文化程度以下及文盲程度的有 20 人，占近 3 年半所有老年犯罪人数的 44.4%。			
犯罪形式及人数	单独作案		团伙作案	
	40 人		5 人	
有无前科及占比	有		无	
	9 人/20%		36 人/80%	
涉案类型及占比	盗窃	故意伤害	强奸、猥亵	其他
	12 件/26.7%	8 件/17.78%	14 件/31.11%	27 件/60%

从两表的数据统计可以看出，老年人的性犯罪在老年人整体犯罪中占比较为突出。银川市 W 区人民法院从 2014 年至 2016 年共审理老年人犯罪案件 53 件，涉案老年人为 56 人，其中老年人强奸、猥亵案件达到了 12 件，占案件总量的 22.64%；而在 L 区人民法院 2013 年至 2016 年 1～6 月办理的老年人犯罪案件统计中，老年人性犯罪同样较为突出，案件数达到了 14 件，占案件总量的 31.11%。

老年人的性需求一直为大众所忽略，实际上随着社会物质生活水平的不断提高，老年人的身体素质较之以往有了很大提升，老年人的身体健康有了保障，精力更为旺盛，在性需求和性能力方面也依然有所需求，而并非社会传统观念所认为的“老年人缺乏性能力”。现代医学的相关研究也表明，老年人依然具有一定的性需求，而且部分身心健康的老年人性需求还很旺盛。而在我国“谈性色变”的传统性观念的束缚下，老年人自当颐养天年，至于他们在性生活方面的需求，则被普遍认为是有伤风化、不正经的表现，很少有人了解到老年人的性需求心理。老年人，尤其是男性老年人也因难以启齿而压抑自己的性需求，特别是那些丧偶的老年人，更是无法通过正常的婚姻或交友渠道满足自己的生理与心理需求，同时又没有其他适当的方法予以疏导，导致他们逐渐形成了较为压抑的性心理。根据犯罪心理学的研究，恰当的机会、适格的主体、适宜的温度以及妥当的外部干扰，对激发强奸等性犯罪行为具有明显的催化作用，而且和绝大多数性犯罪嫌疑人心理类似的是，老年人在寻求到合适的性侵机会时，他们的伦理意识和法律观念也会瞬间崩溃。正如有学者指出“在我国老年人群体中，至少有80%的老年人压制着自己的性需求，在欧美国家，获得性需求和性满足是个体的基本权利与自由，包括老年人在内，都可以自主决定自己的性生活方式”。[①] 另外，侦查实践中的诸多案例表明，老年人的性犯罪对象大多为幼女、残疾女性、患有精神方面疾病的女性等弱势群体，这一方面说明了涉案老年人有着强烈的性冲动，另一方面也说明了他们的肢体能动性限制了他们的性犯罪行为。年老体衰与内在的性需求之间的矛盾使得个别涉案老年人人格扭曲、道德沦丧，无视法律和社会道德，

① 杨兴培：《中国社会老年人犯罪的多维分析研究》，载《犯罪研究》2015年第3期。

性心理发生失衡，转而对女性弱势群体实施性犯罪。老年人犯罪具体呈现出以下特点：

1. 老年人盗骗类犯罪占一定比例

对比W区和L区人民法院的统计数据可以看出，在老年人犯罪类型中，盗窃和诈骗类犯罪占一定比例。其中，在W区人民法院的统计中，老年人盗骗类犯罪共有9起，占老年人犯罪总量的16.98%；在L区人民法院的统计中，则有12起老年人盗骗案件，占老年人犯罪总量的26.7%。老年人财产性犯罪在老年人整体犯罪类型中占据了一定比例。笔者在调研中发现，虽然犯罪原因不尽相同，但主要集中在以下几个方面：第一，老年人缺乏交际，内心较为孤单。例如，问（王某，男，64岁，宁夏银川人，多次在大型商城盗窃）："为什么要盗窃，能说一说原因吗？"答："我儿子上班忙，没空管俺，俺在家闲得慌、闷得无聊，没人和俺聊天说话。"问："为什么选择这种方式呢？"答："商场里人多，热闹，有次我儿子一个多月没来看我，我就偷了商场的东西，想着警察抓了我，我儿子肯定要管我的，就这样。"王某在陈述其犯罪原因时没有任何掩饰，直接、坦然地说出了"儿子不管自己"的原因。从审讯王某的笔录中可以发现，直到王某被抓获，他共实施盗窃行为7次，且盗窃数额越来越多。由于失主的疏忽，王某的前几次盗窃行为都没有被发现，而王某也因恐惧及时离开了案发地。缺乏交际使得王某内心较为孤单，为了达到吸引子女注意的目的，虽有恐惧，但他仍屡屡行窃，直到被抓获。第二，部分老年犯具有占小便宜与贪图钱财两种不同的心理。例如，问（赵某，男，61岁，宁夏吴忠人，多次盗窃）："这么大年纪了，为什么偷东西呢？"答："也不为什么，就是……就是手痒痒，有时候自己没带钱，看到一些小东西比较实用，就想着拿回家去用，也没多想，也没人瞧见，就拿走了。"问：

“还有其他原因吗?”答：“没有了……就是想着给孩子们能省就省点儿。”查阅赵某的个人资料可以发现，其家庭经济条件虽不算殷实，但其子女也会定期给老人一部分生活费用满足其日常开支。显然，赵某在经济条件上并不算拮据，其实施盗窃行为虽有为子女节省开支的目的，但归根结底是其占小便宜的心理在作祟。又如，问（马某某，男，67 岁，陕西榆林人，诈骗，涉案金额 27 万元）：“为什么诈骗呢？这么大年龄了，怎么想的?”答：“自个儿习惯不好……”问：“什么习惯不好呢?”答：“就是耍赌呗，输得太多了，就去骗人搞钱了……”马某某爱好赌博，其先后因赌博输掉了自己的存款和子女为其购买的老年代步车，家人多次帮其还债，劝其戒掉赌博，但马某某屡犯不改，家人便不再帮其还赌债。后来，马某某没有了赌资，也没能力偿还赌债，便萌生了通过诈骗获取钱财还债的想法。之后，马某某在银川一带行骗，骗到钱就去赌博，输了再骗，如此恶性循环，最终招致法律的制裁。马某某因赌而骗，但归结到底是其贪欲难抑，即使明知是犯罪，依然屡屡实施诈骗行为。第三，一些老年犯罪嫌疑人精神世界较为空乏，生活较为单调。例如，问（马某，男，61 岁，宁夏银川人）：“为什么盗窃啊？这是犯法的，不知道吗?”答：“知道啊，肯定犯法啊。”问：“那为什么还一直盗窃呢?”答：“唉，没啥原因，太无聊了呗，每天都是吃了睡，睡了吃，坐着等死，老伙计们身体也都不好，很少来往了，我也闲着，就去偷东西了。”问：“可以跳一跳广场舞，多结交点新朋友啊，为什么要选择盗窃这种方式呢?”答：“我不会跳，也不想学，偷了一次以后，就觉得很刺激，很过瘾，后来隔一段时间就去偷一次。”马某在家时，其子女和老伴均与其一起生活，总结其作案原因，属于典型的寻求精神刺激和精神空虚。老年人精神世界空虚、精神上较为空乏的现象有可能导致其通过犯罪行为寻求情绪释放，这一点值得社会关注。

2. **文化程度较低**

他们多为农民和退休工人，从文化程度和职业看，老年犯罪嫌疑人的职业多为农民，他们的文化程度普遍偏低。在 W 区和 L 区人民法院判决的 101 名老年犯中，有 93 人的文化水平在中学文化程度以下，而这其中还包含相当数量的老年文盲群体。由此可见，在老年犯群体中，受教育程度低、法律意识淡薄的现象较为普遍，这是因为老年犯罪嫌疑人大部分来自农村或者是务工人员，平时与外界接触的机会比较少，因此，他们在认识能力和辨认能力方面具有一定的局限性，容易实施犯罪行为。

3. **非暴力性特征明显，风险感知性差**

从本次调研的总体数据和访谈结果看，在老年人犯罪群体中，无论是性犯罪，还是财产型犯罪，其非暴力性特征均表现得较为明显，老年人在实施犯罪时普遍选择对他人身体危害较小、行动较为温和的犯罪手段。通过查阅本次调研中涉及的性犯罪和财产型犯罪的老年犯的审讯笔录，笔者注意到，老年犯在实施性犯罪时，在犯罪对象上，多以猥亵儿童和残疾、患有精神疾病等弱势女性群体为主；在犯罪手段上，多以金钱、玩具、零食等物品诱惑女童和残疾、患有精神疾病的女性，手段较温和；同样地，在实施财产型犯罪上，绝大部分老年人的犯罪手段依然较为温和。以犯罪嫌疑人马某（男，61 岁，宁夏银川人）为例，其多次在银川某大型商场实施盗窃行为，后因被女事主当场发现而案发。马某的受案记录显示，其在实施盗窃被女事主发现后，始终待在原地，直到警察到场将其带走，始终没有任何明显的反抗和抵制行为。部分老年犯认识到自己因生理原因，精神与身体上出现了衰退现象，感官功能有所降低，肢体协调性变差，反应力较迟钝，因此他们在犯罪被抓后往往放弃反抗，选择对事主听之任之，以使自己避免因肢体和言语上的冲突而“吃亏”，这也是老年人犯罪的显著特点之一。

另外，老年人在实施犯罪行为时，多对犯罪的风险性和被法律惩处后果的严重性感知较差，从而在一定程度上提高了老年人犯罪的可能性。这一方面是由于老年人的感官功能退化，另一方面也与老年人犯罪群体普遍较低的文化程度和淡薄的法律意识有关。

（二）老年犯罪嫌疑人在审讯中的心理特征

老年人的人生观已经基本定型，他们积累了比较丰富的社会经验，对人对事老成稳重，对很多事物已经有了自己较为固定的观念和看法。但与此同时，由于生理机能的日渐退化和社会活动的减少，他们对事物的感知能力逐渐变得迟钝，辨认和控制自身行为的能力、记忆能力等也相对弱化，他们会出现对某些事件的具体情形难以完整地回忆或者由于语言能力的弱化而难以表达清楚的情况，个体社会职能的改变等因素也使得他们的个性心理容易发生一些畸变。在审讯中，他们容易出现偏执、焦虑和紧张的心理状态，尤其是面对心理素质较强、社会经验丰富的侦查人员的讯问，会出现因心理负担过重而颓废不振、情绪波动较大、难以承受巨大的讯问压力等情况。老年犯罪嫌疑人在讯问中主要有以下心理特征：

1. 认知丰富，形成固有的思维模式，以自我为中心

老年犯罪嫌疑人人生阅历丰富，认知内容广泛，思维方式逐渐定型，对很多事物的看法较为固定，他们对自己的犯罪行为有着较为单一的认识和评价。在审讯中，老年犯罪嫌疑人常有“倚老卖老”的表现，在意识上比较自我，看不起年轻的侦查人员。由于老于世故，社会经验多，其对付审讯有一套自己的办法，要么不说话，长时间保持沉默，对侦查人员的任何问话都无动于衷；要么就讲大道理、摆架子、比资历，在供述问题时常会兜大弯子，对侦查人员抛

出一大堆问题，或者闪烁其词，不知所云。

2. 情绪不稳定，悲观心理严重

在审讯过程中，老年犯罪嫌疑人情绪反复的现象较常见。他们时而无理狡辩，与侦查人员一论高下；时而又情绪低落，任凭侦查人员发问而无动于衷。他们中有的人曾有过一定的社会地位和事业，如今"老了老了却身陷囹圄"的境况，对比过去的辉煌与现实的困境，他们更难接受犯罪及即将受到法律追究的现实，悔恨和悲观心理交织。同时，高龄和空洞的自尊心理易使他们对强硬的审讯方式产生强烈的抵触情绪，加之对法律知识的欠缺和对自身的犯罪后果缺乏理性预期，容易导致他们产生盲目心理，很难轻易地改变对自己犯罪行为的错误认识。

3. 记忆力衰退，对事物感知迟钝

老年人具有典型的"远事清晰、近事遗忘"的特点。因此，他们在审讯中常常不能准确地回忆起近期发生的犯罪事实，甚至对一些基本的日常事务也难以准确回想。感知力的衰退使他们对周围事物的感知度和对外界信息的获取能力有所下降，导致他们常常对侦查人员的提问及周围环境的变化不能作出准确和及时的反应，继而出现疑心加重、频繁无理取闹、对侦查人员极不信任等情形。

4. 自尊心理两极分化，对立情绪明显

严苛的审讯环境使老年人的精神和心理处于高度紧张的状态，加之高龄、生理退化等因素的影响，很多老年人在审讯中易呈现"受挫或过强"两种较为过度的自尊心理样态。自尊是一种相信自身存在价值的心理。有些老年人自尊心过强，认为自己经验丰富，比年轻人老练，因此自以为是、目中无人、盲目自信。这类老年人把年龄和经验作为自尊自信的基础和资本。反之，老年人自尊心受挫，认为自己老了、没用了、成了家庭的负担、对社会没价值了，就可能产生自卑、消沉、沮丧心理，甚至丧失自信心。在审讯过程中，老年人自尊心过强表现为一部分老年人认为自己资历老、经验丰富，同时又怕自己晚节不保，畏罪心理强烈，遂在审讯中以长时间的沉默对抗侦查人员，对侦查人员的提问不屑一顾，三缄其口，又或者以异常强硬的言辞回击侦查人员，对自己的犯罪行为拒不承认或以各种借口为自己狡辩；而自尊心受挫则表现为自卑、意志消沉，具有这类心理的老年犯罪嫌疑人多具有消极观念。

5. 盲目恐惧心理突出，理性分析能力不足

由于特定的历史原因，我国现阶段绝大多数老年人没有接受过系统的文化教育，文化层次普遍较低，文盲率很高。在老年人犯罪群体中，这一特征表现得尤为明显。缺乏文化知识在很大程度上导致老年人对法律知识的了解和理解难以全面和深入。我们在访谈中就发现，很多老年犯罪嫌疑人对法律甚至没有最基本的认识，只是基于对社会传统公序良俗的认知而认为犯罪就应该受到惩罚，但是究竟自己的犯罪行为有多严重、可能会面临怎样的法律惩处、法律对老年人的从宽处罚规定到底是什么意思，他们并不清楚，不懂法，对自己的犯罪后果和法律责任没有清晰的定位与预期，导致很多处于审前羁押阶段的老年犯罪嫌疑人有盲目的恐惧心理，很难理性分析自己的现状，畏罪感十分强烈。

（三）老年犯罪嫌疑人的审讯对策

针对老年犯罪嫌疑人的心理特点，侦查人员应尽量避免完全采取强硬的审讯态度，应尊重老年犯罪嫌疑人的人格，照顾他们的情绪，要以弱化法律教育、强化政策教育的方式对其攻心；要在审讯中引入子女旁听，以家庭亲情感化老年人；要准确分析老年人的“儿童心理”，强化其犯错意识；要善于从其丰富的生活经验入手，以社会的道德规范和典型事例为切入点，以其个人名誉和尊严为导线，循循劝诱，打消其不切实际的幻想与侥幸；要精准把握老年人的特殊语言逻辑和词汇，以合理化策略和特殊关怀唤醒其罪责感，促使其如实供述。

1. **以政策教育为主**

不同的历史背景会在不同人群的心中烙下不同的印记。我国现阶段的老年人大多出生于中华人民共和国成立后的50年代或更早之前。在他们的幼年时期，我国社会经济落后、物质匮乏，教育受限，绝大多数老年人没有受过完整的学校教育，而受到的家庭教育也十分有限，尤其是在农村地区，老年人更是难以接受文化教育，文化程度普遍较低。这些老年人多经历过长久而频繁的政策宣讲、教育与熏陶，在领会政策精神、响应政策号召、服从政策教育等方面均有他们独特的敏感性。与此形成鲜明对比的是，他们对法律的感知度和理解力较为薄弱，因此在审讯中，侦查人员应当调整审讯策略，针对老年犯罪嫌疑人的特殊经历和文化背景，有选择地减少和弱化对特定老年人的法律教育，转而强化对他们的政策教育与引导。侦查人员在进行政策教育时，要严格遵从法律规定，避免利用政策实施威胁、引诱和欺骗等非法审讯方式。笔者在访谈中也发现，很多老年人在思维上对法律惩处后果的理解方式近乎等同于对“政策惩处后果”的理解方式，因此，运用强化政策教育的审讯策略，将会在很大程度上提高审讯老年人的效率。

2. **加强亲情感化**

注重亲情是大多数老年人感情与心理特征中尤为明显的一点。在老年人犯罪群体中，有相当一部分人是因为孤单、寂寞、与家庭成员关系稀疏等原因而犯罪的。侦查人员在审讯之前，应当充分了解老年人的家庭关系情况，与老年人的子女进行沟通交流，摸透家庭中存在的温情与和睦、矛盾与隔阂。侦查人员要与老年人谈心、谈家庭、谈亲情、谈子女、谈晚年。只要打开了老年人感情上的症结，审讯目的的实现自然也就水到渠成了。

3. 减轻对刑罚后果的感知

根据犯罪社会学的相关研究，很多人的性格在进入老年后会发生较大的变化，有的人虽然在中青年时期性格激进、脾气暴躁，但进入老年期后可能会变得温和、亲切，而有的人在其中青年时期性情稳定、处事稳重，但进入老年期后可能会变得易暴易怒。许多老年人可能会出现多疑、敏感、容易受刺激的倾向，有些人甚至给人蛮不讲理、撒泼耍赖、倚老卖老的感觉，显得十分稚气，俗称“老小孩”，心理学上将这种现象称为“第二次儿童期”。针对这类老年人，侦查人员在审讯时减轻犯罪嫌疑人对刑罚后果的感知，这样做的原因在于：一是老年人特有的儿童心理使得他们对犯错的感知性高于对犯罪的感知性，犯错可以被原谅，犯罪则不行；二是他们的法律意识相对淡薄，对犯罪后果的恐惧具有盲目性，在审讯中更容易封闭自我，而他们对犯错的恐惧则更为形象和具体。老年犯罪嫌疑人对法律和犯罪后果的认知性较差，而对犯错的后果认知较为清晰，因此，审讯人员可以有针对性地强化老年犯罪嫌疑人的犯错意识，弱化他们的犯罪意识，从而降低老年犯罪嫌疑人在审讯中出现的封闭性和戒备心，逐步引导他们进行供述。具体可从个人名誉、尊严入手开导老年犯罪嫌疑人。良好的名誉集中体现了一个人的人格和尊严，可以让人获得客观中肯的社会评价与尊重，获得他人的信赖与支持，并得到物质上的效益与精神上的满足，尤其是人到晚年，更会重视个人的名誉和尊严。很多老年犯罪嫌疑人在犯罪时轻视了犯罪对名誉的损害，但无论其犯罪动机和原因为何，其内心深处大多依然具有对名誉的渴望，希望将因犯罪而对名誉造成的损害降到最低。实际上，老年犯罪嫌疑人面对审前羁押和审讯，不仅会因严苛的环境和氛围而产生强烈的不适感，也会因个人名誉的损失而在精神上备受折磨。有的老年犯罪嫌疑人为了维持自己在侦查人员面前的尊严，对自己的罪行绝口不提，顽固抵抗。鉴于此，侦查人员在审讯中要顾及老年人对人格、尊严的敏感性，充分考虑老年犯罪嫌疑人面对羁押和审讯时其人格尊严的脆弱性特点，在讯问措辞上避免强硬和直接的话语，以劝诱开导为主，劝导老年人既要正确看待人格尊严和名誉，也要用正确的方法维护尊严和名誉，一味拒供、顽固抵抗最终不仅不会得到从宽处理，也是对尊严与名誉的错误维护方式。只有正确看待自己的错误，积极主动地承担自己的责任，才是负责任的表现，才是名誉和尊严的内涵所在。通过开导和指引老年人正确看待个人名誉，为其指明如实供述是恢复名誉的最好方式，会在很大程度上化解老年人的心理症结和供述障碍。

4. 逐字逐句记录老年犯罪嫌疑人的供述

老年人的认知体系和情绪特点与年轻人存在较大差异，他们对于事物的理解思路和描述方式也与年轻人存在一定的差别，因此，如果侦查人员对老年犯罪嫌疑人供述的解读角度和方式与年轻犯罪嫌疑人一样，则可能会影响其供述的真实性。通常，在审讯过程中，对犯罪嫌疑人的供述与辩解通过意译的方式进行记录，以使审讯笔录更为通顺和具有体系性。年轻犯罪嫌疑人具备成熟的认知能力和思维方式，因此对他们的供述进行意译可能不会出现什么问题，但如果对老年人的供述同样以意译的方式来理解和记录，就很有可能会失去部分具有价值的信息。多数老年人的记忆力、情绪控制力、语言表达能力会随年龄增长而逐渐退化，老年人的语言表达经常会前言不搭后语以及出现各种生僻的词语。从这个意义上讲，在针对老年犯罪嫌疑人的审讯过程中，侦查人员应当尽量按照老年人的语言方式、语言顺序、语言逻辑和语言习惯，逐字逐句地对其供述进行记录，从而最大限度上保留和反映老年人供述中的特有词汇、逻辑思维、情感用语和专门术语，以便对其供述的真实性作出准确、客观的评价，保障审讯笔录的证据能力和合法性。

5. 注重合理化策略的使用

审讯老年犯罪嫌疑人，侦查人员要特别注意审讯方法和策略的使用，尤其是在语言态度上要多做耐心的疏导工作，悉心解答他们的疑惑，消除他们的疑虑，切忌使用简单、粗暴的方式，以免引起老年人的反感和抗拒；要多用比较现实的问题去开导、感化，促使其正确权衡利害得失；讯问用语要明确、直接，避免因暗示而增加老年犯罪嫌疑人不必要的顾虑。而合理化策略的使用，即融入了这些理念。由于老年人的情感体验更为丰富和敏感，对周围事物容易多疑多虑，而合理化策略本身即包含心理同情法、情感感化法、情感接纳法等丰富的心理学原理，合理化策略在老年犯罪嫌疑人身上使用的效果更为明显和直接。在针对老年犯罪嫌疑人的审讯策略中，合理化策略应当着重加以使用。

在审讯过程中加大对老年人的关爱，因为老年人为家庭、社会和国家奉献了一生，无论其基于何种原因和动机在晚年实施了犯罪行为，均应当在审讯中对其给予特殊的关怀和关爱。我国法律始终贯彻矜老观念所引导的宽宥刑事政策，尽可能对老年人犯罪采取从宽从轻的处置方法。侦查人员在审讯中应当充分考虑到老年人的特殊身体状况，对其休息、饮食等予以保障和特殊照顾。审讯老年犯罪嫌疑人，侦查人员应当摒弃“犯罪嫌疑人休息好了就会有足够精力对抗审讯”的落后观念，诸多侦查实践证实，对老年人的关爱和人性化待遇是感化老年犯罪嫌疑人的良药。

六、黑社会性质组织犯罪案件审讯对策

从 2018 年开始，中共中央和国务院联合发布关于开展扫黑除恶专项斗争的通知，为期三年的扫黑除恶专项斗争由此开始。黑恶势力是威胁公民权益与社会治安稳定的重大因素，因此扫黑除恶的社会意义显著，具有必要性的特征。按照现代刑法的标准，扫黑除恶专项斗争的有效性也成为当前须重点研究的问题，应该从其特征和法治要求等不同角度展开分析。从 20 世纪 80 年代开始，黑恶势力有关的概念尚未明确，司法部门也只能参照其他罪名来对黑恶犯罪进行处理。1979 年《刑法》对犯罪集团的特征进行了说明，也与后来的“黑社会组织”具有一定的相似性。但从客观角度看，这说明我国刑法那时就已经开始对黑恶势力进行专项整治。20 世纪 90 年代后，在社会主义市场经济的快速发展下，我国社会各方面都有了质的飞跃，其中也包括社会结构的变化。我国的有组织犯罪比例增加，尤其是带有“黑社会”性质的犯罪内容。1997 年，立法部门也专门针对黑恶势力的犯罪行为增加了三个专项罪名，2002 年全国人大常委会上正式通过了关于中华人民共和国刑法的补充说明，意图进一步明确黑社会组织的内涵和定义。2011 年《刑法修正案（八）》中对黑社会组织犯罪的 4 个部分进行了更新。一是加重了黑社会组织行为的定刑标准；二是将全国人大常委会关于黑社会性质组织的立法加入《刑法》中；三是将黑社会犯罪纳入特殊范围；四是在黑社会组织犯罪范围中加入了强迫交易与寻衅滋事的相关内容。从此，我国也形成了以《刑法》第 294 条为主体的刑法修正案黑恶势力犯罪惩治体系，并取得了一定的成效。①

---

① 端木玉芳：《扫黑除恶专项斗争的特征及法治要求研究》，载《法治论坛》2020 年第 3 期。

黑社会性质组织犯罪不同于普通团伙犯罪，由于其组织特征决定了其高于一般犯罪集团，但又不是典型的黑社会组织的犯罪形态。在侦办黑社会性质组织犯罪中，最大的难点就是对于此类犯罪具有的 4 个特征的把握，其中组织特征是区别它和普通团伙犯罪之间的关键。从刑法意义来说，此类犯罪认定的关键在于把握其组织特征，而有组织的团伙并不是普通团伙犯罪中的甲罪加乙罪加丙罪的简单相加就构成有组织犯罪，其组织特征是由大量的事例、典型语言组成的，主体证据和证据体系要靠审讯来实现和完成。审讯取证活动在办理黑社会性质组织犯罪案件中有着特别重要的意义。

（一）黑社会性质组织犯罪案件审讯难点

1. 黑社会性质组织犯罪是一种复合性犯罪，其构成要件所涉及的法律关系复杂，犯罪认定难，成罪率不高。有些案件在起诉时是以黑社会性质组织犯罪起诉，而最后审判以此罪认定的案件只有一半。我国《刑法》第 294 条规定了“组织、领导、参加黑社会性质组织罪”，但有人认为该法条仅作了现象描述，过于抽象和模糊，可操作性不强。2002 年全国人大常委会进一步作了司法解释，明确了黑社会性质组织构成的四大特征要件，即“组织特征”“经济特征”“行为特征”和“后果特征”。2009 年最高人民法院等又发布了《办理黑社会性质组织犯罪案件座谈会纪要》，对于一些在司法实践中有争议的问题，特别是关于“犯罪组织”的认定问题进一步作出解释和阐述。《刑法》也作了相应的调整。

2. 黑社会性质组织犯罪案件主要证据为言词证据，审讯具有重要的作用。与普通刑事案件相比，办理黑社会性质组织犯罪案件无疑是更复杂和艰巨的，特别是关于组织特征的证据主要是言词证据的收集至关重要。因为证明黑社会性质组织犯罪案件的“组织特征”的证据是由大量的事件和团伙成员之间特有的语言呈现的，如有成员供述“如果我们是一盘棋，三弟是司令，我可能是师长……”，又如“老大”出行有人开道，上下车门有人开门等，这些典型语言和动作、态势就是重要的证据，以证明其组织的结构和管理，这都需要在审讯中捕捉和提炼。有一些案件因为缺乏证明黑社会性质组织犯罪的组织特征的证据，没有将整个黑社会性质组织结构、首要分子的组织、领导作用通过证据反映出来，最后导致案件无法认定，只能作为一般团伙犯罪处理。

3. 黑社会性质组织犯罪是一种复合性犯罪，由于其组织成员人数多，作案涉及面广，在作案时间上有的甚至长达十几年，因此，相对普通团伙犯罪此类案件涉及罪名多，证据体系庞杂。行为人组织、领导、参加黑社会性质组织的行为本身独立成罪，与其所实施的多种具体犯罪如故意杀人、抢劫、故意伤害、敲诈勒索等犯罪要数罪并罚，这种法律罪名内在结构特征完全不同于普通犯罪团伙案件，需要收集的证据更为庞杂。据对 327 个此类案件犯罪嫌疑人的主要犯罪事实统计，共涉及 74 个罪名，主要有抢劫、故意杀人、绑架、故意伤害、强迫交易，等等。[①] 同时，由于大多数黑社会性质组织犯罪案件都是在其做大后才得以侦破的，案件来源大多是以被害人报案的方式，前期的杀人、抢劫、敲诈勒索等犯罪已经过去较长时间，犯罪现场已经被破坏，现场物证无法获取，许多证据也已灭失，难以从原始现场获取物证，那么，通过什么途径和方法、收集何种证据是侦讯中的难点。

（二）黑社会性质组织犯罪案件审讯要点

审讯要围绕黑社会性质组织犯罪的特征进行。

---

① 靳高风：《当前中国有组织犯罪的现状、特点、类型和发展趋势》，载《中国人民公安大学学报（社会科学版）》2011 年第 5 期。

1. 组织特征。一般而言，符合黑社会性质组织需要满足以下条件：一是由三人及以上构成，具有犯罪团伙的特性；二是其组成是为团伙犯罪，有共同的实施犯罪目的；三是组织较为固定，其组织具有稳定性、持续性特点，其成员也相对固定。但是，该类犯罪又不同于一般的犯罪团伙，其组织特征通常还需具备：第一，人数较多。虽然刑法规定的 3 人以上即可构成，但是黑社会性质组织作为一种程度较高的特殊犯罪集团，要组成一个“地下社会”“称霸一方”，一般应具备一定规模的人数。一般来说团伙成员组织规模在 15 人至 45 人，少数规模多于 50 人，25 人至 30 人的居多。第二，组织较稳定。黑社会性质组织的存续时间具有长期性，成员比较固定，具有一定的稳定性，在组织结构上具有一定的严密性和复杂性。一般有三级以上的层级划分，有明确的组织者、领导者、骨干成员，形成首要分子—骨干分子——般成员的层级结构。第三，组织结构比较紧密，有较严格的纪律，内部分工明确，组织者常常在幕后操纵，在财产分配上，超越了普通犯罪集团坐地分赃的形式，而是统一安排，以“工资”“奖金”的形式分发，组织成员伤亡潜逃，均由组织提供经费。

实践中的组织特征大多是以不成文的形式体现的，一般难以获取物证书证，它是由大量的事例、特有语言组成的，由于构成组织特征的证据形式主要是言词证据，审讯中要注意收集犯罪嫌疑人关于组织特点、组织分工、组织结构的供述。例如，涉及团伙的骨干头目有哪些、头目对手下如何讲义气、手下对头目如何效忠等，这些都是组织特征的具体表现。还有一些典型事例也是组织特征的重要组成部分，如集中住宿、资助逃跑、出资疗伤、发工资奖金、安抚家属等。有的犯罪嫌疑人在审讯中谈到该组织的首要分子常对他们说“军队要有司令，工厂要有厂长，公司要有经理，司令不可能去打仗，经理厂长不可能干活”，有的组织成员说“我就听老大的，信他的邪，愿意为他赴汤蹈火”，这说明在这个组织中“三弟”的首领地位不可动摇，作为证明其是该组织的首要分子的证据确凿。在办理此类案件还需注意的是，其团伙虽然严密，但往往没有文字记载或形成文字的规章制度，成员的地位也没有相应的书证证明，但不等于他们没有严格的组织纪律和组织结构、没有固定的组织成员，这些都需要在审讯中收集相关言词证据并加以印证。审讯中注意抓住两个重点：一是组织结构，包括组织名称、组织分工、组织形成；二是组织纪律。

2. 行为特征。黑社会性质组织犯罪在行为上都具有暴力特征，这也是其标志性特征和最基本的犯罪行为及敛财的手段。在黑社会性质组织犯罪中，暴力特征表现为：一是以暴力为后盾，二是具体行为上为获取金钱、权力、称霸一方。他们在一定区域范围内，在暴力支撑下，多种手段并用，为非作歹，欺压和残害群众。对这类人员的审讯的重点有：（1）违法犯罪手段的具体行为，或以暴力相威胁，或以武力为后盾；（2）违法犯罪行为的组织性，即组织成员的违法犯罪行为是有组织地实施的；（3）黑社会性质组织违法犯罪活动的地域性、行业性特点。

3. 经济特征。黑社会性质组织犯罪的一个主要目的就是在经济上获利，继而来维持和壮大其组织，并从经济上贿赂其保护伞，从而再获取更大的经济利益，形成他们特有的生态链。为了保证组织的运作，一定的经济实力是必要的。另外，经济实力也是其向主流社会渗透、壮大的资本。他们通常以开公司为幌子，从事非法活动获取经济利益。有的组织既有合法经营又有非法经营，还有的以黑护商、以商养黑。

针对经济特征的审讯重点有：一是从获得经济利益的来源上着

手，查明组织是通过什么手段聚敛钱财的，要加强对黑社会性质组织的头目和骨干成员的审讯，因为他们对收入、开支等账目最清楚；二是从经济利益的用途上查明，他们的钱财是用于这个组织的，如支付组织成员工资、为组织购买枪支、配备交通工具等。

4. 后果特征。后果特征是黑社会性质组织的本质特征。普通犯罪集团也是有组织有计划的，但是其犯罪的目的都局限于一两类犯罪，或抢劫，或杀人，而黑社会性质组织不同，他们的目的是抽象的，是通过一系列犯罪活动，实现一定区域或行业范围内的控制权，如收取保护费，追讨债务等体现出来的控制性。后果特征的具体表现有：第一，对社会的非法控制。多表现为对一定行业、一定区域的控制并造成重大影响。第二，称霸一方。称霸一方由两个因素组成：一是行为因素，即称霸，通过实施暴力、威胁等手段形成威慑力和支配力；二是地域行业因素，即一方，指在一定地域或行业范围内。对社会的控制正是通过称霸一方来实现的。黑社会性质组织一般都是从涉恶向涉黑转化，是一个渐进过程，团伙向有组织的转型大多以一起或多起典型案件或典型性事件为标志，这就是从涉恶到涉黑的分水岭，也是其具有控制力和重大影响的标志，审讯中要注意发现这个分水岭。

黑社会性质组织能够“做大”，往往有保护伞的庇护，他们往往是共生关系。但情况有所不同，有的黑社会性质组织通过贿赂，拉拢腐蚀干部，建立了庞大的关系网和保护伞；有的黑社会性质组织正处在发展阶段，正在寻求保护伞；甚至个别黑社会性质组织头目自己本身就具有一些政治光环，如人大代表、政协委员等。审讯中要注意避免一个误区，认为没有保护伞就不是黑社会，要分清不同组织的状态和程度。因此，针对后果特征的审讯重点有：第一，造成公民伤亡的情况；第二，被害单位和个人的财务损失情况；第三，对社会秩序的破坏情况；第四，对经济造成的破坏情况。

（三）黑社会性质组织犯罪案件审讯对策

1. 黑社会性质组织犯罪案件犯罪嫌疑人供述障碍分析

（1）黑社会性质组织者、领导者大多都有违法犯罪经历，他们有一定的反审讯经验。通过对300多起案件的统计分析发现，其中近一半案件的黑社会性质组织的领导者或组织者都是累犯。例如，发生在贵州省的近50起案件中，有九成以上的团伙头目有过违法犯罪经历，[①] 吉林省37起案件中有27起案件的组织者、领导者有违法犯罪经历，占72.97%。[②] 他们抗压能力强，有应对审讯的心理素质和经验，且翻供比例高。据了解，武汉曾某玲黑社会性质组织犯罪案件在开庭时出现戏剧化的一幕，23名犯罪嫌疑人全部翻供，否认自己加入“黑社会”。

（2）黑社会组织有严密的组织规范，群体压力大，组织成员出于畏惧不敢供述。黑社会性质组织都有其所谓的“组织规范”，包括管理规范和惩罚规范。对于出卖、损害组织利益、背叛者处以挖眼、割舌、断手、切指等，甚至处死。他们要求组织成员“不与警方合作”“不许报警”“照顾被抓兄弟的家属”等，这些组织规范一方面是为了保证犯罪目的的实现，另一方面也是为了规避因个别人的自首、坦白给组织带来“风险”。组织规范的存在和严苛的纪律以及等级分明的制度成为一种群体压力，组织成员迫于压力，不敢轻易违反组织规范，再加上组织者、领导者的暴力压服，使他们对偏离群体的行为感到恐惧，其结果就是培养了组织成员的服从意识，面对

① 靳高风：《当前中国有组织犯罪的现状、特点、类型和发展趋势》，载《中国人民公安大学学报（社会科学版）》2011年第5期。

② 吉林省涉黑犯罪与“打黑除恶”情况调查课题组：《吉林涉黑犯罪与打黑除恶调研报告》，中国科学文献出版社2010年版，第292页。

审讯，大多包袱重、压力大、顾虑重重，不敢供述。

（3）反社会意识强，抵触心理突出。由于组织成员大多有前科，有的还是“几进宫”，特别是组织者、领导者犯罪心理定型化，反社会意识突出，对抗审讯意志坚定，他们很少悔罪，尤其在审讯初期，常常表现为要么嚣张，公然抵赖，要么消极沉默，一问三不知。他们不像初犯那样紧张、恐惧，为了逃避罪责，会以各种方法与侦查人员较量。

（4）亚文化特征突出，形成了所谓黑道价值观，即黑道文化。亚文化是黑社会组织的精神支柱，亚文化对黑社会组织有着深刻的影响，黑社会的形成本身就是其共同的价值观的体现。有的黑社会组织有统一的黑西服着装、代号，每个组织成员还有固定的“外号”，有的黑社会组织有特定的黑话、暗语等。黑社会性质组织的黑道文化不利于审讯目的的实现，一方面，表现为黑社会组织成员之间的认同感，具有标签效应，他们在审讯中信奉沉默、信任、忠诚，信奉哥们义气，不愿意配合警方；另一方面，对黑社会性质组织成员说服教育的难度大，因为黑社会组织的形成本身就是其共同的价值观，共同的道德标准，共同的兴趣和利益的融合，已经形成他们自己的信念体系，要改变这一点需要进行深入细致的工作。

2. 审讯黑社会性质组织犯罪案件常用方法

（1）异地羁押和异地审讯。二者主要适用于黑社会性质组织的组织者、领导者和骨干，异地不仅是犯罪嫌疑人居住地之外的地方，而且是该组织的活动和社会关系所达不到的地方。异地羁押就是要切断他们和外界的联系，保证审讯的顺利进行。黑社会性质组织“厚而无形，黑而无色”，即形容该组织关系网的盘根错节，其犯罪行为的凶狠。一方面，他们在本地有着错综复杂的关系网，有保护伞，侦查人员办案压力大，束缚了侦查人员的手脚；另一方面，由于黑社会性质组织对当地社会的控制和影响，许多受害人、证人、涉案单位长期生活在其阴影里，忍气吞声，得过且过，不敢报案，不敢作证。异地羁押和异地审讯则能排除干扰，化解阻力，消除证人及知情人的顾虑。同时，异地羁押和异地审讯也能给犯罪嫌疑人带来压力，使其感到失去了保护伞，感到无法通过关系网来保护自己，处于一种“孤立无援”的境地。

（2）选准突破口。黑社会性质组织的组织者、领导者、骨干大多有犯罪经历，受过处理和打击，有对付审讯的经验，抵触心理突出，态度比较顽固，审讯难度大。这就需要侦查人员对组织成员进行分析，分析其个性特点、心理状态、供述态度、所处地位、薄弱点等。一般来说，可以考虑选择那些在组织中罪行较轻、主观恶性不深、有立功愿望的嫌疑人先行突破，选准薄弱点，突破一点，打开全面。由于黑社会性质组织犯罪案件审讯难度大，许多犯罪嫌疑人是需要通过一次次谈话、一场场审讯，花费较长的时间瓦解其心理防线来获取供述的，这种突破方式被称为分散突破或话题突破。分散突破主要是靠话题实现的，可分为以下几个阶段进行：试探话题，主要目的是摸清情况，了解犯罪嫌疑人的心理状态、抗审能力、供述障碍、智力水平等；铺垫话题，这是审讯话题中比较重要的内容。实践中，许多犯罪嫌疑人不会很快按照侦查人员的要求如实供述，在这种情况下，侦查人员需要根据案件的具体情况有针对性地对其进行心理影响和说服转化工作。要根据犯罪嫌疑人的具体情况有针对性地选择犯罪嫌疑人感兴趣的、与其切身利益有关系的、帮助犯罪嫌疑人趋利避害的话题；突破话题，旨在抓住犯罪嫌疑人心理动摇、徘徊、犹豫的时机，进一步引导、说服，使犯罪嫌疑人最后不得不放弃抵抗，如实供述。由于黑社会性质组织犯罪案件人员多、案情复杂，分散突破可分场次进行，可分不同的审讯小组有步骤、配合地进行。

（3）进行认罪认罚从宽教育，分化瓦解。在审讯黑社会性质组织犯罪案件时，由于此类案件当时取证难度较大，为最大限度地实现对团伙领导或组织者的打击，可对其进行认罪认罚从宽教育，激励黑社会团伙成员提供线索或证据以证实黑社会团伙领导者或组织者的违法犯罪行为，揭发检举其团伙领导者或组织者。让黑社会团伙成员犯罪嫌疑人在审讯中进行利弊权衡，争取得到从轻、从宽处罚。

七、职务犯罪案件犯罪嫌疑人心理分析及审讯对策

根据最高人民检察院和最高人民法院的统计，早在2015年，当年查处和审判的职务犯罪案件数、人数与2014年相比有所下降，但是大案、要案数量仍持续大幅增加。2015年全国检察机关共立案侦查职务犯罪案件40834件54249人，同比下降1.6%左右，其中，查办贪污贿赂、挪用公款100万元以上案件4490件，同比上升22.5%；查办涉嫌犯罪的原县处级以上干部4568人，同比上升13%，其中包括原厅局级以上干部769人。检察机关同时加大对行贿犯罪惩处力度，查处的案件数和人数都有较大增幅。2015年共查办行贿犯罪8217人，判处罪犯2495人。根据最高人民法院的统计，2015年全国各级法院审结贪污贿赂等犯罪案件3.4万件4.9万人，分别下降9.7%、11.4%，其中，被告人原为厅局级以上干部的有134人，同比增长了35.3%。[①] 职务犯罪中审讯犯罪嫌疑人是整个案件侦查的关键，也是侦查的难点。2018年全国纪检监察机关查处“微腐败”和作风问题23.5万件，处理30.9万人。2017年11月至

---

① 靳高风、白朋辉：《2015年中国犯罪形势分析及2016年预测》，载《中国人民公安大学学报（社会科学版）》2016年第3期。

2018年年底，全国纪检监察机关处分乡科级及以下党员干部73.1万人，其中违纪违法金额超过100万元的有8100余人。①

（一）职务犯罪案件的特点

1. 案件线索匮乏，成案率低

多年来，人民检察院反贪污贿赂案件侦查获取的线索主要是通过群众举报这一有限的渠道。近年来，职务犯罪行为变得更加隐蔽，犯罪手段也更加“专业”，嫌疑人千方百计地找漏洞，钻漏洞，打法律的擦边球。此类犯罪分子具有国家工作人员的身份，利用职务的便利条件，通常以正常的业务和经济往来作为掩护，从事违法犯罪行为。在合法职务行为掩护下的违法犯罪，公私难分，真假难辨，隐蔽性极强。特别是体现在贿赂犯罪，行贿人和受贿人为了各自的利益，相互勾结，心照不宣，在秘密场所一对一地进行权钱交易，他人无从得知内幕详情。与之相对应，体现在贪污挪用案件上，呈现出犯罪分子更具隐蔽性及共同犯罪迅速增加的特征。群众中能接触到内幕的人很少，知道内幕的人又或多或少牵扯其中，如财务与出纳相勾结，或财务迫于领导的权势做假账并分得部分非法利益等。故案件的知情人真正有勇气来检察机关举报的少之又少。据不完全统计，近年来，在犯罪案件数量没有降低的前提下，基层检察院收到的举报线索数量每年递减20%，线索的质量也在不断下降，办案的难度加大。

2. 证据比较单一，难以形成完整的证据锁链

职务犯罪行为的隐蔽性，决定了大部分案件除言词证据外没有其他证据佐证，难以形成较为完整的证据锁链。从职务犯罪的实施

---

① 靳高风、守佳丽、林晞楠：《中国犯罪形势分析与预测（2018—2019）》，载《中国人民公安大学学报（社会科学版）》2019年第3期。

过程看，以贿赂案件为例，除单位贿赂犯罪和介绍贿赂犯罪案件外，通常贿赂犯罪的现场排斥第三人，由于行贿受贿行为较为隐蔽，在钱财与无形的权力交易中，除行贿、受贿双方外，很少有第三人在场。贿赂物大多是现金，作为种类物的现金其独立证明力很小，一般情况下很难被作为证据特别是侦查期间的证据使用。由于行贿、受贿行为只有行贿人和受贿人参与，案件突破主要依赖于行贿受贿双方供述。因此，在贿赂案件中，行贿人和受贿人言词证据具有单一性，很多情况下仅仅只能依靠供述来办案，如此就加大了侦查贿赂案件的难度。

3. 犯罪行为方式多样性，犯罪手法向智能化发展

伴随着社会经济的不断发展，职务犯罪案件的犯罪手段也呈现出复杂多样的特点，从单纯的现金交易到以委托请托人投资证券、期货或者其他委托理财的名义收受贿赂，从受贿人直接收受贿赂到授意特定关系人领取财物。智能型犯罪也迅速增加，利用先进的科学知识和技术，钻国家政策的空子，寻制度之外的空间，利用一切可以利用的机会，以便达到收取财物的目的。这些新呈现的贿赂犯罪手段通常具有一定的迷惑性和更强的隐蔽性，也给贿赂案件侦查取证工作带来了更大的挑战。

4. 犯罪主体一般具有较高的智商和学历

职务犯罪案件犯罪主体一般都是国家工作人员，具有较高的学历和智商，使得犯罪嫌疑人在选择作案时间、地点、方式以及谋取利益时掺加智力因素。更重要的是，犯罪嫌疑人拥有较高的学历和智商，以及工作中积累的经验和阅历，会增添侦查审讯工作的难度。

5. 反侦查方面表现出智能性

职务犯罪是一种预谋性犯罪，这种预谋性不仅表现在行贿和受贿的犯罪过程中要掩人耳目，如采取“一对一”的方式来掩护，防止行为暴露，而且犯罪嫌疑人在进行犯罪的同时，就对罪行一旦暴露要采取的对策进行了精心设计和谋划。更有甚者，有的犯罪嫌疑人在实施犯罪过程中就做好了潜逃准备，提前办理护照和假身份证明，隐蔽赃款或将赃款转移到境外，在感觉罪行要暴露或听到有关部门将要调查其犯罪问题时，立即潜逃。

（二）职务犯罪案件嫌疑人心理分析

职务犯罪案件嫌疑人的心理具有以下几个特点：第一，认知水平高。由于职务犯罪案件嫌疑人文化程度高、地位高，其认知水平普遍较高，但由于环境地位的改变，其与外界处于信息隔绝和情感隔绝的环境中，往往情绪反应大、包袱重，在这种环境下，即使是高智商的人也容易产生判断和决策失误。第二，由于职务犯罪案件嫌疑人社会地位高，使其受到审查后心理落差大，“被审查”“犯罪人”的标签效应和失去社会支持的被抛弃感，使得其情绪低落，易产生悲观倾向。值得注意的是，职务犯罪案件嫌疑人往往在供述后更为悲观，觉得全完了，有的甚至有过激行为，如自杀、自残等。同时，由于职务犯罪案件证据的隐蔽性，也易造成嫌疑人对证据的侥幸。第三，患得患失，有着很强的防卫归因。第四，在审讯中具有较强的对抗，表现为顽固，这是由其对刑罚后果的恐惧造成的，一旦打破这道防线，这类人容易全面瓦解。第五，贪利动机突出，补偿心理较强。一般来说，贫穷不是犯罪的原因，因穷被人瞧不起需要补偿才是犯罪的动机。职务犯罪中的很多领导干部小时候家里都比较贫困，在掌权后利用职务收受贿赂等经济犯罪就是过度补偿现象，如“59 岁现象”；有的人敛财是为了消除这种经济上的压力和焦虑，如“29 岁现象”。

（三）审讯策略与方法

1. 熟悉案情，制订计划

职务犯罪属于智能型犯罪，犯罪嫌疑人具有一定的反侦查能力，在作案时利用职务便利，很少留下有力的证据。要想获取犯罪嫌疑人真实而完整的供述，侦查人员需要善于并充分运用各种策略、方法和手段促使犯罪嫌疑人就有关案件事实作出供述。特别是非作案者本人不可能知晓的有关情节，要求参与审讯的侦查人员互相密切配合，取长补短，增强工作的主动性和周密性，并做好充分的准备。

2. 熟悉犯罪嫌疑人情况

犯罪嫌疑人的情况是指其职业职务、年龄、文化程度、干部级别、社会阅历、专业特长、爱好、性格、心理特点等，此外，还包括嫌疑人成长（上升）的轨迹、人际关系、家庭成员关系、信誉程度（银行卡透支情况）、历来奖惩情况、个人生活习惯、医保卡就医记录等。例如，某犯罪嫌疑人在审讯中紧咬牙关就是不开口谈问题，对抗情绪非常严重。后来侦查人员了解到他找人算过命，说他有血光之灾，给他指出了化解的办法，并告诉他帮其化解的那天不能看见狗。犯罪嫌疑人为了不看见狗，当天待在家里没有出门。侦查人员就和他聊起这事儿，他也不否认。接着侦查人员问他自己认为化解掉了吗？他说："我都按照算命的要求做的，那天也没看见狗，当然化解了。"侦查人员说："怎么没见到狗？你家里老板桌上就有一个工艺品狗，难道那不算？"他一听脸色都变了，懊恼地说："我怎么就没想到这个呢！"嚣张的气焰一下子就下来了。又如，有的嫌疑人进来就说自己皈依了，不愿意再说凡间之事一个字，只说自己什么都安排好了，以后进庙堂不管世事了，三天不开口，那么侦办人员可从佛教谈因果的角度切入。

3. **根据犯罪嫌疑人的情况确定主审人员**

因为贪污、贿赂、挪用公款案件的性质各不相同，具体的审讯角度也就不同。犯罪嫌疑人作案的手段、方式和方法是形形色色的，各有其特点。因此，要求侦办人员在案件的初查阶段，尽可能详细地掌握犯罪嫌疑人作案的手段、方式和方法，多收集有关犯罪嫌疑人的资料。在审讯中，选择对犯罪嫌疑人作案的手段、方式、方法了解和有突破经验的侦查人员担任主审，对症下药，随时分析犯罪嫌疑人的心理活动，判断其供述或辩解的真伪，找到突破口，侦破案件。每个侦查人员对法律的把握程度、审讯经验、文化程度、涉案的专业知识程度及犯罪心理的研究程度等是不同的，因此，在确定主审人员时，一定要根据案件的性质和犯罪嫌疑人的情况，发挥每一名侦查人员的特长。

4. **制订侦查计划**

所谓侦查计划，就是根据已获知的案件举报线索，依据法律规定制定出侦查的详细规划。它不是一成不变的，必须随着案情的发展变化而不断调整，以适应新情况。因此，通过侦查计划的制订，掌握该案的侦破方向，了解犯罪嫌疑人的自身特点、社会关系、所在单位工作的基本情况、资金等基本情况，为接触和审讯犯罪嫌疑人做好第一手准备。

5. **与犯罪嫌疑人建立交流和沟通的关系**

侦讯关系的天然对立和紧张，使得审讯过程往往处于双方交锋的气氛中，但如果双方处于对立和紧张的状态，则侦查人员很难获取真实供述。因此，首先要与对方建立沟通和交流的关系，消除对立，缓和对立。侦查人员年龄、身份等方面的因素在首次审讯中起着重要的作用。之所以侦查人员的年龄是一个非常重要的环节，是因为从心理学上讲，陌生人之间更容易接纳经历相似或者年龄偏大的交流者。侦查活动也是如此。侦查人员的身份、威望和年龄对审讯能产生积极的影响。领导选择在关系案件全局性、关键性的问题时出场，对于坚定办案人员信心、解决问题、震慑受审对象、达到预期目的都有着重要意义。

6. 针对态度改变的合理化策略

合理化（Rationalization）又称文饰作用，指用一种自我能接受、超我能宽恕的理由来代替自己行为的真实动机或理由。审讯中的合理化策略指侦查人员对犯罪嫌疑人实施犯罪行为的原因、动机及后果，给犯罪嫌疑人提供一个可以在道德上为自己开脱的理由，尽量减小其犯罪行为的责任，强调对其违法犯罪行为合理性的接受，并给予其充分的理解，进而降低其罪责感。这种策略可以使侦查审讯人员更容易控制审讯发展的方向。合理化审讯的过程是侦讯双方建立一种非评价性的、相互信任的关系的过程。

此策略的实施有四个关键：一是给犯罪嫌疑人提供一种看似有道理的方式解释他的犯罪行为；二是“允许”他把责任归因到其他人或事；三是将犯罪嫌疑人在犯罪中的作用最小化，给犯罪嫌疑人提供一种心理上的补偿，从而使犯罪嫌疑人承认其犯罪事实；四是辅助于坦白从宽的政策导向，向其解释争取坦白的好处。

几乎所有的犯罪人都有自己实施犯罪的“正当理由”。在抢劫杀人案件中，犯罪嫌疑人往往强调自己的困难处境，如工资太低、生活困难、急需用钱等。在报复杀人、激情杀人案件中，嫌疑人往往有“充分”的、“正当”的杀人理由和诸多委屈，通过这些“正当”理由，犯罪嫌疑人可以把自己描绘为实际的“受害人”，从而减轻其犯罪感。诚然，这些理由可能根本不具有“正当性”，但是在犯罪嫌疑人供述前，侦查人员不必对此进行澄清和反驳，而要表示理解。侦查人员可以帮助犯罪嫌疑人保持其“受害人”形象。一般来说，犯罪嫌疑人并不认为自己干了“坏事”，更不接受自己是“坏人”，在这个问题上，侦查人员可以采取“成全”的态度。犯罪嫌疑人拒供或说谎的目的就是要避免说实话带来的不利后果，这些后果既包括客观的后果，如失去自由，也包括主观的后果，如羞愧感和耻辱感等。在审讯过程中，这些后果是犯罪嫌疑人如实供述的主要心理障碍。因此，合理化策略就是要减轻嫌疑人对于说真话的不利后果的感知程度。

（四）根据不同的案件采用不同的审讯方法

1. 贪污案件

贪污案件的犯罪嫌疑人是国家工作人员或受委托从事公务的人员，其中很多人具有较高的文化水平，对法律政策有一定程度的了解。对这类审讯对象，审讯前的准备工作要做充分，防止准备不足反被对方摸清底细。同时应当注意保障被审讯人在审讯中的合法权利，审讯时的态度、语气也应严肃自然。对社会阅历较浅、初次被审讯、害怕罪行败露后自己的社会地位剧降、可能被长期监禁的犯罪嫌疑人，可利用其畏罪心理、恐慌心理占上风及缺乏反审讯经历的特点，采取正面出击的办法，有力地利用法律的震慑性，一举突破其心理防线，促使其交代罪行。对狡猾顽固的犯罪嫌疑人，应当采取侧面攻击的策略，先让他在轻松的氛围下谈一些细枝末节的事情，堵住他的退路，然后出其不意地出示有利证据，令其无法狡辩。对于破罐子破摔、自暴自弃的犯罪嫌疑人，则不宜开门见山，而应注重疏导，设法恢复其求生欲、自尊心和荣誉感，树立其争取宽大处理、重新做人的信心。例如，赞扬其特长和优点，在审讯环境、审讯态度和语气等方面给予充分的尊重，并开导他“人非圣贤孰能无过”，从现代社会具有很好的宽容性等方面举一些实例，鼓励他悔过自新。

2. 挪用公款案件

此类案件的犯罪嫌疑人具有与贪污犯罪嫌疑人相近的特点。但此类案件还有一大特点，就是刑罚没有死刑。对于这类案件的犯罪嫌疑人，除了使用前述审讯方法和技巧之外，还可以向其暗示此类行为在处理上与贪污贿赂相比有其“宽大性”，从一定程度上打消犯罪嫌疑人的恐惧心理。

3. 受贿案件

此类案件在审讯中应注意是否存在犯罪嫌疑人替人揽过的情况，不能漏过有助于查明事实的一切环节。审讯中要注意抓住犯罪嫌疑人供述的矛盾之处，及时出击。可先就事实清楚、数额较小的案件进行审讯，然后针对有疑问的事实或关键情节审讯。此类案件的另一个特点是有相对人——行贿人的存在，可利用行贿人来攻破受贿嫌疑人，使用对共同犯罪人的审讯方法一般可收到效果，如在适当的时候让行贿人露面等方法。

4. 单位受贿案件

单位受贿案件的“犯罪嫌疑人”指受贿单位的主要领导人和直接责任人。这类案件的犯罪嫌疑人通常不止一人，而且大多是单位的领导班子全体人员，也有的人不是主动实施犯罪行为而是在知情的情况下默许。审讯时一方面通过正面工作促其交代，另一方面可将领导班子中起决定作用的个人作为薄弱环节，利用其来各个击破。同时还可暗示其该罪的刑罚只有五年以下有期徒刑或拘役，如果能积极配合，则可争取从轻处理，也许会有令其比较满意的结果。

5. 行贿案件

对此类案件的犯罪嫌疑人，除利用其与受贿人之间的矛盾各个击破外，还可先利用法律攻心，即暗示其如能积极配合，可适用我国《刑法》第 390 条“行贿人在被追诉前主动交代行贿行为的，可以从轻或减轻处罚”的规定，这一规定往往可使被审讯人打消顾虑。另外，还可采取避实击虚的方法，避开被审讯人防备的问题，从其他问题入手，使其转移注意力，在不知不觉中将问题暴露出来。

6. 单位行贿案件

对此类案件的犯罪嫌疑人，可以参考单位受贿案件的方法，先审讯参与决定但未直接实施行为的非主要领导人。这些人在行贿中往往不起主要作用，因此其具有心理压力较小的特点。只要阐明利害，大多数人较易交代问题。然后再利用对这些人审讯中取得的证据去攻克主要领导人或直接行贿人。对这类案件的犯罪嫌疑人还可进行情感感化，表示侦查人员理解其在某些情况下不得已而行贿的行为，暗示其坦白可以争取从宽处理。

7. 隐瞒境外存款案件

此类案件的一部分犯罪嫌疑人认为财产存于境外不易被查获，故侥幸心理较重。对此类案件的被审讯人应当向其指明申报境外存款是法定义务而非个人隐私，不如实申报要被判处二年以下有期徒刑或拘役。但我国法律又规定“情节较轻的，可不追究刑事责任，只由其单位或上级机关酌情给予行政处分”，侦查人员可利用这一规定促使其坦白交代，争取宽大处理。

审讯工作是一项较为复杂的综合性工作，它不仅要求审讯人员应熟练运用各种审讯技巧，还要求他们对被审讯人和案件有细致深入的了解，并根据不同的案件和不同的审讯对象，灵活和综合运用审讯技巧，而不拘泥于某一种或某几种模式。

第二篇

审讯中的心理学方法

在国内已有的研究中，并没有关于“审讯的心理学方法”的明确说法。20世纪80年代曾有学者介绍“国外心理学讯问法”。他对心理学审讯方法作如下解释：“各种心理学讯问法，是在用一般讯问方法讯问被告人达不到目的的情况下相继产生的。它的特点不是单纯从被告人的表情或态度上判断其陈述的真伪，而是在尊重被告人人格的原则上，运用心理学原理，采取适当的方法，设法使其供述犯罪事实真相。”[①] 应当说审讯中常用的策略方法都是依据犯罪嫌疑人的个性特征和心理特点并结合案件的具体情况等设计的，如果将审讯中的心理学定义为在审讯犯罪嫌疑人时依据心理学原理而设计和使用的方法，那么审讯中的许多方法都可以被理解为心理学方法。

---

① 罗大华：《犯罪心理学》，群众出版社1986年版，第361页。

例如，改变犯罪嫌疑人拒绝供述的态度，使犯罪嫌疑人接受或认同侦查人员要求其如实陈述的规劝方法；情绪影响的方法是通过分析犯罪嫌疑人情绪状态并合理引导其产生有利于形成供述决意的情绪；而暗示和合理化方法，也都是利用犯罪嫌疑人在审讯中的特殊的情绪特征和需求特征而施加心理影响的方法。[①]

近年来，对于审讯方法的研究在理念上发生了很大的变化，人们开始重视嫌疑人供述自愿性及审讯中采取态度改变、沟通交流的审讯方法，国外学者的研究逐渐侧重于嫌疑人受暗示性、虚假供述、错供等方面的研究，英国在20世纪90年代开始实行“侦查访谈”。如何在审讯中获取嫌疑人的供述，应更多地采取交流沟通的方法，以改变嫌疑人的态度为主，这些方法无疑是心理学原理和方法在审讯中的应用。

---

① 赵桂芬：《讯问中的心理学方法》，载毕惜茜主编：《侦查讯问原理》，中国人民公安大学出版社2017年版，第71页。

专题一　我国审讯方法评述

由于人类趋利避害本能的作用，绝大多数事实上有罪的犯罪嫌疑人在侦查人员未掌握其证据材料的情况下都不会轻易地供述，而是选择各种以逃避为目的的应对方式，因此，审讯不可避免地带有压力和强制性的色彩。我国传统的审讯方法大多是实践经验的归纳和总结，实践中靠传帮带、师傅带徒弟的方式将审讯策略方法延续和传承，通常没有严格的定式。其基本的模式是以打拉结合的方法，“打”即以施加压力为主，增强犯罪嫌疑人的紧张与焦虑，如增加其罪责感、感知刑罚后果等都是施加压力；“拉”即减压，如对犯罪嫌疑人表示同情和关心、对其表现予以肯定和鼓励、为其指出宽大的途径和出路等。正如有学者指出“被告人即使获得了非常完善的程序保障，他就犯罪事实的供述也不可能是完全‘心甘情愿’的，而有可能是外部压力下的产物。证据法所要保障的并不是这种发自内心的绝对自愿性，也并不是对所有外部压力的否定”。[①] 在警察局这样的环境下的讯问，无论是采取说服教育、情感感化还是使用证据、重点突破的审讯方法，犯罪嫌疑人心理都要承受一定的压力。古德

① 陈瑞华：《论被告人口供规则》，载《法学杂志》2012年第6期。

琼森认为："即使与被拘留者有关的法律规定明显改善，人们也很难想象任何拘留中的审讯没有潜在的'强制'。事实上，美国最高联邦法院已经认识到，所有拘留中的审讯都有一定程度的'内在强制'。这是因为侦查员是一个系统的一部分，这个系统给了他（她）一定的权力和控制力。因此，任何警察审讯必然有某些'强制'的方面。"欧文和希尔根道夫（1980）详细分析了审讯期间导致犯罪嫌疑人感到压力和焦虑的各种因素，详细描述了三种普遍与警察审讯有关的应激源：警察局的实际环境造成的压力、监禁和与人群隔离造成的压力和嫌疑人对权力的服从造成的压力，每一种应激源都会引起犯罪嫌疑人足够的焦虑[①]。司法实践中，绝大多数犯罪嫌疑人的供述都是在侦查人员运用各种方式方法，施加各种心理影响和压力的情况下作出的，如果没有任何的压力和强制，那么，审讯就仅具有程序法上的意义，而不具备发现实体真实的调查意义。

自20世纪80年代至今，我国法治环境发生了很大变化，对审讯的理解和认识也在变化，审讯中的权利保护意识从淡漠到觉醒，到如今的不断加强，审讯的价值取向从单纯地追求有罪供述，到保障犯罪嫌疑人权利并获取其供述并重，这一点无论是在立法方面还是在理论研究和实践办案中都得到了充分的体现。实践中，常见的审讯方法有重点突破、使用证据、分化瓦解、说服教育、造势用势、揭露谎言等，这些方法的特点有：

1. 大多是实践经验的总结

许多经验丰富的侦查人员通过自己的实践，将办案中运用的成功经验加以归纳和总结。例如，《预审员的札记》（汲潮，1982）、《审讯侦查理论与实践》（季宗棠，2001）、《审讯策略与取证技巧》

---

① ［英］古德琼森：《审讯和供述心理学手册》，乐国安、李安等译，中国轻工业出版社2008年版，第23～24页。

(周水清，2010）等著作都是有关审讯方法的总结和介绍，无论是在审讯理论界还是实务界都具有指导意义。

2. 大多审讯方法都具有情境性特点

可分为两类：一是表现为包括坦白从宽等在内的方法，可以起到帮助犯罪嫌疑人降低罪责感的效果，从而获取其供述；二是对犯罪嫌疑人施加一定压力的方法，加重罪责感，增加其焦虑、紧张和不安全感，从而使其屈从或服从。

传统的审讯方法在实践中发挥了巨大的作用。首先，通过审讯获取了证据，为诉讼提供了保证；其次，有一些传统审讯方法虽然是经验的总结，但是它也符合心理学的原理。在追求口供的价值观主导下，有的采取车轮战甚至身体、生理强制等方式获取口供，这与现代法制精神格格不入。除刑讯逼供必须摒弃外，笔者并不否认上述其他几种方法的运用和作用，但笔者也同时对它们的风险表示担忧。由于案件证据情况、犯罪嫌疑人心理状态和个人特征的不同，传统的审讯方法在当前法制背景和要求下显现出其技术性缺陷，审讯方法的转型和调整已成为当务之急，探讨符合法制要求，适合中国语境的审讯方法迫在眉睫。

随着人权保障呼声的高涨，审讯方法也面临转型，身体和生理强制的方法逐渐退出历史舞台，心理学的方法越来越受到人们的重视和关注。其实，心理学的审讯方法在审讯实践中一直存在，但是在相当长的一段时间内它一直处于“配角”的地位，这一方面与科学技术的发展有关，另一方面也与在当时的历史时期身体强制方法的“主流”地位有关。而在当代各国的审讯实践中，心理学的审讯方法已经成为审讯实践中非常重要的方面。当然，提到心理学的方法无法回避的就是心理强制或心理操控的方法，对于心理强制或心理操控方法的含义，有学者认为是对犯罪嫌疑人的认知、情感施加影响，促使犯罪嫌疑人按照侦查人员预设的方向回答问题，这种对犯罪嫌疑人的心理活动施加影响而促使犯罪嫌疑人产生供述意向的现象，即是心理强迫[①]；也有学者认为心理强制的方法是采用使犯罪嫌疑人形成错误认识的心理学方法来诱使犯罪嫌疑人作出供述[②]。笔者认为，在犯罪嫌疑人被拘禁、与外界隔绝的情况下，对侦查人员所掌握的犯罪事实和证据并不了解，处于信息隔绝状态，所谓“错误认识”就是在这种信息不对称情况下所作出的“错误判断”。实践中此类的审讯方法有造势用势法、暗示法、造成错觉法、冷置法等，此类方法技巧性较强，大多运用了心理学的原理，利用了犯罪嫌疑人在特殊环境下的心理现象而发挥了作用，但是，这类方法的法律边界比较模糊，与合法审讯方法之间的界限难以厘清，造成实践中如何使用此类方法的疑惑，也难免造成在处理此类言词证据中对于是否属于非法证据引起争议和是否需要排除的两难。

由于口供的证据价值，从古至今口供都是警方追逐的焦点，“警方为了从犯罪嫌疑人那里获得口供而进行了热烈的甚至是猛烈的探索”。[③] 身体和生理强制的审讯方法成为在社会发展水平低下的时期获取口供的重要审讯方法。但是随着社会的发展，科学的进步，人们人权意识的觉醒，人们对身体和生理强制的审讯方法产生了质疑，生理和身体强迫、侵犯人格尊严的审讯方法遭到了人们的唾弃，从18世纪末期开始，一些启蒙思想家提倡人道主义，纷纷对于身体强制的审讯方法及其导致的错案进行了谴责，身体强制的审讯方法遭到了重创，并在后来为发达资本主义国家的立法以及判例所禁止[④]。

---

① 赵桂芬：《论讯问中的心理强迫》，载《中国人民公安大学学报》2013年第2期。

② 吴纪奎：《心理强制时代的侦查讯问规制》，载《环球法律评论》2009年第3期。

③ ［美］劳伦斯·S. 怀特斯曼：《司法心理学》，吴宗宪等译，中国轻工业出版社2004年版，第140页。

④ 吴纪奎：《心理强制时代的侦查讯问规制》，载《环球法律评论》2009年第3期。

如今，身体和生理强制的审讯方法已经成为国际公约所明文禁止的行为。

我国《刑事诉讼法》具体规定禁止使用“刑讯逼供和以威胁、引诱、欺骗以及其他非法方法”进行审讯，其中刑讯逼供是对犯罪嫌疑人、被告人采取暴力以及变相使用暴力等方式进行肉体折磨，促使犯罪嫌疑人在不能承受身体和生理压力之下放弃对抗而作出有罪供述，为非法手段获取的言词证据，此口供必须排除；而威胁、引诱、欺骗等方法，并非对犯罪嫌疑人的身体或生理施加压力，属于心理强制，对于心理强制方法的合法与非法的法律界限一直有争议，实践中也难以一一厘清。笔者认为，审讯策略方法是否合法关键在于是否影响到犯罪嫌疑人的自由意志，如果犯罪嫌疑人还有自由意志，即为合法的，所获得的口供可作为证据使用。但是，必须注意的是运用此类方法的风险是不能忽视的。

审讯中，获取犯罪嫌疑人供述有以下模式：一是侦查人员对犯罪嫌疑人施加压力，增加其罪责感，造成其紧张和焦虑，促使其供述；二是对嫌疑人进行坦白从宽抗拒从严的政策教育，使其在坦白从宽的政策感召下供述；三是侦查人员作出某种承诺，促使犯罪嫌疑人供述；四是侦查人员采取对犯罪嫌疑人身体和生理强制的方法，如刑讯逼供等。

上述几种情形中，坦白从宽的感召和许以某种承诺的方法是犯罪嫌疑人在某种诱因的影响之下而作出的供述，而对犯罪嫌疑人施加压力是增加其紧张焦虑，刑讯逼供则属于非法审讯，必须摒弃。应该指出的是这几种方法都是因为情境性因素的作用，即诱因诱导、施加压力、身体强制等方法促使犯罪嫌疑人供述，其风险在于这种改变并不是因犯罪嫌疑人态度改变而作出的供述，因此，一旦压力减小或诱因消失，犯罪嫌疑人就很可能翻供。

艾瑞森等人认为："相当大的奖赏或严厉的处罚，能够为行为提供强有力的外部理由。因此，如果你只要求一个人做一件事或者限制他做一件事并且仅此一次，那么最好的方法就是给予相当多的奖励或严厉的处罚。但是，如果你要对方形成固定的态度或行为，那么导致服从的奖赏或处罚越少，最后的态度改变会越大，而且效果越持久。大量的奖赏及严厉的处罚都是强烈的外部理由，因此能够激发顺从行为但阻止了真实态度的改变。"①

---

① ［美］艾瑞森等：《社会心理学》，侯玉波等译，中国轻工业出版社2005年版，第160～161页。

专题二　域外审讯方法评述

一、美国九步审讯法

美国从20世纪三四十年代开始至今历经了审讯中以对人的身体、生理的强制到对心理强制和心理操控为主的审讯方法的转变。从19世纪末到20世纪30年代，“第三级”审讯方法（the third degree）[①] 是美国警察审讯中的普遍现象。这种刑讯方式的残暴和非人性化引起了美国上下的声讨。1931年发布的威克山姆委员会调查报告（Wickersham Commission Report）将人们反对刑讯逼供的声浪推向了高潮。1936年在布朗诉密西西比（Brown v. Missipi）一案中，美国最高法院作出了具有里程碑意义的判决，认为警察在审讯中使用暴力违反了美国《宪法》修正案第14条，指出任何通过对犯罪嫌疑人施加身体暴力而获得的口供都是无效的。[②] 随着审讯与供述有关法律的发展，犯罪嫌疑人的人权保障得到进一步加强，供述的可采性标准不断提高，警察在办案中面临的困难和挑战也日益增多。特

---

① 所谓“第三级”审讯方法，即指通过使人肉体上产生剧烈疼痛、精神上产生高度痛苦的方法获取犯罪嫌疑人的供述或其他类型的信息。

② 曾范敬：《中外警察讯问话语研究综述》，载《北京政法职业学院学报》2012年第1期。

别是1966年6月13日联邦最高法院关于米兰达诉亚利桑那州（Miranda v. Arizona）一案的裁决，赋予警察法定的义务，强制要求警察对被拘禁或以其他任何方式剥夺自由的犯罪嫌疑人，在进行第一次审讯前，应当告知其享有沉默权。在米兰达规则下，警察获得犯罪嫌疑人供述似乎变得更加困难了。如果警察不改革审讯方法，将无法面对这些判决所确立的规则，其所获取的供述也将面临被排除的危险。在基本摒弃了“第三级”审讯方法之后，美国警察审讯开始转向对犯罪嫌疑人心理的影响和操控上。这一时期最具代表性的审讯方法就是美国的弗雷德·英博等人，在对成功的审讯案例进行深入细致的观察并结合审讯已供认犯罪的嫌疑人所获信息的基础上总结提出九步审讯法（The Nine Steps of Interrogation），九步审讯法在美国影响很大，美国很多警察都受过九步审讯法方面的培训教育。①

为了识别警察审讯中常用的策略及其效果，美国学者理查德·里奥（Richard A. Leo）于1996年描述了他对3个警察局182名嫌疑人审讯的分析。他在一个大城市的警察局参加了大多数案件的审讯，同时观察审讯中使用的策略和嫌疑人的反应。遗憾的是，他被拒绝出席一些更加严重的案件，为了弥补这一方法上的局限，里奥分析了来自其他两个警察局的60个录音记录的审讯，他明确要求审讯录音带中包括重罪（如杀人、强奸等）。里奥识别出警察使用的24种审讯策略，其中，最常用的12种策略和每种策略在案件中使用的比例如下：（1）诉之于嫌疑人的利己之心（88%）；（2）使嫌疑人面对现有的有罪证据（85%）；（3）削弱嫌疑人否认有罪的信心（43%）；（4）辨别嫌疑人故事中的矛盾（42%）；（5）使用行为分析面谈式的问题（40%）；（6）诉之于合作的重要性（37%）；（7）提

① 彭玉伟：《讯问策略方法评述与域外讯问策略方法借鉴》，载毕惜茜主编：《侦查讯问原理》，中国人民公安出版社2017年版，第35页。

出道德上正当的理由或者心理上的借口（34%）；（8）使嫌疑人面对虚假的有罪证据（30%）；（9）使用夸奖或者恭维（30%）；（10）求助于侦探的专门技术或权威（29%）；（11）诉之于嫌疑人的良心（23%）；（12）缩小犯罪行为道德上的严重性（22%）。许多策略是联合使用的，每次审讯中使用几个策略。每一次审讯中使用策略的平均数是5.6。按照里奥的描述，具有代表性的做法是警察在开始时使嫌疑人面对不利的证据，接着暗示嫌疑人的罪行，削弱嫌疑人否认卷入犯罪的可能性，同时辨别出嫌疑人的故事或者辩解中的矛盾，诉之于嫌疑人的利己之心和良心，并为其提供道德上正当的理由或者心理上的借口。这显然是策略的组合，这种组合导致41.8%的嫌疑人作出供认。里奥总结，在获得供述方面最成功的四种审讯策略如下：（1）诉之于嫌疑人的良心（97%）；（2）辨别嫌疑人故事中的矛盾（91%）；（3）使用夸奖或者恭维（91%）；（4）提出道德上正当的理由或者心理上的借口（90%）。①

从20世纪90年代末到21世纪初，随着DNA技术用于在押服刑罪犯的鉴别，美国先后有几百名罪犯被无罪释放，有些被证明无辜的罪犯甚至已经被执行了死刑。这又一次引发了美国民众对警察审讯的争议，警察审讯改革成为热点议题。在追究造成这些被冤枉入狱甚至含冤而死的悲剧的原因时，人们发现大部分受冤枉的当事人都是因为提供了虚假口供，这些虚假口供都是在警察审讯中获得的。人们将关注的焦点转移到犯罪嫌疑人是如何在警察语言暴力下作出虚假口供的机制问题上，英博的九步审讯法也受到了批判。② 但即便

---

① ［英］古德琼森：《审讯和供述心理学手册》，乐国安、李安等译，中国轻工业出版社2008年版，第29~31页。

② 曾范敬：《中外警察讯问话语研究综述》，载《北京政法职业学院学报》2012年第1期。

如此，可以这样说，到目前为止美国警察所使用的仍然是心理强制型的审讯方法，与刑讯逼供相比，心理强制型审讯方法虽然也有争议，但是在道德和法律上的指责已经降低很多。

弗雷德·英博（1908～1998）是美国刑事司法学界和警察学界最著名的学者之一。英博教授等所著的《审讯与供述》（*Criminal Interrogation and Confessions*）一书全面系统地介绍了审讯的策略和方法、供述的原理和规律以及美国法律中与审讯和供述有关的规定。《审讯与供述》是关于审讯方面的权威教科书，自1962年首版以来，被连续再版五次，并被认为是审讯人员必备的参考书，极具借鉴和参考价值。纵览全书，该书的核心和精华部分是第6章“有确证犯罪嫌疑人的审讯策略和方法——九步审讯法”，其主要贡献也在于提出了针对有确证犯罪嫌疑人的“九步审讯法”。提出正面指控、展述审讯主题、阻止再次否认、克服异论障碍、攫取对方注意、控制消极情绪、列出选择问题、查明犯罪细节、提取书面供词。具体来说：

第一步，提出正面指控。警察直接正面地告知被审讯人，他已被视为本案的犯罪嫌疑人。审讯人员此时应停顿一下来观察嫌疑人的反应，然后再将话重复一遍。警察陈述嫌犯的犯罪事实，并告知已获得对嫌犯不利的证据。警察一般会用很自信的口气陈述案件过程，表明已经确定嫌犯参与了犯罪。嫌犯的心理压力开始增加，同时，审讯者可以绕着房间走动，并侵入嫌犯的私人空间，借此进一步增加后者的不适感，如果嫌犯开始烦躁不安、舔嘴唇或整理自己的外表（如用手拢头发），警察会将这些小细节视为嫌犯撒谎的暗示，并且可以确定警察的审讯方向是正确的。

第二步，主题编制。审讯人员应先区分情感型犯罪嫌疑人和非情感型犯罪嫌疑人，然后根据这两种犯罪嫌疑人的不同特点说出对其实施犯罪行为原因的推测，从而给犯罪嫌疑人提供一个可以在道德上为自己开脱的理由。为达此目的，审讯人员应努力把犯罪的道义责任转嫁到同案犯、被害人或某种特殊情况上。审讯者会编造一个关于嫌犯为什么会犯罪的故事。主题编制是通过观察嫌犯的眼神，来揣测为什么他会作案、为什么嫌犯愿意认为案件是其所为以及什么样的理由能让嫌犯认罪。嫌犯是否比别人更频繁地运用某种特殊的推理模式。例如，他是否愿意把犯罪原因归咎于受害者，警察设计一个主题（一个故事），使嫌犯可以利用这个主题为自己参与犯罪开脱或者找出理由，然后警察再观察嫌犯，以确定后者是否喜欢该主题。他是否比以前更注意听了？他在点头吗？如果是这样，警察将顺着这一主题继续编造；如果不是，他将换一个主题重新开始。主题编制隐于审讯过程背后，并贯穿始末。在编制主题时，审讯者的语气要轻柔、温和，说话声音要让嫌犯丝毫感觉不到威胁，使嫌犯误以为很安全。

第三步，阻止否认。审讯人员应打断嫌疑人对自己无罪的重复或详细说明，并回到构成第二步的道义借口主题上。因为嫌疑人的再次否认会强化其拒供心理，从而使审讯陷入被动。让嫌犯否认自己的罪行会增加其信心，所以警察会设法打断嫌犯对罪行的所有否认，有时会告诉嫌犯一会儿将给他说的机会，但是现在他需要听警察说。从审讯开始，警察就会留意嫌犯否认罪行的意图，并在他开口前予以阻止。阻止嫌犯否认罪行，除了能使其信心保持低落，还能使嫌犯保持安静。

如果在主题编制过程中嫌犯没有进行否认，警察会将此视为确定嫌犯有罪的信号。如果在主题编制时，否认的最初尝试渐渐消减或停止，审讯者便知道他找到了一个好的主题，嫌犯离招供越来越近了。

第四步，克服异议。针对嫌疑人提出的关于自己为什么没有或不能实施该犯罪行为的解释，审讯人员应努力予以驳斥，审讯人员应对嫌疑人可能提出的各种说明无辜或反对指控的借口果断驳斥。通常认为，无辜的嫌疑人会继续简单否认，然而有罪的嫌疑人将从简单的否认转变到提出异议。应对这些借口有各种各样的方法。一旦嫌疑人感到异议全然无用，就会变得安静，并表现出从对审讯的积极参与中退出的迹象。此时，嫌疑人状态低迷，审讯人员必须迅速行动，以免失去已经获得的心理上的优势。

第五步，掌控嫌犯的注意力。此时，嫌犯会感到灰心丧气、举棋不定，他可能想要寻找一个人来帮助他摆脱这种局面。审讯者要尽量利用嫌犯的不安全感，装作和他站在一边。并在后续的主题编制中尽力表现得更为真诚，为了使嫌犯更加难以从这种局面中脱身，审讯者可以在身体上更靠近嫌犯。审讯者还可以运用一些表示友好和关怀的肢体语言，如触摸嫌犯的肩膀或者轻拍他的背部。审讯人员可以通过不断缩短自己与嫌疑人座位之间的距离或采用拍一拍嫌疑人的肩膀等动作来获得并保持嫌疑人的全部注意力。

第六步，控制嫌犯的消极情绪。当嫌疑人变得沉默或表现出只听不说的倾向或竭力回避审讯人员的目光时，审讯人员应通过加强与嫌疑人之间的目光接触来对付其消极情绪。如果嫌犯的肢体语言表示他放弃抵抗——双手抱头，双肘置于膝盖上，肩膀耸动——审讯者就会抓住机会开始引导嫌犯招供。他将开始从主题编制转向动机选择（参见下一步），迫使嫌犯选择一个犯罪理由。到了这一阶段，审讯者会竭尽全力与嫌犯进行目光交流，以强化嫌犯的心理压力以及想要摆脱这种局面的渴望。如果此时嫌犯开始哭泣，警察便可将此视为确定嫌犯有罪的信号。

第七步，列出选择问题。审讯人员使用一组选择性问题，建议嫌疑人在关于犯罪的某个“可以接受”和“不能接受”的问题上作出选择。审讯者为犯罪行为的某方面提供两个截然不同的动机，有时会从次要方面开始，这样不会使嫌犯产生过度的胁迫感。一种选择是社会可以接受的（“由于一时冲动而犯罪”），另一种则是道德败坏的（“你为了钱而杀害了她”）。警察增大两种选择之间的反差，直到嫌犯表现出选择其中一种动机的迹象，如点了一下头或者增加了暗示放弃抵抗的信号，然后，警察就可以加快审讯进展的速度了。

第八步，查明犯罪细节。审讯人员让嫌疑人口头讲述有关该犯罪的各个细节。这些细节可以包括丢弃凶器的地点、隐藏赃款的地点和实施犯罪的动机等。一旦嫌犯选择了某种动机，也就意味着嫌犯已经初步承认了自己有罪，供述也就由此开始了。审讯者鼓励嫌犯讲述犯罪过程，努力从其口供中挖掘各种信息，包括犯罪的具体情节和嫌疑人作案后的活动，并对所获取的信息及时进行调查核实，特别要注意那些只有作案者本人才知道的情况。比如，藏匿凶器和赃物的地点、进入现场的方法等。

第九步，提取书面供词。审讯的最后一个步骤是让供词能够在审判时被认可。审讯者会让嫌犯写出供词或者将他的口供录到录像带上。这时的嫌犯为了摆脱审讯，通常什么事情都愿意做。嫌犯确认他的供述是自愿的，不是被强迫的，并当着见证人的面在供词上签字。审讯人员应将嫌疑人的口头供述转化为书面供述。虽然口头供述可以作为证据使用，但显然书面供词更具证明力。①

需要说明的是，“九步审讯法”并不意味着每次审讯都必须全部运用这九个步骤的方法或严格遵循特定的顺序。审讯人员在运用每

① ［美］弗雷德·英博、约翰·E. 雷德、约瑟夫·P. 巴克雷：《审讯与供述》，何家弘等译，群众出版社1992年版，第101～226页。

一步骤的方法时，都应认真观察嫌疑人所表现出来的行为反应，这些反应本身就可以作为选用下一步方法的依据。例如，审讯人员在采用步骤二减轻嫌疑人犯罪的道德责任时，发现嫌疑人有供述倾向，此时就应立即转入步骤七，即提出一组选择性问题，而不用再采用步骤三至步骤六的方法，步骤二也被称为合理化策略。

英博教授等提出的“九步审讯法”，是根据对成功的审讯案例进行深入细致的观察，并结合审讯已供认犯罪的嫌疑人所获信息的基础上总结而来的，具有相当深厚的实践基础，并且其在获取嫌疑人口供方面的有效性已被众多的审讯实务人员所证明。“九步审讯法”之所以成功，除其源于审讯实践经验外，还在于其契合了心理学的原理和规律。从心理学的角度看，嫌疑人的内心焦虑是其如实供述的动机，而如实供述将带来消极的物质后果或精神后果。虽然嫌疑人希望逃避如实供述的后果，但他并不希望以增加与欺骗相连的内心焦虑为代价换取这样的结果。因而审讯的目标是减少嫌疑人对供述后果的感知，同时增加嫌疑人与骗术相连的内心焦虑，“九步审讯法”正是建立在上述心理学原理基础之上的。“九步审讯法”以心理分析和行为分析为基础，充分利用各种审讯技巧和手段，既考虑了一般规律，又照顾到了特殊情况，因此适用性很强，在美国深受审讯人员的欢迎，在其他国家也颇具影响力。

卡森和麦克纳尔指出，“九步审讯法”由两个主要的策略构成，它们分别涉及“夸大”和“缩小”。前一策略需要审讯人员夸大对嫌疑人不利的证据的证明力和犯罪的严重性，进而威吓嫌疑人作出供述，英博等人推荐对非情感型的嫌疑人使用；与此相反，“缩小”策略被推荐对情感型的嫌疑人使用。审讯人员诱使嫌疑人产生一种虚假的安全感，并通过表示同情、提出合理化的借口、责备被害人或者环境、降低指控的严重性获得供述。卡森和麦克纳尔提供了有力的实验证据，表明这些号称“微妙”的审讯方法在影响法官和陪审团的认知方面所固有的某些风险，那就是，这些审讯方法包含了暗示信息，这些信息在定罪和量刑时具有非常重要的含义，通常对被告不利。他们揭示了英博和他的同事提倡的方法因传递含蓄的威胁和对嫌疑人的宽大承诺而固有的强迫性。[①]

上述学者关于“九步审讯法”科学性和有效性的质疑不无道理。“九步审讯法”是用心理强制代替身体强制作为一种取得嫌疑人供述的途径。当然，没有什么警察审讯是完全无强制的，而且，有效的审讯往往需要一定的说服，真正的问题是使用的操纵和说服的程度和性质。毫无疑问的是，“九步审讯法”在消除许多案件中犯罪嫌疑人的抵制获得有罪供述是有效的，但是缺乏科学验证和数据支持是“九步审讯法”必须面对和解决的关键问题所在。

古德琼森教授在其《审讯和供述心理学手册》一书中指出，“九步审讯法”显然是通过多年仔细观察成功的审讯和在犯罪嫌疑人供述后与之面谈逐步形成的，但是必须注意到，英博和他的同事在著作中没有提供任何数据和研究。换句话说，他们没有收集任何经验数据，以科学的方法验证他们的理论和方法。他们认为“九步审讯法”不会导致错误供认的说法是天真的，有充足的证据证明，他们的方法有时导致了虚假供述，只不过我们不清楚这种情况发生的频率。英博等人忽视发生虚假供述的可能性，表明他们对自己推荐的方法潜在的不良后果认识有限，或者他们不愿意面对自己推荐的方法有时会导致虚假供述这一事实。[②]

---

① ［英］古德琼森：《审讯和供述心理学手册》，乐国安、李安等译，中国轻工业出版社2008年版，第19～20页。

② ［英］古德琼森：《审讯和供述心理学手册》，乐国安、李安等译，中国轻工业出版社2008年版，第12页、第35页。

二、英国侦查访谈技术[①]

访谈（Interviewing）是警察调查工作的核心，调查有两个主要的目的：第一，查明发生了什么事情；第二，查明何人做了何事。对于调查人员来说，一个最重要的调查方法就是访谈。在过去的30余年里，英国实务界和理论界，都在寻求一种更为先进的访谈程序，以期提高访谈的质量。在探索的过程中，来自警界、心理学界和法学界的研究者们密切配合，研发出了一系列合法、道德且有效的访谈方法。

1984年英国《警察与刑事证据法》（The Police and Criminal Evidence Act，PACE）对于审讯的改革方向起到了决定性的影响作用。该法明确规定：所有对于犯罪嫌疑人进行的审讯都必须进行录音。从而使此前封闭的警方审讯活动第一次以透明、公开的形式呈现在公众面前，并且接受高级警官、学者和法庭对其程序和效果的审查。通过禁止不合法、不道德的审讯方法，该法案实际上推动了警方审讯方法的改进。1991年，为评估审讯犯罪嫌疑人同步录音录像的效果，英国内政部以及相关的政府部门资助学者进行了一项调查研究，研究者对来自警方真实审讯活动的录音带进行了分析，评估录音中警方采用的审讯方法的种类、性质及效果。评估结果显示，由于基础设施不全、警方审讯培训课程不统一等原因，警方在审讯犯罪嫌疑人的过程当中所使用的方法和技巧存在严重的缺陷，而针对证人和被害人所进行的询问活动同样不容乐观。

该项研究成果的发布，以及20世纪80年代以来一系列由审讯失误所导致的错案的曝光，给英国内政部及相关部门施加了极大的压力，英国内政部随即在英格兰与威尔士范围内开展了一次针对审

① 本部分内容由毕惜茜、梁嘉龙编译整理。

讯的研究和评估（Baldwin，1992）。此次研究结束后，针对评估结果，英国内政部于1992年制定并正式发布了侦查访谈的七条基本原则（the seven Principles of Investigative Interviewing），由此开启了英国警方侦查访谈改革的历史进程。

1. 从讯问到侦查访谈

对现有域外文献进行系统梳理，可以发现在谈及“刑事司法过程中，警方对犯罪嫌疑人、被害人、证人及案件相关人员以言辞形式进行提问的侦查活动”时，常使用“审讯”（Interrogation）与“访谈”（Interviewing）这两种表达。在进一步探讨之前，有必要澄清上述两个概念的区别与联系，并且探讨它们与我国刑事侦查活动中“讯问”与“询问”的关系[①]。

“审讯”仅用于对犯罪嫌疑人进行的提问活动，更加强调提问活动的纠问性质，多出现于美国文献当中，研究警方说服嫌疑人作出有罪供述的方法的文章多使用这一概念。美国学者对于这一概念的界定通常采取描述特征的方法，通常认为“审讯”应当具有如下特征：“指控性质的”“警方积极地进行说服”“目的是了解事实真相”“必须在可控环境下进行”“只能在侦查人员有理由确信犯罪嫌疑人有罪后进行”（Inbau，Reid & Buckley，2011）。而“访谈”的含义因英美两国用法不同，所以需要结合具体的法律体系背景进行解读。在美国文献中，由于“审讯”特指侦查人员有理由确信犯罪嫌疑人有罪后进行提问活动，所以它实际上包括“对被害人、证人进行的提问活动”以及“在确信犯罪嫌疑人有作案嫌疑之前对其进行的提问活动”两个方面，此时强调的是“审讯”与“访谈”的一些特征，如“非指控性”“可在侦查早期阶段进行”“可在多种环境下进

① 我国刑事案件侦查活动中并没有访谈的概念和使用。

行”“可自由进行，相对无固定形式”等。

1992 年以前，“审讯”与“访谈”两种概念并行出现在英国文献当中，二者的区别在于：“审讯”特指侦查过程中警方针对犯罪嫌疑人进行的以言辞方式提问的侦查行为，而“访谈”的对象是被害人、证人及其他与案件相关的人。20 世纪 90 年代早期，Eric Shepherd 就开始使用“侦查访谈”（Investigative Interviewing）来描述警方对被害人、证人及犯罪嫌疑人进行的提问活动。[①] 1992 年，英国内政部在其公布的官方文件中正式使用了“侦查访谈”一词，表明从此以后，“侦查过程中警方对犯罪嫌疑人、被害人、证人及其他与案件相关的人进行的以言辞方式提问的活动”统称为“侦查访谈”。用语的更改实际上反映的是观念的转变。1993 年，时任英国苏格兰场高级警官 Tom Williamson 在其发表的一篇文章中指出：在心理学家的协助下，我们发展了“侦查访谈”这一概念以替代“讯问”一词，并且通过组织全国性的培训来推广这一理念，以期重塑公众对警方访谈活动这一取证行为的信心。[②]

近年来，“讯问”一词已很少见于英国文献当中，除官方表态的影响外，造成这一结果的另一个重要原因是有学者指出，一些普遍采用的讯问方法会诱使无辜的人作出虚假的有罪供述（Gudjonsson，1992）。此外，鉴于审讯活动具有典型的纠问性质，因此，被审讯通常意味着遭受侦查人员对其进行的令人不快甚至不公正的生理和心理对待（CFIS，2004；Shepherd，1991），而这种情形显然违背了 1984 年警察与刑事证据法对“道德的访谈”的强调，这也是

① Shepherd E. Ethical Interviewing [J]. Policing, 1993, 7: pp. 46 – 56.

② Williamson T. M. From interrogation to investigative interviewing; strategic trends in police questioning [J]. Journal of Community & Applied Social Psychology, 1993, 3 (2): pp. 89 – 99.

警方及研究者放弃“讯问”的说法，转而采用“侦查访谈”的原因之一。①

1990 年，Tom Williamson 召集相关人员成立了一个研究小组，小组成员来自富于经验的警方人员和学术界知名的研究学者，其中就包括 Ray Bill，Eric Shepherd 和 Stephen Moston 三名心理学家。研究小组对警方的审讯及访谈工作进行了系统剖析后，向负责起草新的侦查访谈框架的警方委员会提交了一份未公开发表的研究报告，这份报告系统回顾了当时学界对警方审讯及访谈工作所做的心理学研究。随后，警方委员会正是在这份研究报告的基础上，起草制定了基于心理学研究的访谈模型，并正式在警方培训项目中引进了“侦查访谈”的定义。

与访谈模型发展同步，但独立于访谈模型的发展进程之外，英格兰和威尔士政府在 1992 年出版了《关于刑事程序中询问儿童目击证人录音的良好做法的备忘录》（*Memorandum of Good Practice for Video Recorded Interviews with Child Witnesses for Criminal Proceedings*）（Home Office & Department of Health，1992）。该文件旨在为当时从事儿童证人及被害人访谈工作的警官和社工提供指导。这份备忘录由一名律师及前文提及的心理学家 Ray Bill 共同起草，备忘录给出的建议均基于翔实的心理学研究。这份官方文件中推荐的“阶段性方法”与 PEACE 模型的构成要素极为相似，被认为是针对证人及被害人的侦查访谈技术的发端。

1993 年，内政部针对英格兰和威尔士境内的警官开展了一次大规模的 PEACE 访谈框架（PEACE interviewing framework）的培训，超过 12 万名警官接受了这次培训。此外，学界对于具体的访谈方法

① Gudjonsson，G. Psychology of Interrogations and Confessions：A Handbook［M］. Wiley，Chichester，2003.

和技巧也开展了全面细致的研究，并最终形成了两种由心理学家提出的最佳的访谈模型，即会话管理（Conversation Management，CM）和认知询问（Cognitive Interview，CI）。实践中，谈话控制被认为有效适用于访谈更具抵抗性的访谈对象；而认知询问对于访谈乐于配合、乐于开口（无论所述内容真实与否）的访谈对象更加有效。此外，自由回忆（Free Recall，FR）也是实践中警方经常使用的访谈技术。

1993年以来，认知询问技术取得了极大发展。首先，Fisher 和 Geiselman 对最初的认知询问方法（Original Cognitive Interview，OCI）进行了改进，从而发展形成了增强的认知询问方法（Enhanced Cognitive Interview，ECI），与 OCI 相比，ECI 更加强调访谈过程中双方的人际交流，更加注重访谈双方和谐关系的建立。其次，2007年，Frowd 等人将认知询问技术与整体访谈（Holistic Interview，HI）两种技术结合，发展出整体认知询问技术（HCI），该技术在帮助访谈对象回忆相关人员相貌特征方面效果显著。

2009年，Gabbert 等人开发了自我管理访谈技术（Self - administered Interview，SAI），该技术主要针对此前认知询问技术程序复杂、耗时长的缺点进行改进，以表格形式呈现访谈内容，更加适用于交通事故处置、自然灾害应急响应及刑事案件现场访问等紧急情况下的调查取证工作。①

侦查访谈技术自20世纪80年代以来，经历了近40年的发展，研究者开发出了种类繁多、各具特色的具体访谈技术，本部分仅对英国侦查访谈技术发展历史过程中开创性和历史性的 PEACE 访谈模型及其常用的具体访谈方法（Interview Techniques）进行分析

① 刘兆敏：《证言获得的访谈技术》，载马皑主编：《法律实践中的心理学》，中国政法大学出版社2013年版，第129～136页。

和研究。

2. **基本概念界定**

鉴于中英两国警察及刑事司法体制的不同，有必要对英国文献用语进行界定，将其转化成符合我国刑事法律规定的术语，涉及的主要核心概念有：

（1）访谈

访谈，是指带有目的的谈话活动（Hodgson，1987），曾经被译为“讯问”，但自 1992 年以来，英国文献中“Interview”一词已经不只用来表达对嫌疑人的提问活动，对一切案件相关人员的提问活动均属于访谈的范围，因此，目前我国刑事法律体系中并无对应概念。考虑到访谈的双方地位平等，且侦查人员的取证活动表现为以言语进行提问的活动，因此，使用“访谈”一词较为恰当。

（2）侦查访谈

侦查访谈，是指刑事侦查过程中，侦查人员对被害人、证人及犯罪嫌疑人进行的提问活动（Eric Shepherd，1991）。这一定义明确指出了 Investigative Interviewing 的对象，即不仅包括被害人、证人，还包括犯罪嫌疑人。同样，目前我国刑事法律体系中并无对应概念。考虑到 Investigative Interviewing 与 Interview 相比更加强调访谈的调查作用，因此，使用“侦查访谈”一词较为妥当。

（3）PEACE 模型

PEACE Framework – PEACE 模型，一种可用于对犯罪嫌疑人、被害人及证人进行访谈的侦查访谈结构（Framework），由五个阶段构成[①]（见表 1）：

① Milne B.，Shaw G.，Bull R. Investigative Interviewing: The Role of Research [M]. Applying Psychology to Criminal Justice, 2008, pp. 65 – 80.

表1：PEACE 模型的五个阶段

P – Planning and Preparation，计划与准备。 E – Engage and Explain，接触及解释访谈的目的。 A – Account Clarification and Challenge，陈述、澄清与质疑。 C – Closure，结束。 E – Evaluation，评估。

模型或访谈结构并非具体的访谈技术方法，而是各种访谈技术方法得以发展的平台。对于不同的案件，使用的访谈技术方法可以是多样的、有差异的，但即便是对不同的案件，却仍可以采取相同的访谈模型或者访谈结构。

（4）供认（Admission）

供认，是指刑事诉讼中，犯罪嫌疑人、被告人对被指控的某一案件事实或断言的真实性予以承认，供认仅针对客观的事实层面，并不一定导致嫌疑人、被告人的自我归罪。

（5）供述（Confession）

供述（自白），是指刑事诉讼中被追诉者对自己所犯罪行的明确陈述，供述是犯罪嫌疑人、被告人承认被指控罪责的行为，因此，一定导致嫌疑人、被告人的自我归罪。实际上，英美法系中的自白与我国刑事诉讼法中规定的犯罪嫌疑人、被告人供述在内涵上并不完全一致，但在本书中，不对二者进行区分，认为自白与供述都是侦查阶段犯罪嫌疑人作出的对其所犯罪行的陈述。

3. 侦查访谈技术的影响

当前所处的世界环境已经发生了翻天覆地的变化，科学技术的发展消除了边界和障碍，社会的变化开辟了崭新的机会，也带来严峻的挑战，政府对公共服务的投入持续增加，这一切都导致公众对警务服务的期望越来越高。警察部门的核心作用现在是并且将一直是预防、侦查和减少犯罪，以及保护公众。在此背景下，侦查访谈所倡导的非对抗、对案件信息的获取而非单纯获取口供的理念得到了学界和实务界的一致推崇。就目前的情况看，访谈技术自20世纪80年代以来，已经在澳大利亚、加拿大、新西兰及欧洲得到了认可，它们均发展了基于PEACE访谈模型的符合本国实际的侦查访谈技术。其中，澳大利亚警方的侦查访谈培训项目完全建立在英格兰和威尔士警方的PEACE访谈培训课程的基础之上，而新西兰警方则采取了在借鉴PEACE访谈模型的基础上自行发展本国访谈技术的做法，挪威则在PEACE访谈模型的基础上有所调整。美国也出于对审讯对象权利保护意识的强化，审讯实践中不断吸收侦查访谈技术的低对抗低压力的方式。[①]

以新西兰为例，新西兰警方和司法系统已经开始大量利用有关侦查访谈的学术研究成果和实地调查结果来提高警务人员对侦查访谈的科学认识，并且借此推动对警务人员的系统培训。在侦查中，获取准确且完整的案件信息和口供通常既费力又复杂，而且要求侦查人员必须具备熟练的业务技能。实践中大多数侦查人员还是通过直觉、通过借鉴同事的做法或是通过以往的经验来询问被害人、证人和审讯犯罪嫌疑人，这种方法和经验带来的风险是显而易见的，即有可能错过有价值的信息，最终导致侦查活动的失败。新西兰警方认为使用访谈技术可以激励被害人、证人及犯罪嫌疑人进行完整、准确且可信的陈述，能够大幅提高访谈活动的成功率。此类方法要求侦查员抱有开放包容的心态并且平等对待访谈对象，在侦查访谈技术的框架下，给予其应有的尊严。访谈中侦查人员应注重与访谈对象建立专业关系，形成职业化且具有个人特色的访谈方法。访谈活动不应是压迫性的，即便是为了查明案件事实也禁止对访谈对象

① 杨林：《我国审讯模式的完善路径探讨》，载《犯罪研究》2018年第4期。

进行生理或心理上的虐待，侦查人员必须公正平等地对待访谈对象，并且要求侦查员在访谈时必须遵循一定的道德标准，应向访谈对象展示出一种开放的姿态，承认访谈对象享有如下权利：一是有权受到有尊严的处遇；二是具有选择是否参与对话、是否回答问题的自由意志。为此，新西兰警方构建了一个分为四级的全国侦查访谈体系，该体系包括两大部分，即以实现专业化和警察职业操守为目标的分层模块化培训体系和以监督侦查员为目标的监督检查部门。具体来说分为基础级、高级、专家级和顾问级。基础级是针对所有官员和警员的培训，为他们提供侦查访谈的基本技能；高级是针对所有侦查员的培训，为其提供基本级培训课程中涉及的技能的进阶培训；专家级面向专家级别的访谈人员，培训内容包括改进的认知访谈技术、重大案件的侦查访谈方法以及访谈对象具有特殊需要的情况下如何开展侦查访谈；顾问级面向访谈顾问，课程包括侦查访谈的咨询以及重大行动中侦查访谈的管理与协调。鉴于侦查访谈工作的专业性较强，新西兰警方借鉴英国警方侦查访谈培训材料并结合新西兰警务工作实践制定了相关指南，介绍有关侦查访谈的核心技术和具体的操作步骤。①

近年来，挪威警察局与挪威奥斯陆大学人权研究中心（NCHR）合作，在执法、军事和情报部门实施侦查访谈技术。随着这一技术的引入，挪威的警官们都接受了侦查访谈技术的培训，以收集准确、可靠的信息，便于调查案件。由于访谈技术涉及人际沟通技巧、记忆、禁止非法言词证据、审讯录音录像以确保讯问记录的完整等问题，为此，挪威警方与英国相关部门密切合作，制定了一项国家培训课程，向挪威所有地区的新招募人员和侦查人员提供此项培训课

---

① J. Baldwin, "Police interview techniques - establishing truth or proof?" British Journal of Criminology, 1993, Vol. 33, pp. 325 -351.

程。虽然英国的侦查访谈模型得到了挪威的认可，但在具体使用过程中，挪威警察大学学会根据挪威的特点和自身需要对英国访谈模型进行了调整，即在模型中增加了一个步骤。据挪威警方介绍，在2011年挪威发生的爆炸枪击事件中，警方就采用了侦查访谈的方式对嫌疑人进行了审讯。

4. 英国侦查访谈原则

侦查访谈的原则是对访谈活动特点的高度凝练，既体现了英国法律对侦查访谈的规制，又鲜明地展现出警察机构的观念从“审讯”到“侦查访谈”的重大转变。

（1）1992年英国侦查访谈原则

1992年，英国内政部发表了一份官方文件（Home Office Circular 22/1992），文中明确指出了侦查访谈应当遵循的七项基本原则。

①侦查访谈的任务是从被害人、证人及犯罪嫌疑人处获取精准、可靠的案件信息。

②侦查人员必须带着开放性思维开展侦查访谈工作，任何从案件相关人员的口中获取的信息都必须与警方已经掌握的事实，或者已确信属实的情况进行对比核实。

③侦查人员必须平等对待所有访谈对象。

④侦查人员可以就访谈对象已经作出答复的问题继续进行追问，持续发问并不违法。

⑤侦查人员可以对行使沉默权的嫌疑人进行提问。

⑥除对刑事程序中性犯罪或暴力犯罪的未成年证人进行的访谈外，其他所有类型的访谈中，侦查人员为明确案件事实可以就案件相关情况向访谈对象自由发问，所提问题的种类并不受庭审中律师发问适用的规则的限制。

⑦易受攻击群体，无论是犯罪嫌疑人、被害人还是证人，对其

对待和处遇时，必须对其易受攻击的特殊地位予以充分考量。

上述七项原则自 1992 年公布以来，在过去的 30 余年间又得到了英国警方的数次重申（NCF，1996；NCF，1998；NCOF，2003；CFIS，2004）。这些原则奠定了“道德的访谈方法”的基础，并且在其应用过程中极大地挽回了公众对英国警方访谈工作质量的信心。侦查访谈的七项原则经历了时间与实践的考验，现已被一些国家的警察机构采用。

（2）2016 年英国侦查访谈原则

在 2016 年英国警察学院公布的一份关于侦查访谈的官方文件中，公布了修改后的侦查访谈七原则，与 1992 年版本相比，新的原则为适应时代发展和警务实践需要作出了一些调整，在重申 1992 年版本基本精神的同时强化了人权保障的内容，并且与最新的英国现行法律法规进行了细致的对接，使得侦查访谈七原则更具有可操作性。

①侦查访谈的任务是从被害人、证人及犯罪嫌疑人处获取精准、可靠的案件信息。该原则明确了侦查访谈的任务，与过去审讯的任务相比，侦查访谈的目的并不是获取犯罪嫌疑人的供述，而是强调侦查访谈获取案件信息的调查作用。“精准”要求从相关人员处获取的信息必须是完整的，未被省略或扭曲。而“可靠”则强调信息的真实性，要求相关人员作出的陈述必须经得起后续的审查和检验。通过访谈获取到的陈述必须是精准可靠的，只有这样，才能保证以该陈述为基础的后续提问及查证活动的顺利进行。

②访谈过程中侦查人员必须平等对待被害人、证人及犯罪嫌疑人。侦查人员必须确保其在访谈上述对象期间遵守英国 2010 年《平等法》以及 1998 年《人权法》的规定。

与 1992 年的版本相比，新版的侦查访谈七原则将平等原则提升到第二项的位置，并明确提出侦查人员访谈期间必须遵守的法律规范，由此可以看出，新版的原则更加强调对访谈对象合法权益的保障。平等对待访谈对象，是指侦查人员在访谈期间，不能对任何访谈对象带有偏见。侦查人员应当听取访谈对象的解释，并用常识及判断来决定访谈对象给出的解释的真实性，而不应用个人的主观偏见评断访谈对象的解释。对于存在明显或可察觉的被攻击危险的访谈对象，不论是被害人、证人还是犯罪嫌疑人，都必须给予保护。

③侦查人员必须带着调查性思维开展侦查访谈工作，任何从案件相关人员的口中获取的信息都必须与警方已经掌握的事实，或者已确信属实的情况进行对比核实。

通过访谈来获取案件信息的主要目的是明确案件的相关事实，以指导后续的调查取证活动。包括访谈在内的整个侦查活动具有高度的连续性，因此，在访谈之前结合全部侦查活动的进程制订访谈计划，并通过访谈收集案件的真实信息对于保证后续侦查工作的正常进行具有重要意义。

④为了获取案件信息及收集证据材料，侦查人员可以自由发问。与庭审过程中控辩双方的法庭辩论不同，侦查访谈的目的是收集证据材料及案件信息，因此，侦查人员的提问并不受法庭上律师向被告人提问时所必须遵循的规则的限制。但同时，侦查人员的提问并非不受任何限制。自由发问的前提是侦查人员的提问行为不会给访谈对象造成不公正的待遇或不适当的强制。侦查人员必须严格遵循英国1984年《警察与刑事证据法》的要求，充分保障访谈对象享有原则二所述的“平等待遇及人权”。

此外，英国高等法院还通过判例[①]明确指出“不适当的强制”

① 1987年国王诉Fulling案判例，首席大法官Taylor的判决。

是指：在访谈中以残酷的、令人难以负担的或错误的方式行使权力，或给予人不公正、残酷的待遇，使其处于被迫服从的不利地位，或向人强加无理由的、不公正的负担。

⑤侦查人员应充分意识到刑事司法体系中嫌疑人早期供认的重要性。该原则提示侦查人员重视早期的访谈活动，如嫌疑人在侦查前期阶段的访谈中即作出了供认，侦查人员应及时予以固定。

⑥侦查人员可以就访谈对象已经作出答复的问题继续进行追问，持续发问并不违法。侦查人员的职责是获取精准可靠的案件信息，而实践中被害人、证人及犯罪嫌疑人并不总是配合侦查人员的工作，因此，当侦查人员有足够理由相信访谈对象所作的答复并不属实，或者需要获取更多相关信息时，侦查人员可以进行持续发问。但持续发问的方式和强度必须不能对访谈对象造成原则四所述的“不适当的强制”。

⑦侦查人员有义务向决定行使沉默权的嫌疑人发问。这一原则实际上赋予了侦查人员向决定行使沉默权的嫌疑人进行提问的权力，有助于查明案件的事实。否则，一旦访谈对象在访谈过程中行使了沉默权，访谈活动即被单方面宣告停止。另外，这一原则同时规定了侦查人员有向行使沉默权的嫌疑人告知不利后果的义务，有利于充分保障嫌疑人的合法权益。

5. PEACE 访谈框架模型及主要侦查访谈技术

侦查访谈技术已历经 40 年的发展，目前已经形成以 PEACE 访谈框架模型为代表的包括自由回忆、改进的认知访谈、会话管理等种类繁多又各具特色的一系列访谈技术（Interview Techniques），其中 PEACE 访谈模型被称为是具有开创性和历史性的。在英国，PEACE 访谈模型作为常用的具体访谈技术最具有代表性和典型性。据说，1991 年，英国内政部成立了一个侦查访谈指导小组，小组成员来自警务部门、内政部和皇家检控署，成立该小组旨在协调包括培训在内的侦查访谈的相关事宜。指导小组提出了一种结构化的访谈模型，该模型旨在为警方提供一种比劝说性审讯方法更为有效、更合乎伦理的替代方案，这种模式就是 PEACE 访谈框架模型，PEACE 是一种经过专业验证的循证侦查访谈框架结构，访谈的结构指的是侦查员赖以建构访谈的基础框架，这一框架为证人访谈和犯罪嫌疑人访谈提供了可供遵循的基本结构。在案件调查过程中，侦查员的职责之一就是制订并且贯彻访谈的计划。

（1）PEACE 访谈模型

PEACE 是侦查访谈五个阶段英文名称首字母的缩写，这五个阶段包括：计划与准备（Planning and Preparation）、接触与解释（Engage and Explain）、陈述（Account）、结束（Closure）和评估（Evaluation）五个部分（见图 1）。

PEACE 模型的具体实施流程如图 1 所示：

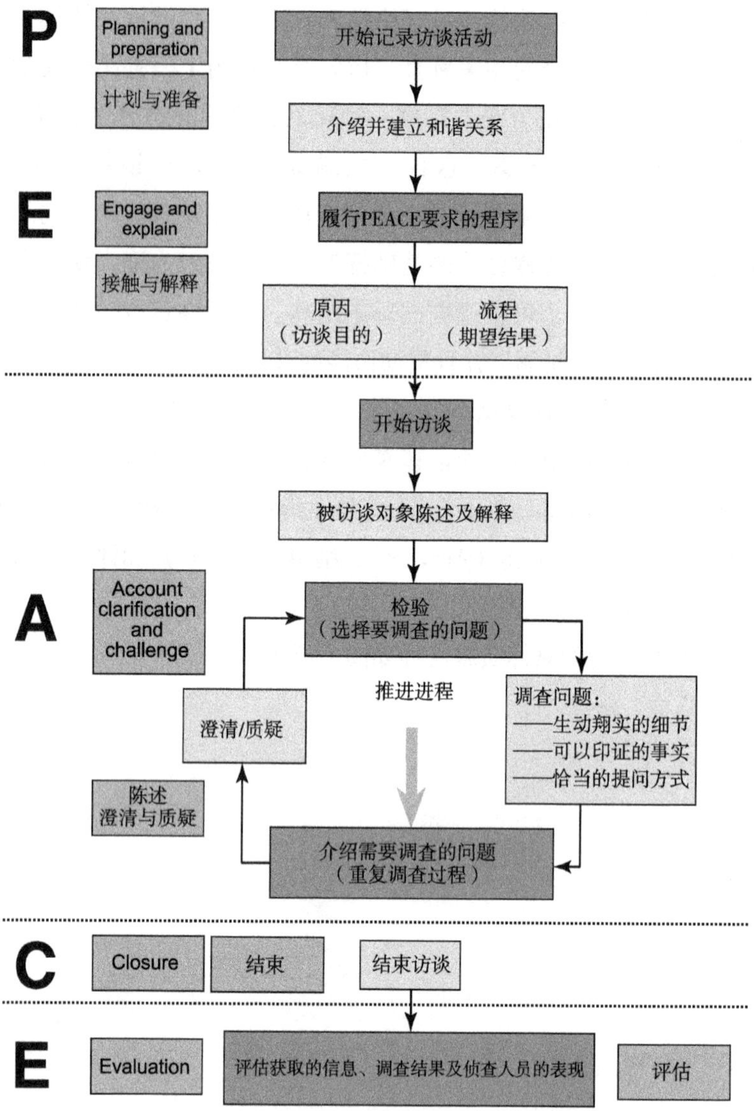

图 1：PEACE 模型流程①

① College of Policing（2016）. Investigative Interviewing. London.

第一步：计划与准备

如前文所述，侦查活动整体上具有高度的连续性，因此，在理解侦查访谈的意义时，不能将其从整体的侦查进程中独立出来单独进行考察，而应意识到侦查访谈作为整体侦查活动的一部分，访谈的结果将直接影响后续的侦查活动。此外，由于每起案件中访谈对象、证据情况、侦查进程等客观情况各异，访谈活动本身就具有高度的不确定性和复杂性。因此，基于上述原因，访谈开始前必须做好详细的计划及充足的准备。

计划是指侦查人员在访谈开始前就必须预先明确访谈要解决的问题，决定将要采取的策略、列出可能出示的证据、选择出示证据的方法、了解访谈对象在案件中所处的地位、掌握访谈对象的背景信息及性格特点，即从整体上把握案件情况，以便在访谈中有效掌控谈话的主动权。而准备则主要指访谈开始前，应事先安排好开展访谈的物质条件，如确定访谈的地点、布置访谈场所的环境等。通常认为，这一阶段侦查人员要做好如下工作：①确定访谈目的；②获取案件及访谈对象的背景信息；③明确需要通过访谈查明的具体问题；④列出已掌握的证据的清单并核实证据来源；⑤梳理访谈可能涉及的法律法规；⑥评估访谈对象是否具有易受暗示、易受攻击等特殊状况；⑦准备访谈所需的场所、设备及物品。

缺乏计划及准备可能导致如下不利后果：①忽视重要证据、错失最佳出示时机；②无法及时发现访谈对象的陈述与现有证据间的矛盾、错失揭露谎言的最佳时机；③不适时地打断访谈进程、影响随后的访谈；④对同一访谈对象重复多次访谈；⑤失去对谈话进程的掌控。

第二步：接触并解释访谈的目的

作为正式访谈的开始，与访谈对象接触并解释访谈的目的对于访谈的成功至关重要。侦查人员必须充分认识到，对于普通人而言，接受警方的谈话这一事实本身就会给访谈对象造成紧张与压力。因此，通过适当的方式接触访谈对象，有助于缓解这种压力，使访谈对象恢复正常的心理状态。与访谈对象接触，并非要求侦查人员与访谈对象成为朋友，而是通过接触在访谈双方之间建立起一种合作、放松的关系，这种关系有助于后续提问活动的顺利进行，因此，接触与解释也可理解为建立和谐关系的过程。

在英国警方的培训项目中，接触与解释阶段要求侦查人员做到：①关心访谈对象的需求（如询问访谈对象是否需要喝水或上厕所）；②询问访谈对象在访谈期间希望被如何称呼（如称呼全名或仅称其名）；③询问访谈对象可接受访谈的时间（如询问证人是否有事必须在特定时间离开）；④根据接触时访谈对象的反应及时调整语言风格及句子结构；⑤向访谈对象解释访谈的目的是获取案件信息；⑥向访谈对象简要介绍访谈的基本流程。

第三步：陈述、澄清与质疑

这一阶段是侦查人员从访谈对象口中获取案件完整陈述的重要阶段。具体分为三个步骤：①让访谈对象不被打断地作出一次关于事件全程的完整陈述；②就上述陈述中的特定事实及情节开展追问以拓展陈述涵盖的内容；③需要时（访谈犯罪嫌疑人时）对访谈对象的陈述进行质疑。

在这一阶段，对于配合的访谈对象，主要采用自由回忆与增强的认知询问的方法开展访谈；对于不配合的访谈对象，则主要采用谈话控制方法获取访谈对象的陈述。值得注意的是，访谈对象的态度很可能在访谈期间发生转变，此时，侦查人员要能够从访谈对象语言、行为的变化当中及时察觉出态度的转变，并及时对访谈方法作出相应的调整。

在取得访谈对象的完整陈述后，侦查人员应及时作出总结，并鼓励访谈对象再次回想案件过程。对于配合的证人及被害人，当其主动提供侦查人员尚未掌握的信息时，侦查人员应及时查明该信息是否属实；对于不配合的犯罪嫌疑人，当其陈述明显与已掌握的证据材料不符时，侦查人员应及时正面提出质疑。

第四步：结束

调查研究结果显示，实践中侦查人员往往草草结束访谈[①]。而事实上，有计划地结束访谈与其他步骤具有同等重要的地位和作用。有计划地结束访谈可以最大限度地保障每次访谈的效果，同时也为后续可能的访谈工作奠定良好的基础。

这一阶段要求侦查人员：①通过回顾与总结确保访谈双方充分理解案件信息；②确保访谈内容涵盖了访谈计划所列的所有目标问题；③向访谈对象解释随后可能发生的事情。

对于提供了精准可靠信息的访谈对象应给予肯定评价，有利于后续访谈的开展。

第五步：评估

评估阶段包括对访谈内容及访谈活动进行评价两个方面。要求侦查人员：①检验本次访谈是否达到预期目的；②结合本次访谈获取到的信息审视已采取的侦查行为自评、互评访谈期间侦查人员的表现；③指出未来访谈中侦查人员可改善的不足之处。

在英国，常用的访谈方法主要包括认知询问、谈话控制和自由回忆三种。其中认知询问（包括增强的认知询问）与谈话控制已得到学界及实务界普遍认同，并被实践证实，它们能够大幅度提高访谈获取信息的效率。而自由回忆由于其诞生时间早、易于操作等原

---

① Clarke C., Becky M. National Evaluation of the PEACE Investigative Interviewing Course [J]. Bmc Cancer, 2001, 11 (1): pp. 1-10.

因，在一线执法活动中仍然是常见的访谈方法。此外，由于访谈活动是双方以言辞形式进行的提问与作答的活动，所以无论是认知询问、谈话控制，还是自由回忆，访谈过程中侦查人员提出问题的方式、所用问题的类型对于最终能否如期达到访谈目的都起着至关重要的作用，因此，把访谈活动中的提问行为作为一种单独的访谈方法进行研究也是可行的。

（2）自由回忆

即当证人愿意配合警方时可采用自由回忆模型来获取证言。自由回忆的最终目的是让访谈对象主动提供信息，而不是由侦查人员一点一滴地榨取信息。此模型分为六步：第一步营造情境。即通过言语线索引导访谈对象回忆，重返事件发生的当时当地，以此帮助他们回忆事件细节。第二步绘制草图和进行再次自由报告。为了帮助证人与侦查人员沟通并且辅助他们回忆事件，可以让证人绘制一张案发地点的草图后再次进行自由报告，侦查人员需要根据自己的判断来决定是否需要请证人提供第二次自由报告。第三步确定目击话题。为了保证证人已经竭尽全力回忆相关信息，证人陈述后侦查人员应当系统性地提出一些问题。第四步拓展目击话题。侦查人员可以通过系统地拓展每一项目击话题来从陈述中获取更多的细节。第五步确定并拓展主要话题。侦查人员应当明确还有哪些重要话题是证人的陈述中没有提及的，以及还有哪些话题是需要进一步阐明的，拓展重要话题时使用的方法和拓展目击话题时使用的方法一致。第六步总结和书面证词。一旦获取到证人的完整陈述，侦查人员应当马上向证人总结他们陈述中提及的要点，以便于确保侦查人员准确领会证人的真实意思表示。证人陈述结束后侦查人员应当立即借助笔记、记忆和证人的帮助将证人的完整陈述转化为书面的证词。

（3）认知询问技术及增强的认知询问技术

①认知询问技术

20世纪80年代中期，美国学者Ed Geiselman和Ron Fisher及其同事开发了一种可有效提高证人作证陈述准确性及完整性的访谈方法，即认知询问技术。该技术自诞生以来，经过30余年的完善，衍生出了一系列其他认知询问方法，学界普遍认为，认知询问技术是侦查访谈发展过程中最重要的一项成就。

认知询问技术的实践基础来自Geiselman和Fisher对数百场侦查访谈的录音带的分析。研究者通过分析指出，警方在访谈过程中频繁打断访谈对象，过多使用要求访谈对象简短回答的问题，对各个问题提出的顺序缺乏安排与计划。此外，Fisher等人同样注意到，访谈对象陈述的信息往往是不全面的、存疑的和前后矛盾的，而且访谈对象往往揣测侦查人员的意图，并且倾向于以此为依据陈述侦查人员可能希望听到的内容。基于上述原因，研发可靠的侦查访谈程序已经迫在眉睫。

认知询问技术的理论基础源于对记忆进行的实验研究，研究发现，人类以多种途径检索记忆，因而提取记忆中信息的方法可以是多样的，同时，研究者还发现了记忆的“编码特异性原则”，揭示了人类记忆编码与记忆提取之间的密切关联。[①]“认知询问”的定义在一定程度上存在误导研究者的可能，因为严格来讲，询问是一项完整的访谈活动，应当包括建立关系、展开话题与总结收尾三个阶段。而“认知询问方法”实际上是四种相互独立的访谈方法的有机组合，并未规定访谈的过程。认知询问适用于对配合的证人进行访谈，以从其口中获取其看到过的、经历过的或者知晓的案件信息，四种访

① Fisher R. P, Geiselman R. E. Memory - enhancing techniques for investigative interviewing: The cognitive interview. [J]. Bureau of Justice Statistics, 1992.

谈方法在增强访谈对象回忆时既可以单独使用，也可以组合使用（见表2）。实践证明，采用认知询问技术可以有效增强访谈对象对事件的回忆，并且有助于使访谈对象积极参与到访谈之中。

尽管学者研发认知询问技术的初衷是帮助警方询问配合的证人及被害人，但Bull和Cherryman（1995）同样建议警方使用认知询问技术访谈配合的犯罪嫌疑人。因此，使用这种方法的前提是访谈对象必须乐于向警方提供信息。

表2：认知询问的四种方法

报告所有事件	要求访谈对象报告他所记得的有关案件的所有情况以及案发当时周边环境 （不论所述内容表面上的重要性大小）
变换顺序	要求访谈对象以某一特定时间顺序叙述事件经过 （如从头到尾或反之或者从某一特定时间点开始按时间顺序叙述）
改变视角	要求访谈对象从另一视角考虑事件发生的经过 （如站在案发当时另一在场目击者的视角报告案发经过）
背景重建	要求访谈对象集中注意力回想案发当时环境及背景信息 （如案发当时现场周边的客观环境及访谈对象在该场景中的主观感受）

②增强的认知询问技术

早期的认知询问技术基于实验室研究，但在真实案件中进行的实证研究表明：与实验室环境中的被试相比，刑事案件的被害人和证人往往更为焦虑、缺乏沟通技能，并且不能正确认识自己在访谈中所起到的重要作用。随着时间的推进，学者对原始的认知询问技术进行了改进，研发了增强的认知询问技术。与原始的认知询问方法不同，增强的认知询问技术涵盖了访谈活动的整个流程（见表3）。

表 3：增强的认知询问的结构

阶段	活动
1	接触访谈对象、掌握访谈对象特点，有针对性地计划本次询问的进程及风格 建立和谐关系
2	解释访谈的目的 集中精力检索回忆 报告所有事件 将访谈的主动权交与访谈对象 禁止猜测和捏造 高度提炼谈话内容
3	自由陈述 背景重建 开放性提问 问题间适当地暂停给予访谈对象思考与回忆的时间 不允许打断访谈对象的陈述 非言语动作
4	提问 报告所有事件 禁止猜测和捏造 采用与访谈对象的回忆相兼容的问题 允许回答“不知道” 允许回答“不理解” 提炼谈话内容 描绘现场的画面 开放性及封闭性问题的合理使用
5	多样广泛地检索记忆 改变顺序 改变视角 回忆身处现场时的感觉
6	总结
7	结束

（4）会话管理

英格兰及威尔士警方使用的另一种主要的访谈技术是“会话管理”。这一技术由心理学家埃里克·谢波德研发，旨在用于不配合访谈工作的调查对象，即那些“沉默的访谈对象、不予回答的访谈对象，不合作的、有敌意的、撒谎的、闪烁其词的访谈对象”。[①] 在这种访谈活动中，侦查人员必须在访谈的早期阶段控制住局面，并且使用与访谈合作证人时不同的策略来管理访谈活动。这就要求侦查人员能够熟练地建立人际关系。会话管理技术可以适用于访谈任何不合作的对象，无论是目击证人、被害人还是犯罪嫌疑人。会话管理模型为侦查人员提供了一种用于获取陈述的结构化方法，使得侦查人员能够从访谈开始即管理访谈对象的行为并使其注意力集中于访谈内容。同时，会话管理模式激励访谈对象提供他们关于事件的描述，还能够促使访谈对象提供他们预先准备好的故事之外的更多信息并且使其在说谎时感到不适。

（5）提问

侦查访谈过程中，特别是在陈述阶段，侦查人员使用的问题的类型对于访谈的效果至关重要。就同一待证事项采用不同的问题类型进行提问，获取的信息会产生明显的多少与真假之分。

基于不同的分类标准，可以对问题作出不同的划分。根据问题的特征及对作答范围的限制，可以将侦查访谈中常见的问题分为开放性问题、探查性问题及封闭性问题。根据问题在获取信息方面的有效性的强弱，可以将问题分为有效问题和无效问题。目前学界普遍推荐在侦查访谈中广泛使用开放性问题、适度使用探查性问题，同时应尽量使用有效问题，避免无效问题对访谈进程造成干扰。

关于提问类型，当前英美学者对于侦查访谈中提问方法的研究主要集中在以下四个方面：①提问的基本规则；②访谈中各种有效的问题类型及其使用的时机；③对于访谈过程中通过提问获取到的

---

① E. Shepherd, *Aspects of Police Interviewing*, The British Psychological Society, 1993, Vol. 18, p. 79.

案件信息的管理；④不宜访谈的问题。

2004 年，Ord 等人提出了访谈中提问的基本规则（见表 4）：

表 4：提问的基本规则①

语言风格	提问用语应简单明确避免歧义、避免使用专业术语 措辞应便于访谈对象理解
问题的相关性	所提问题必须目的明确 避免就同一事项重复提问
提问的节奏	适合访谈对象的智力水平 给予访谈对象足够的时间来理解问题组织答案
访谈中的打断	打断访谈对象的陈述将阻断访谈对象回忆的进程及提供信息的连续性 不利于信息的收集
主题控制	若访谈对象所述内容严重偏离访谈主题，侦查人员应有技巧地引导访谈对象返回主题

第一，开放性问题（Open Question）

研究表明，一些实践中普遍使用的提问方法实际上是无效的。例如，Moston 和 Engleberg（1993）发现，43%的侦查人员使用进攻性的、封闭的提问方式来开始对嫌疑人的审讯，常见的此类问题包括：带有明确指控性质的提问、以获取供述为直接目的的提问、以出示证据的方式进行指控的提问。事实证明，此类提问通常是无效的。因为此类提问给访谈对象造成了直接的、可感知的心理威胁，促使访谈对象直接完全否认自己对案件知情或与案件相关，因而使访谈双方之间失去了可以进一步周旋的话题空间（Baldwin，1992）。

而开放性问题因其不具有明显威胁性质，容易促使访谈对象作出较详细的回答，从而提供更多信息。对于侦查人员而言，开放性

① Ord：*Shaw and Green. Investigative Interviewing Explained.* Lexis Nexis Butterworths：Australia，2004.

问题提出后，可以从访谈对象作答的逻辑是否清晰、措辞是否准确、回忆是否连贯等方面入手，综合评估访谈对象的智力水平及精神状态，从而有针对性地调整后续访谈的进程及方式。

开放性问题具有如下特点：一是不预设作答范围。二是笼统提问，不在问题中披露访谈对象未知的信息。三是最常见的开放性问题以“什么”一词作为基本结构要素。四是英格兰泰晤士河谷警方培训机构的教材中推荐侦查人员使用 TED 提问方法（见图 2），即在提出访谈主题时，使用完全开放的方式提问。五是在需要查明某一具体问题时，使用对范围进行适当限制的开放性问题。

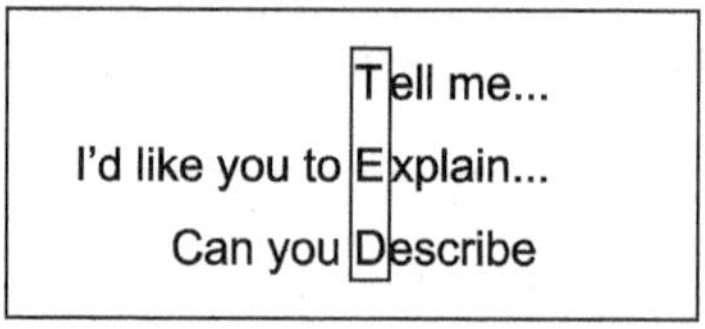

图 2：TED 提问方法

第二，探查性问题（Probing Question）

探查性问题是指为进一步查明访谈对象自主陈述内容中的某一具体问题而提出的，带有一定限定范围的相对开放的问题。常见的探查性问题以如下词汇为主要构成要素：什么（What）、何地（Where）、何时（When）、何因（Why）及何人（Who），可概括为“5WH”。此类问题需要访谈对象作出拓展回答，但与完全开放性问题不同，探查性问题带有明确的单一目的，同时相对限定了访谈对象作答的范围。从这一特征看，对于访谈中涉及某一动作完成方式的提问，即以“如何”（How）为关键词汇的问题同样属于探查性问题。

有学者（Milne，2004）使用“范围明确的提问”（Specific - closed）来定义探查性问题，指出探查性提问的本质是对访谈对象的作答给予一定的范围限制，仅允许其在给定的相对狭窄的范围内作答。例如，“他/她的头发是什么颜色的”?[1] 此类问题的关键在于不能在问题中披露访谈对象尚不知情的信息，施加的限制仅局限于作答范围，不能通过施加过多的限制来剥夺访谈对象自主选择的意志和选择陈述内容的权利。此外，对于探查性问题的使用时机也存在明确的规定，即只能在开放性问题未能有效获取到目的信息的前提下使用。

在学界推荐适当使用探查性问题的同时，一些学者也指出了探查性问题普遍使用可能带来的不利后果，如美国肢体语言和人际交流学者 Stan Walters 提醒道：我们不应使侦查人员认为访谈只是问“什么”“何时”“何人”“何地”及“如何”的谈话活动，推广探查性问题结构化使用的学者们忽略了这样一个事实，即人类的行为及人际交流是一个复杂的、多面的过程，因此，不能用受限的、结构化的方式进行交流。

第三，有效问题（Productive Question）

有效问题是对问题的另一种分类，而非某一特定的问题类型。有效问题包括：

开放性问题	适当重复的问题
探查性问题	关联问题
适当封闭的问题	中性问题
澄清性问题	存在前后逻辑关系的问题
总结提问	简短且单一的问题

与有效问题相对，常见的无效问题包括：

---

① Milne R. Bull R. *Interviewing by the Police*, Handbook of Psychology in Legal Contexts, Second Edition, 2003, pp. 109 – 125.

诱导性问题	指控性问题
封闭性问题	不适当重复的问题
多重结构问题	附加疑问
误导性问题	以讥讽方式提出的问题
强迫选择的问题	过长的问题

可见，侦查访谈已经形成了一套结构化的访谈技术模型和框架，访谈技术已被广泛使用。在PEACE侦查访谈框架内，侦查人员可以使用多种访谈技术来获取信息，包括“自由回忆”“认知询问”和“会话管理”。在实际的访谈活动中，这些技术已经被广泛应用于PEACE访谈框架的接触与解释、陈述以及结束阶段。

与传统方式不同，侦查访谈技术彰显了一种以非对抗的模式获取嫌疑人供述的价值追求。传统上，审讯犯罪嫌疑人的主要目的在于获取犯罪嫌疑人的供述，但这种以寻求口供为目的的审讯活动容易使侦查人员以“有罪推定”的眼光看待犯罪嫌疑人，从而使得侦查人员不能以开放的态度进行问话。而且这种“有罪推定”的预设也不利于侦查人员查明当前案件的事实，因为这一预设不仅使侦查人员难以获得访谈对象的信任，还将加剧侦查人员确证偏误的倾向。而访谈技术不是压迫性的，它不以获取口供为目的，避免了因追求口供导致的预设性立场，它要求侦查人员必须公正平等地对待访谈对象，符合伦理的侦查访谈使得双方居于平等地位，降低了虚假供述的风险，能够为侦查提供更为完整、准确且可靠的信息。使用侦查访谈可减少反复讯问这类重复性劳动，改善警方同被害人、证人及犯罪嫌疑人之间的关系，增强警方威信和公信力，确保无辜的人免予被追诉，在英国被认为警方刑事案件侦查工作赖以顺利开展的基础，也是警方打击犯罪的基石。

6. **优势与局限**

犯罪嫌疑人的供认一直是定罪证据的重要来源。如果犯罪嫌疑人的供述是在排除了强迫和诱导因素的情况下通过侦查访谈获得的，那么这种供述将具有极强的证明力。据称，英国侦查访谈技术采用专业化的访谈大幅提高了访谈活动的成功率。[①] 笔者认为其原理是：

第一，侦查访谈技术是基于心理学基础研究的。访谈或审讯是一个人际交互过程中的信息传递和接受过程，在这个过程中包含着人际交往中的沟通、交流等心理学原理和诸多技巧，重点在于通过沟通和交流改变对方的态度。访谈中沟通过程即一人（信息发出者）向另一人（信息接收者）发出信息，随后接到信息的人反过来成为信息的发出者，而上一轮的信息发出者在本轮成为信息的接收者。对于被访谈人而言，对信息的接收更多依赖信息所引起的认知反应，一般来说，合乎情理的、合乎逻辑的、与自己利益有关的信息更容易吸引对方，也更为有效和具有说服力。当信息所引发的认知反应与信息倡导的观点一致的时候，就会达到态度改变的目的。为了引发认知反应并获得一致的观点，就要了解和熟悉被访谈人的相关信息，包括他的态度、知识、经历、心理等，正如 PEACE 访谈框架中的第一步“计划与准备”所要求的“计划是‘侦查人员准备进行侦查访谈的心理过程’，准备则指的是‘考虑侦查访谈前需要准备的事宜’，要尽可能多地获取当前案件的背景信息，包括访谈对象的个人信息”。[②] 侦查人员在访谈开始之前准备越充分，掌握的信息越多，他掌控侦查访谈的能力就越强。因此，尽可能多地了解和熟悉被访谈人十分重要，因为只有了解了对方的先前知识、经验、经历、态

① G. Shaw, *Be Prepared*, Police Review, 1996, Vol. 12, pp. 18 – 19.

② G. Shaw, *Be Prepared*, Police Review, 1996, Vol. 12, pp. 18 – 19.

度，才能决定在访谈中应该向对方提供什么样的信息。如果被访谈人有着明确的态度和观点，那么外界的压力就很难改变他的态度，因为储存在他记忆中的知识和经验受到信息的触发，如果信息包含的立场刚好和他的态度相反，这些知识就会促使他产生抵制信息的认知反应，[①] 不过这并不等于顽固的态度一旦形成就无法改变，因为认知反应理论的一个有趣的预言是，那些有着更多直接经验的人会更容易受到特定信息的影响。事实上，研究也证实了这一观点，因为对与特定态度一致的新信息进行思考的认知过程，唤起了他记忆中大量的相应的信念和经验，从而导致人们形成了大量的认知反应来支持这些信息，这些认知反应进而为认可更为极端的态度提供了基础。[②] 访谈中，侦查人员可针对被访谈人的需求、知识、心理和态度来准备可能在访谈阶段使用的主题或观点，积极寻找与被访谈人之间的共同点，因为这些信息可能引发他们与访谈者一致的认知反应，即与被访谈人产生共鸣。从归因理论看，人们总是选择与自己在某些方面相似的人或事保持一致，如果被访谈人与你产生了共鸣，那么他会相信自己的判断和选择是正确的。

第二，访谈中将被访谈人的对立情绪控制在最低水平。侦查访谈中强调与对方建立“融洽关系”（rapport），使对方对立情绪最小化，这样能够最大限度地减小对方拒绝讲出真相的概率。PEACE 访谈模型构建的初始阶段即接触与解释阶段对访谈的成功至关重要，英国的研究文献将这一阶段视为最能影响侦查访谈成功与否的关键因素，这一阶段要与对方建立人际吸引，建立双方“融洽”关系。人际吸引是情感引导的心理学技巧。人际吸引能促进良好人际关系

---

① 白剑锋：《中国健康传播与公众健康行为优化研究》，武汉大学 2012 年博士论文。

② ［美］菲利普·津巴多、迈克尔·利佩：《态度改变与社会影响》，邓羽、肖莉、唐晓艳译，人民邮电出版社 2007 年版，第 134 页。

的建立，能中和双方之间的对立、冲突，也就是说通过交流、沟通彼此之间产生了积极的情感体验，如访谈者得到对方的“喜欢”、尊敬、依恋等。访谈中影响人际吸引的因素主要有：有着相同观点和利益，访谈者表现出是有能力、有知识的人，访谈者有着令人尊敬的品质，如真诚、通情达理、坦率和善良。[①] 对于大多数被访谈人来说，接受警方的侦查访谈可能是一种令人紧张焦虑的经历，[②] 尤其在访谈开始阶段需要一段“热身”时间来帮助他们平静下来。侦查人员与被访谈人建立“融洽关系”能使对方将你当作“自己人”，而“尊敬”则是树立了权威，那么此时访谈者说的话容易被重视、被采纳，如果形成了“依恋”甚至是“喜欢”，那就是人格魅力，建立在这种关系基础上的访谈在很大概率上能达到“吸引对方”向你倾诉的效果。访谈人员并不是一定要和访谈对象成为“朋友”，但访谈人员需要通过自己的努力让访谈对象参与到谈话进程中来，从而建立一种合作的关系，这种关系需要一直维持到访谈结束。

第三，自由回忆、认知询问、会话管理等技术作为访谈的策略贯穿访谈过程，并通过设定的问题类型和问话流程实现。例如，对于合作的访谈对象，侦查人员可使用自由回忆技术或改进的认知询问技术；对于不合作的访谈对象，则可使用会话管理技术。访谈的开始不以直接的、指控式的方式开始，从而避免警察以“先入为主”的态度陷入“有罪推定”的办案模式。如访谈对象愿意陈述，那么不要轻易打断对方，要保持倾听，必要时可对其进行质疑。在侦查访谈中所设定的问题类型包括三类：开放性问题、TEDS 问题（Tell、

---

① 毕惜茜：《论侦讯双方的人际交往关系对侦查讯问的影响》，载《贵州警官职业学院学报》2005 年第 3 期。

② 张宏、毕惜茜：《侦查审讯中“会话沟通式问话语言”研究》，载《中国人民公安大学学报（社会科学版）》2016 年第 4 期。

Explain、Describe、Show）和追问性问题（又称封闭问题、具体问题）。开放性问题是最佳的问题类型，开放性问题使得访谈对象以他们自己的口吻和话语向侦查人员提供细节丰富的详尽陈述，最大限度地避免侦查人员对访谈对象的影响。在访谈过程中，侦查人员应尽可能多地使用开放性问题。使用开放性问题提问时可使用TEDS问题类型，TEDS是一种指引，它能够激励访谈对象就其所知事件提供完整且详尽的陈述。而当需要追问细节的时候则可使用追问性问题或称封闭问题、具体问题，这类问题给访谈对象的回答限定了一个相对较小的范围，追问性问题是第二选择，只能在开放性问题不起作用时使用。此类问题可以用于获取案件的具体细节，或是对开放性问题得到的信息进行追问。访谈中使用这些策略（被称为“技术”）是学界基于心理学原理对于具体的访谈方法和技巧开展了全面细致的研究，并最终形成了由心理学家提出的具体的包括自由回忆、认知询问、会话管理等访谈技术，帮助访谈对象提供陈述。正可谓无论是审讯还是访谈技术，在多大程度上适用于侦查并取得好的效果，在于其在多大程度上与心理学的原理相契合。

侦查访谈技术改变了以往依赖对嫌疑人进行身体强制的方式来取其供述。从“审讯”到“侦查访谈”的重大转变体现了英国执法观念的转变、相关法律法规的完善以及具体访谈方法的改进等方面长足的进步。从侦查访谈的实际效果看，以平和、合理、公正的方式进行侦查访谈比采用更具攻击性的方式更有可能导致访谈对象给出有效回答，[①] 因此，英国高级警官协会在其为警务人员提供的实践指南中写道：“如果犯罪嫌疑人认为他们在侦查访谈期间受到了有尊严的对待，他们就不太可能形成对警务人员的负面看法并将这种负

① R. Fisher, *Interviewing Victims and Witnesses of Crime*, Psychology, Public Policy and Law, 1995, Vol. 1, pp. 732 – 764.

面看法传达给其他民众。此外，受到有尊严对待的犯罪嫌疑人更有可能会配合调查工作。”① 由于访谈技术强调的是非对抗性，因此，更大程度上避免了虚假供述的产生。自英国 1984 年《警察与刑事证据法》规定了审讯同步录音制度以来，对规制警方的访谈行为起到了巨大作用，因为法律要求侦查人员对访谈活动进行过程记录，这就使得有关方面能够通过审查笔录和同步录音来查证访谈活动的合法性。

访谈技术有着诸多优点，但同样也存在一定的局限性：第一，采用这种方法不能忽略一个重要前提，即嫌疑人的配合。对那些富有对付侦查经验且从一开始就不打算认罪的嫌疑人而言，这一方法的效果将大打折扣。对此，需要适时使用证据质疑，然而，在大量刑事案件中，警方本身拥有的证据就很少，需要通过审讯寻找其他证据，此时，又如何采用证据质疑呢。② 第二，该方法要求侦查人员保持客观中立的态度，由于侦查人员所担负的诉讼职责和角色显然是很难做到的，加之，嫌疑人出于趋利避害、避重就轻的心理很可能一味地抗拒或逃避，完全拒绝使用一些“施压”的方法将很难获取证据。第三，在实际执行中使用访谈技术需要耗费较多的时间，有人称侦查访谈更像是一场马拉松，而不是短跑。在英国有研究发现，接受过 PEACE 访谈培训的侦查人员对犯罪嫌疑人的平均访谈时间为 23 分钟，而没有接受过培训的侦查人员的访谈时间为 17 分钟。③

---

① R. Milne, & R. Bull, Investigative Interviewing: psychology and practice. John Wiley and Sons Ltd: Chichester Press, 1999, p. 134.

② E. Shepherd, E. Mortimer, V. Turner, & J. Watson, “Spaced Cognitive Interviewing: Facilitating Therapeutic and Forensic Narration of Trauma Memories,” Psychology, Crime and Law, 1999, Vol. 5, pp. 117 - 143.

③ R. Milne, & R. Bull, Investigative Interviewing: psychology and practice. John Wiley and Sons Ltd: Chichester Press, 1999, p. 179.

而通常侦查人员并没有那么充裕的时间将“耗时”的访谈技术运用于“普通”刑事案件的访谈，如果不能及时获取供述，很可能提高被害人再次遭受创伤的可能性，尤其是涉恐案件、黑社会性质组织犯罪案件等。一些侦查人员认为访谈技术与常规的询问并无区别，且并非对所有个体都同样有效。[①] 值得注意的是，在强调访谈活动的伦理标准后，英国警方的侦查活动的确受到了影响，出现了一些因言词证据收集不利而未能成功侦破的刑事案件，典型的案例包括“约克郡开膛手案”等，这些案例提醒我们英国的侦查访谈改革还有很长的路要走。

7. 借鉴与发展

（1）审视与思考

有人称“审讯是一种经验，实践中侦查人员都是通过经验提高自身的审讯水平的”。[②] 这一说法具有代表性，也反映了审讯实践的现状。审讯经验是侦查人员在长期的审讯实践中学习积累的，经验受个人所受教育、经历、办案的类型和数量、地域、环境因素影响，表现出鲜明的个性。正如有的侦查人员擅长加压式审讯，有的擅长疾风暴雨式猛攻，有的善于营造气氛和氛围。审讯中如何开场、如何与嫌疑人交流、如何突破、如何问话等大多以侦查人员的经验、感觉、现场的把握为主，实践中审讯策略的使用任意性较强，经验型的审讯模式占主导地位。在实践中我们常常会遇到这种情况，即便是面对同一个嫌疑人，运用相同的策略方法，说同样的话，因为不同的侦查人员去实施，往往效果差异很大。审讯的策略方法一直以来都是靠传帮带、师傅带徒弟的传统方式将经验延续和传承，没

---

① R. Milne, & R. Bull, Investigative Interviewing: psychology and practice. John Wiley and Sons Ltd: Chichester Press, 1999, p. 179.

② 尹立栋：《职务犯罪程式化审讯方法》，中国检察出版社2018年版，第58页。

有严格的定式和结构化的模型，即便是学习了“师傅”的经验也需要吸收、消化和磨砺。当然，培训、讲座等形式也是经验传播的途径和平台，而这些平台通常也是由有经验的侦查人员以经验介绍的方式传授，而审讯经验个性化的特点决定了传承和延续的局限性，师傅带出来的徒弟、培训出来的学员很难在实践中依葫芦画瓢地去审讯。当然，其中也不乏有一些年轻的侦查人员在此基础上结合自身的特点、案件的具体情况审时度势、因地制宜逐渐积累成长为优秀的审讯高手，但从总体上看，侦查人员审讯水平参差不齐，高水平的审讯人员还有待增加。尤其在案件数量大、任务繁重的情况下，审讯质量就容易无法保证。

英国从审讯到侦查访谈所历经变革的背景、面临的问题与我国的审讯状况和面临的问题何其相似。新西兰、英格兰、挪威等国家借鉴英国的侦查访谈技术并作出一定的调整，和英国相同，从审讯走向了侦查访谈。虽然一个国家法律实践的成功并不能保证类似的革新在别国必然成功，它和一个国家的法律政策、警察体制与社会结构、文化背景等一系列更为广泛的体制机制密切相关，但对于英国侦查访谈技术倡导的理念、具体的技术方法和构建的模型，我们可取其精华，进行借鉴：

第一，从审讯理念看，我国审讯也经历了从使用生理和物理的强制性手段到以心理学方法为主的转变。随着科学技术的发展，当前我国审讯正面临着从单纯的经验到审讯科学技术的转变，审讯的理念已经发生了变化。客观来看，实践中暴力取证、刑讯逼供已经大大减少。从英国 PEACE 访谈模型框架看，其中的一些元素和做法与我国审讯实践相似，如审讯前的准备和计划、与嫌疑人建立“融洽关系”等在我国讯问学教材中大多都有专门的章节。[①] 但建立侦讯双方“融洽关系”、构建交流沟通平台、建立人际吸引等观念并未深入人心，审讯中运用心理学的原理旨在态度改变的原理和审讯方法并未被侦查人员广泛认知和掌握。实践中因侦查人员未意识到或不重视侦讯双方人际关系的建立而使审讯陷入僵局的并不少见，因方式方法不当无法突破对方的心理防线而导致审讯失败的例子也占一定的比例。侦查访谈倡导的降低对方的对立情绪、使用非对抗的模式、让对方参与到对话中来的一些理念和做法值得在我国审讯实践中借鉴和倡导。笔者认为，可将这些理念转化为审讯模型中的固定程序和步骤，从而由自发转变为自觉并进而付诸实践。

第二，从审讯策略方法看，目前在获取嫌疑人供述的审讯手段和方法上改进并不大，总体来说缺乏对审讯科学性的认识和深入的研究。如何解决获取嫌疑人供述这样一个瓶颈性问题，研究审讯新技术实现审讯的变革已经成为一个重要的课题。[②] 英国侦查访谈的具体技术包含自由回忆、认知询问、会话管理等，它是英国警方及心理学者基于翔实的心理学研究，立足于人际沟通、记忆、倾听、注意等心理学原理提出的。[③] 我国审讯实践中也形成了许多的策略方法，较具代表性的有使用证据、说服教育、情感感化等，其中也不乏一些符合心理学特点和规律的方法，但是总体来说还是经验的总结，缺乏科学的研究和提炼，没有形成具备明确的使用范围、使用步骤、使用方法的规则、规范和工具体系的审讯技术。[④] 因此，亟须

① 参见毕惜茜主编：《侦查讯问学》，中国人民公安大学出版社2019年版，第七章第一节“侦查讯问的准备”，第115页。该教材被全国28个公安院校采用。

② 毕惜茜：《我国侦查讯问的变革与发展》，载《公安学研究》2019年第4期。

③ F. Inbau, J. Reid& J. Buckley, Criminal Interrogation and Confessions, CRC Press, 2011, p. 48.

④ 毕惜茜：《我国侦查讯问的变革与发展》，载《公安学研究》2019年第4期。

对审讯科学的研究和对审讯经验的归纳、整理和升华，基于心理学的原理形成符合我国实践需求的审讯技术。

第三，从审讯模型看，虽然没有一个放之四海而皆准的审讯策略方法模型，实践中，因为案件不同、嫌疑人心理不同需要不同的方式方法，但是审讯也应有其需要遵循的基本规律、基本模式、基本流程。我国《刑事诉讼法》对于第一次审讯有基本的程序要求，旨在规范第一次审讯，重点在告知嫌疑人的权利和核实嫌疑人基本情况，以保障犯罪嫌疑人的权利和避免发生张冠李戴的错误。抛开法律要求的程序，目前审讯本身并没有一个可供遵循的结构化模型，因此，可借鉴英国 PEACE 访谈模型，探索构建符合我国法律要求和实践的审讯模型。

（2）我国审讯结构化框架模型构建

笔者认为，可以在分析我国审讯实践情况的基础上借鉴 PEACE 访谈模型，构建适合我国司法需求的审讯结构化模型和技术方法。笔者提出了一个基本框架结构，即审讯的结构化框架模型（见图3）。在案件调查过程中，侦查人员以此框架进行审讯，计划完备且实施合理的审讯能够有很大机会获取到完整、准确且可靠的信息。

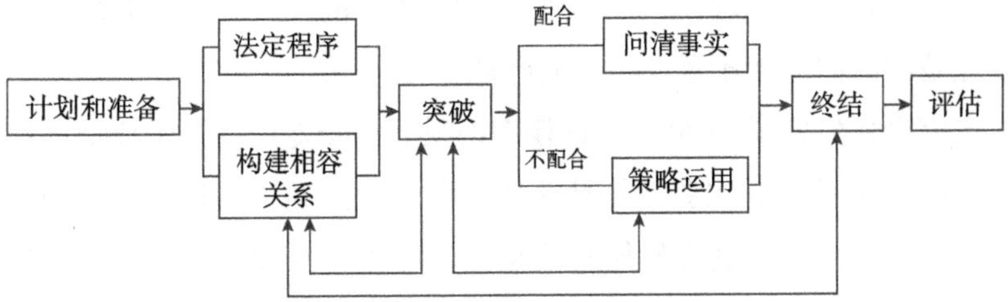

图 3：审讯结构化模型框架

上述各阶段（见图 3）显示使用了线段将审讯的各个阶段连接起来，箭头线用来表明上下阶段之间是自然推动关系，表明侦查人员可能需要反复多次重复这一步骤。类似地，结束阶段又被若干实线指回前面的阶段，这表明侦查人员可能需要在结束阶段再次开启对嫌疑人的追问。因为在结束阶段，嫌疑人可能会想起一些新的信息，或者嫌疑人可能想要考验侦查人员是否记住了他们所说的内容。如果在结束阶段发生了上述情形，侦查人员应当自然地将审讯主题过渡回突破、策略运用阶段。审讯中的每一阶段均应占用一定的时间，各个阶段之间并不存在严格的边界，灵活性的要求贯彻审讯活动始终。

为了解决侦查访谈的一些问题和不足，在上述模型设计中针对嫌疑人可能出现配合或不配合的两种情况设置了不同的访谈策略和步骤，而在运用策略的过程中通常可采取“打拉结合”的方法，打是加压，拉是减压。因为没有什么审讯是完全无对抗和放松的，而且，有效的审讯往往需要一定的带有压力的说服，在实施的过程中真正的问题是使用的程度和性质。对于耗时问题，不可否认，审讯本身就是一场需要耗费一定时间的博弈，接受过专业培训的侦查人员按照结构化模型进行的审讯能够提高审讯的效率和质量，因为审讯模型就是一种可以有效保证审讯进程有条不紊、整个审讯活动有序进行的程序。当然，一些疑难案件和对有抵抗经验嫌疑人的审讯所花费的时间的确比常规的审讯耗时要长。

笔者还借鉴了 PEACE 访谈模型的最后一步专门设置了评估（E-Evaluation）程序，主要功能是评估审讯是否达到了目标。根据访谈所得的信息来审视过去的侦查活动，反思自己在此次侦查访谈中的表现，并考虑在未来的侦查访谈中可以做哪些改进。在英国，有人认为根深蒂固的警察文化可能使得警务人员拒绝承认自己的不足或者拒绝承认自己不够自信，事实上也发现警务人员在评估自己的侦查访谈能力时通常表现欠佳。① 但是即便如此，笔者认为，评估的重要性不可低估，因为只有通过持续不懈地实践、回馈与评估才能使访谈日臻完善。虽然我国也强调总结经验和教训，但尚未上升到固定的程序，且并没有专门的评估方法和标准。对此，笔者认为，可以借鉴英国侦查访谈设置专门的评估程序。

结构化模型具有明确、具体的步骤和操作方式（见表5）。使用结构化审讯可以把专业建议转变成日常实践，表5将结构化的步骤略加细化，②使用者可以根据指南操作，但并不能简单地认为它仅是个流程，结构化流程的目的是使每一位审讯人员必须严格按照程序操作，避免发生诸如因工作繁忙而匆促上阵不作任何的准备，或因双方的紧张关系形成僵局，或者审讯无果草草结束。虽然每一个步骤都是固定的，但每一个步骤在具体操作的时候除去法定程序外都是灵活的，在具体操作的时候可充分发挥个性化的风格和经验，特别是表5中的第3步骤、第4步骤，是审讯策略方法的具体策划和运用，也是整个结构化审讯模型的最大变量，是取得成功的核心部分。在实践中，审讯策略方法的选择应根据不同的案件、不同的嫌疑人制定不同的策略方法。从心理学研究看，重点是研究个体的行为和心理过程。在审讯场景下我们关注的是嫌疑人的行为以及从拒供到供述的心理变化过程，这一过程的发生就是说服的过程。说服即通过某种方式达到对方态度的改变，态度改变的主要方法是必须通过人际沟通和交流赢得对方的“心”，虽然这个过程并不容易，但是效果持久。每个人都会或多或少地被他人的观点所左右。实际上，人们往往愿意接受那些公正、有能力又关心自己的人

① R. Milne, & R. Bull, Investigative Interviewing: psychology and practice. John Wiley and Sons Ltd: Chichester Press, 1999, p. 122.

② 表5是简单的细化，实践中每个步骤都是复杂的，本书不再赘述。

的影响而发生改变，而这种影响比比皆是，在审讯中也是如此，它可以发生在任何一个环节。这种影响的技巧可称之为“心理学的方法”。审讯的方法多种多样，从心理学角度看，起关键作用的有人的情绪情感、记忆、思维、决策等，而对人的态度最具有影响力的来自人际沟通、说服和大众媒体。①因此，在审讯或访谈中建立双方“融洽关系”、降低对立情绪是人际交往的最佳模式。我国侦查讯问实践中许多侦查人员也是基于此展开审讯的，但理性地看，我们不能否认访谈或审讯中双方的对抗、冲突，不排除侦查人员与对方有着“白热化”的、“针锋相对”的交锋。这种情况并不一定弊大于利，当然这并不足以全面概括侦查人员与对方的关系，审讯中侦查人员和嫌疑人不应该仅仅存在对抗和冲突，对抗和冲突并不应该是从访谈的开始阶段一直持续到结束。因此，笔者认为，将这一关系概括为“相容关系”更为恰当，即建立双方交流的平台，获得嫌疑人尊敬、信任，但也有几分敬畏和畏惧，也可将之称为“威慑下的和谐”。

表5：审讯结构化模型步骤方案

步骤	方案
1	计划与准备。尽可能多地获取案件的背景信息，包括嫌疑人的个人信息，了解嫌疑人的心理和个性特点，拟订审讯计划。分析可以使用哪些证据，了解这些证据的来源。准备越充分就越能够确保审讯朝着正确的方向进行。
2	①履行法定程序。告知嫌疑人诉讼权利及问清嫌疑人基本情况。 ②建立相容关系。通过建立相容关系取得嫌疑人的信任和尊重，建立双方沟通和交流的平台。
3	突破：选择易于突破的事实和情节。常见的突破点有人的情感、案件证据充分确实的情节、共同犯罪中选择易于突破的人等。

① ［美］菲利普·津巴多、迈克尔·利佩：《态度改变与社会影响》，邓羽、肖莉、唐晓艳译，人民邮电出版社2007年版，第3页。

续表

步骤	方案
4	①对于配合的嫌疑人问清案件事实。 ②对于不配合的情况运用策略。常用的策略方法有情感感化、使用证据、说服教育。这个部分的策略应当是经验加技术，实现审测一体。
5	结束：视不同情况结束审讯。可分为常规式结束或伏笔式结束。
6	评估：评估审讯是否达到了目标，评估审讯的效果以及侦查人员的表现。

诚然，审讯是复杂的，过程也并非那么简单，在上述模型中每一个模块和步骤都是一个专业问题。在模型执行中的几个关键技术除上文所说的做好计划和准备、建立双方的“融洽关系”、降低对方的对抗情绪等外，还有第一次审讯的把控、证据的使用策略、提问的技巧等技术和方法，这些技术和方法在审讯中的关键作用和基本用法在学界和实务界已达成共识。据有关报道，2010 年美国成立了专门针对高等嫌犯审讯的组织，它是旨在提高审讯能力而设置的理论与实务研究中心。2016 年该机构提交了一份关于审讯实践最佳方法（Interrogation Best Practices）的研究报告。报告综述了当前美国审讯实务工作中经过科学论证的 22 个有助于提高审讯能力的技术方法，主要包括：审讯的组织准备、第一印象管理、与审讯对象建立亲密关系、抵触情绪的评估与处置、倾听、记忆唤起、积极的人际互动、开放式提问方法、证据的策略使用、欺骗的识别、供述的录音录像固定等内容。[①] 需要说明的是，虽然策略部分是变量，需要灵活使用，但并不等于是随意的。经验固然重要，但从以往的审讯实践看，仅凭经验有时难以应对。因此，随着科学技术的发展，第四步骤中②的实施应该是经验加科学技术，实现审

① 杨林：《我国审讯模式的完善路径探讨》，载《犯罪研究》2018 年第 4 期。

测一体的模式。[①]

需要强调的是，鉴于专业化的需要，还应制定相应的“手册”或“指南”对侦查人员进行审讯结构化模型的培训。只有专业化的侦查队伍才能贯彻审讯结构化模型的要求，达到审讯目标。笔者认为，可借鉴英国和新西兰的做法，英国警方及研究人员利用有关侦查访谈的学术研究成果和实地调查结果来提高警务人员对侦查访谈的科学认识，并且借此推动对警务人员的系统培训。1993 年，英国内政部针对英格兰和威尔士境内的警官开展了一次大规模的 PEACE 访谈框架（PEACE interviewing framework）的培训，超过 12 万名警官接受了这次培训。英国警察培训机构提供的两本侦查人员培训手册详细介绍了 PEACE 访谈模型的各个步骤。这两本手册是《侦查访谈指南》（CPTU，1992a）以及《侦查访谈守则》（CPTU，1992b）。英格兰及威尔士在 1992 年为警方制定了一套为期一周的 PEACE 访谈模型训练方案，这套训练方案包含了理论学习和实地操演，还提供了各种教具，包括情境录像（如抢劫商店的录像）和模拟犯罪场景，同时还使用演员扮演犯罪嫌疑人和证人来模拟实地场景，这使得学员有机会实际操练他们在理论课程上学到的技能。[②] 在新西兰，警方借鉴英国警方侦查访谈培训材料并结合新西兰警务工作实践制定了一系列《侦查访谈实践指南》。该指南分为《总则》《证人访谈》和《犯罪嫌疑人访谈》三册，这套指南详细介绍了有关侦查访

---

① 参见毕惜茜：《我国侦查讯问的变革与发展》，载《公安学研究》2019 年第 4 期；庄东哲：《侦查讯问中的行为科学技术方法》，载《中国人民公安大学学报（社会科学版）》2014 年第 3 期。

② R. Fisher, & R. Geiselman, Memory Enhancing Techniques for Investigative Interviewing: The Cognitive Interview. Charles C Thomas: Springfield Press, 1992, p. 114.

谈的核心技术和具体的操作步骤。[①]

三、域外其他审讯方法

心理接触的方法。审讯是一种心理复杂的侦查活动，双方的心理较量往往是在对立的利害关系中进行的，与被审讯人建立心理接触，是获取真实供词、查明案件真相的基本条件之一，应当贯穿于审讯全过程。

心理接触的任务是各种各样的，如策略任务，即创造能从受审讯人那里获得信息的环境。接触的启发职能是使受审讯人的思维活动积极起来，以便把它纳入审讯目的所需要的轨道。接触的检查职能或者叫作信息反馈职能具有很大意义，这种接触一旦建立，审讯人员就有可能把审讯中得到的信息通过已经掌握的信息进行比对。接触的情感性职能是审讯人员以自己的正义感去影响受审讯人，以自己的乐观主义去感染他们。接触的伦理道德职能是善于博得受审讯人的好感，取得他的信任和获得真实的供词。伦理道德职能和情感性职能是审讯序幕阶段的重要特点，策略职能和启发职能用于终结阶段。在审讯的序幕阶段，建立情感性的心理接触；在审讯的主要阶段，接触转让工作时期，审讯人员的任务就在于要不间断地保持这种接触；在审讯的终结阶段，是检查接触的有效性。

中和冲突的方法。审讯过程是一个实际的冲突过程，审讯的策略任务就是要制定一种行动方式，使审讯人员在审讯中处于主动地位。审讯人员的首要任务是中和冲突，对受审讯人施加影响，并借助于证据使其处于不得不做真实供述的境地。冲突性、犯罪嫌疑人的反作用是审讯初期的一个特点。在随后的审讯中，大多数情况下，

---

① E. Loftus, & W. Calvin, *Memory's Future*, Psychology Today. 2011, Vol. 34, No. 2, pp. 55 –66.

冲突是能够消除的，冲突性情境是暂时现象。审讯人员的任务是把同受审讯人的关系引导到心理接触的气氛中去。这种方法要求审讯人员在审讯前做好充分的准备工作，审讯前要告知犯罪嫌疑人享有的权利，同犯罪嫌疑人第一次见面就要警告其不要做虚假供述，否则，嫌疑人就难以放弃这种念头，审讯时先从查明其身份开始，审讯过程中要防止犯罪嫌疑人的故意挑衅而打乱预定的审讯计划，迫使审讯中止。

上述两种方法都是俄罗斯的审讯方法。虽然苏联解体后其刑事诉讼法进行了多次修订，但原有的刑事诉讼法的构造和主要内容并没有太大的变化。因此，依据刑事诉讼法制定的审讯制度也基本保持原样，其审讯的经验仍值得借鉴。①

阿瑟·奥布里（Arthur S. Aubry）和鲁道夫·坎普托（Rudolph R. Caputo）在其合著的《刑事审讯》（*Criminal Interrogation*）一书中着重介绍了美国审讯实践中诸多行之有效的技巧与方法：（1）一般的审讯方法，如直接提问法、间接提问法、激情冲动法、诡计手段法、冷漠法、情感共鸣法、受强烈诱惑而犯罪法、态度友好法、偏袒辩解法、推脱罪责法、冷热交替法、缩小犯罪等级法、既成事实法、虚张声势法、公事公办的态度严肃法、揭穿谎言法、虚构（实物）证据法、反复强调同一主题法、通过说出真话来减轻精神负担法、激发体面感和荣誉感法、要求被审讯对象讲出自己在犯罪事件中的作用法、贬损诋毁法等。（2）特殊的审讯方法，如目标单一法、公事公办法、镇定及实事求是法、无论受到什么刺激都不要失去控制法、让嫌疑人自己叙谈法、既浪费你的时间又浪费我的时间法、你只是在伤害自己和亲人法、证明嫌疑人说的是谎话法、确立供述

① 彭玉伟：《讯问策略方法评述与域外讯问策略方法借鉴》，载毕惜茜主编：《侦查讯问原理》，中国人民公安大学出版社2017年版，第60页。

动机法、以假乱真法等。[①]

迈克尔·纳皮尔（Michael R. Napier）和苏珊·亚当斯（Susan H. Adams）认为，运用帮助被审讯对象减轻罪责感和情绪焦虑、对立的技巧有三种：文过饰非（Rationaliazation）、归咎他人（Projection）、淡化罪行（Minimization），这三种防御机制组成的审讯方法合称为 RPMs 审讯法。RPMs 审讯法针对犯罪嫌疑人的心理，维护其必要的尊严，保全其颜面，对于获取口供常常会起到显著的功效。文过饰非，就是站在有利于嫌疑人的角度，巧妙运用使嫌疑人听起来认为自己的行为符合情理的言语，以获得其好感与共鸣。归咎他人，就是通过使用将责任归咎于他人或他物的言语，为嫌疑人的行为进行开脱。当然，这只是为嫌疑人的行为寻求道德及心理上的开脱，而不是法律意义上的开脱。淡化罪行，就是通过巧妙运用诸如“错误”“事故”之类弱化情况严重性的言语，使嫌疑人在心理上得到减轻罪责的满足。运用 RPMs 审讯法的要求：一是在审讯前，警察必须深入调查了解嫌疑人的背景、思想及情感；二是要注意言语选择；三是要用好语音、语调和语速（注重发挥语言艺术）。[②]

约翰·赫斯（John E. Hess）在其《执法工作中的询问与审讯》（*Interviewing and Interrogation for Law Enforcement*）一书中提出了“审讯结构”（Structure of an Interrogation）这一概念。具体地说，审讯结构由以下六个步骤构成：第一步，直截了当地提出指控。第二步，审讯人员在向嫌疑人提出指控后，不要给嫌疑人留下否认有罪的空间，而是紧接着提出解决问题的一揽子方案。第三步，阻止嫌疑人再次否认有罪。第四步，挫败嫌疑人的抗议或无罪辩解。第五步，

① ［美］阿瑟·奥布里、鲁道夫·坎普托：《刑事审讯》，但彦铮等译，西南师范大学出版社 1998 年版，第 171 ~212 页。

② 李永涛等：《“RPMs”讯问法》，载《中国刑事警察》2008 年第 2 期。

让嫌疑人注意力集中。第六步，提供一组选择性问题，让嫌疑人在保全脸面的情况下承认有罪并开口供述。①

大卫·祖拉斯基（David E. Zulawski）和道格拉斯·维克兰德（Douglas E. Wicklander）在其《实践层面的询问和审讯》（*Practical Aspects of Interview and Interrogation*）一书中提出了维克兰德—祖拉斯基技术［Wicklander－Zulawski（WZ）Technique］。这种技术考虑了可能的审讯类型、嫌疑人否认的原因、嫌疑人的恐惧和审讯的共同部分，所关注的是能够鼓励嫌疑人作出供述这一理性决定的审讯构造。这一技术由以下五个阶段组成：准备和分析（Preparation and Profiling）、减少对抗（Reducing Resistance）、获取供认（Obtaining the Admission）、供认的发展（Development of the Admission）、专业的结束（Professional Close）。具体而言，首先，这种技术制造一种嫌疑人的罪行已经暴露的坚定信念；其次，提供允许嫌疑人保全面子的合理化解释，同时开发促使嫌疑人供述的有说服力的论据；最后，通过不迫使嫌疑人在其生理上和情绪上最强的审讯早期对审讯人员撒谎的方式，为嫌疑人营造出一种获胜的情境。这种技术也允许审讯人员根据嫌疑人的个性或面见的反应改变审讯策略。了解嫌疑人及其动机的审讯人员往往能够创造一种鼓励其供述的情境和策略。②

内森·戈登（Nathan J. Gordon）和威廉·弗莱舍（William L. Fleisher）在其《有效的询问与审讯技巧》（*Effective Interviewing and Interrogation Techniques*）一书中提出了一套整合的审讯技术（The Integrated Interrogation Technique），旨在使审讯人员获取有罪嫌

---

① 姜南：《管窥非对抗性讯问策略方法》，载《江西警察学院学报》2012年第1期。

② Zulawski，D. E. & Wicklander，D. E.（2002）. Practical aspects of interview and interrogation（2nd Ed）. CRC Press LLC.，pp. 18－24.

疑人供述的能力最大化。这套审讯技术与九步审讯法相比，有许多相似的地方，但也有对九步审讯法所做的改进之处。具体地说，这套审讯技术由以下十个步骤组成：一是提出嫌疑人是有罪的强力指控；二是不允许嫌疑人否认有罪行为；三是就犯罪行为是为何和怎样发生的提供一系列的可能性；四是逐渐削弱嫌疑人的自信；五是提出让嫌疑人说出真相的有说服力的论据；六是尽可能为减轻嫌疑人的恐惧提供解决方案；七是恭维嫌疑人；八是使用选择性和引导性的问题；九是及时发现嫌疑人准备供述的迹象；十是靠近嫌疑人，敦促其供述。[①]

不同国家之间由于法律体系、宗教和文化等的差别，审讯犯罪嫌疑人时所运用的策略也存在差异。然而有些国家已经形成针对目击证人的询问（如询问未成年人时应遵循获取最佳证据准则和《国家儿童保健和人类发育研究协议》）和审讯犯罪嫌疑人时的 PEACE 模型。

总体来说，根据会话参与者权力关系的平等程度，我们可以区分警察讯问（interrogation）、询问（interview）和会话（conversation）三种交际模式。三者所蕴含的权力关系强度由强到弱（见图4）。[②] 目前，域外警察向犯罪嫌疑人采集信息的方法主要有两种模式，即审讯和访谈（询问）。前者为美国、加拿大和许多亚洲国家所采用，其特点是控诉、对抗、心理操纵和不允许抵赖，并以获得犯罪嫌疑人的口供为最终目的；后者则通过与谈话对象建立融洽关系、收集信息达到发现事实真相的目的，英国、新西兰、澳大利亚、西欧国家普遍采用这种方法。可以说，访谈正在逐渐成为域外警察向

---

① Gordon, N. J. & Fleisher, W. L. (2011). Effective interviewing and interrogation techniques (3rd Ed). Elsevier Ltd., pp. 257 - 262.

② 曾范敬：《警察讯问话语批评与分析》，中国政法大学 2011 年博士论文。

犯罪嫌疑人采集信息的主要方法。

美国目前也在进行侦查讯问方法的改革，试点研究的结果显示，访谈在不降低真实供述的同时降低了虚假供述的比率。[①] 迄今为止，在非西方尤其是中东和远东国家，关于访谈和询问的整体性的实践经验还是相对较少。

警察讯问（interrogation）	机构性质强，权威，指控性
询问或访谈（interview）	机构性质减弱，寻求事实，努力中性
日常会话（conversation）	平等关系增强，寻求自愿性供述

图4：讯问（interrogation）、询问（interview）和会话（conversation）三种交际模式

① 郭志媛：《非法证据排除范围界定的困境与出路——兼谈侦查讯问方法的改革》，载《证据科学》2015年第6期。

专题三　审讯中的心理学原理及应用

近年来，心理学的理论与方法在刑事司法领域得到了广泛的应用，在审讯中运用心理学方法的尝试也已经从以往注重常识性的经验总结过渡到强调实证的经验归纳。因此，对审讯中的有关心理学原理进行梳理、归纳，有助于我们在审讯中科学地使用心理学知识和原理，提高办案质量与效率。理论和实践证明，心理学作为研究人类行为的科学，有足够的理论和方法介入审讯环节[①]，其中，态度转变理论就是最具代表性的一种。

一、态度的形成和改变

态度就是对人、事、物的评价。态度系统是情感、认知和行为构成的个人化系统对某一事物的评价性总结。“医改对大多数人有利”，“我喜欢足球，因为很刺激”，“我赞成义务献血，我也积极参加”，嫌疑人说“我没有什么可说的，这事不是我干的”。上面的话都涉及一个共同的概念：态度。作为社会成员，人们随时随地会对某人某事作出评价或反应，这些评价和反应就表明了我们的态度。

---

① 马皑、宗会生：《审讯方法及其心理学原理》，载《中国刑事法杂志》2010年第1期。

态度可以分为积极的态度和消极的态度。审讯中也是如此，当嫌疑人愿意供述时，其态度反应是积极的，当嫌疑人拒供时，往往是消极的否定的态度。当然，态度还有中间层次，即中立的、不置可否的，如“我对房改政策不了解，谈不上赞成或反对”。

一般认为，所谓的态度由认知、情感和行为倾向三个部分构成。其中，认知是态度的基础，情感是态度的核心和关键，情感既来自认知，同时又影响认知和行为倾向。个体形成一定的态度后，由于接受新的信息或意见而发生变化，这个过程叫态度转变。态度转变理论就是人们在不断研究态度问题的基础上，形成的一套系统地转变个体态度的理论体系。审讯过程实际上是一个转变犯罪嫌疑人供述态度的过程，态度转变理论显然适用于审讯。

审讯中犯罪嫌疑人的态度主要指供述态度，即对供述自己的犯罪行为的态度，由犯罪嫌疑人对犯罪行为应负的刑事责任的认知以及与之相适应的情绪情感和供述意向所构成。从态度的倾向性和其对供述行为方向的影响上来说，供述态度可以分为拒绝供述的态度和愿意供述的态度。在拒绝供述的态度的影响下，犯罪嫌疑人可能拒不供认犯罪行为，也可能以谎供的形式表现出来；在愿意供述的态度的影响下，犯罪嫌疑人可能作出真实陈述，也可能作出错误的陈述，即通常所说的错供。

在审讯过程中，构成犯罪嫌疑人供述态度的认知成分，是指犯罪嫌疑人对与其犯罪事实有关的现象的认知。这些现象一方面包括侦查人员已收集的证据、相关的法律知识、犯罪同伙的供认情况等；另一方面也包括罪责感，即是否能够认识到自己先前的行为是一种犯罪行为以及此种行为应当受到法律的惩罚等。认知成分是态度的其余部分的基础。

供述态度构成中的情感因素，是指犯罪嫌疑人对侦查人员及侦查活动过程的肯定或否定的评价及由此引发的情绪。情感是态度的核心与关键，情感既来自认知，同时，又影响认知和行为倾向。如果犯罪嫌疑人认为侦查人员并没有掌握其犯罪事实及相关证据，或者不能产生认同刑罚惩罚的认知，则对供述犯罪行为持抵触情绪，抵触情绪反过来又会抑制犯罪嫌疑人形成有利于供述态度形成的认知。如果犯罪嫌疑人认为侦查人员已经掌握了其犯罪证据，并且产生了认同刑罚惩罚的认知，则对供述犯罪行为持恐惧、紧张、悲观的情绪，因为认同刑罚的惩罚只是表明其认为自己应当受到刑罚的惩罚，但供述犯罪行为所致的刑罚的现实性，以及刑罚自身具有的惩罚和痛苦的属性，又会使犯罪嫌疑人对供述犯罪行为产生紧张、恐惧甚至悲观的情绪反应。

供述态度构成中的行为倾向是指犯罪嫌疑人对侦查人员及审讯活动接受或拒绝的反应，主要表现为供述或拒绝供述。犯罪嫌疑人准备供述的行为倾向，即其供述态度改变的标志。

二、霍夫兰德（Hovland）的态度改变模型

美国心理学家霍夫兰德把改变态度看作信息交流的过程，并基于此于 1959 年提出了一个标准的态度改变模型。这一模型指出，说服者、说服对象、说服信息和说服情境构成态度改变所关联的四个基本要素，其中说服者、说服信息和说服情境构成了态度改变的外部刺激。

在态度改变的作用过程中，被说服者首先要学习信息的内容，在学习的基础上发生情感转移，把对一个事物的感情转移到与该事物有关的其他事物之上。当接收到的信息与原有的态度不一致时，便会产生心理上的紧张，一致性机制便开始起作用。一致性理论认为人们可以采用多种方式来减轻这种紧张，其中反驳就是减轻这种紧张的有效方式之一。按照认知反应论（Cognitive response theory）

的观点，人们在接收到来自他人的信息后会产生一系列的主动思考，这些反应进而决定个体对信息的整体反应。在这里，这些信息所引发的反驳的数量及性质对态度的改变起着决定性作用，如果这种反驳过程受到干扰则会产生说服作用，从而引起说服对象的态度改变；否则说服对象就会通过贬低信息来源、故意扭曲说服信息和对信息加以拒绝掩盖等方式来对抗说服，坚持自己原来的态度。①

1961 年，凯尔曼（A. C. Kelman）根据自己的研究提出态度形成或改变的三阶段理论。在他看来，态度的改变不是一蹴而就的，而要经过模仿或服从、同化与内化三个阶段。第一阶段为服从阶段，人们由于外在压力，为了达到一个更重要的目标，而改变自己的态度反应或表面行为，其主要特征是表面上按照他人的要求去做，但是内心对要做的事并不确信。第二阶段为认同阶段，个人的自我同一性与他人或群体存在依赖关系，或者说个人在情感上与他人或群体存在密切关系，从而接受某些观念、态度或行为方式，主要特征是自愿发生态度变化，加入了情感因素，涉及了认知因素。第三阶段为内化阶段，个人获得了新的自觉的认知信念，并在评判自己的价值观时发生了完全的态度改变。

凯尔曼把态度的形成或改变的过程分成了三个逐渐递进的阶段，揭示了态度形成或改变的复杂性，同时也揭示了态度的形成或改变过程，实际上也是个体的社会化过程。个体社会态度的形成，一方面，要受到社会生活环境中各种因素的影响和制约；另一方面，也是通过观察、模仿、强化等方式而不断学习的结果。其理论实际体

---

① 郭毅然：《影响受教育者态度改变的思想政治教育因素探析》，载《求实》2007 年第 10 期。

现了行为理论、认知理论与信息理论相互融合的趋势。[①]

态度由认知、情感和行为倾向三个部分构成：（1）以认知为基础。根据人们对对象的性质所持的态度而形成，如事物的优缺点。如这种汽车耗油多少？以此评价你的好恶、取舍。（2）以情感为基础。根据人们的感觉和价值形成的。如政治等。又如喜欢巧克力、喜欢这辆车的外观、颜色。（3）以行为为基础。基于对象所表现出来的行为。因为一个人喜欢运动而对他产生好感。要想达到改变态度的目的一定要针对人的态度类型来制定和实施策略方法。

图 5 是试图通过认知途径说服大众购买洗衣粉的广告。沙漏中的沙子和洗衣粉形态相似，并且洗衣粉可以使衣物焕然一新，达到和时之沙类似的逆转事件效果。

图 5：洗衣粉广告

① 植凤英：《社会心理学中关于社会态度改变的研究述评》，载《贵州师范大学学报（社会科学版）》2004 年第 2 期。

图 6 以唤起情感途径说服大众。这一广告使得里斯特林这一品牌在美国变得家喻户晓。

图 6：里斯特林广告

态度改变四要素包括：（1）说服者。一个好的说服者可以影响很多人，著名的马丁·路德·金等都是心理沟通大师，他们传递信息简洁清晰，态度诚恳。一个说服者的目标是要改变影响对方的行为，甚至改变人的信念，布道的目的是影响对方为宗教理念奉献金钱和时间，政治家是为了施政理念，商家做广告是为了让消费者接受他的产品，侦查人员如何说服嫌疑人改变态度如实供述，其自身的外在、内在的因素起着主导作用。（2）喜好性——人际吸引。说服者与被说服者之间要建立人际吸引和良好的沟通与交流关系。一般来说具有同体观，包括在某方面某个特征相同相似能够较快地建立联系，如年龄、籍贯、爱好、价值观等。（3）说服行为，即如何改变态度的具体方法。审讯中侦查人员和嫌疑人也是一种人际交往关系，侦讯双方同样应该建立起沟通交流的关系，以利于审讯的展开。（4）被说服者。霍夫兰德的研究表明，乐观外向、敏感度高、攻击性弱、自我效度低、想象力丰富的人容易被说服。了解嫌疑人的心理状态、个性特点等因素对于审讯中制定策略方法具有重要影响。①

三、说服者——审讯人员

作为一名审讯人员应该机智、老练、精干，外表整齐，内在丰富，性格坚毅，态度平和、耐心，威风凛凛，让嫌疑人感到轻松，但必要时，他一转身就变得严肃和不留情面，具有“演员”的才能。审讯中应表现出自信、有气势、自我控制力强、善于沟通、态度平和、耐心，具有专业素质。要尽量避免审讯中的疏忽、不耐烦、发脾气、粗暴、心不在焉、频繁接电话、频繁翻材料、急于要口供、说大话、说狠话等不良方式。

美国学者约翰·道格拉斯认为，审讯人员应该是一个比嫌疑人年龄大一些，更具权威性的人。审讯人员的年龄是个非常重要的环节。从心理学上来讲，陌生人之间更容易接纳经历相似或者年龄偏大的交流者，审讯中也是如此。审讯人员的年龄和受审人员的年龄差距也是一个不可忽视的环节。如果审讯人员年龄偏大，则更具权威性。这是因为年龄偏大的审讯人员在人生阅历、经验等方面具有更多的优势，更能够控制审讯局面。他们在谈话中往往可以以长辈的口吻结合自身的经历进行感情疏导，从身边的案例出发进行法律教育，与对方建立情感上的信任，达到很好的互动。如果审讯人员

① 对被说服者（犯罪嫌疑人）的研究在本书“供述心理”部分已做阐述，本部分略。

年轻则具有年轻人的锐气和朝气，具有更好的精力和体力，与嫌疑人年龄相仿时则更具有共同语言。BJ 警方在潘家园一带抓获贩毒嫌疑人张某。张某，33 岁，虽然年纪轻轻，但是已被三次判刑，从初中到现在几乎是在监狱中度过的。被捕后，张某抵触情绪很大，面对审讯就说了一句话："你们别跟我谈，你们要有证据爱怎么判怎么判，判我死刑都可以。"之后一直采取沉默的态度，无论审讯人员怎么和他谈，他一概不看审讯人员。在审讯中，尽管张某态度对立，但审讯人员还是发现了两个问题：一是张某和审讯人员的对峙只表现在与年龄较大的审讯人员打交道时，与同龄的和年轻一些的审讯人员相处时经常流露出羡慕的神态。二是当审讯人员提到他的父母时，张某总是低下头，冷漠的眼神会柔和许多。抓住这些细节，指挥员及时进行了人员和策略的调整：一方面，让同龄的审讯员负责主审，和张某聊天，慢慢地打消他的对立情绪；另一方面，审讯人员几次到张某的家里家访，给张某的父母做工作。当审讯人员将家里送来的毛衣、棉衣带到张某的面前时，张某紧紧地抱着衣物哭了起来，在审讯人员不断地对张某做工作后，张某开口说话了。原来，在张某第三次刑满释放后，他感觉外面的世界变化太大，自己已经不能适应，无法融入这个社会了。自己的大好时光都在监狱中度过，出来后无一技之长，再学习心有余力不足，由于没有文化和技术，出去找工作，也没有合适的工作可干，整天闲在家里，靠父母养活自己。这时，服刑时的狱友找他一起贩毒，张某就铤而走险走上了贩毒的路。张某进入看守所后，性格内向，与人交流不多，在接受审讯的时候，看到与自己同龄的侦查员们懂的东西很多，内心很羡慕，总想和他们交流交流，愿意和他们接触、聊天。

衣着在社交礼仪中也是很重要的一部分，人们见面的第一直接感受就是从着装开始的，从着装可以看出一个人的性格特征和素质修养，不同场合有不同的穿着要求。审讯也不例外，特别是在第一次接触受审对象时，审讯人员的着装完全可以反映审讯者的态度。在第一次接触受审对象时，侦查人员以着正装或制服为宜，给嫌疑人塑造一种威严庄重的形象；在以后的审讯过程中，衣服的穿着也以正装为宜，得以将威严庄重的形象延续。仪表吸引反映在侦讯双方第一印象的建立，仪表整洁、端庄往往使人产生好的印象。

我国《刑事诉讼法》具体规定了在审讯过程中，侦查人员的人数不得少于两人，审讯人员的多少对于给审讯造势来说也是一个影响因素。审讯人员多时，给嫌疑人营造出一个强大的审讯之势，表达侦查机关对其审讯的重视和“势”在必得的决心，让犯罪嫌疑人感到威慑。这种方法多见于审讯阻滞不前，需要加压突破的情况，但此种审讯之势需要注意的是避免众多的审讯人员没有核心、七嘴八舌的无序状态，影响审讯效果。如果有领导参与审讯，领导的身份、威望对审讯能产生积极的影响。领导选择关系案件关键场次时出场，对于坚定办案人员信心，震慑受审对象，达到预期目的都具有一定的意义。

笔者曾在看守所对487名在押人员做了关于审讯人员的年龄、语言、职务等因素对审讯的影响的问卷调查①。

统计显示，对审讯人员的性别被试的态度倾向男性侦查员（52.5%）和女性侦查员（47.5%）差异幅度不大，可见，一般来说被试对审讯人员性别没有特别的要求。而在语言和职务的问题上态度差异较大。从语言上看，虽然家乡话易懂，能够起到拉近距离的作用，但绝大部分被试（81.9%）还是认为普通话更好，这是因为审讯是执法活动，在犯罪嫌疑人心目中审讯人员代表的是“政

① 笔者2010年与本单位同仁在安徽省部分看守所的调研。

府”，执行的是法律，其形象是正面的、严肃的、神圣的，审讯中使用普通话更能代表这一总体形象；对于审讯人员的职务情况，67.6%做了肯定回答，因为有职务的审讯人员有一定权限，能说话算数，犯罪嫌疑人更愿意向他们供述，体现出“权威效应”。审讯人员的年龄情况从年龄大的、中年的到年轻的肯定回答的百分比从42.5%、32.3%到25.2%，分值呈递减趋势，年轻的审讯人员分值较低，这是因为在审讯中年轻的审讯人员往往表现出经验不足、急躁、方法简单等，不能赢得犯罪嫌疑人的信任；相对而言，年长的审讯人员经验丰富、沉稳，显示出让人既畏惧又尊重和信任的一面，这一点在对在押人员的个别访谈中也得到印证。而对于“你认为审讯人员在与你打交道中有多大程度能了解你的想法”，被试对“完全了解”“了解大部分”及“不了解”的肯定回答分值较低，总体倾向是“了解一小部分”（40.9%），这一分值不高，未能超过50%，说明实践中审讯人员与犯罪嫌疑人的沟通不够，对犯罪嫌疑人的情况了解不够，基于这样一种情况的审讯也是差强人意的，其效果可想而知。

四、喜好性——人际吸引

审讯人员和犯罪嫌疑人之间在某些特征方面相似或相近可缩短双方的心理距离，消除对方的“反引导定式”和防范心理，双方易产生“通体观”“自己人”的感受，这种认同效应反映在双方的年龄、文化、职业、籍贯等方面。如果犯罪嫌疑人使用某个地区的方言，最好选择能够使用或听懂这种方言的审讯人员，或者同一籍贯，或者去过那个地方的审讯人员，这有利于情感的接近，语言的交流，扩充谈话的话题，从而增加犯罪嫌疑人对审讯人员的信任。审讯年龄较大，有一定社会地位和受教育程度较高的犯罪嫌疑人，应选配相应的审讯人员，否则容易让其不信任，使审讯一开始就处于困难境地。审讯是审讯人员和犯罪嫌疑人之间面对面的较量，是一种特殊的人际关系和人际交往。从法律地位看，侦讯双方是对立关系，审讯人员要获取犯罪嫌疑人的真实口供，犯罪嫌疑人为了逃避法律制裁，在审讯中可能选择少供或不供。审讯中，如果侦讯双方气氛紧张，矛盾尖锐，对抗强烈，则审讯人员很难达到审讯的目的。因为此时嫌疑人从心里对你抵触和对立，根本无法接受你的观点，很难改变自己的态度。为了获取犯罪嫌疑人的口供，就要改变这种状况，侦查人员应着力建立人际吸引，只有这样才能缓和气氛，中和双方的冲突和矛盾，取得犯罪嫌疑人的尊重和信任，从而获取犯罪嫌疑人真实的口供。人际吸引是指人们彼此之间在社会交往过程中所产生的积极的情感体验，如友好、友爱、喜欢、尊敬等。人际吸引决定着双方的人际关系，人际吸引能促进人际交往关系，使得对方更加容易接受你。例如，听众对于一位他所喜欢的演讲人所宣传的观点，接受起来总是又快又容易，而对于他所讨厌的人所持的观点往往本能地排斥、挑剔。管理学界有一个观点是①：假如你想要说服人们你是对的，人们应该按照你的意见去做，那么，只是向人们提出良好的建议是远远不够的。首先必须让人们喜欢你，否则，你的尝试就会失败。侦讯双方在审讯中的人际交往关系是互动关系，双方互有影响。但是，在这种特殊的人际交往中审讯人员起着主导作用。因为审讯的主动者是审讯信息的设计者和发出者。审讯中，审讯人员对于审讯的可行性和有效性起着至关重要的作用。实践中，审讯人员所拥有的专业知识和能力，受教育程度，职务高低，社会地位，社会阅历和经验，包括审讯人员的态度是否诚恳、友好，待人待事是否公正，也包括警察作为执法者自然拥有的职业威信等都

① 刘宗粤：《引导的心理策略》，中央党校出版社1991年版，第263页。

会对审讯产生影响。审讯中的对立是不可避免的，但是在强对立之下审讯很难展开有效的信息交流，犯罪嫌疑人很难接受你的观点改变自己的态度。改变这一状况的方法就是处理好侦讯双方之间的人际交往关系，建立审讯人员对犯罪嫌疑人的人际吸引，以缓和气氛，中和冲突。侦讯双方有着相同观点和利益；审讯人员有能力、有知识、有专业水平；有着令人尊敬的品质，如真诚、通情达理、坦率和善良。审讯人员如何做到中和与犯罪嫌疑人之间的对立和冲突，使犯罪嫌疑人对审讯人员产生尊敬、友好甚至是依恋的情感，是审讯成功的重要因素。

1. 权威性

社会心理学方面的实验资料无可争辩地说明，来自具有权威特征的信息，一般都有较大的影响力。权威效应告诉我们，要增加人际吸引和影响，可以借助权威。"权威"身份是一张能够增加影响的心理名片。我国古人说过："人微言轻，人贵言重。"权威身份可以说是一张有关信度的名片。霍夫兰德做了这样一个实验：将一群被试者分为三组，然后让三个人分别在各个小组就一个少年犯的题目进行演说。这三位演说者分别被主持人介绍为"法官""普通听众"和"品行低劣之人"。演讲结束后，三组听众开始分别给演说者打分。结果，"法官"得了"正"分，"普通听众"得了"中"分，而"品行低劣之人"却得了"负"分。三种不同的身份和同一题目的演说，即形成了三种大不相同的影响力。这个实验结果表明：一个对某问题享有声誉的人总比无声誉的人更能引起更多人的态度改变。实践中，审讯人员的权威效应是指权威性和可信性两个方面。权威性是指他所拥有的专业知识和能力，受教育程度，职务高低，社会地位，社会阅历和经验，也包括警察作为执法者自然拥有的职业威信等。其中，专业性使人信服，也使得审讯人员具有了特有的专家身份。可信性是指犯罪嫌疑人相信审讯人员以及其言论的程度。如审讯人员的态度是否诚恳、友好，待人待事是否公正，等等。可信性的相关因素很多，审讯人员所表现出来的人格态度和特征是重要因素。无论是权威性还是可信性核心都在于“信”，而不在于“威”。在法制日益发展的今天，人们对权威的崇拜已经较少迷信，审讯人员应该正确认识到这一点，不要以“威”压人，要以“信”服人，从“信”的角度出发进行引导。审讯人员的权威来自以下几个方面：一是年龄因素。正如美国侦查员道格拉斯所说：审讯人员应该是一个比嫌疑人年龄大一点，更具权威性的人。年龄大的优势在于有着丰富的审讯经验，同时又有着长者的亲切和平易，也就是既具有震慑力，又具有亲和力，这两个方面的因素都是审讯人员必备的业务素质。二是有着较丰富的知识和专业水平。审讯中，法律赋予审讯人员执法权，即自然威信，通过接触，审讯人员显示自己的知识和专业水平以及能力，使得嫌疑人发自内心地对审讯人员信服，由自然威信转为自觉威信。三是权力。在强调经历和专业知识的同时，不可忽视的是“权威迁移”，即名望、地位等特征也可产生广泛的影响，有时甚至压倒专业性。即地位越高、名望越高的人权威性越强。四是审讯人员的态度是否诚恳、友好，待人待事是否公正等因素。以上因素都会在人际交往过程中产生影响，但不是绝对的，如审讯人员不一定要年龄大的。最后发生效应的是综合素质的体现。

2. 仪表吸引和特质吸引

仪表吸引反映在侦讯双方第一印象的建立，仪表整洁、端庄往往使人产生好的印象。仪表是人际吸引的重要因素。但是，其作用是有限的，在人际交往的初期作用明显，但是单纯的仪表吸引不能维持太久，人际吸引更重要的是才智、能力和品德、性格等，这就是特质吸引。对于能力、才智和品德人们很好理解。对于性格特质，主要指性格品质。研究表明，人们评价最高的性格品质是真诚（表述为：真诚的、诚实的、忠实的、真实的、信得过的、可靠的），其次是热情，另外还有聪明、灵巧、勤奋、果断等也排在前列[①]。可见，审讯人员所表现出来的能力、真诚等特质是人际交往中重要的吸引因素。

五、改变态度的方法

（一）认知失调审讯法

1957年，费斯汀格在《认知失调理论》一书中，系统地提出了他的认知失调理论思想，即人们总是寻求一种完整的和谐的认识。如果态度结构体系出现不一致的因素，个体就会在心理上产生焦虑、紧张或不愉快等负性感受，这种负性感受会构成一种压力，他们就会力图改变某一因素使之趋于协调。当态度与外显行为不一致时，个体也存在一种驱动力使之趋于协调，即态度和行为保持一致，人们的态度正是在这一过程中发生着种种变化。认知之间不协调程度越大，则人们想要消除它的动机就越强，人们态度发生改变的可能性也就越大。如："我是吸烟者"与"吸烟导致肺癌"认知不一致。解决认知失调的三种途径：第一，改变行为，"知道吸烟有危害"而"每天还在吸烟"的人，把烟戒掉。这样，两个认知元素便协调起来。第二，改变态度，如上述"知道吸烟有危害"而"每天还在吸烟"的人戒烟是不容易的，因此他们改变了对吸烟有害健康的认知，认为"吸烟不一定导致癌症"，从而继续吸烟。第三，引进新的认知元素，改变失调的状况。例如，为了缓解吸烟问题上出现的认知失

① 刘宗粤：《引导的心理策略》，中央党校出版社1991年版，第272页。

调和心理紧张，可以寻找有关吸烟不会致癌，甚至反而对身体有些益处的事例知识。又如，老刘为学校教授，系里要开一门新课程需要征求意见，老刘认为课程还不成熟心里并不赞成。系主任找他谈话，暗示他在会议上发表一些赞美之词，说道："尽管我知道你反对开这门课程，但你如果能说说它的可取之处是很有帮助的，毕竟你是教授了，说话还是有分量的。"于是在会上老刘说了好话，课程得以通过。根据认知不协调理论，老刘已经陷入不协调了，关键点是，老刘并没有感到太大的强迫（系主任很温和地劝说），其还是可以选择不说的，这就是认知不协调改变了老刘的态度；反过来，如果系主任说："你不说就没工作了"，那么老刘也会在会上说好话，这是改变行为，即依从。在解决认知失调的问题上，费斯汀格提出了三种途径：其一，改变行为，使对行为的认知符合态度的认知。比如，"知道吸烟有危害"而"每天还在吸烟"的人，把烟戒掉。这样，两个认知元素便协调起来。其二，改变态度，使其符合行为。如上述"知道吸烟有危害"而"每天还在吸烟"的人，体验到认知失调，但让他们戒烟是不容易的，因此他们改变了对吸烟有害健康的认知，认为"吸烟不一定导致癌症"，从而继续吸烟。其三，引进新的认知元素，改变失调的状况。如为了缓解吸烟问题上出现的认知失调和心理紧张，可以寻找有关吸烟不会致癌，甚至反而对身体有些益处的事例知识。认知失调理论的应用范围很广。扎乔克（Zajonc，1968）高度评价了认知不协调理论的贡献，他写道："在社会心理学中，没有什么理论比认知不协调理论刺激了更多的研究。这个领域的论文构成了社会心理学杂志出版物中的正式范畴。它们探讨的课题和问题远远超出了社会心理学的界限。"该理论在心理治疗、教育、消费行为、决策等方面得到广泛应用。美国侦查学者布赖恩·杰恩在其《审讯的心理学原理》论文中，对审讯实践中存在的犯罪嫌疑人如实供述犯罪事实的现象进行了研究。他认为，嫌疑人在审讯过程中无论是拒供还是假供（即说谎），从心理学上讲，由说谎引起的内心冲突，其结果是挫折和焦虑。焦虑是一种不明确的忧虑的不安状态，通常不与特定的起因相联系。在个人理想与客观实际之间出现冲突或认识不一致的时候，焦虑就会出现。理想的目标与客观实际差距越大，认识就越不一致，焦虑也随之增加。焦虑的增加，是嫌疑人之所以在审讯中供认的部分原因。虽然嫌疑人希望逃避真实供述的后果，但他并不希望以增加与欺骗相连的内心焦虑为代价换取这样的结果。大多数嫌疑人对自己的评价都是正面的，诸如“我是聪明的、有理性的人”“我是善良的人”。所以，不管做了什么错事（甚至犯罪）他总是会想方设法使自己和别人相信，他是善良的、理性的人，并希望保持前后一致的形象。针对犯罪嫌疑人的这一基本认知特点，运用认知失调审讯法使犯罪嫌疑人产生或加强认知失调，使其对自己拒供行为或态度的认知对其稳定、正面的形象产生影响，从而使其为了维护自身稳定的正面形象，降低或消除认知失调，改变拒供或谎供态度，如实供述。

认知失调审讯法之所以有效，基于以下原因：第一，更好地把握了认知成分对转变态度的作用。态度是指个体对某一特定的客体作出反应时所持有的稳定的心理倾向①，它包含认知、情感、行为倾向三个重要成分。其中，态度的认知成分是指个体对某一类社会事物（人、事或物）的性质认识而形成的一种心理印象，即对态度对象所持有的信念和看法。它为个体了解和判断社会事物提供参考，是态度其余部分的基础，带有判断和评价的意义。态度的情感成分是指人们对态度对象肯定或否定的评价，以及由此而引发的情绪情

① 郑全全：《社会心理学》，浙江大学出版社1998年版，第53页。

感，情感成分是态度的核心；态度的行为倾向成分是指个体预先具有的心理状态，或一种定式，是在一定的社会情景下个体对态度目标将要采取行动的心理上的准备。所以，态度有一种准备行动的性质，也就是说，态度会影响将来对这个态度目标所采取的行动（见图7）。

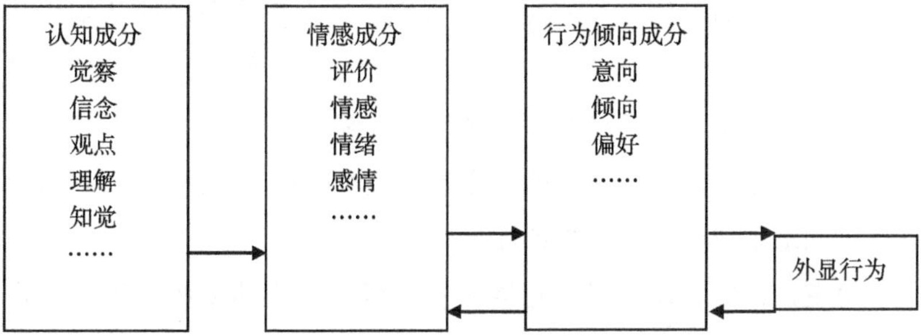

图7：态度的三个成分之间的关系

从图7中我们可以看出，这三个成分是互相依赖、协调一致的。人们对周围事物的知觉会影响到对它们的评价，从而产生某种行为倾向。虽然情感是态度的核心和关键，但改变一个人的情感较为困难[①]，因此，从情感的角度入手改变态度难度较大。同时，由于认知成分是态度的基础，它对情感有重要的影响，其影响主要在于认知判断评价物对个体需要的符合程度，它是个体对评价物产生肯定或否定态度的决定因素。情感体验是在认知过程产生，并通过感知过程逐渐得以体现的。因此即便是从情感角度改变态度也离不开认知成分的影响。苏联心理学家乌兹纳泽认为，认知、情感和行为成分对态度的影响在不同层次上的比重有所不同。在较低层次上情感成分起较大作用，在高级层次上认知成分起较大作用。认知失调审讯

① 郑全全、俞国良：《人际关系心理学》，人民教育出版社1999年版，第79页。

方法注重从影响犯罪嫌疑人认知的角度入手，改变其拒供态度。

第二，认知失调审讯法更加注重调动犯罪嫌疑人如实供述的主动性和意愿。Simons（1971）认为，说服的过程实际是一个说服者创造适当情境，以使他人愿意改变态度的过程，在这一过程中自我起到主要的作用。所以，在审讯时也应当重视犯罪嫌疑人的自我状况。侦查人员通过使犯罪嫌疑人对自己拒供行为或态度的认知威胁其稳定、正面的形象，产生或加强其认知失调，使其为了维护自身稳定的正面形象，从而降低或消除认知失调，改变拒供或谎供态度，如实供述。因此认知失调审讯法注重对犯罪嫌疑人供述的内因分析，有助于调动犯罪嫌疑人的主动性。

第三，认知失调审讯法更注重犯罪嫌疑人供述动机的形成。审讯的核心是促使犯罪嫌疑人在其心理活动中形成供述动机。供述动机是在审讯过程中，促使犯罪人或犯罪嫌疑人形成供述决意和如实供述的内心心理活动的起因。当供述动机产生后，犯罪嫌疑人才有可能进一步形成供述决意并作出如实供述。[①] 供述动机的产生、存在和作用，大致与下列因素有关：回归社会的愿望（对亲人的眷恋和思念、对社会生活的留恋与求生的欲望等）；悔罪自新的觉悟；自知罪行无法隐瞒；对感化的回报（体验到政策的感召）；在激烈的心理矛盾和决策中，产生彻底供述以求从心理紧张中解脱的愿望。[②] 费斯汀格的认知失调理论假定，人的认知失调是一种动机状态，是一种驱力，是与饥、渴及其他剥夺生理状态同等的概念。与其他驱力一样，认知失调使行为具有能量和方向。人们的认知失调能产生动机，这种失调导致人们试图减少或消除失调引起的紧张或不适感，驱使

---

① 张冬冬、从均广：《浅议影响供述动机的因素》，载《河北公安警察职业学院学报》2006年第1期。

② 林秉贤、张克荣：《犯罪心理学》，中国科学技术出版社2001年版，第312页。

人们去寻求认知的一致、连贯或产生有意义的认知。他将动机理论的参照点从需求水平转移到认知水平，而上述影响供述动机的各个因素都可以通过认知失调的方法实现。

第四，认知失调审讯法更注重个体的心理逻辑意义上不一致所产生的改变态度的作用。认知失调理论认为，在个体的认知结构中，要素之间的一致或不一致完全是由个体的心理意义决定的。换句话说，认知的一致与否并不取决于是否符合客观逻辑，而取决于个体的心理逻辑。就一个个体来说，如果由一个认知可以推出另一个对立的认知，那么这两个认知就是不协调的。实际上，这两个认知在逻辑上并非一定不一致，只是因为个体依照自己的心理逻辑才体验到了两种认知的差异，从而产生了失调，改变态度。[①] 采取认知失调审讯法具体可采用以下方法：

1. 唤起自尊与良知法

犯罪嫌疑人也有自尊心，许多犯罪嫌疑人良知尚未完全泯灭。侦查人员应该从唤起犯罪嫌疑人的自尊与良知着眼来改变他们的态度，即虽然犯了罪，但只要老实交代，争取宽大处理，并且以后不再犯，那么还不失为一个聪明的人、善良的人。这里，唤起犯罪嫌疑人的自尊与良知是与减少或消除认知不协调联系在一起的。唤起犯罪嫌疑人的自尊与良知，以促使其供认罪行，可以通过以下两个紧密相连的程序进行。

第一，激起或加重犯罪嫌疑人的认知失调。侦查人员可以先对犯罪嫌疑人阐明其所犯罪行对社会和他人的危害、对其家庭的连累和影响，给自己家庭带来经济损失和给家庭成员带来精神上的痛苦，增强其压力和罪责感；然后再谈犯罪嫌疑人值得肯定的一面，如曾

---

① 玄新：《认知失调理论在讯问中的应用研究》，中国人民公安大学2008年硕士学位论文。

经取得过好的成绩、曾经很努力或获得什么荣誉等，即人们常说的“闪光点”。如问：“我刚才对你说的话你应该明白，你虽然被逮捕了，但我们知道你有闪光的一面。你的能力很强，卫校就是你一手在废墟上建立起来的，为此你也获得了不少的荣誉，这些都是你苦干干出来的，这些我们都了解。但是你老来失节，干出了与你多年党龄不相符的事情，至今还抱这种态度，太可惜了。”侦查人员既指出嫌疑人犯罪的严重性（逮捕），又谈及其闪光点，以激发他的自尊心和荣誉感。

第二，减少或消除犯罪嫌疑人的认知失调。激起或加重犯罪嫌疑人的认知失调并非审讯的目的。通过激起或加重犯罪嫌疑人的认知失调，使犯罪嫌疑人产生减少或消除认知失调的强烈动机，从而供述。关键是使犯罪嫌疑人还需要减少或消除认知失调，防止犯罪嫌疑人以破罐破摔或指责社会和他人的方式来减少或消除认知失调。因此，侦查人员应该向犯罪嫌疑人指前途、讲出路、给政策。针对其绝望、悔恨的心理，指出其行为确实危害了社会和他人，拖累了家人，也害了自己。让犯罪嫌疑人认清，现在面临的问题是如何面对现实，选择出路。如果能正视自己的问题，选择坦白从宽的道路，那么还能减轻对社会的危害、对家人的拖累、对自己的贻误，这是聪明之举。反之，如果执迷不悟、一意孤行、拒不交代，也会加重对家人的拖累和影响，会终生悔恨。

贵州缉毒英雄周某某因贩毒被捕。审讯中，他不吃不喝不开口。为了打破僵局，特请全国优秀人民警察、二级英模的侦查人员童警官上阵审讯周某某。周某某见到童警官后开口道：“你我本都是英雄，可现在你抓了我，你才是真正的英雄。”这一番话透出的信息：一是周某某对童警官的认同，侦查人员的英雄身份激发了周某某的同体观；二是态度缓和，抵触少了，开口说话了。侦查人员抓住时机：“你曾经是个了不起的英雄，是个有追求的人。现在却成了罪犯，沦为阶下囚，你是什么感受！当然，即使你到了现在的地步，你和别的毒贩还是有本质的区别，所以你的表现就应该不同于一般的犯罪分子。你是缉毒的，最应该清楚毒品的危害，现在你能做到的就是把问题讲清楚，减少危害。”谈话进行了5个小时，周某某开口交代贩毒的犯罪事实。审讯中侦查人员运用了周某某曾经是个民警，而且是缉毒英雄的身份，现在却成为犯罪分子的认识不协调，继而告诫周某某选择坦白从宽的道路，还能减轻对社会的危害。

2. **亲情感化法**

大多数人都不愿意伤害自己的亲人，也不愿意让亲人对自己产生不良的看法。事实上，犯罪嫌疑人因为犯了罪已经伤害了他的亲人，“你的妻子（丈夫）和孩子知道后会怎么想”“你的孩子会怎样看待他们的父（母）亲”“你这么做怎么对得起生养你的父母”“事到如今你还不坦白交代、亡羊补牢，只会连累你的亲人”，这时，侦查人员向犯罪嫌疑人指出，他所做的事已经深深地伤害了他的亲人，甚至会连累他们，犯罪嫌疑人原有的“我是一个热爱家庭的人”的认知与“我伤害了我的亲人，他们对我失望了”的认知出现了失调。此时，侦查人员应该及时地帮助犯罪嫌疑人降低失调，指出“只有勇敢地承认自己的罪行，如实交代，争取从宽处理，才能弥补给家庭带来的伤害，才能得到家人的原谅”，这样，犯罪嫌疑人才可能改变拒供态度，如实供述。

3. **得寸进尺法**

得寸进尺法是一种分两步实施的顺从技巧。第一步，先向他人提出一个小的要求，等他人满足该要求之后，第二步，再向其提出一个较大的要求，此时对方满足较大要求的可能性会增加。审讯中可先对犯罪嫌疑人提出小要求，也就是要求犯罪嫌疑人供述案件中的一些轻微的、容易供述的或无法否认的环节。一般来说，犯罪嫌疑人为了获得宽大处理，对一些让其供述次要情节的要求比较容易接受，在此基础上，侦查人员再向他提出大要求，即要求他交代主要问题和重要情节，让他明白不如实供述，不彻底交代清楚，等于前功尽弃。在这种情况下，犯罪嫌疑人就会产生认知失调，形成"既然已经讲了一些，为什么不继续讲下去呢"的想法，从而权衡利弊得失，为减少或消除认知失调而交代罪行。

在审讯中，侦查人员要注意循序渐进而不能"毕其功于一役"。对于犯罪嫌疑人愿意供述的问题，顺水推舟，让其供述，然后按照先轻后重、先小后大、先易后难、由浅入深的步骤，一个问题一个问题地弄清楚。如果侦查人员一开始就提大要求，而不是层层展开，就无法促使犯罪嫌疑人形成认知失调，认为供述与不供述一个样，从而使审讯工作陷入僵局。

4. 激将法

激将法就是利用人的某种心理特点，将自尊、自信、自强之心刺激起来，诱导其维护自己尊严的方法。以话刺激对方，使其感到坚持自己的观点和立场已直接损害自己的形象与自尊心、荣誉，从而动摇或改变所持的态度。虚荣心强、爱面子的人，认为自己"大丈夫做事敢作敢当，士可杀不可辱"，面子比什么都重要，因此对于这样的犯罪嫌疑人可以采用激将法。故意"将"他的"军"，刺激其自尊心，犯了错连承认都不敢承认还算什么大丈夫，从而导致其认知失调，为了维护自己的自尊和面子，降低认知失调所带来的压力和不舒服感，其往往会痛快地交代罪行，而暂时忘却了交代以后可能招致的后果，"宁可认罪受罚，也不能丢份"，因而不交代则已，一交代则十分痛快，且比较真实。激将法有明激法和暗激法两种。明激法是指针对犯罪嫌疑人的拒供及谎供的现实表现，直截了当地给予贬低、否定的语言刺激，使之被刺痛、激怒而“跳起来”，以达到改变其现状的目的。侦查人员对犯罪嫌疑人采用明激法，语词尖锐，刺激性强，对他们的自尊心具有很大的激发作用，往往能使其在不服气、不认输的心理作用下，用实际行动否认侦查人员的意见，从而成功地实现态度转化。暗激法是指有意识地褒扬第三者，暗中贬低犯罪嫌疑人，说：“某某认罪态度比较好，能老实地交代问题，现在已经走在你前面了，这一点比你聪明”，以激发其压倒、超过第三者（此处指同案犯）的决心。运用暗激法的巧妙之处在于通过“言外之意”“旁敲侧击”，委婉地传递刺激信息。事实上，任何人包括犯罪嫌疑人都希望别人尊重他们，都觉得自己是聪明的、理智的人。但侦查人员在其面前有意夸耀同案犯，显然会对他们产生一种暗示性刺激，使其认知失调，从而产生要与第三者试比高低的心理。

某年 1 月 29 日 BJ 市某公安分局受理了霍某涉嫌杀人案件。1 月 27 日 17 时许，该区某村发生一起火灾，大火被扑灭后发现一具尸体，尸体为房主王某，女，58 岁。尸体检验结果为死后焚烧，颅骨受钝器击打数次，力度很强，现场勘查发现死者儿子霍某的抽屉里有其母王某的一张 6000 元的存折。经调查，霍某与其母关系不好，尤其是霍某的父亲在几年前出交通事故死亡获得赔偿金 8 万元后，霍某与其母平分，霍某当时小，由叔叔代管，后要回已花光，王某的 4 万元也早已花完。据说，王某当时和几名男子来往，都会从王某处得到一些衣物等物品，有的是电器，有的是西服、皮鞋等，陆续把钱花完了，现在每到月底还经常借钱，霍某对此很有意见，为此常常争吵。霍某曾经出过车祸，但其母只去医院看过他一次。笔录摘要：

问：你心里知道我们为什么找你吧？

答：（点头。反应强烈大声说）你们冤枉我，母亲有养育之恩，自己怎么会杀母亲呢？公安机关放纵了凶手，我成了顶罪的。你们给我一个杀我自己母亲的理由！

问：（聊家常，聊天，稳定其情绪）。

答：（沉默）。

问：（让他看了一个杀人后因为认罪态度好而没判死刑的判决书）。

答：（沉默，要烟抽）。

问：你与你母亲的感情怎么样？

答：唉。

问：你父亲去世分给你们多少钱？

答：各4万块钱。

问：你的钱呢？

答：早花没了。

问：我想你母亲是不会舍得花这钱的。她肯定留给你结婚用，她不会花一分钱的，她也怕你花了，都花了以后怎么办？你现在都20多岁了，也该成家了，到时候买家具、装修不都得花钱吗。做父母的谁不为自己的孩子着想（刺激嫌疑人）。

答：（愤怒）她一分也没给我留，钱都被她花光了，没给家里买任何东西，家里的电都没买，屋里都是黑的，电视也看不了，谁知道她把钱花哪儿了？

问：你妈还剩了多少钱？

答：她自己把银行存折拿出来了，只有6000多块钱，我问了她同事，年终奖刚发7000多块钱，当天就花了1000多块钱。

问：你知道你妈的钱花在哪儿吗？根据我们调查，你妈发年终奖的当天就给刘某买了一双皮鞋、一套西服、一套VCD，很多人都看见了。你也知道，这个姓刘的还有一个姓张的根本就没想和你妈结婚，他们就是想骗点钱花花，你妈有钱的时候他们就来了，讨好你妈，没钱的时候根本就不来，这两个人都没有正式工作，没有经济来源（加大刺激）。

答：（突然站起来，手臂上下挥动）某某某，这个老不要脸的，我那天拿着棍子朝她脑袋上咣、咣、咣、咣就是几下子……（又突然停下，耷拉下脑袋）。

问：（追问）你的心情我们理解，你有委屈，你有烦恼，说出来让我们听听。

答：我心里一直压抑着，我妈这样被别人骗钱，被别人笑话，她根本就不管我，不为我考虑，我那天拿着棍子朝她脑袋上打了十几下，到处是血……

霍某与其母亲感情不好，尤其在经济问题上矛盾较大，对此霍某尤其不满。侦查人员从霍某与母亲的感情关系入手，正话反说刺激霍某（见下划线部分），使得霍某失控，说出真相。

某日，一上山找水源的农民发现离村十几里路的一个十几米深的山洞里有一具已经“木乃伊化”的尸体。衣服业已腐烂。后来靠尸体上尚未腐烂的腰带扣，认出尸体是一年前失踪的一个 13 岁的小女孩。经查，该女孩生前所在学校的班主任老师孙某有重大嫌疑（此人有奸淫女学生的行为），但尚缺乏证据。对孙某审讯了 15 天，孙某一直拒供，态度非常嚣张。侦查人员受理此案后，查看了现场、了解了当地的风土人情、地理地貌以及孙某的家庭状况和心理特点。据此，侦查人员制订了详细的审讯计划。经过 7 个多小时的审讯，终于突破了孙某的心理防线，孙某彻底地交代了自己的犯罪行为。对孙的审讯可分为几个阶段：

第一阶段：心理接触，激起自责

侦查人员分析认为，孙某原来的态度非常强硬，几乎无法与他对话，更不能问犯罪行为。所以，应该避开其犯罪情况，采取“拉家常”的方法，促其思想软化。于是，侦查人员开始问他的一般情况，如家庭状况、生活经历等，在问的过程中，穿插了道德观教育。开始时，孙某不愿答话，慢慢地，其警惕性有所放松，开始了比较正常的交谈，僵持局面有所改变。讲到其家庭状况好、其父母为干部、经济条件也不错、其成长过程也很顺利等“好的一面”时，孙的眼光有些柔和、自豪，但讲到其哥在部队上订了婚，他自己也订了婚，父母却已年老多病时，他又有点忧郁、面带忧色；讲到父母对他寄予很大希望，望子成龙，曾为他感到骄傲，经常教育他好好做人，别犯错误时，他多少有点羞愧。这时，侦查人员开始讲犯罪与惩罚的关系。他下意识地叹气，经常看着自己的手铐。这说明，侦查人员唤起了孙某的自尊心和责任感，中午时，已使其由不讲转变为讲；由对立转变为沮丧；由侥幸转变为畏罪；由狂傲转变为自责。

第二阶段：巩固成果，唤起自尊

孙某吃过午饭，下午1点再审时，他又恢复了原样，说：“你们别说了，有证据就处理我吧。”说完，扭过身子，瞪起眼睛不吭声了。侦查人员分析认为，这是上午教育生效，他承受不了内心的恐惧和压力，害怕崩溃的表现。因此，侦查人员对他采取了不予理睬的方法，冷置他。同时，用教育再度把他拉到侦查人员的计划轨道上去。

问：处理你容易。但我先问你，你当了四年教师了吧？

答：是。

问：你是怎么当的？

答：我抓得很紧，考上中学的人挺多。

问：你的学生都喜欢学习吗？

答：不是。

问：你对不爱学习的学生怎么办？

答：我管得很严，所以，我们班里不爱学习的学生也比别的班的学生强。

问：对那些不好的学生，你为什么还教育他？

答：这是我的职责。

问：我们的职责也是教育人，愿意接受也得教育，不愿意接受也得教育。

孙某无话可说了。侦查人员把他认为自己有教养、有文化、应当受到尊重的心理要求与他的粗俗举动对照，说明尊重自己人格的最好办法就是同样尊重他人。

第三阶段：进行世界观教育，转变其侥幸心理

孙某不交代的主要心理障碍是侥幸，认为当时没人发现此事，现在已经事过境迁，更难找到证据。他多次说：“我的事我最清楚，你说我杀人，你们拿出证据来！”侦查人员为了转变这种心理，针对其有一定文化知识的特点，对其进行世界观教育。“世界上一切事情都可以认识，难道就你的事情不能认识吗？要想人不知，除非己莫为。你办事能没点痕迹吗？像得病一样，病人不清楚，但是医生清楚。旁观者清，当局者迷。当然，在一定的范围内，你办的事你最清楚，但你要以为别人搞不清，就不全面了。你曾说过，你曾到大城市的医院里看过病。你为什么要看病求医呢？因为你有病，你自己又没有办法治好自己的病，甚至小医院也治不好你的病。但是医生能治好，特别是大医院的医生能治好。我们公安机关也是专治社会疾病的医院，你想不到，看不见的，公安机关却有办法、有条件把这些东西变成有形的痕迹物证。我们搞过多少案子啊！特务案、间谍案我们都解决了，就别说你这案子了。我们有我们的技术，你的病县里解决不了的，市里解决；市里解决不了的，省里解决。我们必须把你的问题解决了，我们也能够解决。”孙某听了这番话，沉思了一会儿，说：“我过去说得不全面，有错误。”

第四阶段：利用激情，进行法律教育和利弊分析

审讯初期，如直接进行法律教育，效果不一定好。所以首先促其思想软化。犯罪嫌疑人最终关心的是自己的前途和命运问题。当侦查人员发现孙某对我们的教育听得非常用心时，便开始宣讲《刑法》和《刑事诉讼法》的有关规定，如口供与其他证据的关系等，并选用从宽从严的典型案例的判决书给孙某看。此时，孙某的表情与开始时的怒目相对判若两人，变得坐立不安，不自觉地转过身来仔细地听。这时，孙某询问其家里的情况，侦查人员引而不发对他说："不能给你讲，怕增加你的心理负担。"孙某听了一直忐忑不安。待其受到法律和情感的双重震慑后，侦查人员告诉他家庭情况：其父母经受不住儿子被捕的打击，一病不起。当侦查人员去他家时，两位老人老泪纵横，要求好好教育他们的儿子，"只要有一线线希望（"一线线"是其母的口头语），也给他留条活路"。孙某听到这里，眼泪在眼眶里打转，一会儿，泪水哗哗地流了下来，突然站起来，大哭起来："我杀人了！我强奸了……"说完一下跪在地上。侦查人员要求他："站起来，坐着讲。""我跪着讲，我罪行太严重了。要不我站着讲。""我没脸坐着……"

犯罪嫌疑人孙某的主要供述心理障碍是侥幸心理。本案发生在一年前，犯罪嫌疑人孙某认为当时也没有人发现，公安机关很难找到证据。在审讯中，孙某多次说："我的事我最清楚，你说我杀人，你们拿出证据来！"由于该案发生的时间较久，在现场基本上未提取到有价值的痕迹物证，通过孙某有奸淫女学生的行为而认定他有重大嫌疑，但缺乏证据。孙某的家庭状况比较好，父母都是干部，孙某本人又是老师，有一定的文化知识，在带班过程中对学生的学习抓得比较紧。在审讯的过程中，根据审讯情势，对孙某的说服教育分成了四个阶段：第一阶段是心理接触，激起自责。这是由于孙某在审讯的开始阶段态度极其强硬，几乎无法以自由交谈方式（聊家常）进行审讯，以降低其警惕性，打破僵持局面。通过这个阶段的审讯，强化了孙某的自尊心和自责感。第二阶段是巩固成果，唤起自尊。在这个阶段，侦查人员利用孙某对不爱学习的学生进行教育的事例，以及孙某认为自己有教养，有文化，应当受到尊重的心理要求与他的粗俗举动对照，唤醒其自尊。第三阶段是进行世界观教育，改变其主观唯心主义的侥幸心理。这一阶段，通过辩证唯物主义的认识论以及身体疾病和社会疾病的例子，打破了孙某的侥幸心理。第四阶段是进行法律教育和利弊分析。这一阶段，主要是对孙某进行法律教育，并选用从宽从严的典型案例对其进行说服教育，最终彻底瓦解了孙某的抗拒意志。

（二）合理化审讯策略

“合理化”这一术语是奥地利精神分析学家弗洛伊德于1894年提出来的。在弗洛伊德的精神分析理论中，他把人格结构分为本我、自我、超我三部分。其中本我是一种与生俱来的最原始的本能冲动，它包括人类本能性的内驱力和被压抑的习惯倾向，它属于潜意识的结构部分，它按照快乐原则行事，这种快乐原则可以减轻紧张状态。人的基本心理能力里比多（libido）围困在本我中，里比多能量的增加会导致有机体紧张增加，而有机体则力求把这种紧张状态减少到比较能够忍受的水平。个体为了满足自己的需要并维持一种令其舒适的紧张水平，就必须和真实的世界交互作用。这时，自我便从本我中发展出来，充当了自身和外部世界的仲裁者。自我是意识的结构部分，它代表理性和机智，按照现实原则，充当仲裁者，监督和调节本我，予以适当满足。弗洛伊德人格结构的第三部分是超我，所遵守的是至善原则。这是在童年期发展起来的，是一系列行为规则被儿童同化的结果。超我是人格中最道德的部分，它代表良心、自我理想，处于人格的最高层，它按照至善原则指导自我，限制本我，以便达到自我典范或理想自我的实现。在弗洛伊德看来，上述三者保持平衡，就会实现人格的正常发展；如果三者失调乃至破坏，就会导致神经症和焦虑。因此，当一个人在本我的驱动下做了有违社会道德规范或法律的事情时，经过社会道德内化而形成的超我就会让你感到内疚和焦虑，而人们为了避免这种负面情绪的产生，就需要为自己的行为找到一定的理由，这个为自己的行为找理由的过程就是合理化。

合理化又称文饰作用，是指用一种自我能接受、超我能宽恕的理由来代替自己行为的真实动机或理由。[①] 通俗地说，就是当你遭受挫折或是无法达到你所追求的目标，或者是你的行为有违道德规范，或触犯国家法律时，寻找有利于自己的“理由”，来为自己的言行辩解，将面临的窘迫处境加以文饰，从而为自己解脱，求得心灵的安宁。合理化审讯策略是指侦查人员对犯罪嫌疑人实施犯罪行为的原因予以“合理的接受”，从而给嫌疑人提供一个可以在道德上为自己开脱的理由，或尽量减少其犯罪行为的道德责任感。[②] 这种方法所要做到的只是使犯罪嫌疑人感到自己在道德上所应负的责任小于案件事实本身表明的责任，从而在消除或减轻内心道义自责的情况下承认自己的犯罪行为。合理化的过程是审讯双方建立一种非评价性的、相互信任的关系的过程。这种策略可以使审讯者更容易控制审讯发展的方向。

弗雷德·英博在《审讯与供述》一书中提出了著名的“九步审讯法”，其中第二步“对犯罪嫌疑人实施犯罪行为的原因的推测，从而给犯罪嫌疑人提供一个可以在道德上为自己开脱的理由”就是合理化的原理。为达到此目的，审讯人员应努力把犯罪的原因和动机

---

① 车文博：《西方心理学史》，浙江教育出版社 1998 年版，第 467 ~ 469 页。

② Zulawsk, David E. , Wicklander, Douglas E. (2000) . Practical aspects of interview and interrogation, New York: CRC PRESS, p. 306.

“合理化”。弗雷德·英博还总结出了一些可以使用的合理化主题，如通过说明任何人在相似的条件或情况下都有可能干出同样的事来表示对犯罪嫌疑人的同情；通过降低对犯罪行为的道德严重程度的评价来减轻嫌疑人的有罪感或者是通过为犯罪行为提出一种比已知或推断的更容易在道德上被人接受和不太令人憎恶的动机或原因等。

合理化审讯策略是一种以情感因素为基础的方法。合理化通常是通过为嫌疑人的犯罪行为找出借口或者将其可能的犯罪原因加以合理化，来减轻嫌疑人自我所感知的罪行的严重性，这样可以使嫌疑人在消除或减轻其内心道义责任的情况下承认自己的犯罪行为。侦查人员为了减小犯罪嫌疑人的道德责任而为嫌疑人找的合理化理由不一定非得是他们犯罪的真实的原因或动机。合理化的过程使侦查人员有一个机会与嫌疑人建立一种理解而不是对立的关系。

1. 表示同情和安慰

侦查人员在审讯时对犯罪嫌疑人过去的委屈、遭遇表示同情和安慰，以使犯罪嫌疑人认为侦查人员了解其苦衷而愿意供述。表示同情实质上是向犯罪嫌疑人提出一个从道德上为其罪行开脱的理由，或尽量减少其犯罪行为的道德责任。这种方法所要做到的只是使犯罪嫌疑人感到自己在道德上所应负的责任要小于案件事实本身表明的责任，从而在消除或减轻内心的道义自责的情况下承认自己的犯罪行为。心理同情的途径：通过说明任何人在相似的条件或情况下都有可能干出同样的事来表达对嫌疑人的同情；通过降低对犯罪行为的道德严重程度的评价来减轻嫌疑人的有罪感；通过为犯罪行为提出一种比已知或推断的更容易在道德上被人接受和不太令人憎恶的动机或原因；通过指责他人来表示对犯罪嫌疑人的同情。

表示同情和安慰实质上是向犯罪嫌疑人提出一个从道德上为他的犯罪行为开脱的理由，或尽量减小他的犯罪行为的道德责任。向犯罪嫌疑人提出道德或心理上的开脱之词，绝不是同情他的犯罪，也不等于是他犯罪行为的真实动机。这种方法所要做到的只是使犯罪嫌疑人感到自己在道德上所应负的责任要小于案件事实本身表明的责任，在犯罪嫌疑人消除或减轻他内心的道义自责的情况下承认自己的犯罪行为。侦查人员使用这种方法的目的在于使犯罪嫌疑人把犯罪归结于更容易在道德上被人接受和不太令人憎恶的动机或原因。例如，把性变态或为了从保险公司赔款中获益的纵火犯罪说成是无意的，把强奸归因于醉酒，把抢劫归因于吸毒，需要钱，把盗窃归因于生活拮据，把贪污归因于赌博，只要犯罪嫌疑人承认实施了这种行为或把自己与犯罪现场联系起来，下一步就可以根据掌握的证据，犯罪嫌疑人的口供前后出现的矛盾，追问其真正的犯罪动机或原因。

2. 降低罪责感

侦查人员可以把嫌疑人的行为与他人更恶劣的行为相比较，或者还可以把嫌疑人此时的犯罪行为和他以前较重的犯罪行为相比较，这两种比较都会对审讯产生有益的效果，因为这都可以减轻本案犯罪嫌疑人的道德压力。采取这种方法，犯罪嫌疑人会在相当程度上减轻精神压力并获得平慰自己良心的机会，犯罪嫌疑人至少可以部分地在头脑中为其犯罪活动或行为找到理由或借口。不过，他仍然知道其错误行为已经伤害或损害了他人或社会公众。因此，这种自我宽恕还不足以使之完全摆脱良心的折磨。实际上，从侦查人员的话中获得的这种安慰只是促使犯罪嫌疑人通过供认有罪来求得更大程度上的解脱与安慰的一个刺激因素。当犯罪嫌疑人因此而形成心理倾向时，侦查人员富有同情心的话语消除了犯罪嫌疑人此前对承认有罪的法律后果的忧虑。

某村村干部（男，79 岁）涉嫌猥亵本村未成年幼女，审讯中侦查人员以降低其罪责感和其对刑罚后果的感知为主要方法。笔录摘要[①]：

问：这么大年纪了，不该找这种事儿。后果并不严重，我们以教育为主。听懂了没有，关键是态度。我说话你能听见吗？能懂吗？

答：听懂了。

问：关键是态度。错了就认个错，错误都是人犯的，后果又不严重，对不对？

答：(点头)。

问：(现在) 科学那么发达，那么先进，谁犯了错都不承认，那还要公安局干什么？要派出所干什么？你上过学没有？有文化没有？

答：文化？初小。

问：上了几年级？

答：四年级还是六年级，我那时候是高小毕业。

问：那咱俩差不多，我比你高一点儿。给你倒点儿水。这么大岁数不该犯这错误。对不对？人不怕犯错误，关键是态度。好多人犯了错误态度不好不承认，政府就不处理他了？照样处理。国家的法律，（我们）重证据，不轻信口供。就是说你态度好不好，承认不承认都无所谓，有些是科学依据，有些是证据，你承认不承认都无所谓，照样可以处理你。早上吃的什么饭？

答：两个饼，在这里吃得不少。

问：吃饱了吗？

答：吃饱了。

问：事儿就是这个事儿，县局领导、派出所领导在这里办案，给我汇报了，我说我和你谈谈。态度好了，认个错，你还可以回去，态度不好不认错，派出所掌握的材料、情况，你走不了。（你今年）79（岁）了吧？

答：嗯。

① 本部分为河南省优秀侦查员审理案件整理节选。

问：这么大岁数，那么热的天，你要是真进去，你受不了。以前进过（公安局）没有？

答：没有。

问：听说过没有？

答：那哪能没听说过啊。

问：对呀。你好好考虑考虑，认个错，政府出面给你处理处理，好不好？你这么大岁数，当上姥爷了吧？

答：当上了。

问：好，以后让你外孙女、孙子这一听，咦，俺姥爷就这个样子，好看不好看？

答：不好看。

问：对不对？一时糊涂，脑子一时糊涂犯了错，以后不该再犯的错，知道不知道？能接受教训吗？

答：（迟疑）能。

问：我说能不能接受教训，你还不理解这句话，还不想说这句话。

答：能，能。

问：这个态度就对了。

答：嗯。

问：明白吧。人家几岁的小孩她不会胡说的，也不会冤枉你，你记住啊，咱们都是过来人，你比我大十几岁。这个事儿很好解决，态度放端正了，咱都能解决。我说话你能听见吗？

答：听见，听见。

问：能听清吗？

答：听清了。

问：我说的能接受吗？

答：接受。

问：把你弄到这来知道是因为啥吧？

答：知道。

问：你有什么要说的，你想说什么可以跟我说。我说的话能听清吗？

答：能听清。

问：咱也不给你造成什么影响，为什么我让人家把你弄到这里来处理？也是为了照顾你这个老面子。明白不明白？

答：明白。

问：你自己考虑。

答：嗯。

问：我给你一点儿时间你自己考虑。啊。考虑好了认识到自己的错误，你给我写个检查，错就错了，你比我大了十几岁，你瞧我多大岁数了？

答：瞧你差不多50岁了吧？

问：啊？你想我这年龄，长得年轻啊？我64岁了。

答：哦，哦，那就是年轻呗。

问：我干这行40年了。

答：哦。

问：咱把你放县局了，也注意了影响，知道不知道？

答：嗯。

问：不处理好了，以后真把你扣起来，不多说，扣你两三个月出去。在村里你还怎么见人。明白吧？

答：明白。

问：自己写个经过，会写吧？

答：写不好，能写。

问：我再问你，以后这个错还犯不犯了？

答：不犯了。

问：能改正吗？

答：能改。

问：我相信你。

答：嗯。

问：咱都那么大岁数了，我给你一次机会好不好？就瞧你态度咋样了。

答：嗯。

问：错误都是人犯的，犯完了你得认识错误，知道不知道？

答：嗯。

问：得想办法改。我负责去给那边做工作，咱把这个事儿给平了。听懂了没有？

答：听懂了。

问：但一定要端正态度，一会这样，你岁数也大了，我也不问你了，我问你，你要是年轻人，往那上面一坐（指束缚椅），你瞧瞧。

答：嗯嗯。

问：因为你岁数大了，我没让你往上坐，有错误的人必须坐到那儿。我不让你坐那儿，能理解不？

答：（点头）理解，理解你对我的照顾。

问：因为你岁数大了明白

吧？一会你坐这儿，写个经过。一定要实事求是把它写清楚，哪天？都给小孩什么东西？她都跟你去哪儿了？怎么回事儿？但没造成什么后果？你都给我写清楚。

答：能，能，能。

问：好，你坐那儿，我给你拿纸笔，你坐那儿写，好不好？

答：好。

审讯中侦查人员大量地运用了以减小嫌疑人对后果的感知为主（以下划线部分）的方法，并给予从宽的政策。需要注意的是，运用时必须把握度，必须把握好审讯策略方法与“威胁、引诱和欺骗”的界限。

3. 唤起犯罪嫌疑人的自尊

侦查人员应与嫌疑人建立起交流和沟通的人际关系，并可适当地使用赞许和表扬帮助他恢复自尊心。人都具有渴望得到他人承认的自尊感，因此，人人都喜欢被恭维。作为犯罪嫌疑人来说，当他被罪责淹没的时候，尤其渴望别人对他过去荣誉和辉煌的注意、承认和尊重，在很多情况下这种嫌疑人很容易被侦查人员的赞许和恭维之词所打动。当然这不等于说这些人在听到恭维话后立即供认罪行，但这些话可以极大地帮助侦查人员打开犯罪嫌疑人供述的大门。即使犯罪嫌疑人没有很快供认罪行，或者始终否认罪行，他也会因此留下明确的说谎迹象，而侦查人员也就在一定程度上取得了审讯的成功。

某年 4 月 30 日下午，白某某（BJ 市 YQ 区人）在 HB 省某县北辛堡村中心北路 075 号院内，因见被害人谢某某（男，51 岁）与其妻王某甲发生关系，遂用木棍击打谢某某头部，发现谢某某停止呼吸后与王某甲、妻妹王某乙（王某甲的妹妹，谢某某的妻子）共同将谢某某拖至院内地窖焚烧，并将其尸骨扔弃。物证检验意见书证明：在地窖提取的烧骨残片30片中，检验为人类骨骼。现场勘查笔录显示现场有烧痕。白某某及王姓姐妹于12月1日归案。此案的难点在于：（1）案发后一年多破案，尸体已焚烧，尸骨已经扔弃，证据条件不好；（2）由于管辖问题曾变更强制措施，三名嫌疑人变更为监视居住，后经指定BJ市管辖，遂于第二年3月逮捕并收监接受审查；（3）由于证据条件不好，白某某在审讯中一直不供。笔录摘要：

问：基本情况。

答：(略)。

问：社会关系。

答：小姨子，王某乙，40岁，家庭妇女。女儿，李某某，21岁，别的就没有了。

问：小姨子的爱人是谁？

答：谢某某。

问：为什么不说？

答：(不语)。

问：以前受过什么处理？

答：没有。

问：什么时候被拘留的？

答：2008年12月2日。

问：因为什么问题？

答：说我杀人，还故意的，怎么故意了？(白某某对故意二字不满，主要因为自己杀人事出有因，再加上法律意识不强，白某某并不认为自己是故意的)

问：你被拘留期间承认杀人了吗？

答：没有承认。

问：你既然没有承认为什么还要逮捕你，说明法律是不以你的意志为转移的，对你的逮捕是检察院认定证据后对你实施的强制措施。

答：反正我没有杀人。

问：你既然说你没有杀人，谈谈你有什么解释。

答：我希望你们调查清楚，我一不缺钱，二跟他没有矛盾为什么要杀他？

问：今天逮捕你说明事情已经有了实质性的进展，我们进行了大量的调查取证，你杀人的证据是充分的。

答：那你们爱怎么弄就怎么弄吧，反正我是被王姓姐俩害死了。

问：谢某某这人怎么样？

答：就是吃喝嫖赌什么都干。

问：谢某某和你爱人关系怎样？

答：我不知道。

问：你跟谢某某喝过酒吗？

答：就那天在东江饭店喝过，我没喝，谢某某喝了。

问：那天喝酒发生什么事了吗？

答：谢某某喝多了，胡说，说二仙（王某甲和王某乙两人）是他的，小纪是他的，房子也是他的。

问：还说了什么？

答：我不知道。

问：他说了什么我们很清楚，当时边上有很多人，我们也查了，希望你如实讲。

答：还说王某甲也是他的。

问：那为什么刚才不讲呢？

答：我觉得寒碜，不想讲。

问：说这种话，不是你寒碜，应该是他寒碜，不讲伦理，你不应该不想说，你到底为什么不讲实话？

答：我就是嫌寒碜。

问：从一开始审查你到刚才，你一直没有讲谢说王某甲是他的，这绝不是简单的寒碜问题，而是你在回避更深的东西，这一点我们清楚，你也清楚。

答：我真没有跟她们杀谢某某，如果我干了我肯定会讲的。

问：谢某某喝多了，有什么爱好？

答：我知道谢某某喝多了爱胡说八道，爱找小姐。

问：那天谢某某是怎么离开东江饭店的？

答：我记得他喝多了，王姓姐俩还有赵老五和谢某某一起打车走的，去哪儿了我不知道。

问：后来王某甲去哪儿了？

答：当天我没有见到她，她之后去南菜园陪我女儿了。

问：你的妻子为什么要送谢某某？

答：他喝多了，一个人弄不过来。

问：那你找过王某甲吗？

答：没有，我不爱管闲事。

问：你既然知道谢某某喝多了爱找小姐，而且说过王某甲是他的，在这种情况下找你爱人是管闲事吗？

答：我说不过你们，我没有文化，反正我没杀人。

问：这不是文化问题，我们讲的是客观事实，现在有大量证据证实你没有如实谈问题，这样下去对你没有好处。

答：爱怎么着就怎么着吧，我说不清了。

问：你现在就是侥幸心理太强，你不认罪也不会放了你的，你的态度对你不利，我们希望你要认真思考，为你今后有个好的出路争取主动。

答：你们有证据就认吧。

问：既然这样坚持那就走着看，但有一点，政府的大门始终为你敞开。今天就谈到这里。

此案发案的原因是白某某发现自己的妻子王某甲和谢某某有两性关系，且谢某某平时霸道，吃喝嫖赌，还常说“这姐俩都是我的人”，谢某某的妻子王某乙敢怒不敢言。审讯中白某某对故意杀人的故意定性不满，同时反复说道“寒碜”，因为自己的妻子出轨，且由此爆发的杀人属于丑闻，白某某心里对此很忌惮，同时也是供述障碍。对此，侦查人员采取的主要方法就是合理化审讯策略，一方面对白某某表示同情，另一方面一块儿谴责谢某某，减轻白某某的道德压力，使白某某情绪得到宣泄和平复。

（三）暗示法

暗示是在非对抗条件下，通过语言符号或行动、表情、服饰等非语言符号，用间接的、含蓄的方式对他人的心理和行为施加影响，使他人接受暗示者的观点、意见，或按暗示的方式去活动。在教育、临床治疗、体育、文艺、司法等领域，暗示都可以显示其功效。在审讯过程中，巧用心理暗示已经成为侦查人员获取犯罪嫌疑人真实供述的重要手段。有研究表示，暗示是一个一般性的认知策略，它促使个人建构自己的稳定而明确的图式。在外部世界的模糊性和内部认知机制的不稳定所构成的压力下，人们会产生焦虑情绪，建立稳定的认知应对策略。认知策略大体有习惯性思维方式、暗示性机制、理性思维三种方式，而接受暗示只不过是人们主动适应外界刺激的一种正常的反应方式而已。①

心理学家巴甫洛夫认为，暗示是人类最简单、最典型的条件反射。从心理机制上讲，它是一种被主观意愿肯定的假设，不一定有根据，但由于主观上已肯定了它的存在，心理上便竭力趋向于这项内容。② Weitzenhofter 认为暗示是“不论言语的还是非言语的、简单的还是复杂的任一从暗示者到被暗示者的交流方式，目的在于使被暗示者产生一些与其环境不同的体验和行为，或者他不想表现的行为”。③《心理学大辞典》上是这样描述的：“用含蓄、间接的方式，对别人的心理和行为产生影响。暗示作用往往会使别人不自觉地按照一定的方式行动，或者不加批判地接受一定的意见或信念。”④

社会心理学认为人们总有一种倾向，总是自觉不自觉地维护自己的“自主”地位，不愿意受到别人的干涉或控制。在要求其转变态度时也是如此，实验表明，当对象觉察到外界有意说服自己时，

---

① John F. Schumaker. Human Suggestibility – advances in theory, research, and application: Routlege, 1991, p. 62.

② 徐德昌、马文斌、王龙锦：《对暗示与自我暗示的再认识》，载《精神医学漫谈》2005 年第 3 期。

③ Weitzenhofter A. M. Hilgard E. R. *tanford Hypnotic Scale*: *form A and B. Palo Alto.* CA: Consulting Psychologists Press, 957. 322.

④ 黄希庭、杨治良、林崇德：《心理学大辞典》，上海教育出版社 2004 年版，第 564 页。

往往会产生心理上的准备，从而警觉起来，而当对象没有察觉到外界有意说服自己时则比较容易接受意见，改变态度。研究还发现，当对象对引导或引导者存在心理障碍特别是情感障碍时，直截了当的引导则可能引起直接的对抗或逆反心理。减轻或消除对象的戒备心理和对抗心理，以暗示引导的方式即可。卡耐基认为："不论意见多么中肯，被别人强迫而接受的意见，总不如自己得出的精辟，所以，懂得这层道理后，硬要别人接受你的意见，将是很不聪明的做法。最好的办法，就是给他们一点暗示，由他们自己去思考并做出结论。"

暗示包括：直接暗示，即显露动机的直接提示；间接暗示，即不显露动机的暗示，这种暗示不容易被理解，一旦理解了体验会很深刻；反暗示，即显露动机的反面提示，"正话反说"就是反暗示。除语言外，行为也可作为暗示的"符号"，暗示可以由人来实施，也可以由情境施受。

暗示包括两个方面：一是实施暗示；二是接受暗示。从实施暗示来说，暗示者是主动、自觉、有意识的，暗示者希望被暗示者按照他指引的方向行动，达到影响对方的目的；从接受暗示来说，被暗示者不是通过分析、判断、综合思考而接受，而是无意识地按所接受的信息，不加批判地遵照行为。可见，暗示在本质上是在无对抗的条件下，用某种含蓄、间接的方法对人们的心理和行为产生影响，从而使人不自觉地按照一定的方式去行动或接受一定的意见或信念。暗示具有以下特征：一是非对抗性。在暗示的过程中，暗示者和暗示对象双方完全出于自愿，整个过程是在和平友好的气氛中进行的。二是隐蔽性。暗示的方法和形式比较隐蔽和秘密，在对暗示对象心理和行为产生影响的过程中，不易被注意和察觉。三是自觉性。暗示者用某种方法影响暗示对象，暗示的信息不遭受其主观意识的盘查、批判和抵制就能在心理上发生共鸣，使受暗示者不知不觉地按一定的方式进行行动或接受一定的意见或信念。四是针对性。暗示者总是针对暗示对象的某种需要来施加心理影响，因而表现出很强的方向性和专一性，导致解决问题非常明确。五是速效性。正因为暗示具有很强的针对性，所以暗示对象能迅速在心理上产生影响和变化，并在其行为上表现出来，见效很快。暗示作用大小与暗示者的威信、数量、受暗示者的心理状态、人格特征有关。一般来说，暗示者身份越高、知识经验越丰富、暗示者数量越多影响就越大。当人处于焦虑、困惑、不知所措状态时容易受到暗示的影响，独立性不强、富于情感的人易受到暗示。女性、未成年人容易接受暗示。

1. **暗示用证**

暗示用证是指用含蓄的语言、形象的动作或者摆放查获的实物证据，使犯罪嫌疑人意识到办案人员已经掌握了证据而不得不交代罪行。暗示使用证据的形式，可以用含蓄的语言暗示已经知道了犯罪事实，也可以用一种形象的动作暗示犯罪事实的某一情节，还可以把证据放在能够让犯罪嫌疑人看到的地方，侦查人员不用任何语言和行为明确地指示给犯罪嫌疑人，而是通过犯罪嫌疑人的辨认，自己去感知。当犯罪嫌疑人识别出是犯罪物证时，便会意识到已无法隐瞒下去，因而只好如实供认。在已知赃物的规格、型号，而没有获取该赃物的情况下，也可以使用与该赃物相同规格、型号的物品代替，但是不能明点。

在某市郊外的一片小树林里发现一具小女孩的尸体。法医鉴定被害人被强奸，颅骨粉碎性骨折死亡。现场勘查时，侦查人员在尸体几米远的地方发现一块大石头，石头上还有毛发和血迹，经过鉴定，毛发和血迹与被害人一致。经侦查，抓获犯罪嫌疑人张某。审讯之前，指挥人员进行了周密布置。决定将现场的石头放在审讯室，在犯罪嫌疑人座位的侧后一点的地方放置一张桌子，将石头放在桌子上，侦查人员在审讯中不主动提这块石头，看犯罪嫌疑人的反应。此案中对于“石头”的运用就是暗示法，对于有罪的嫌疑人来说他不可能无视石头的存在，按捺不住想看，由于石头摆放的位置在侧后方，所以要回头看，不断地回头，反映了他的心理活动。

著名预审员汲潮在审理某地区派遣特务一案中，犯罪嫌疑人孙某拒不供认自己的真实身份和犯罪事实。经缜密侦查，从犯罪嫌疑人家中的一个鸭嘴暖水瓶的空心软木塞内终于发现其密写药粉。汲潮将此热水瓶放到了审讯室。再次审讯中，面对仍是自称“我是堂堂正正回来的爱国人士”而抵赖抗拒的嫌疑人孙某，汲潮道：“我有责任再次提醒你，政府的政策是坦白从宽，抗拒从严。”紧接着按照事先设计的方案，审讯中，汲潮端起自己的大茶缸，向孙某右侧的小茶几走去，茶几上，摆着两个相同图案的暖水瓶。他一边走一边说：“如果你老实交代自己的罪行，我们是会考虑对你进行从宽处理的。如果你放着光明前途不走，硬是走抗拒从严的邪路，到时候就来不及了。”汲潮的目的是通过边走边说的表演，把孙某的注意力引到茶几上面。接着，他走近茶几，打开其中一个暖水瓶往茶缸里倒水，同时口中念念有词：“我明白告诉你，我们是掌握着非常充分的证据！”这最后一句话，起到了一语双关的效果。当时孙某随着汲潮的走动而移动自己的视线，起初他是漫不经心的，当他听到这句话时，视线触及了汲潮手下的两个暖水瓶，浅蓝色的瓶身，一条硕大的鲤鱼张着嘴，摇着尾巴……他的头脑瞬间被这大鲤鱼图案的鸭嘴暖水瓶像炸弹似的炸开了。他甚至不敢再偷窥一眼暖水瓶。孙某这一瞬间的种种反应，全被汲潮看在眼里，他不失时机恰到好处地进行敲打：“话说到这份上，你也应该看清了，我们不是口空无凭。你也应该扔掉侥幸心理，要是在事实面前还抵赖顽抗，倒霉的只有你自己。”汲潮说到此话时，突然把语调提高了八度，对孙某来说无异于炸弹了。“我……”孙某又欲狡辩，但见到鸭嘴暖水瓶，忙又把话收回去。“你还是说实话吧。”孙某变得低头不语。抬眼又看了看那个鸭嘴暖水瓶，孙某把头低垂得几乎贴到胸膛，长头发凌乱地耷拉下来，他失神地语音不清地嗫嚅着说：“我，我交代，暖水瓶……”①

本案中，汲潮使用了暗示使用证据的方式。汲潮在审讯中抓住犯罪嫌疑人对罪证最敏感、最害怕的心理，用与案情有关的藏过密写药粉并绘有大鲤鱼这种特别图案标志的“鸭嘴暖水瓶”做道具，没有直接向犯罪嫌疑人出示，而是将其放在了犯罪嫌疑人能够看到的地方，运用有声语言和无声语言的巧妙结合，给犯罪嫌疑人输入一阵比一阵更为强烈的信息，终于使孙某在经历了思想上由麻木不仁—惶恐不安—恐惧绝望的渐变突变之后，只得俯首低头。

2. 造势用势，造成错觉

造势用势是指通过一定的语言、行为和气氛的影响，使犯罪嫌疑人形成罪行已经被揭发的观念，造势用势是利用犯罪嫌疑人在审讯中特定的心理状态和特定的环境所造成的思维片面性，造成错觉并加以利用。在审讯中，犯罪嫌疑人为了逃避和减轻罪责，总是希望达到某种愿望或不愿出现某种结果，但处在羁押的环境中，又不可能知道自己的罪行所暴露的程度以及侦查人员掌握了哪些证据，因此，不仅急于探听虚实，而且对外界信息具有高度的敏感性。在这种心理状态下，向犯罪嫌疑人输入一定的信息，他就会依据自己的主观愿望对所获得的信息进行判断，权衡利弊。在没有其他信息来源的情况下，犯罪嫌疑人往往产生错误的判断，造成已经无法继续抵赖下去的认识，而作出供述罪行的选择。造势的方法有多种，

---

① 汲潮：《预审员札记》，群众出版社1982年版，第27页。

如环境造势，人员造势，语言行为造势，等等。

环境造势即审讯环境的安排和布置。美国侦探约翰·道格拉斯在审讯中喜欢在墙上悬挂一些图表，显示每个嫌疑人一旦被定罪，即将面临的刑罚。这种做法给作案者造成压力，提醒他注意切身利害关系。“我就是要尽可能使那种如坐针毡起的作用越大越好。”①

人员造势即从审讯人员的选择以及他们的衣着、举止、神情、仪态给对方特定的信息。如多人审讯意味着重视、案情的重大，可造成紧张的气氛；领导参与审讯意味着案情某种程度的升级、重视和施加压力等。

语言行为造势即侦查人员在审讯中如何提问、如何用证、如何施策。

如某杀人案件，抓获嫌疑人阿三，此人已经近60岁，距案发已经十几年。审讯中阿三神情淡漠，眼睛一眨一眨打着主意，对杀人事实否认。

审讯中侦查员突然问：认识陈木吗？

答：（听到被害人名字全身触动一下，但很快镇定下来）认识。

问：他失踪多年，你听说了吗？

答：后来……听说了。

问：怎么样，还想他吗？

答：（微微点头）。

问：想见见他吗？

答：（吓一跳）见……见。

问：（突然拉开模拟被害人头像的罩子）。

答：（发抖）。

问：他是被谁害的？

答：（发抖，哆嗦）。

问：是不是你干的？

答：（扑通跪下，交代）。

---

① ［美］约翰·道格拉斯：《心理神探》，阎立平、王春生译，译林出版社1999年版，第5页。

此场审讯侦查人员使用的是造势用势心理战，通过语言以及被害人头像造势，使犯罪嫌疑人心里形成问题已经暴露无法隐瞒的认识，同时，侦查人员步步紧逼，打开其心理防线①。

3. 冷置法

冷置法又称突然中断审讯法或拖延审讯法。突然中断审讯法是指审讯不顺利或陷入僵局时，为了打破僵局中断审讯，择日再审的方法；拖延审讯法是指审讯人员故意拖延出场的时间或者副审或记录员先出场，主审等待时机出场。冷置法的原理是基于嫌疑人被羁押后与外界隔离，信息基本隔绝，此时人的认知水平下降，容易出现错误的判断。

某年 1 月 15 日，山东蓬莱一高中女生李某甲和妹妹李某乙为观灯提前返校。半夜，一人悄悄潜入宿舍行窃，姐妹二人被惊醒喊叫，歹徒行凶对二人猛刺数刀，李某甲抢救无效死亡，李某乙受伤。经过侦查于 2 月 22 日抓获嫌疑人王某某。王某某被拘留后不得已承认其犯罪事实，其口供与现场勘查、尸体检验、李某乙证言一致。但是，在追缴凶器的问题上出现了困难。对于刺死李某甲的弹簧刀的下落王某某一直不愿交代，时而说扔到麦地里了，时而说扔到学校门外的路上了，要么就一声不吭，或者叫嚷："你们别说了""事情我都认了，找不找刀子有什么用""信不信由你"。侦查员分析其中必有原因，可能是凶器隐藏在某处，王某某讲义气，不愿意牵连别人。为此，侦查员调整策略重新审讯。侦查员有意暂停了一周，没有提审，一周后再提审。

问：几天过去了，关于刀子的下落该说实话了吧。

答：（抬起头，盯住侦查员揣摩这句话的分量）。

① 杨富昌：《侦审攻心斗智》，群众出版社 2002 年版，第 17 页。

问：有一点要告诉你，事到如今你讲不讲实话都无关紧要了。但是，事情既然是你干的，你就必须亲口说清刀子的问题，你说呢？

答：（低头沉默）。

问：你敢于承认杀人的事实，你敢作敢当，我们有数。但是，在刀子问题上纠缠对你没有好处，而且也没有必要。我们办案是不会株连九族的，不会冤枉无辜的，这一点你要相信我们。

答：（抬头看看，又低头）。

问：你在本市都有哪些关系近的亲戚和朋友？

答：（脸色大变）我考虑考虑。

问：可以考虑。但是不要太长时间，我问的是本市的。

答：（低头沉默）。

问：时间拖得越久对你越不利，对帮你藏刀的人更不利，这个道理还不明白？即使你不说，我们迟早也会查清的。这一点你应该能够想到。

答：我想见一见我姐，她从小把我带大。

问：见是可以的。但是，有个前提就是等你问题讲清楚了。我们这样做是为你好，更是为你姐姐好啊！

答：（动摇、犹豫、欲言又止）。

问：你姐姐从小把你带大，你有什么都会依赖她吧。你要是讲了，你姐姐也就主动了，要抓住这个机会啊！不要被动了。

答：（交代）你们查得紧，我把刀子偷偷藏在我姐家西屋写字台第三个抽屉了。

此案中，前期审讯不顺利，侦查人员停止审讯，加大了嫌疑人的压力和焦虑，同时侦查人员也分析制订了下一步的审讯方案。

30年前，北京发生了著名的京城飞毛腿案件，因为此人强奸了380名妇女，作案地点主要在北京朝阳十八里店一带，有时候一个晚上作案几起，而且是抢劫强奸连环案。此案困扰了警察多年，因为此人跑得快，几次短兵相接都没有人能够追得上。此人作案没有规律，一直到破案后才弄明白，原来是一和老婆吵架就会出来作案。一次，飞毛腿去一家供销社抢劫，正好有一复员军人去这个供销社买东西，于是女售货员大叫“这个人抢钱，快追”，军人飞快追去，一追追了一万多米，飞毛腿跑不动了，复员军人才将其抓住。此次抢劫一共才抢了 90 元，被抓后，20 多天没有人理他，此人渐渐坐不住了，是不是公安机关掌握了我的事情，怎么不提审我？是不是公安掌握了我什么，现在在考验我？不断的煎熬、焦虑使得他按捺不住主动求提，审讯中他主动供认了两年前的一起盗窃案件，提审的民警参加过侦查老流氓案件，一听说此案追了一万多米才抓获，马上和飞毛腿案件联系起来，并打电话给处长，处长马上带队赶来审讯，此人一看这个阵势也明白怎么回事，很快就交代了。[①] 此案嫌疑人被冷置了 20 多天，与外界信息隔绝，造成信息不对称，心理发生变化，更紧张、焦虑，从而出现错误判断。

六、态度改变的技巧

（一）直截了当

直截了当又称为直陈，是指审讯中侦查人员明确提出问题，并使用相关的事实或证据加以论证，以影响对方，达到态度转变的目的。这一技巧的要旨：一是它不直接得出结论；二是通过相关的提示（事实、证据等）使嫌疑人自己认识到无法抵赖从而就范，这种方法有助于减少对方的心理障碍，适用于理性的、独立型的人格特征的嫌疑人。[②]

---

① 萨苏：《京城十案》，金城出版社 2011 年版，第 11 页。

② 由对象自己推出结论的方法近似于“苏格拉底的产婆术”。

心理学界对于自己推出结论还是明确提出结论两种方式存在一定的争议。其实，两者各有所长，适用于不同的情境和条件。审讯中一般可考虑以下条件和情境：（1）如果案件条件好，证据充分，则可让嫌疑人感知后自己得出结论，放弃对抗；如果案件有证据但不是很充分，侦查人员可直接提出结论，即不要侥幸，如实供述对自己有利。（2）如果嫌疑人文化程度较高，可以含蓄地提示，让其思考后得出结论；反之，如果嫌疑人文化程度低，可以考虑直接提出明确结论的技巧。（3）心理认同的程度。如果侦查人员在嫌疑人心里威信较高，双方建立“相容”关系，侦查人员与嫌疑人之间建立了较好的交流和沟通的人际关系，那么，直截了当、不容置疑地提出结论效果往往更好；反之，则要考虑系统的、有逻辑的论证，让对方得出结论。（4）审讯的时间、环境等因素。（5）侦讯双方立场、观点差距过大则应考虑间接的、迂回的方式；如果侦讯双方逐渐靠拢、气氛融洽则可明确提出结论。

直陈的方法之所以有效是因为使嫌疑人清晰感受到了我们坚定的态度、充分的证据和事实，因为一个人态度的强度在于另一方态度的明晰度，这一方法也受到嫌疑人人格因素的影响。一般情况下，对于性格直率、易于冲动、开朗、较为急躁的嫌疑人来说，直截了当的方式更易于被接受；相对女性，男性更倾向直接的方式，女性更适合暗示、含蓄、委婉的方式。

在一起案件审讯中，侦查员在两名同案犯的审讯中运用了不同的方法，效果不同。

问：你们的反动组织已经破产了？你是怎样加入的？

答：我没有参加什么反动组织。

问：你与张某来往密切，还参加了他主持的会议，还想否认？

答：我们有来往就是反动

的吗？真是冤枉。

问：你态度老实点，我们逮捕你是有根据的。

答：只要有根据我愿接受制裁。我相信政府是不会冤枉好人的……

同一起案件对另一名嫌疑人的审讯。

问：从你讲的情况看你和张某、李某、贺某、叶某是好朋友了？

答：是的。

问：你们什么时候开始来往的？

答：三年多了。

问：是什么原因把你们联系在一起的？

答：我们思想融洽，合得来，还可以相互帮助。

问：怎么合得来？

答：我们几个都犯过错误，别人也瞧不起我们。

问：怎么相互帮助呢？

答：研究犯错误的原因。

问：什么原因？

答：对我们国家的政治组织形式，我们有看法。

问：你们这些观点老百姓能接受吗？你们怎么表达你们的观点？向谁反映过？

答：我们向社会做过宣传。

问：效果呢？

答：有些人不理解，我们就做一些不公开的宣传。

问：都是什么观点和内容？

答：内容很多，一下子说不全，我都记在笔记本上……

问：是啊，记了些代号。除了国家体制问题还研究些什么？

答：多了，我们几个各有特长，张某有政治头脑，负责召集和体制问题；我对经济感兴趣，负责这块；李某研究军事；叶某好交际，负责联络。

问：你们的观点很多人并不理解，你们还怎么展开工作？

答：我们没有公开。

问：不公开算是什么活动？

答：学术活动。

问：你们几个纠集在一起，有政治，有军事，有经济，写传单，做宣传，还不公开，这是学术活动吗？这究竟是什么样的学术活动？你自己解释解释。

答：（无言以对）。

第一场审讯中，预审员采取的是直接式，不加掩饰，直接定义为“反动组织”这一结论，由于没有过硬的证据，侦讯双方比较对立，审讯效果不佳。

第二场审讯中，预审员对案件事实一层层地剥开：第一层是几个人交往密切；第二层是有分工，做宣传；第三层是秘密进行，直陈事实后，让对方认识到问题，无法否认，自己得出结论。

采取直陈的方式容易给嫌疑人带来更大的压力甚至伤害其自尊心，为了避免这一影响，审讯中需要注意：一是审讯氛围的营造，二是人际关系的建立。

（二）迂回

“以迂为直”是《孙子兵法》提出的一种战略战术。英国军事理论家哈特在《间接路线》中也认为，最漫长的迂回道路常常是达到目的的最短途径，因此，迂回战术也成为军事战争中常用的策略。审讯中，由于嫌疑人对侦查人员常常“紧闭心扉”，在这种情况下，常用的方法就是先避开中心，从嫌疑人愿意谈的问题或愿意听的话入手，然后，随机性地引出相关问题，说服对方。常用的迂回方法有：

1. 旁敲侧击法

旁敲侧击的效应在于避免嫌疑人出现对抗的态度，也能避免嫌疑人由于认知偏差而诱发的平衡逆反和归因逆反。也就是说，当侦讯双方对立时，可借助与嫌疑人相关的其他信息传递有关信息，如舆论、媒体、其他人议论、同案犯表现等，解除其由于固执、猜疑、敏感、过于自尊等人格特征而形成的消极定式。

某市开发区多次发生利用机动车故意制造交通事故，对车主进行诈骗或直接进行敲诈、抢劫等行为的违法犯罪活动。市局刑侦总队在对全市此类案件串并的基础上经过先期大量调查取证工作，决定对已锁定涉案团伙 17 名犯罪嫌疑人实施抓捕。本案 1 号犯罪嫌疑人刘某（男，22 岁）系独生子女，无业，父亲卧病在床，母亲下岗待业，家庭经济条件拮据。然而，他却有一辆夏利汽车，终日驾车游手好闲，经常出入歌厅、酒吧等高消费场所，经济来源令人产生怀疑。该人曾于某年 4 月因“碰瓷”与被害人发生冲突，到派出所解决问题。在派出所民警向刘某了解情况时，其态度极为嚣张，最终因证据不足将其放回。刘某被抓前好像有所察觉，躲藏到女友韩某家中。此人虽然年轻但坐在审讯室里“自得其乐”，丝毫没有显示出紧张或是心理活动频繁的状况。侦查员检查其随身携带的手机里存储的电话号码及短信息时，发现其女友韩某曾发短信给他，内容是：“找你是不是碰的事？”“别去了。”“碍不碍事？”对于短消息的内容，侦查员没有当时就对其加以质问，因为在他全神戒备的情况下，随便几句搪塞，就能把这几条不清不楚的短消息“讲明白”。为了放松刘某的戒备心理，侦查员开始“漫无目的”地跟他聊家常、扯闲话，以柔的方式化解嫌疑人早已准备好的对抗“手段”，分散其对追审罪行的注意，让其在丧失警惕的情况下露出马脚，找到审讯的突破口。刘某慢慢地放松了戒备，侦查员开始展开攻势。由于此案只掌握零星的局部证据，直接使用证据显然并不利于审讯，侦查员利用嫌疑人做贼心虚的心理弱点旁敲侧击，敲山震虎，有意无意地跟他谈开车，讲交通事故。起初几次见他有所警觉，立即换一个不着边际的话题吸引其注意力，等到他放松了，再翻回来继续谈这个话题。侦查人员从手机短信入手直截了当地谈“碰瓷”问题，接着又以手中已经掌握的几起案件为突破口，挑几个比较明显的细节敲山震虎，让他明显意识到公安局已经掌握大量证据，从而交代问题。

2. 先顺后逆，以退为进法

这一方法的效应不仅体现在先取得嫌疑人在情感方面的认同以便说服对方，也可表现为暂时同意其某一方面的观点，如果这一观点存在明显的漏洞，则可以将此观点推向结论，而这一结论自相矛盾或荒谬，达到自我否定的目的，即“归谬法”“矛盾法”。

3. 散点审讯法

从嫌疑人感兴趣的话题入手找到嫌疑人的兴趣点、注意点、薄弱点、同情点、闪光点，运用这些“点”来拆除侦讯双方心里的那堵“墙”，以缓和气氛、消除对立。这一方法的原理即心理学的认同效应。认同效应可以缩短侦讯双方的心理距离，消除或减弱嫌疑人的防范和对立，使嫌疑人更加能够接受审讯人员。认同效应包括两个方面的内容：一是观点的认同，二是特征方面的认同。抓住嫌疑人的兴趣点、注意点、同情点、闪光点正是双方观点和特征在某些方面相同或相似的体现，使得嫌疑人视审讯人员为“自己人”，产生一种“同体观”，缩短了侦讯双方的心理距离。

（三）层递

这种方法又称“登门槛术”，即依次递进引导。在引导心理学原则中明确提出，态度引导不宜立刻提出与对方原有态度尖锐对立的内容，要注意对方的接受范围以及容忍和排斥范围。在日常生活中，“登门槛术”也是常用的有效的说服方法。父母劝爱睡懒觉的孩子每天早起半小时通常能够办到，待养成习惯后，再要求孩子早起半小时就有了可接受性，如果一下子要求早起一小时则有困难。妻子劝丈夫戒烟很少能一下子就成功的，可采用层递的方法，每天少抽一点，每天少抽一点，最后达到戒烟的目的。推销香水时总是先让顾客闻一闻，“闻”比“买”低一个层次，容易被顾客接受，事实证明，“闻”过香水的顾客购买的行为大大增加。

层递的原理是人都有保持一致性的本能，当答应了第一个“小”要求后，出于前后保持一致性的本能，对于第二个、第三个要求态度就不对抗了，其本质上是态度定式的作用，因为无论是肯定的态度还是否定的态度本身都会影响后继态度的倾向。有时候相反的方法也会起作用，首先提一个大的要求，然后提一个小的要求，比仅仅提出小的要求可以大大提高对小要求的依从性，这是递减的方法，又称“下门槛法”。两者的目的都是逐步缩小对方与实际的引导立场和观点的差距。一般来说，当要求之间毫无联系时，登门槛法的效果明显。反之，要求之间有紧密联系的则可以考虑下门槛法。

审讯中层递是指首先提出嫌疑人能够接受和容忍的观点，然后逐步提高要求，一步步缩小差距，最后使嫌疑人接受原来排斥的观点，从点到面逐层递进，最后还原事实真相。

某年春节后的一天，一名中年妇女到某市三台镇派出所报案称：其邻居胡某某（男，33岁，已婚）在上一年年底，多次奸淫她自幼痴呆的女儿李某某，致使李某某怀孕后流产。公安机关随即展开侦查，大量间接证据表明胡某某数次利用李家白天无人看管李某某之机，将李某某诱至胡家厕所内奸淫。但是，胡某某拒不交代犯罪事实。经查，胡某某曾因侮辱妇女被劳动教养二年。笔录摘要：

问：知道为什么抓你吗？

答：因为我和李某某通奸的事。

问：你与李某某发生过几次性关系？分别在什么时间、地点？

答：只有两次。第一次是去年10月上旬的一天下午，第二次是 11 月上旬的一天上午，都是在我家发生的。

问：你既然承认和她通奸，你一定和她很熟啦？

答：是的，我们两家房子挨房子，我看着她从小长大。

问：李某某家有几口人？

答：除父母外，她还有两个姐姐，高中毕业后进城做生意去了。

问：据说，她家经济条件还可以，是吗？

答：是的，她父母承包了生产队的几亩鱼塘，另外还做些小生意，一年收入有五六千块钱，这种情况在我们村里多的是。

问：你们村经济条件这么好，那么家长一定支持子女上学吧？

答：那当然，就是再穷，也要读到小学毕业。

问：李某某家里谁在经营鱼塘和做生意？

答：是她父母，忙不过来时两个姐姐也回来帮忙，或者花钱请人。

问：李某某今年已经 20 岁了，为什么没念过书呢？

答：这……

问：既然村里家长没有特殊原因，不会不让子女去念书，李某某的两个姐姐也都读完了高中，她家里又不是付不起学费，李某某待在家里又帮不上她父母什么忙，那么，李某某究竟是什么特殊原因没有念书，你不会不知道吧？

答：这……

问：别再抱幻想了！到现在你还执迷不悟，不说实话。你是个明白人，知道这样下去的后果吗？

答：我、我知道，她、她脑子有点问题。

问：什么问题呢？

答：她从小就傻乎乎的，到现在还数不清手指头，什么事都做不成，我们那儿的人都知道……

在上述审讯中，嫌疑人开口则将事实定位为“通奸”，面对嫌疑人这一狡辩，侦查员有两种策略选择：一是直陈，直截了当，当面揭露，那么这场审讯可能是一场针锋相对的较量，导致双方对立，使审讯陷入相持僵局；二是层递，对于“通奸”的说法不予驳斥，以层递的方法紧接着肯定了一个事实“很熟”，继而进一步了解被害人家庭情况，被害人“究竟是什么特殊原因没有念书，你不会不知道吧”“她从小就傻乎乎的，到现在还数不清手指头，什么事都做不成”，犯罪事实就此成立，不容嫌疑人再做其他的狡辩。

一起爆炸案的审讯中，侦查员问：说说你和周某（被害人）的关系？

答：我们交过朋友，开始感情挺好的，后来她把我甩了。

问：为什么？

答：她父母不同意。

问：你怎么想的？

答：挺窝火的。不过她家的事可不是我干的。我没有想报复她。

问：那你上个礼拜喝酒时说了什么？

答：啊……嗯……就说想整整她。

问：还有呢？

答：走着瞧。

问：怎么整整？怎么走着瞧？

答：我说的是气话，开玩笑的。

问：周家的事呢，你知道吧？

答：听说了，不过与我没有关系。

问：你参加修水库了吗？

答：参加了。

问：干的什么活？

答：放炮员。

问：会用炸药啦？

答：（点头）懂点。

问：修完水库你们小组还剩下炸药了吗？

答：剩了点，全上缴了。

问：（斩钉截铁）不对，没有全部上缴。

答：那……我就不知道了。

问：你分的炸药呢？

答：崩鱼了。

问：据我们了解你就崩了一次鱼，放了一炮，剩下的炸药呢？

答：……

在这场审讯中侦查人员也是运用的层递的技巧，从被害人与嫌疑人之间的关系入手（这一事实不容否定，属于容易回答的问题），沿着这一条线层递，嫌疑人供述："就说想整整她""走着瞧"，至此，为此案的突破做了铺垫。侦查员又重启另一条线，"你参加修水库了吗"?（同样属于容易回答的问题），从这一条线逐渐到嫌疑人承认自己是放炮员，家里有剩余的炸药，直到"剩下的炸药干什么了"这一关键问题。

（四）单双论据

在审讯中侦查员总是需要提出相应的要求、观点来说服嫌疑人。侦查员提出的观点有两种：一是只提出有利于嫌疑人的论据和观点，称为正面论据；二是在提出正面论据的同时也提出反面论据，也就是不利于嫌疑人的方面，前者称为单面论据传递，后者称为双面论据传递，使用哪一种好，涉及一些心理学技巧。一般来说，单面论据可以避免相反信息的干扰，但如果处理不好会影响引导的信度，也就是说，如果为了促使嫌疑人供述而一味地只说好的一面，有时会影响可信度，而双面论据则可以提高可信度，使人感到说服具有客观性和公平性。采取双面论据也可解除或削弱嫌疑人的"反引导定式"。实验表明，如果要求被试毫无选择地接受某一种观点，许多被试都不予以合作，而让被试在两种观点中比较选择时大多数被试则倾向于接受引导者的主张。

侦查人员采取双面论据时可利用"接种效应"，即在充分提出正面论据（对嫌疑人有利的一面）时也提出一定"剂量"的反面论据

（不利于嫌疑人的因素），让嫌疑人正反对比，产生“心理免疫”，则较容易抵抗反面信息。但是双面论据的传递还涉及许多技术性问题，如果侦查人员过多地提到反面论据就有可能使嫌疑人犹豫不决，产生困惑，如果处理不当，干扰过多还有可能产生所谓的“支持援助”，增加相反信息的说服力。在审讯中，侦查人员在使用双面论据或单面论据时通常可以考虑以下因素：一是嫌疑人的受教育程度。一般来说，对于受教育程度低的嫌疑人采用单面论据比双面论据效果好。二是嫌疑人的态度。如果嫌疑人所持有的态度与侦查人员分歧不大，则单面论据更有效；反之，双面论据有效。另外，如果希望嫌疑人在较短的时间内态度有所转变，那么单面论据更好。其原理与“心理免疫”有关，因为在嫌疑人脱离引导的一段时间内可能受到许多相反信息的干扰，如同监室人员的教唆等，此时，双面论据能起到“预防接种”的作用。

专题四　审讯中的行为科学技术

迄今为止，审讯犯罪嫌疑人的策略、方法和技巧研究主要集中在侦讯双方的语言交互方面，即侦讯双方通过对语言的含义、顺序及表达方式的加工理解来获取信息，在犯罪嫌疑人如实供述之前，围绕着犯罪案件的真实情况，在一定的审讯环境下通过语言的传达进行博弈。众所周知，语言并非人类交流的唯一方式，也并非总能准确传递信息、表达意图；犯罪嫌疑人在审讯阶段更是经常千方百计地使用语言表达来编造故事、歪曲事实以逃避罪责。1971 年，美国加州大学的 Albert Mehrabian 教授做了一项关于人际交流的实验研究，实验研究表明，在影响人际交流效果的因素中，非言语行为占到 55%，言语行为占到 45%，而在言语行为中，语调、语速、音量等副语言行为占到 38%，语言内容在人际交流效果中只占 7%。正像人们在日常生活中所感受到的一样，儿童在看外国动画片的时候即便听不懂外语也能看得津津有味，面谈比电话或邮件能获取更多的信息和更深层次的理解，网络聊天中一个笑脸能够很好地缓解不恰当玩笑的压力。对犯罪嫌疑人的审讯同样如此，侦查人员为了获取犯罪嫌疑人的如实供述，除了语言交流之外，运用行为科学技术方法对犯罪嫌疑人进行全面的行为分析能获取更为全面的信息。因此，研究和发展审讯中的行为科学应用技术方法是十分必要的。[1]

一、行为与行为科学的含义

（一）审讯中行为的含义

行为（behavior）一词在不同的科学领域有不同的含义，并广泛地应用于不同的研究层次上，如个体行为、细胞行为、基因行为等。这里所说的行为是指行为人在个体层次上对外界环境变化和内在生理状况改变所作出的整体性反应，人借助行为适应变化的环境。一般说来，行为通常是指人的各种形式的运动、姿态等个体外部可被识别的变化；但需要注意的是，为了适应环境，行为人必须以一个整合并协调的方式作出反应，而不仅是通常所说的动作、姿势，它应包括人的神经、肌肉、内分泌系统等个体发生的所有为适应环境刺激而进行的改变。

尽管人类像所有的动物一样与外部世界有着复杂的联系，而行为正是发生这种联系的普遍方式，但至今人们通常没有意识到自己某种行为的意义。我们能观察、描述的人类行为还只是行为中的一小部分，而能进行解释和预测的行为就更是少之又少。我们下意识所做的一举一动，作为行为整体反应的一部分，都具有特定的含义，对此我们几乎很少注意；就算是有意识进行的行为，它们也经常与我们的理解有着完全不同的意义。换句话说，我们经常曲解行为的动机和真正的目的。因此，在侦查审讯中，犯罪嫌疑人一般不会轻易承认罪行而接受法律的惩罚，因此会通过各种行为来掩饰罪行、抗拒供述，从而通过各种形式表现出行为现象。这些行为如果从个体的适应功能来解释，同样也是为了适应其所处的环境而表现出的

① 庄东哲：《讯问中的行为科学技术方法》，载毕惜茜主编：《侦查讯问理论与实践指导》，中国人民公安大学出版社2012年版，第78页。

整体反应。摘自其中的有些行为会进入犯罪行为人的意识系统，而有些则是个体面对环境刺激进行的自然而然的反应，并不进入他们的意识系统中去。犯罪嫌疑人供述，是其有意识而采取的行为，虽然不一定总是有利于个体的生存发展，但一般来说能使行为人暂时适应当前的环境。因此，侦查人员需要对犯罪嫌疑人的行为进行全面而客观的记录、描述，以便用科学的方法准确分析和预测他们的各种行为现象，并进一步通过提供给他们新的刺激（语言及其他环境改变），促使他们产生如实供述的适应性行为。

（二）对审讯中行为的基本研究思路

侦查审讯中的行为分析包括四个步骤：观察、描述、解释、预测。犯罪嫌疑人的任何一种行为都可以从因果关系、生态功能、发展规律和遗传进化四个方面去解释，这是全面认识犯罪嫌疑人在审讯过程中的行为现象的几个重要方面。因果关系是指行为作为事件结果，是由哪些外部刺激和内部动机引起的；生态功能是指行为的适应意义；发展规律是指在整个审讯过程中，一个特定行为为什么只出现在某一特定阶段及其变化规律；遗传进化是指某些行为是人类所共有的、由生物遗传和进化而产生的共同行为现象，它们具有人类的共通特点和“种”的特异性。就某一具体的行为现象而言，进化的角度、行为功能的角度、心理机制和生理机制的角度互相补充，缺一不可。

对犯罪嫌疑人在审讯中所表现出的行为进行科学研究的起点和基础是正确而又详细地收集和整理犯罪嫌疑人的各种行为类型，即行为谱研究。这种研究早期是依靠肉眼的观察和犯罪嫌疑人的自我报告，现在则有可能借助各种先进的记录和信息存储仪器，如音视频录制设备、声波分谱仪器、各种自动记录仪器和电生理技术设备等，这些技术的应用大大便利了对行为进行定量分析和比较分析，而计算机的应用则加快对所研究数据的处理速度。

行为学也包括对行为层次性和行为顺序性的研究。一个行为往往是由多层次上的运动或动作整合而成的，如从单个肌肉群的收缩到人体某些部分的协调运动，再到由多个成分构成的复杂行为的表现等，越是处于低层次上的简单运动就越有可能属于不止一个功能系统①。又如，犯罪嫌疑人在审讯过程中频繁地打哈欠，这时伴有呼吸频率的改变、心率变异率的提高、皮电反应的上升、手臂的外展、眨眼频率的增加以及面部表情的特定模式等，一个复杂的本能行为也常常需要经过合理的组织和整合才能完成一定的生物学功能。有些行为总是一起发生，而且是按固定的顺序先后出现，但也有些行为是互相排斥和相互抑制的。以上这些问题都属于行为组织或行为结构的研究范畴。

（三）行为科学的含义

行为科学这一名称起始于20世纪中期美国福特基金会的一项范围广泛的资助计划，称为行为科学计划，此后这一名称被广泛使用。② 20世纪80年代，行为科学这一名称开始在中国普及起来。

到目前为止，行为科学的含义有广义与狭义两种。广义的行为科学是与研究自然及社会环境中人的行为规律有关的诸学科，如心理学、社会学、人类学、经济学、生理学、医学等。这些学科从不同的角度研究人的行为，在行为科学范畴都以行为作为其研究对象，并且用科学的方法收集材料，应用现代实验技术和统计方法作为研究工具，以获得客观的分析研究结果。行为科学在英文中多用复数形式“Behavioral Sciences”，被认为是一个多学科综合性的学科群。

---

① 尚玉昌：《动物行为学》，北京大学出版社2011年版，第3页。

② 中国科学院心理研究所战略发展研究小组：《行为科学的现状和发展趋势》，载《中国科学院院刊》2001年第6期。

狭义的行为科学是现代管理科学的重要组成部分，也叫组织行为学，研究人在工作环境中的行为规律。无论是广义还是狭义的理解，行为科学都运用科学实验法和观察法作为基本的研究方法。

自进入21世纪以来，学界对行为以及行为科学的理解正向着社会宏观和生物微观两个方向深入，并且有诸如遗传学、神经科学、生态学、政治学等更多的学科也加入对行为的研究中来。从国际著名的行为科学研究机构的研究内容上看，行为科学的研究涉及社会发展和人民生活方方面面的应用性问题研究，而在司法及侦查审讯领域的研究才刚刚开始。

二、行为科学技术的特征及其产生

审讯中的行为科学如果能称为“技术方法”，必须符合技术性特征。所谓技术，是为某一目的共同协作组成的关于制作与使用的各种工具和规则体系。审讯中的行为科学技术以准确分析审讯阶段犯罪嫌疑人的行为与心理为目的，并具有效率性与持久性。审讯中行为科学技术的物体形态可为各种行为记录分析仪器设备；智能形态为行为科学知识与其他相关科学技术；而社会形态即在于侦查审讯的特殊应用领域，技术受到社会条件的支持和制约，甚至直接影响技术的发展和成败。审讯中的行为科学技术同样具备技术的基本特征。

第一，具有一定的复杂度。其研发和应用都需要丰富的行为科学相关专业知识及其他相关专业知识，并在侦查审讯过程中因不断实践而发展。

第二，具有一定的依赖性。审讯中的行为科学技术依赖于现代的图像记录技术、现代实验技术、音频分析技术、计算机硬件技术、软件编程技术、生理信号采集技术等技术发展，离开这些技术，行为科学便很难独立形成技术方法。

第三，具有多样性。审讯中的行为科学技术不仅是一种特定的规格，而是根据应用目标、情境和对象的不同，有着多种形式，并都有着各自的内容。

第四，具有普及性。审讯中的行为科学技术同样具有可普及性，它不仅是科学研究的手段，更是广泛应用于侦查审讯领域的工具和规则体系。

在我国犯罪侦查研究领域，2012 年中国人民公安大学行为科学侦查应用实验室（IBSL）的建立，对于我国侦查审讯中行为科学技术方法的产生具有标志性意义。该实验室以审讯及侦查过程中人的行为现象为研究对象，以实验法、调查法、观察测验法、案例研究法为主要研究方法，实验室整合音视频记录的行为数据、面部表情分析系统、组合式高频眼动仪、无线遥测生理记录分析仪、便携式行为记录分析设备等行为研究工具获取的行为数据，通过国际领先的行为分析系统软件平台进行同步分析，通过理论建模和实验数据分析，研究犯罪侦查中人的行为现象并开发侦查应用的行为科学技术产品。

三、眼动分析技术

眼睛是人的重要感觉器官，人们很早就认识到眼睛可以反映出一个人的认知过程以及某种情绪反应。在侦查审讯中，对犯罪嫌疑人眼动反应的研究在我国才刚刚开始。眼动分析技术可通过眼动记录设备记录并分析犯罪嫌疑人的眼动规律特点，进而辅助侦查人员准确识别其心理状态，理解犯罪嫌疑人的言语行为、副言语行为以及非言语行为的真正意义，甄别其口供的真实性和可靠性。

（一）眼球运动的生理机制

研究表明，控制眼球运动的肌肉群有三对眼肌：内直肌和外直肌、上直肌和下直肌、上斜肌和下斜肌，这三对眼肌协调活动，控制眼球在各个方向上的运动。三对肌肉的协调运动可使眼球以角膜顶端后方13.5毫米处为中心转动，每对眼肌控制着眼球在一个平面上转动[①]。人类眼球的运动范围大约为18度，超过时即需要头部运动的帮助。两个眼球的活动是协调的，它们总是向同一方向运动，即便运动程度可能有细微差别，但这种差别也是极其微小的。所以大部分眼动记录装置只记录一只眼球的运动。

人的眼球运动有三种基本的形态：注视、眼跳和追随运动。在这三大类眼动中，都有着各种复杂的运动规律，在人对事物的观察过程中，共同形成复杂的眼动模式。

另外，在眼球运动中，还包括眨眼与瞳孔大小的变化。瞳孔大小受瞳孔括约肌和瞳孔散大肌运动的影响。瞳孔括约肌受动眼神经中副交感神经支配，收缩时使瞳孔缩小；瞳孔散大肌受动眼神经中交感神经支配，收缩时使瞳孔散大。瞳孔扩大一般被认为是心理努力的敏感指标。

（二）眼动研究在侦查审讯中的应用

1. 眼动的记录

眼动记录的技术方法至今已发展了100多年，心理学家们一直不断改进眼动的记录装置，以准确追踪人的眼动轨迹，探索人在各种不同条件下的视觉信息加工机制，观察其与心理活动直接或间接的关系。眼动技术先后经历了观察法、后像法、机械记录法、光学记录法、影像记录法等多种方法的演变。现代眼动记录系统大多利用瞳孔和角膜反射原理，利用红外摄像头将眼球运动捕捉下来，和场景视频录像进行叠加，集中到一个高性能的PC工作站中进行数据

---

① 闫国利、白学军编著：《眼动研究心理学导论》，科学出版社2012年版，第3页。

分析。可以实时计算出眼球的水平和垂直运动的时间、位移距离、速度及瞳孔直径、注视位置等数值。

在审讯场景中，当需要让犯罪嫌疑人观看特定物品、人物或其他场景照片时，可以将眼动红外摄像装置置于犯罪嫌疑人前方，让犯罪嫌疑人观看电脑显示屏或投影上的图像，眼动记录系统可将其眼动轨迹与屏幕显示精确叠加以便事后分析；或者将眼动摄像机固定于给犯罪嫌疑人戴的帽子、眼镜上，记录他们在自然条件下的眼动轨迹，可在其接受审讯的整个过程中全程记录，以获取他们的眼动数据进行事后分析，辅助判断他们的供述心理。

2. 眼动数据分析

将犯罪嫌疑人的眼动数据采集下来之后，重要的是对其进行分析。目前直接对犯罪嫌疑人在审讯阶段的眼动研究还很少。中国人民公安大学行为科学侦查应用实验室在模拟审讯场景时进行了一些初步的研究，与侦查审讯实战部门的合作研究也刚刚起步，对眼动数据的分析基本从以下几个方面进行。

第一，犯罪嫌疑人对与案件有关的物品、照片的注意及视觉信息加工方式。

在侦查实践中，犯罪嫌疑人对作案工具、现场遗留物、赃物以及其他各种与案件有关的物体、人员进行辨认，以及在审讯阶段侦查员对其适时出示证据时，犯罪嫌疑人经常作出各种伪装，以示自己不知情，从而试图摆脱与案件的关系。而心理学研究表明，人们对熟悉的事物存在既有的认知加工过程，并且能够通过眼球运动及注视的一些规律性特征将其反映出来。该方面研究中的基本理论主要是关于视觉信息加工与眼动的关系理论，特别是眼跳与注意的关系模型。人的眼跳和注意具有内在关系，而注意是信息加工过程中普遍存在的心理机制，因此通过人的眼跳了解其注意的状态及其方向，可以为揭示信息加工的内部机制提供独特而有效的途径。比如，有证据表明认知过程会影响眼跳潜伏期，而反射性眼跳与自主性眼跳的潜伏期不同，并且，眼跳和记忆是相关的，因此，在眼跳持续时间、幅度、眼跳速率峰值以及准确性等方面的数据分析可以帮助我们分析犯罪嫌疑人在观看某个特殊物品或图片时的认知过程，进而判断犯罪嫌疑人对此是否知情或熟悉。

第二，犯罪嫌疑人对文字材料的阅读与认知加工。

在阅读的研究中，可利用眼动参数来反映认知加工的过程。在审讯过程中，可给犯罪嫌疑人提供相关的文字材料让其阅读或朗读，记录其在阅读文字时的眼动数据，进而通过注视时间、顺序、眼跳距离、眼跳时间、回视时间、回视次数、朗读时的眼音距广度（eye-voice span）等多项指标来分析犯罪嫌疑人对这段文字的关注重点及熟练程度。比如，可以用阅读时间法来揭示阅读者的理解过程。对阅读时间的解释主要基于即时加工假说（immediacy assumption）和眼—脑假说（Eye-mind assumption）这两个理论假说。根据这两个假说，犯罪嫌疑人在阅读文字材料的时候，对某个词的注视与对该词的心理加工是同时的，也就是说，他所加工的词正是他所注视的那个词。所以，对某个词的总注视时间就是对该词的加工时间。如果犯罪嫌疑人对某个词汇（人名、地名、物品名等）投入的注视与陪衬文字具有明显差异，便可获得某些提示性的意义。

第三，犯罪嫌疑人的动机与态度。

在审讯情境下，记录犯罪嫌疑人的眼动信息，可以探测到犯罪嫌疑人在相同情境下对信息的选择取向，从而分析其动机与态度取向。比如，对不同物品或照片的不同区域注视时间差异，可以反映被试的兴趣倾向和行为动机。瞳孔大小通常与情绪情感的强度成正比，通过眼动记录装置记录瞳孔变化，可以用来研究人的情绪、动机和态度，并且将这些心理活动量化，这对于深入了解人的心理活动有着重要意义。比如，在犯罪嫌疑人对犯罪被害人照片进行辨认的时候，通过记录分析犯罪嫌疑人的瞳孔变化来甄别其情绪反应。另外，眨眼频率提高通常与消极的情绪相关，而眨眼频率降低则与较愉悦的心理状态或需要其付出更多的知觉努力相联系。眨眼频率和眨眼持续时间可能与诸如决策和辨别任务的认知活动有关，这些都可以帮助侦查人员对犯罪嫌疑人的动机与态度进行分析。

基于上述三个方面，眼动分析可为侦查审讯进一步发现侦查线索、选择审讯突破口提供客观参考依据，具有巨大的侦查实践价值，有利于准确地把握犯罪嫌疑人的心理状态，有效地获得犯罪嫌疑人的供述，并对其进行审查判断。

四、生理信号采集分析技术

审讯的情境及过程，对于犯罪嫌疑人来说是一种外界刺激，在这种外界刺激下，人会产生各种各样可被观察到的行为现象，出现生理反应的变化也是机体内在应对应激源的适应性行为。观测、记录并评价审讯过程中犯罪嫌疑人的生理反应，对分析犯罪嫌疑人的情绪和认知具有重要意义。

（一）审讯中犯罪嫌疑人生理反应的发生机制

在审讯过程中，犯罪嫌疑人感受到外界刺激，经过认知评估，产生应激反应。这时出现的生理反应涉及机体的神经、内分泌、免疫等多个系统，机体作为一个整体随之出现适应性生理反应。其中，通过心理—神经中介机制发生的受到交感神经—肾上腺髓质轴调节的生理反应在审讯过程中较易被检测到。犯罪嫌疑人接受刺激后，刺激信息被其中枢神经系统接收、加工、整合后传递到下丘脑，使交感神经—肾上腺髓质轴被激活，释放大量儿茶酚胺，引起肾上腺素和去甲肾上腺素大量分泌，出现非特异性生理反应。交感神经的兴奋引起心率增加，血压升高，瞳孔扩大，汗腺分泌增多，皮电反应显著并出现诸多为机体适应和应对应激源提供适应功能和能量准备的生理反应。这时，侦查人员可通过某些生理信号采集仪器将这些信号采集记录下来，分析由各种内外部刺激而使犯罪嫌疑人迅速发生的生理反应，进而推断其心理状态。

应该说，这种非特异性生理反应主要基于人的情绪生理变化，而人的大脑皮层只起到调控中介的作用，对情绪生理反应起到决定性作用的是下丘脑、扣带回、海马、杏仁核等。也就是说，这种生理反应并不特异性地针对某种内外部刺激，也不直接反映出某一特定犯罪记忆，诸多内外部刺激都可以导致愤怒、兴奋、紧张、恐惧等情绪反应，进而产生这一系列的生理反应。但是，这些生理反应是由人的自主神经系统支配的，它们被犯罪嫌疑人自己进行控制和掩饰的程度很低，能比较真实地反映出犯罪嫌疑人的情绪变化。

（二）审讯中犯罪嫌疑人生理反应信号的采集记录与分析

1895 年，意大利犯罪学家龙布罗梭研制出一种仪器，通过记录脉搏和血压的变化判断嫌疑人是否与此案有关，开创了在审讯中记录犯罪嫌疑人的生理反应信号的先河。而在当时，还没有现代的行为科学技术，无法用现代信息技术对人的行为进行连续的记录，眼动分析技术和面部微表情分析理论也不成熟，于是生理信号采集记录分析便逐渐独立地形成一种探测犯罪嫌疑人心理反应的方法，“撒谎”一词向来具有高而广泛的社会关注度，于是这种方法被社会赋予了一个神奇而广为流传的名字——“测谎”。并且，逐渐发展出了配合生理测试的便捷问题规则，使得在审讯情境下更省时高效地发现犯罪嫌疑人是否涉及某些案件的关键事实。如准绳测试法、知情测试法等，通过在相关问题与准绳问题及中性问题上生理反应强度的对比，来推测犯罪嫌疑人是否涉案。然而，当把这种生理测试描述为“测谎”的时候，实际的结果与人们对“测谎”一词的期待便出现了矛盾。因为实际上，这些生理信号被采集下来，仅仅是人的自主神经系统活动兴奋的结果，它可以受到各种情绪的影响，也可以受到环境条件、生理状态以及动作的干扰；情绪反应可以是由案件相关问题引起的，也可以是由其他心理活动所引起；即便是案件相关问题，犯罪嫌疑人对案件某一事实的认知也会引起情绪生理反应的程度的差异。换句话说，采集记录下来的只是一系列非特异性生理反应信号，需要结合具体情境仔细甄别，它是审讯过程中行为分析的重要组成部分，可配合各种行为观察进行整体分析，但不是“测谎”的万能武器。

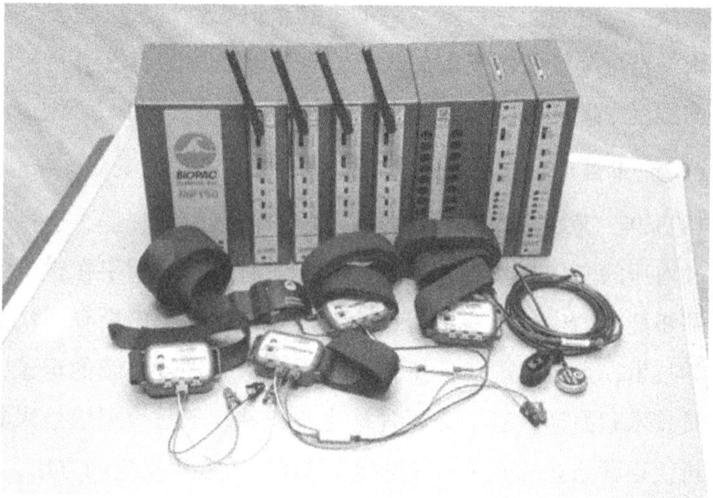

图 8：Biopac 无线遥测生理信号采集系统主机、传感器与放大器

迄今为止，在审讯中采集的生理信号主要包括心率、血压、呼吸、皮电、皮温、肌电等，使用最多的是皮电。随着心身医学以及神经科学的发展，脑电信号在审讯过程中的应用意义也在理论上被证实。脑电信号所反映的并不是犯罪嫌疑人的情绪，而是直接检测人的认知和记忆痕迹。犯罪嫌疑人对案件信息形成长时记忆，当该事件相关的信息再度出现时，大脑对其进行识别，与先前形成的记忆信息交互作用，出现“事件相关脑电位”（ERP）的特异性信号。现在研究和使用最多的 P300 脑电波所反映的就是这个过程。在审讯过程中，已有通过记录 P300 进行犯罪记忆痕迹检测的技术，并取得了较大的成功。

另外，在审讯过程中，生理信号的采集设备由于与犯罪嫌疑人有身体接触，通常会给犯罪嫌疑人造成较大的心理压力，侦查人员在某种情况下可通过简单介绍让犯罪嫌疑人对这种“神秘”的科学测试技术产生敬畏之情，促使其放弃侥幸心理而如实供述。当把这些生理测量传感器从犯罪嫌疑人身上摘下之后，在对案件事实进行进一步深入了解之前，可继续强化暗示科学技术手段的准确性，从而促使犯罪嫌疑人交代事实真相。

随着电子技术和信息技术的发展，生理信号采集分析仪器设备不断升级，总体上向仪器设备更加小巧、信号采集更加精准、人机交互更加适宜、对犯罪嫌疑人影响更小、统计分析功能更加强大、与音视频记录同步及与其他外部信号不断整合的方向发展。生理信号采集记录分析曾经作为一种独立的测试方法，也正在趋向于现代行为分析技术整合。

五、面部表情分析技术

达尔文于 1872 年出版了《人与动物的情绪表述》（*The Expression of Emotions in Man and Animals*），从此，人们对面部表情的研究开始逐步深入。面部表情通常被认为是人类表达自身情绪情感信息的重要非言语行为，它受到面部表情肌的控制。通常认为面部肌肉的运动有两条通路：一条是皮质运动通路，控制人有意识的面部肌肉运动；另一条是皮质椎体外系通路，控制自发的无意识的面部肌肉运动，但还没有研究者对此假设进行过检验。在审讯中，对犯罪嫌疑人的面部表情分析可用于判断其情绪情感状态，并且，将面部微表情识别技术作为审查口供真伪的一种分析方法，也具有理论上的可能性。

（一）面部表情的分类与意义

对面部表情的分类研究基于对表情现象的观察和对情绪的内省。美国学者保罗·艾克曼（Paul Ekman）受达尔文《人与动物的情绪表达》一书的启发，通过大量观察，提出即便在不同文化的人群中，面部表情也具有共通性；他发现人类具有一些共通的基本情绪面部表达：快乐、悲伤、愤怒、厌恶、惊讶和恐惧。

保罗·艾克曼还认为表情（Expression）分为无意识表情（Involuntary Expression）和有意识表情（Voluntary Expression）二种，而无意识表情有助于识别谎言。

从表情的强度和持续时间的角度，还可以把表情分为普通表情、低强度的弱表情（subtle expression）、瞬时的微表情（micro expression）。Haggard 和 Isaacs（1966）率先发现微表情，认为微表情是一种非常快速的表情，持续时间仅为 40 ~ 200 毫秒，大多数人往往难以觉察到它的存在，而微表情与自我防御机制有关，表达了被压抑的情绪。有学者（Ekman，2003，2009；Ekman & Sullivan，2006）认为，微表情是一种自发性的无意识表情动作，既可能包含普通表情的全部肌肉动作，也可能只包含其中的一部分。

除此之外，我们在日常生活中还可以观察到诸如轻蔑、担心、惭愧等许多与我们的情绪体验有着不同对应程度的面部表情。并且，人们经常使用个人经验对面部表情与情绪反应进行分析判断。尽管已有许多对人类复杂的面部表情与情绪的对比研究以及情绪与认知的关系研究，但真正科学地运用到侦查审讯工作中尚有许多理论和技术难题。

（二）面部表情的识别与分析技术

对面部表情的识别与分析起初来源于个人经验与肉眼识别，而保罗·艾克曼和弗雷森（Friesen）对脸部肌肉群的运动及其对表情的控制作用做了深入研究，开发了面部动作编码系统（Facial Action Coding System，FACS）来描述面部表情。他们根据人脸的解剖学特点，将其划分成若干既相互独立又相互联系的运动单元（AU），并分析了这些运动单元的运动特征及其所控制的主要区域以及与之相关的表情，奠定了用计算机语言对面部表情进行描述和识别的基础。

2002年，Ekman研制出第一个微表情训练工具（Micro Expression Training Tool，METT）。该工具包含前测（pretest）、训练（training）、练习（practice）、复习（review）与后测（posttest）5个部分，用来测量未受训练情况下人的微表情识别能力[①]。从相关技术工具来看，目前基本是凭借对人的科学训练、依靠个人经验来进行面部微表情分析；较知名的自动分析工具有谷歌公司开发的面部表情识别系统以及荷兰Noldus公司开发的Facereader，但其表情分类仅为人类通常的7类表情，且没有进一步的心理意义及行为意义解释。

从国外情况来看，随着微表情研究的逐步深入与成熟，微表情识别已经在一些国家的一些领域得以应用，在美国等国家，微表情研究已经应用到国家安全、司法系统、医学临床等领域，这为其在侦查审讯中的运用提供了实践支撑。在美国、日本、英国等国家，微表情成为部队、警察局等国家安全机关在工作中识破情绪状态及

① 吴奇、申寻兵、傅小兰：《微表情研究及其应用》，载《心理科学进展》2010年第9期。

谎言的重要依据。在我国，警务人员开始尝试将微表情运用到侦查审讯实践中，并取得了较为理想的成效。

从侦查审讯的角度看，需要建立犯罪嫌疑人在压力情境下的面部表情谱，并根据不同的犯罪嫌疑人类型和个体，建立常模和基线，通过图像采集装置记录人脸的表情图像，动态识别人脸，并对人脸进行模型构建。通过表情动态监测，识别人脸基本表情及其他自定义表情，可实现面部表情的分析研究。现代电子与信息技术的发展，已经完全能够支持对面部微表情的数据采集和技术分析，图像分析比对技术与计算机软件技术可使面部表情识别分析技术进一步精细化和技术化（见图9）。

图9：面部表情捕捉红外摄像机及面部表情识别软件操作截图

而微表情识别分析技术在侦查审讯工作中的应用还取决于以下几个基本理论问题的研究。

第一，关于微表情的产生机制问题。具体来说，某些微表情是否只在与案情相关的问题上出现，都是待确认的问题，它们是否只在认知冲突或某种特定情境下出现？如果某些微表情的出现并不具备特定条件，那么微表情的分析对识别犯罪嫌疑人供述真实性便失去意义。

第二，影响微表情表达有许多具体因素。犯罪嫌疑人抗拒供述的动机水平、虚假供述时间的长短、情绪唤醒的程度等因素都可能影响微表情的表达。这决定了借助微表情来鉴别口供真伪的条件。

第三，微表情的表达是不是无意识的，这个问题尚无确切的研究证实。对微表情表达的自我意识性研究仍然是必要的，如果犯罪嫌疑人对微表情的表达具有自我意识，那么他们就可能对某些问题通过微表情进行有意识的掩饰和撒谎。

第四，微表情的表达是否具有一致性或者根据人群的不同而具有某种特异性，某些罪犯的微表情表达与普通人是否有不同的表现。也许与普通人相比，罪犯撒谎时笑得更少，或更多地进行自我操控。研究还表明，目前审讯时用来判别人是否撒谎的行为线索深受民族文化等因素的影响（Jonson，2007）。这直接关系到微表情在法律领域应用的有效性，是微表情研究和应用都无法回避的重要问题。

应该说，微表情识别技术目前仅停留在描述和部分解释的水平上，在侦查审讯中的应用也处在探索性尝试的水平。随着对面部微表情的性质、识别过程及其表达方式等问题研究的不断深入，我们有理由相信，结合现代电子与信息技术进行方便快捷的微表情自动识别与分析系统在侦查审讯领域的应用也将逐步成熟起来。

六、肢体行为分析技术

人们在日常活动中经常出现一些不为意识所察觉的肢体行为，它们看似没有意义，但事实上人所作出的每个肢体动作几乎都有其独特的模式，这些肢体动作的固定模式构成行为分析的基本单位，也是行为研究者所要注意的对象。在侦查审讯中，犯罪嫌疑人的肢体动作有许多都是在日常生活中随处可见的，但结合审讯情境刺激的出现，也可以反映其心理状态。

（一）肢体动作的分类

这些肢体动作，可大致分为先天动作、自发动作、习得动作、训练动作。[①] 先天动作是与生俱来、先于经验的，如“咬牙切齿”“捶胸顿足”等词汇形容人在愤怒时的肢体动作。自发动作指的是个人随着年龄增长在生活中无意识形成的，比如双手抱臂动作、抖腿动作等。习得动作指的是个体在成长经历中从他人那里模仿而形成的动作，比如个人的衣着打扮。训练动作是通过有意识的训练或者具体指导，经过刻苦学习而获得的。在审讯过程中，可以观察这些肢体动作的表现形式、出现的背景，进而分析传达的信息。

（二）肢体动作的派生信息

大量的观察研究表明，肢体动作在不同的情境下出现往往反映出一致的派生信息。在审讯情境下，这些动作的派生信息并不能直接精准地说明某种情绪状态，但仍可结合具体的情境对这些派生信息进行合理的解释并加以利用。

用手托头：表示乏味和疲惫。一个用手托着自己头的听者，即便双眼睁大直视讲话者，目光显得很感兴趣，但手托头的动作依然有着疲惫和感觉乏味的潜台词。

空手轻握：使用拇指尖和其他手指尖轻轻空握拳头，表示讲话者有准确而精密地表达自己的愿望。这种动作可能来自平时做诸如穿针眼或准确操纵某些事情时的精细动作感觉。

紧紧握拳：当手里没有拿着任何东西而紧握拳头的时候，传递的信号是确定并有力。握拳动作带有最明显的情绪信息，在各种不同形式的动作中，它最容易被用来表示某种既定的思想。

掌劈：手掌伸直从空中劈下，是表达讲话者的决心，并希望能够打破纠结，使问题得到简单明快的解决时所作出的加强姿势。

---

① ［英］德斯蒙德·莫里斯：《肢体行为——人体动作与姿势面面观》，刘文荣译，文汇出版社2012年版，第80页。

展手：手指微微收拢，简单地伸展在身体前面。这时，掌心的方向具有较大的意义。掌心朝上是乞讨手势，表示讲话者坦白或希望听众同意。掌心朝下是头脑冷静的克制手势，表达讲话者想平息或缓和某种情绪从而控制它。掌心朝前是抗议者的拒绝手势，反映出一种抵制情绪。掌心向后是寻求拥抱安抚的手势，表达讲话者有一种接纳或者暗示性地想把他人拉近自己的意图。

双手接触：讲话者两只手大面积接触可使自己获得一种握手的安慰感，是一种自我亲密动作，然而，这种自我亲密动作时常会出现在讲话者感到处于某种矛盾状态的情境中，表达讲话者因某种紧张局势而感到焦虑不安。

身体前倾：讲话者在陈述时身体前倾，表达一种吸引听众的愿望和紧张的状态。

点头：在大多数地区，都不约而同地表达是的、同意和赞成的含义。

眼睛瞪着对方：表达犯罪嫌疑人主动的进攻态度或者对恐惧的防御。

手对头的接触：包括托颚、托下巴、抓头发、托脸颊、摸嘴、托太阳穴等动作，表达了寻求安抚的含义，经常出现在有压力的情境下，反映出焦虑不安。快速短暂的接触表达了内心与外在的冲突，比如一个人用手摸一下鼻子，也许并非必然在说谎，但仍然明确表示他头脑里有某种信息是无法用语言向别人表达的。

其他替代行为：是一些似乎与当时情况不相干的小动作，如抖腿，它们的频繁出现反映一个人的内心矛盾、烦躁和焦虑。

（三）说谎与肢体动作

有观察研究表明，人在说谎时简单手势出现的频率降低，平时用来加强语气的手势变少，手对脸的自我接触动作出现的频率增加，身体摆动以及姿势改变的频率增加。这些同样适用于审讯中对犯罪嫌疑人的辅助判断。但犯罪嫌疑人在审讯中经常被要求坐立端正，导致被迫地使肢体动作的信号弱化。

犯罪嫌疑人在被审讯的过程中，经常有意识地进行各种掩饰和作假行为。对我们观察到的行为现象进行分析判断时，其可靠性按照由高到低的顺序，大致可以这样排序：生理信号（由人的植物神经系统活动变化产生的细微的生理信号，如皮电）—腿和脚的肢体动作—躯干的摆动动作—手势—面部表情—语言表达。除生理信号外，规律似乎在于，越是离嘴远的部位发出的动作信号，其可信度越高，而语言是最容易编造作假的。

在审讯过程中，侦查人员可在实时观测或事后观看审讯录像的过程中，用事先编制好的行为编码，通过行为分析软件将行为事件录入计算机系统，客观记录犯罪嫌疑人发生各种行为的时间、次数和持续时间，可得到按照时间顺序排列的各种行为列表。然后进行分类整理和统计处理，分析行为结构，通过数据找出相互关联的行为事件，检测行为形式，并可通过某种检查机制，检查出行为形式中偶然因素的影响。

七、语音分析技术

（一）语音分析技术概述

在审讯中，侦查人员经常根据犯罪嫌疑人的语气、语调、语速、声音大小、停顿、叹息等副语言行为对其供述的真实性及其心理状态进行判断，这种判断包含大量的个人经验成分，而没有形成标准化的技术方法。

国外的行为科学家们通过大量的实验测量，发现人的语音有一些基本的特征，由许多组不同频率的声波叠加而形成因人而异的共振峰，也导致每个人的“音高”及“音色”差异。正常男性的共振峰频率范围在100～3000Hz，而女性的共振峰频率范围在200～6000Hz。而这种共振峰的形成与人的大脑对事物的认知过程及人的情绪情感状态相关。

首先，大脑会理解一个特定的情景并且评估由于说话而带来的影响。然后，如果决定要发言，空气会从肺部被挤压向上到声带，这会导致声带在一个特定的频率振动，产生语音。振动的空气进一步通过舌头、牙齿和嘴唇产生声音流，成为我们能理解的语言。大脑会严密地监测这个处理过程，以保证所发出的声音能够被听到、理解以及准确地表达自己的意图。由于这种不间断的大脑监测，大脑活动的每一个“事件”都会通过语言流的变化反映出来，而这种变化非常微小，通过耳朵一般是无法听出来的，但可通过声音分析工具对其进行分析，发现其中的差异，进而对人讲话时的情绪情感状态和认知水平进行判断。

在这方面，以色列的Nemesysco公司开发的LVA多层语音分析系统在国际上处于领先地位。LVA技术是一种基于声音分析的调查技术，这项技术基于这样的理念，一个人说话时的声音波形能够反映出大脑对事件的认知和诠释的改变。LVA技术对语音进行宽波段的频谱分析，并基于语音的变化而建立精确的模型，发现以声音为媒介的大脑的活动“痕迹”，通过人的语音来解释他在谈话时的精神状态和情感状态。换句话说，LVA技术不是分析讲话者说了什么，而是分析他是如何说的。

LVA语音分析技术通过语音分频逐层分析、二次筛选、时域分析、频域分析、校准、初步分析、“风险”计算、谎言概率分析、“欺骗模式”检测、情绪检测层、LioNet技术分析、整体分析这些基本步骤对语音进行心理分析。LVA具有一套独特的算法区分不同的压力类型、认知过程和情感反应。使用 129 个音频参数精确地发现和测量声波中无意识的变化并且创建一个基调以便标示谈话者的情绪图谱。该技术能够识别不同类型的压力、认知过程和情感反应。通过研究这些信息可以深刻地理解个人的思维：什么让他困扰；什么让他兴奋；他的回答中哪一部分是他不确定的；哪些信息他格外关注，哪一部分是他比较敏感的问题。

（二）LVA 技术在审讯中的应用

这项技术最初是以色列为国土安全和反恐设计的。如今，Nemesysco 公司利用此技术，为国防和民用市场提供基于通过语音分析情感的语音分析方法。通过此方法优化确认真相的过程、揭露犯罪动机、提供风险评估并显现情绪图谱。

在审讯时使用 LVA 技术，可在审讯犯罪嫌疑人的过程中实时采集语音数据，实时对语音进行分析，也可以将语音录制下来导入系统，通过简单的降噪处理，即可对语音进行深层情感分析。这些分析包括对讲话者的精神状态、理性水平、意识水平、认知水平、紧张、兴奋、回避、撒谎可能性、高度关注、负罪感以及不确定感等 16 项情绪类型进行探测，也可探测讲话者潜在的意图，通过检测这个意图来识别谎言。

目前，这项技术在我国国家安全机关已有使用，在公安机关审讯部门也逐渐推广应用。在中国人民公安大学行为科学侦查应用实验室进行 LVA 技术分析的测试表明，这项技术在某些具体类型的情绪情感评测方面具有良好的信度和效度，但这项技术在国内的侦查审讯中使用对犯罪嫌疑人进行情绪情感的全面分析时，还缺乏明确而具体的分析方法和标准，在真实的审讯情境中使用时的生态效度问题也需要进一步进行检验，IBSL 正在此方面进行大样本分析以及真实审讯中的案例研究，以使这项技术在国内的侦查审讯工作使用时方法更加科学、操作更加规范、评判更为准确。

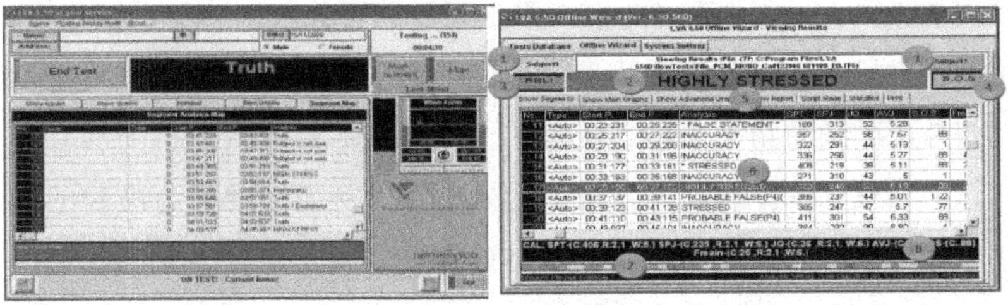

图 10：LVA 语音情感分析系统软件操作界面

八、整合的行为分析技术

在审讯中的行为科学技术方法基于这样一个基本理念，即行为是在某种刺激条件下人的适应性的整体反应，所以，它绝不仅是对犯罪嫌疑人的肢体动作进行记录分析，也不仅是对眼动、生理、面部微表情的单独分析技术，而是强调整合的行为分析模式。无论是眼动分析技术、面部微表情分析技术、肢体动作分析技术还是生理信号分析技术，都有其各自理论、应用及操作等层面的局限性，而将它们整合，将这些行为数据同步记录，并在一个分析平台上进行同步分析才是侦查审讯中行为科学技术方法的关键。

具体的操作可有这样一种模式：在审讯室里安装高清摄像头与声音采集装置，捕捉犯罪嫌疑人的全身动作画面和面部表情的高清画面，将这些音视频资料加载到另一间控制室工作站上的行为分析系统中（较成熟的有德国 Mangold 的 Interact 与荷兰 Noldus 的 ObserverXT），在行为分析系统中对犯罪嫌疑人的肢体动作进行编码、标记和行为形式分析。与此同时，在审讯室用眼动记录设备将犯罪嫌疑人的眼球运动数据及生理数据采集下来，通过局域网络传输至控制室工作站上，与音视频数据同步整合至行为分析系统中。这样，在一个行为分析平台上即可对肢体动作行为、眼动行为以及采集到的各项生理数据进行同步分析，加上面部表情分析系统、语音情感分析系统等，可实现在一个时间轴上将各项行为数据同步逐帧分析。这种行为科学技术方法可从多个不同的角度了解行为的整体发生及其与外部刺激的相关关系，从整体上把握犯罪嫌疑人的行为和心理状态，细致分析影响因素，排除无效数据，从而实现更为准确的观察和分析，为审讯提供行为分析结论和行为科学建议，为寻找审讯突破口、甄别口供的真伪提供帮助。

图 11：审讯现场音视频录制设备与

行为分析移动工作站及整合的行为分析系统操作界面

目前，在我国的审讯实践中，采用上述模式进行审讯还处在研究阶段，IBSL 在实验室控制条件下进行模拟审讯正在逐步积累经验，探索审讯中行为分析的各项技术。相信在不久的将来，这种行为科学技术将逐渐运用到审讯实战中去，发挥其巨大的威力。

专题五　审讯中的人工智能

所谓人工智能，是指人类智能的电脑模拟，将人类的判断、推理、识别、感知、理解、思考、规划、结论等思维活动，通过电脑进行统计归类，再利用大数据计算进行推理和决策。[①] 国务院在2017年7月20日发布的《新一代人工智能发展规划》（以下简称《规划》）中指出："要利用人工智能提升公共安全保障能力，促进人工智能在公共安全领域的深度应用，推动构建公共安全智能化监测预警与控制体系。围绕社会综合治理、新型犯罪侦查、反恐等迫切需求，研发集成多种探测传感技术、视频图像信息分析识别技术、生物特征识别技术的智能安防与警用产品。"《规划》的发布，促使人工智能这辆高速科技列车向刑事侦查等相关领域全速迈进，推动侦查活动迈入人工智能的崭新时代。值得关注的是，对于审讯中如何开发和应用人工智能，审讯中应用人工智能能解决哪些问题，审讯专家的经验能否智能化，在人工智能这场革命中如何让它为审讯助力，改变当前审讯传统的人力经验模式，转变为依靠高科技、智

① 卢明宏：《人工智能的刑事司法应用与展望》，载《辽宁公安司法管理干部学院学报》2019年第4期。

能化手段的审讯模式，实现智慧审讯值得研究和思考。

一、必要性与可行性

人工智能能够研发“科技狗”这样的“象棋大师”与人对弈并战胜对手，那么能否研发“审讯大师”辅助侦查人员与嫌疑人博弈呢？随着人工智能的高速发展，研发智能化的“审讯大师”不仅必要而且成为可能。

第一，从必要性看，一直以来审讯的理论研究和实践应用仍停留在经验总结上，变化不太大。大多数情况下侦查人员还是凭观察、直觉和经验来分析嫌疑人的心理并进行审讯策略的决策。一般来说，判断一场审讯成功与否的主要标准是能否获取嫌疑人的真实供述，而影响审讯的因素是多方面的，主要包括侦查人员的能力、对嫌疑人心理的分析、运用的策略是否有针对性、侦查人员对审讯局面的把控、审讯语言及审讯环境的设计等方面，其中大多数是经验型的因素，至于何时使用何种审讯语言、何时出示证据、何时增加嫌疑人焦虑与紧张、何时予以肯定和鼓励更是根据当时的情形临场发挥，经验丰富的侦查人员突破概率必然高一些，年轻的侦查人员难免出师不利。有时同样的策略方法甚至同样的语言得到的结果却并不相同。对此，即便是经验丰富的侦查人员也很难准确解释清楚究竟是哪个因素起到了关键作用。当然，审讯的成功与否是多方因素的综合影响，毋庸置疑，审讯经验是宝贵的，但其局限性也是明显的。仅依靠师傅带徒弟的模式一代代传承下来的经验作出的决策，往往缺乏运用科学的手段和方法对嫌疑人心理和行为的分析，要达到准确了解和掌握嫌疑人心理来指导审讯显得心有余而力不足。由于没有有效的审讯技术装备而无法获取、记录、分析相关的数据，依据经验总结的策略方法由于没有准确的嫌疑人心理行为数据的支撑未形成量化的指标，因而也无法形成标准化的技术方法，停留在经验总结层面的策略方法很难落地，往往陷入理论和实践脱节的尴尬境地。当前，犯罪手段更加隐蔽，取证工作更为艰难，获取嫌疑人的口供已经成为侦查工作的瓶颈，如何获取嫌疑人真实的供述仅凭经验显得力不从心。在人工智能时代，借助科学技术手段，将经验转化为量化的数据和可分析的指标来指导审讯，将审讯经验植入人工智能已经成为可能，为了有力打击犯罪，研发智能化的审讯技术已经十分必要和迫切。

第二，从可行性看，审讯是一种复杂的人际交互活动，侦讯双方的心理较量往往是在对立的利害关系中进行的，影响审讯成功的关键因素是要对审讯中的嫌疑人的情绪情感、供述动机和供述障碍进行准确的掌握和分析，据此制定和实施的审讯策略和方法才有针对性。在人工智能到来之前，由于缺乏现代化的设备和手段，侦查人员对嫌疑人心理的分析主要靠肉眼观察和自我报告来获取其生理行为和数据，因此，所观察到的现象和获取的信息无法支撑对其行为和心理准确分析的需要，更重要的是无法转换为可量化的指标，从技术上无法实现智能化审讯。随着科学技术的发展，借助人工智能的技术，不仅可对审讯场景的行为数据进行采集并进行准确的分析，还可运用相关的仪器设备对数据进行转化、处理，进行情感计算和认知分析，从而发现和揭示审讯中的行为规律，研发审讯智能操作系统。运用科技手段辅助侦查人员执行审讯这一复杂而又缜密的心理分析、策略制定及推送、口供甄别等智能性的任务已经成为可能。①

可见，审讯中研究和应用人工智能不仅非常必要而且可行。虽然审讯中人工智能的研究刚刚起步，但已经有了初步的成果。目前，

---

① 中国人民公安大学2012年率先在公安系统成立行为科学侦查应用实验室，开始研究审讯技术以及相关审讯装备。现为“公共安全行为科学实验室”。

有一些初样机已经在一些公安机关的侦查部门、反贪审讯的实战中应用示范。[①] 实现智能审讯、走向智慧审讯已经不再是梦想。

二、审讯中实现人工智能的设想

（一）审讯中实现人工智能的目标

审讯中实现人工智能的目标是实现智能审讯，并走向智慧审讯。

在人工智能时代到来之前，侦查人员通过感官被动地感知嫌疑人的外部行为，通过大脑进行认知加工，发现行为规律，并用这种认识指导审讯实践，这就是人力经验式的审讯模式。在人工智能时代，可运用科技化的手段改变以往人力经验模式，侦查人员可以通过音频、视频采集设备或压力传感器、电生理传感器等设备，把在审讯室里看到的、听到的，甚至我们利用肉眼难以发现的嫌疑人的各种行为反应采集和记录下来，通过人工智能技术，提升到人类可认知的层次，转化为人们可以认知的形式，这样就实现了审讯中的感知智能。侦查人员从以往在审讯室里被动地感知嫌疑人语言和行为信息，变为在感知智能帮助下的主动感知和精细感知。如果在审讯室装上相关的仪器设备，利用感知智能就可以捕捉嫌疑人的各种行为现象，并把这些行为现象推送到侦查人员面前，提供发现行为规律的信息源，但此时仍然要靠侦查人员进行分析评判和各种认知加工，也就是说，这仅仅是实现了感知智能，这一阶段即为“智能审讯”。智慧审讯就是将感知智能发展到认知智能。所谓认知智能，是指机器具有概念、推理、意识、思考和理解的能力，并可以实现自我学习。智慧审讯能做到洞察感知智能获取的大量行为信

---

① 毕惜茜承担的国家重点研发计划审讯项目已经开始研发审讯中人工智能相关技术和设备，一些初样机已经在一些地方的公安机关侦查部门的办案活动包括反贪审讯实战中应用示范。

息之间的关系，不断产生和优化人工智能的意识、推理、思考和决策能力。实现审讯认知智能，就相当于给侦查人员配备了一位审讯专家级的强大助手，这个助手在审讯中与侦查人员实时、隐蔽互动，给侦查人员出点子，辅助审讯。认知智能可以对嫌疑人进行情感计算和认知分析，发现和揭示嫌疑人在审讯中的行为规律，在实战应用中给侦查人员推送对嫌疑人心理、情感、行为的分析数据，及时推送审讯策略、方法、技巧并进行会话控制和谎言甄别。在感知智能基础上实现认知智能，是智慧审讯的标志。

（二）审讯中实现人工智能的基本原理

尽管人类像动物一样与外部世界有着复杂的联系，而行为正是产生这种联系的普遍方式，但是至今人们普遍还没有意识到自己某种行为的意义。我们能观察、描述的人类行为只是行为中的一小部分，而能解释和预测的更是少之又少。人的一举一动都有着特定的含义，对此我们很难完全准确地解读，有时还会曲解行为的动机和真正的目的。比如审讯中嫌疑人拒供或谎供，那么其拒供或谎供的原因是什么？他的各种外显行为的含义和表达的情感又是什么？审讯中，侦查人员与犯罪嫌疑人之间的言语交流是实现侦查人员策略方式的主要形式。众所周知，侦讯双方的交流方式并不仅仅包括语言，在侦查人员与嫌疑人之间的交流中，双方的交互方式和所处环境都承载了大量的情感信息。嫌疑人的情感信息对于分析嫌疑人心理、制定相应的对策及谎言的甄别有着极为重要的作用。审讯中嫌疑人的一举一动、喜怒哀乐、激动或惊讶等都是鉴别嫌疑人情感的主要标志。审讯中犯罪嫌疑人拒供的强度、外显的态度、是否说谎、说谎的时长、情绪状态等都可能影响其情感表达。正如人愤怒时会大喊、惊讶时会瞪大眼睛或张大嘴巴、激动时会加快语速、提高声音。因此，感知、记录、识别、理解嫌疑人的情绪情感状况十分重要。对犯罪嫌疑人情感信息的收集、记录、分析，是采取何种审讯方法、何时使用证据、如何进行会话控制进行决策的依据。随着科技的发展，人工智能已经开始具有一定的人工情感，① 具有了解人的情感机制，它能与人更好地沟通，并可进行情感识别。情感识别是对基于嫌疑人情感的多种生理或行为特征所表现出来的信息进行测量、分析和理解，表现出较高的智能性。运用人工智能技术对嫌疑人进行情感计算和认知分析，可以深刻地理解嫌疑人的思维，什么让他困扰，什么让他兴奋，他的回答中哪一部分是他不确定的，哪些信息他格外关注，哪一部分是他比较敏感的问题，还可识别和分析嫌疑人在不同场景下的压力、认知过程和情感反应，探测嫌疑人潜在的意图。

综上，审讯中人工智能的基本原理是融合心理学理论与行为科学技术及工程量化方法，从人的行为入手，通过采集和记录审讯中嫌疑人的行为，基于深度可重构网络的情感识别模型及算法，以情感计算和多模态情绪认知检测作为支撑，分析和揭示嫌疑人的心理特征，构建审讯中生理、行为与心理关联的评估与验证技术，建立多模态特征融合的情感计算与分析系统的软硬件系统平台，据此推进审讯的策略方法。

（三）审讯中人工智能的架构

在大数据背景下，以行为科学技术的方法，依据心理科学和认知科学对人的智能和情感的研究，基于多种传感器对嫌疑人的情感状态进行测量，发现和揭示审讯中嫌疑人的行为规律，以情感计算

---

① 人工情感是指用人工的方法和技术，模仿、延伸和扩展人的情感，使机器具有识别、理解和表达情感的能力。由于情感是一种特殊的、更深刻的认知，具有更高的复杂性和多变性，因此，人工情感必须建立在一定程度的人工智能的基础上，进而把情感因素与人工智能相结合，扩展机器的综合理解能力。

和多模态情绪认知检测为支撑，建立多模态特征融合的情感计算与分析系统，构建具有一定自主识别能力的审讯智能系统平台（见图12、图13）。

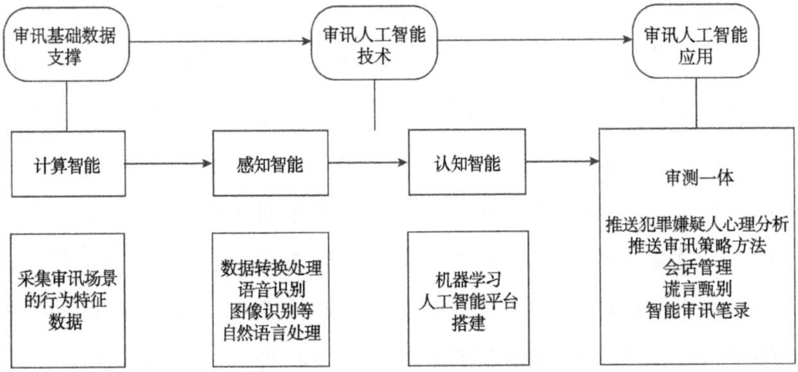

图12：审讯中人工智能架构

应用层	审讯智能产品	嫌疑人心理分析推送	审讯策略方法推送	会话管理	谎言甄别	智能审讯笔录
	审讯应用平台	审讯智能操作系统				
技术层	通用技术	自然语言处理、机器问答				
	算法模型	机器学习、深度学习、增强学习				
	基础框架	存储、计算、深度学习				
基础层	数据资源	通用数据		审讯场景数据		
	审讯软件设施	审讯智能云平台		公安大数据平台		
	硬件设施	加速硬件、智能芯片				

图13：审讯中人工智能系统的技术架构

图12和图13显示了审讯中实现人工智能的总体架构和技术架构。基于上述架构，审讯中的人工智能需要解决的问题和研究的内

容包括：一是数据采集。运用现代科技手段，基于非接触式采集技术的生理、行为信号获取技术，通过建立数据库，研究包括面温、面部表情、肢体动作、语音情感等生理信息及与情感相关特征的提取，通过多源异构数据融合，构建心理动态评估模型，这是整个研究的基础和支撑。二是审讯技术。通过机器学习建模，开发面向审讯领域的审讯技术，[①] 主要包括眼动测试分析、面部表情识别、肢体行为分析、语音情感分析等。[②] 通过数据采集和数据库的建立，基于数据运用上述审讯技术，可实现审讯过程中对嫌疑人心理分析的实时推送，并据此提出有针对性的审讯策略方法。三是审讯智能化的应用。在审讯应用平台上建立智能审讯操作系统，构建审测一体的系统平台。实现在审讯场景下犯罪嫌疑人心理分析、审讯策略方法推送、会话管理和谎言甄别以及审讯笔录的智能系统，由感知智能向认知智能发展，由智能审讯走向智慧审讯。

三、审讯中应用人工智能技术的思考

审讯中运用人工智能技术无疑在一定程度上提高了办案质量和效率，具有良好的应用前景。但随着审讯智能化技术的研发和应用落地，衍生出的一系列问题值得探讨和思考，这其中就包括智能技术在审讯中的作用和定位、人工智能不确定性的认识和解决思路、人工智能应用带来的法律规制。

---

① 审讯技术即基于心理与行为数据，在控制科学与工程的支持下，运用行为科学分析原理与方法，形成的一整套讯问规则、规范和工具体系。审讯技术的作用是运用此技术可洞悉嫌疑人在讯问中的心理状态，解析讯问中嫌疑人的一言一行、一举一动，实时监测被讯问人的心理变化，为侦查讯问人员提供技术服务。具体来说，就是通过此技术解决嫌疑人在拒供的情况下发现线索、甄别其是否知情和涉案以及当嫌疑人供述后口供真伪的识别等。参见毕惜茜：《我国侦查讯问的变革与发展》，载《公安学研究》2019 年第 4 期。

② 庄东哲：《侦查讯问中的行为科学技术方法》，载《中国人民公安大学学报（社会科学版）》2014 年第 3 期。

（一）人工智能在审讯中的定位

人工智能在审讯中的定位是辅助功能，它不能替代侦查人员直接审讯。人工智能擅长数学计算、逻辑思维甚至可以有人工情感和进行情感计算等，在某些方面还能够替代人类从事复杂的工作，但难以置身于错综复杂的案件中去抽丝剥茧、运筹帷幄。更何况审讯活动中还涉及司法价值的考量、法律的解读、刑事司法政策的运用等，人工智能很难像人类一样去思考和决策。从审讯本身看，人工智能推送的方法只能作为参考，而非取代侦查人员。虽然科学技术已经发展到可以将侦查人员的经验植入人工智能，实现智能审讯，但是影响审讯策略效果的因素是综合的，包括审讯前的准备、突破口的选择、侦查人员权威的建立、侦查人员与嫌疑人之间的人际关系如何以及如何做到人际吸引、第一次讯问的设计以及与后面场次审讯的不同等都是人工智能无法替代的。不同种类的案件因为特点规律不同、证据要求不同、犯罪嫌疑人心理特点不同，在审讯策略方法等方面也有所区别。在有些案件中，由于缺乏证据，审讯难度大，侦查人员会对每一次讯问的开场方式、审讯中使用的语言精心设计，更何况审讯中的随机应变、临场发挥、因人而异、因案而异的方法都无法按照程序预先设计和编排。人是人工智能的设计者和制造者，然而，人工智能的强大功能出乎人们的意料，而设想中的人工智能的超级能力仿佛更是人的想象所难以企及的，人始终是人工智能发展方向的决定者和最终的设计者，这一点乃是人类应对人工智能时代各种挑战的最为坚固的立足点。[①] 正如“莫拉维克（Hans Moravec）悖论”所表现的那样，人工智能善于解决难题，却常常对在人类看来十分简单的任务无能为力，比如，智能技术可以

① 韩水法：《人工智能时代的人文主义》，载《中国社会科学》2019年第6期。

战胜棋类高手，却难以理解每一步棋背后的动因。可见，虽然人工智能已经非常强大，但是其终归只是工具。作为新型的智能工具，它可以影响甚至改变社会以及人们的行为、生活、交互的方式，但终究摆脱不了人类的思维限制。因此，即便人工智能发展到完全能够与人的思维达到同一水平，它在审讯中也只能是助手的角色，主角还是侦查人员。

（二）人工智能中植入审讯经验的不确定性

所谓确定性是指事物的唯一性，它是明确的。不确定性是相较确定性而言的，它是指对事物及事物的发展无法给出明确的、唯一的结论。实现智能（慧）审讯的一个重要方面是将侦查人员的经验数据转化为可量化的审讯技术，形成专家系统，针对不同的情况形成明确的策略方法并推送给侦查人员。审讯中的策略方法大多是侦查人员在实践中经验的总结，通常以师傅带徒弟口耳相传的方式传承下去，人工智能在植入经验时难免带有不确定性，它的不确定性影响智能机器学习的输出。经验数据的不确定性体现在：

第一，植入经验的不完全性。经验是感性的，是凭感觉、知觉和表象的直观认识进行的抉择。它包含科学事实、印象性信念、刻板印象等。审讯实践中的经验是无穷的，侦查人员在长期的审讯实践中都有自身的经验和体会，不同种类案件、不同年龄、不同性别的审讯策略方法不尽相同，随着社会的发展变化经验也会不断变化，很难对这些经验进行完全的归纳和列举。因此，要有海量的数据予以支撑，尽量“穷尽”实践中的审讯策略方法并总结、归纳和整理，只有这样才有可能形成明确的结论。

第二，不同专家给出的知识、经验不同导致的不确定性。审讯经验并不是一个稳定而严密的体系，大多数情况下它是分散的存在，带有一定的主观性，侦查人员个人的价值观、知识储备、办理案件的数量、种类、侦查人员所处的地域等对经验的形成都有影响。实践中常常会出现同一种类的案件不同的专家给出的知识经验存在大同小异或有重合的情况，但有时甚至是完全不同的观点，这并不意味着这些观点或者提出的策略方法是对立的，而是体现了因和果之间的多重联系，这些复杂的因素凸显了审讯中研究和应用人工智能的技术难点。对此，应对不同种类的案件和不同年龄、不同性别嫌疑人的审讯策略形成通识性的策略列举，通过机器学习不断训练，这样才能形成可靠的对策推送。

值得注意的是，即便经验可能是确定的，也还存在定义方法以及与计算机对接的问题，因此，准确的标注和定义十分重要。就开发智能审讯而言，除需要考虑数据经验的不确定性外，算法也存在不确定性。[①] 众所周知，计算机具有超强的计算能力，但对于人工智能的形成来说，能够处理日常生活中复杂的、不确定的事物才是人工智能的标志和关键。通过模糊数学、概率方法等途径研究和解决不确定性问题，[②] 也是智能审讯技术的重要突破和创新。

（三）审讯中人工智能研究和应用的法律规制

审讯人工智能的研究和技术的开发涉及数据的采集、分析、转换和处理等，研发过程中需要海量的数据作为支撑，这种方法凸显了犯罪控制与人权保障的冲突和平衡。在审讯场景获取的生理行为数据是研发智能审讯技术的基础和支撑，在建立数据库过程中这些信息和数据面临着个人信息保护和应用过程的数据安全风险问题。

---

① 算法是人工智能行为决策的根基，决定着人工智能行为的目标和实现路径，机器学习被简化为以数据和假设为基础的归纳过程，机器学习的方式是“创建假设—数据验证—提出新假设—概括新规则”，以这样的方式来使机器在新环境中作出判断和决策。

② 纵博：《人工智能在刑事证据判断中的运用问题探析》，载《法律科学（西北政法大学学报）》2019 年第 1 期。

2016年最高人民法院等部门对涉及电子数据的刑事诉讼活动作出规定，但这一规定不能完全满足人工智能领域信息保护及风险规制的相关需要。① 我国目前也没有关于人工智能方面的法律规制。人工智能技术涉及的数据不能等同于一般意义上的个人信息，也不同于刑事案件中的电子数据。审讯人工智能研究中的信息数据的特点有：第一，它专指审讯场景下嫌疑人生理行为数据；② 第二，审讯场景下嫌疑人生理行为数据多是以音频和视频的方式呈现；第三，经过处理，转换为符号后用于研发，此时呈现的是符号，个人信息泄露和公共安全风险大大降低。审讯人工智能在数据采集、转换和处理过程中既涉及个人信息也涉及信息数据安全风险的问题。从世界各国看，人工智能信息数据安全风险的规制往往跟不上人工智能技术的飞速发展，对个人信息及公共安全风险的规制往往滞后。究其原因，一是较长的法律制定周期无法赶上人工智能时代带来的始料不及且瞬间涌出的法律问题；二是涉及人工智能领域的信息保护和数据安全问题十分复杂，不同的人工智能可造成不同的安全风险，即便是相同的人工智能在不同的领域其风险等级和种类也不相同。因此，针对人工智能的规制在政府层面制定规章的可能性比较小。针对这一现实，有学者建议以考虑替代性方案来满足合法性的需要。③ 第一，可考虑由具体监管部门制定本领域的规章，在尚不成熟的情况下可制定临时性规则，对数据采集、使用和转换的合法性进行确

---

① 2016年9月，最高人民法院、最高人民检察院、公安部联合发布《关于办理刑事案件收集提取和审查判断电子数据若干问题的规定》。

② 嫌疑人生理行为数据通常以面部表情、语音情感、肢体动作、眼动、面温、呼吸、认知脑电等形式呈现。

③ 郭传凯：《人工智能风险规制的困境与出路》，载《法学论坛》2019年第6期。

认;[①] 第二，事后的司法审查机制可对其进行制约。为保障审讯人工智能的研究与应用中个人信息被正当、安全使用，同时保障数据使用的安全，应根据人工智能的特点，细化人工智能研发中的信息数据种类，设置不同的使用范围和密级，采取分级管理、授权使用，对违反者作出处罚。总体应本着以安全与秩序为第一要义的价值取向，不得以牺牲个人信息、国家秘密为代价换取研究成果。

① 具体规制部门主要是指人工智能各个领域的监管部门，如无人驾驶技术的监管应当交由交通部门负责，在制定规章时，则应参考相应企业的意见。

第三篇

审讯中的语言技巧

古希腊的《伊索寓言》中讲了这样的一个故事：宙斯在创造世界的时候率先创造出来的是鸟兽，这些鸟兽有的被赋予力量，有的被赋予速度，还有的被安了一对翅膀。而人被造出来时却赤裸裸的一无所有，于是对神暴怒道："唯独我没有得到你的恩赐。"宙斯回答说："你忽视了我赋予你的才能，按说你受益最多，因为你会说话。语言禀赋使神和人无所不能，任凭鸟兽气力再大，速度再快，也只能甘拜下风。"可见，谁有语言，谁就有世界。

语言是人们传递信息、交流思想、进行联络、表情达意的必要手段。语言型塑真实，任何语言均包含一定的对真实的理解或者世界图像。在20世纪初哲学"语言转向"的大背景下，[①] 许多学科也开始逐步地关注各自研究领域中的语言问题。相对语言学而言，审讯中的语言学是一门

---

① ［美］约翰·吉本斯：《法律语言学导论》，程朝阳等译，法律出版社2007年版，第77页。

年轻的学科。审讯语言学是运用现代语言学和审讯学的理论和方法，对案件言语材料进行研究，探讨语言的形成和演变规律，寻求语言材料和制作人特征之间的对应关系，从而为案件审讯提供有效途径的一门学科。审讯语言学属于语言学范畴，但它不仅是语言学的纯理论研究，同时注重语言学的动态研究，它与心理学紧密相关，人们常说“言为心声”，就是通过人们的语言可以传递信息，可以反映人们的心理活动，通过语言还可以判断和分析此人的年龄、职业、地区籍贯、文化程度等信息。根据资料显示，人类有史记载前，全世界有1万多种语言，由于自然、社会等方面因素的影响现在有6000种左右，汉语使用人口最多，其次是英语。无论何种语系和何种民族文字都离不开三要素，即语音、词汇和语法。语音是语言的外壳；词汇是基本单位，是语言三要素中最活跃的因素，它随着社会和时代的变迁发生显著的变化；语法是语言交际必须遵循的符合语序、逻辑的基本要求。语言的特征表现为：

（1）语言习惯的特殊性。特殊性是指每个人的言语习惯各不相同，是区别于他人的。虽然人类社会的每一个成员大多经过学校的语言训练，但由于个体言语的个人意志、记忆、心理等因素存在差异，其言语形成的条件和环境的不同，形成不同的语言表达和风格，正如人们常说的“文如其人”。从整个社会的全面共同语看，由于人们分处在不同的地域而产生的语言地域变体——方言；由于受社会群体或集团的影响而产生的社会变体——社会习惯用语；由于受社会群体交际主体生理和心理因素影响而产生的功能变体——心理语言痕迹和病态语言；等等。这都说明由于受时代、语言形成的地域或语言交际的制约等存在个体语言的习惯性。

（2）语言习惯的稳定性。稳定性是指个体语言一经形成基本特征保持不变的属性。一个人在一生中会发生各种变化，如学习、生活、职业、身份等，这些外因会带来个体的社会角色、思维、心理的变化，但一个人一旦形成了自己独特的言语习惯，那么在其发展的过程中会保持一种相对静止的状态，其言语特征是较为稳定的。

（3）语言习惯的同一性。同一性是指一个人不同时期的言语习惯的本质特征是一致的，有自身同一的关系。人们常说“未见其人，先闻其声”就是同一性特征的表现。个体言语在其形成过程和使用过程中并不是一成不变的，在一定阶段言语就进入一个相对静止的状态，在此状态下，一个人的言语虽然原有的一些特征消失了，新的特征出现了，但是反映言语习惯的特征不会改变。言语习惯的特殊性和稳定性决定了言语习惯在本质上的同一性。

语言学是一门古老的学科，由于语言在各学科领域的广泛运用，衍生出与本学科相融合的语言学体系，如社会语言学、文化语言学、心理语言学、民族语言学、法律语言学等。如果将语言学比喻为横坐标，那么，各学科对语言的应用和研究则为纵坐标，它们彼此交融、碰撞出崭新的研究成果。早在三国时期的“国渊比书”就是我国较早使用语言断案的例子。当时，有人写信辱骂曹操的暴政，曹操大怒，下令追查此人，国渊接旨查办，通过对信件的分析，发现写信人在信中引用了张衡的《二京赋》的句子，断定此人必定熟悉张衡的作品，据此收集了此人大量的笔迹，找到了写信人。著名的语言学家拉波夫曾描述过一个语言与犯罪的案例。某嫌疑人向洛杉矶一家航空公司打恐吓电话，司法机关抓获嫌疑人后，又利用仪器将录音进行分析，认为抓住的嫌疑人不是打电话的人。从语音看，打电话的人应该是新英格兰东部地区的人，而抓的人是纽约人，此案经语言学家论证，澄清了嫌疑，避免了一起冤案。[①]日本电影《砂器》中的一个情节常被各类语言学者引用。影片中为

---

① 徐大明等：《当代语言学理论丛书·当代社会语言学》，中国社会科学出版社1997年版，第238页。

了确定死者的身份，侦查人员特地到方言地理研究所去询问专家，死者生前所发的某个音是不是东北地区专有，专家否定了东北地区，并提供了另外一个地区作为参考，据此侦查人员很快就确定了死者的籍贯。

曾有报道，一个专门偷酒店里外国人的“大盗”被抓后，发现此人大腿两侧纹了一副对联：“左腿：登天难成人更难，黄连苦贫穷更苦；右腿：江湖险人心更险，春冰薄人情更薄”，反映出此人对人的不信任及对贫穷的惧怕。可见，语言是人心理反应的外化。

专题一　审讯语言研究概况

语言与言语不同。著名的语言学家索绪尔认为："语言是言语机能的社会产物，又是社会集团为了使个人有可能行使这机能所采用的一整套必不可少的规约。"言语是个体应用语言的具体行为和结果。就审讯中的言语而言，它是侦查人员向嫌疑人发问和嫌疑人以语言为载体说出来的话或写出来的文字或通过一定的介质所传递的信息。语言和言语紧密联系，相互依存。一方面，言语交际活动必须遵循语言的规范和规则，使得交际双方能够沟通和交流；另一方面，语言的发展和演变也要依赖于交际双方的言语行为。[①] 审讯中的语言可分为有声语言、无声语言、类语言等，还可以再分成单向话语、双向话语。本篇研究的重点为侦查人员在审讯中的话语，即侦查人员审讯语言，为单向话语。

审讯是以侦查人员和犯罪嫌疑人的言语交际为表现形式，以获取犯罪嫌疑人供述为目的而进行的一种侦查行为。审讯中侦查人员的问话语言反映了侦查人员与犯罪嫌疑人交际的本质。我国著名法

---

① 语言学的研究已经明确了语言和言语之间的区别。语言是社会代码，言语是讲话者对语言代码的运用和布置，言语是在特定的言语环境中为完成特定的交际任务对语言的使用，语言存在于言语之中。本文均称为"语言"。

理学家舒国滢指出：“语言，不仅是人类生活现实的本质部分和确定因素，而且是考察法、伦理等社会现象的重要手段。”

近年来对审讯语言的研究大体可以分为三个阶段：第一，前期（20 世纪八九十年代）主要是针对审讯语言的特征（陈闻高等，1997）、分类（刘靖国等，1998）以及提问方法（徐加庆等，1992）方面的探索。这个阶段的研究成果很多都属于开拓性的，也有专著较为系统地论述了审讯语言的概念、作用、特点以及提问方法（韩国权、薛宏伟，1990）。然而此阶段的研究主要是归纳较抽象的、笼统的特点和原则，对于语言运用的技巧方法多是经验总结。第二，中期（2000 年至 2009 年）主要集中在对侦查人员的提问方法技巧和对犯罪嫌疑人的应答的研究（刘鸿吉，2003；王怀旭，2004），同时对审讯中的非言语研究掀起了一个高潮，成果颇为丰硕（赵桂芬，2003；王卉，2005）。而对于审讯中非言语研究的瓶颈在于：一是大多数研究主要是借鉴国外的非言语研究成果，如何应用于我国审讯实践尚待探索；二是对于审讯中的非言语研究缺乏实验和实证研究。第三，现阶段，随着学界对审讯学研究的深入，审讯语言的研究也拓宽了研究领域，在更为深入的层面进行了探索。一是汲取了许多学科的营养，诸如法学、社会学、心理学、哲学等，拓宽了视野，开辟了新的研究领域，如将行为科学技术应用到讯问中，诸如面部表情识别技术、眼动监测技术、认知讯问法等；二是随着法制的健全以及人权保障的呼声越来越高，学界开始关注审讯语言的规范性问题，有学者对警察讯问话语进行了批判性的研究（曾范敬，2011），同时也注重了审讯话语中的人权保障（袁传有，2007）。

国外关于警察审讯语言研究十分注重审讯实务，广泛地使用了案例法（Roger Shuy，1997），对犯罪嫌疑人和警察使用的语言进行个案分析，分析了审讯中的书面供述语言、推定供述语言、牵连供述语言、警察审讯语言与宪法权利以及无效供述语言、谎言与实话、充当治疗师的审讯者语言、关于审讯、供述和欺骗性语言的基本原则、高效的审讯和有效的供述等[1]。同时，他们还关注在法律的框架下警察审讯话语的研究，有的学者以实证为基础研究了警察审讯模式、米兰达告知和归罪陈述、刑事程序中警察审讯的惯例等问题（Leo，1996）。

---

① 黄萍、林国丽：《侦查讯问话语研究述评》，载《玉林师范学院学报》2013 年第 1 期。

专题二　审讯语言的语体风格特征

语体风格是语言运用中某些特点的综合及所具有的格调、氛围、色彩。在语言的各个使用领域，一切言语交际都具备一定的风格格调，以顺应特定的题旨情境，从而达到预期的效果。审讯中的侦查人员语言为口头语体，其语体风格特征和要求既不同于法律用语，也不同于一般工作用语，更不同于日常生活用语。为了准确表达侦查人员的审讯意图，往往需要语言明确，而为了实现侦查人员的审讯策略，有时又需要采用迂回、模糊、一语双关、比喻等方式；有时为了给犯罪嫌疑人施加压力，侦查人员语言需要强硬，而为了缓解其畏罪和紧张心理又需要委婉；为了增加问话的力度，不过多透露案件信息，审讯语言往往要简洁，但在说服教育时往往又需要繁复；为了体现执法的权威性，侦查人员语言需要庄重，但有时为了拉近侦讯双方的距离又需要通俗、口语化。审讯语言究竟应该是通俗易懂还是迂回模糊、是更加直白还是委婉含蓄、是更加形象生动还是刻板程序化，应当根据法律要求、案件情况、犯罪嫌疑人心理、案件证据情况辩证运用。明确与模糊、直言与迂回、强硬与委婉、简洁与繁复并存，这也正是审讯语言的语体风格的特征。

一、明确与模糊

明确是侦查人员审讯语言的主要风格特征之一，对于犯罪事实等问题的表述必须“咬文嚼字”，力求做到精确周密，防止矛盾和疏漏。如“你不会忘记那一寸的铁钉吧?”“现场为什么有你的指纹?”等，说明侦查人员已经掌握了其确凿的证据。但在审讯中未必所有的审讯用语都必须是明确的，不确定的模糊言辞可做宽泛的解释，虽然在法律用语中是不允许的，但是在审讯中往往负载重要信息，审讯中的模糊用语提高了语言表达效率。如“你的事没说清楚，现在给你一个机会，把那事儿说说吧”。这句话里所包含的重要信息“那事儿”就是指犯罪嫌疑人的犯罪事实。有时用概念意义较为模糊的词可以使审讯语言更灵活，适应性更强。一般情况下，审讯开始时往往是模糊表述，侦查人员进行追讯时则将问题明确化、精确化，如涉及作案工具、被害人伤情、赃物特征、数量等问题需要明确问话。

二、直言与迂回

审讯语言既要阐明事实、说法释理，又要动情兴感，具有很强的务实性，通常情况下需要平实无华的直言风格，满足易懂的特点。然而，有一些问话出于审讯策略方法的需要不便直言表达，需要绕圈子、迂回曲折，目的在于试探嫌疑人的防御能力、态度以及心理状态，同时可以掩护侦查人员掌握证据的多少。如某杀人案件，丈夫在夜间将妻子杀害。一大早，天蒙蒙亮，丈夫赶到公安机关报案。在调查中，邻居反映，此人家里养了一条大狗，但案发当日却一夜未叫，在案发傍晚邻居还看见被害人在打扫院子。侦查人员问丈夫：“你妻子是不是你杀害的?”或问：“你家的狗一夜未叫啊?”前者为直言问，后者为迂回问，意为你家里没有外人进入，是不是你杀的?

两种问话并无对错之分，取决于当时对案情的把握和掌握证据的多少。

三、强硬与委婉

在审讯中，为了打消嫌疑人的气焰，或为了营造审讯的高压态势，或为了配合某审讯策略方法的运用，需要侦查人员在态度和语言上都表现出强硬，也体现审讯执法活动的权威和庄重。然而强硬的语言由于意义具体、表达直接，有时甚至有些刺耳，并不适用于所有的对象，尤其是那些自尊心强、有文化、有社会地位的嫌疑人，不妨含蓄委婉一些。相对“把你贪污（杀人，强奸）的事说清楚”这样的问话，此时如果委婉表达效果更好：“你老来失节，干出了与你多年党龄不相符的事情，太可惜了。”后者用委婉之词加以烘托或暗示，让人思而得之，而且越揣摩，似乎含义越深越多，因而也就越具有感染力。

四、简洁与繁复

简洁和繁复是就信息的包含量而言的。简洁是侦查审讯语言高效性的体现，简洁的语言使人感到“至约”，要求简而不缺，明白无误，审讯中要掌握好适当的繁简度，“有话则长，无话则短”。繁复代表多、重复之意，繁复并不意味着冗长。如：“你为什么在9月5日上午10点在人民路东北角东张西望?”就此句而言不仅冗长，而且透露了过多的信息，应该说是犯了审讯之忌。审讯中的繁复不仅体现了审讯策略、侦查人员的知识水平和修养，还体现了说服的魅力。如某盗窃图书案件，犯罪嫌疑人胡某某有文化，爱读书，说话咬文嚼字，自命清高，在第一次审讯中反复辩白“家贫无从致书以观”，辩解其对读书的渴望，辩称窃书不算偷。侦查员在第二次审讯时一改第一次审讯时寡言的情形，说道：“胡某某，你就是现实社会的孔乙已！”胡某某愣住了。侦查人员接着说：“你和孔乙已一样是一个善恶分明的人。鲁迅先生笔下的孔乙已将茴香豆分给孩子们吃，他从不拖欠酒钱，孔乙已的善表露无遗。孔乙已也是恶的，这个恶并不是作恶多端的恶，而是指令人厌恶。他的生活已经到了穷途末路的地步还放不下读书人的架子，读书人是为了学到知识，修身、养性、齐家、治国、平天下，我问问你：读书人的意义何在？你与孔乙已是多么相似！你爱书，爱到占为己有，却还讲什么‘家贫无从致书以观’，你知道这句话的出处吗？这是《送东阳马生序》里宋濂讲的，可人家是‘每假借于藏书之家，手自笔录，计日以还’。而你呢？你的妻子身怀六甲，行动不便，正需要人照顾，你却在北京做鸡鸣狗盗之事，你对得起你的家人吗？……”这一长段话语结构相对集中、布局疏密有致，使人不觉冗长，而感到语言的感染力，显示出侦查人员的语言艺术和对审讯局面的把握。

侦查人员语言的明确与模糊、直言与迂回、强硬与委婉、简洁与繁复取决于当时的言语环境，侦查审讯语言的实用性功能决定了在审讯实务中它不是单一的表现形式，而是多种形式并存的辩证关系。审讯语言的法律性决定了侦查人员在注重技巧性的同时，还需要在法律的框架下完成其功能使命。

专题三　审讯中的语言分析

一、地域分析

我国幅员辽阔，人口众多，每一个个体都在一定的地域范围生活和居住。由于地理环境的影响、历史传统及文化的差异，使得共同使用汉语的人也有不同的语言差异，尤其是语音差异，扬雄在其《方言》中所说的“殊方异语”，即方言。方言是民族共同语的地域分支。我国有八大方言：北方方言、吴方言、湘方言、赣方言、粤方言、客家方言、闽南方言、闽北方言。土语次方言，即家乡话，使用范围比方言小，如温州话。词汇是最活跃的因素，某一地区长期约定俗成和习以为常的言语习惯与受文化氛围的影响所固定下来的具有本地区鲜明特点的方言词语包括方言字、土语等构成了方言地区词汇。方言词的特点：①

（1）同一事物在不同方言地区有不同的称呼。如在亲属称呼里，普通话称为“外婆”，方言称为“婆婆”“姥姥”，普通话称为“小姨”，方言称为“姥姨”“幺姨”“满姨”等。北方方言称为“公

① 语言文字包括语音、词汇和语法。词汇最活跃，本部分专门做了探讨，语音、语法未在本部分专门研究。

鸡”“母鸡”，闽方言称为“鸡公”“鸡母”。北方方言称为“酱油”，粤方言称为“白油”或“豆油”。普通话称为“头”，有的方言称为“脑壳”“脑壳壳”。

(2) 同一事物同一方言区的不同地点称呼不同。如北京话将父亲的姐姐称为“姑姑”，在贵州纳雍县东关称为“伯”，遵义地区将岳父称为“亲爷”、岳母称为“亲娘”。普通话里的西红柿在贵州的不同地区称呼不同，安顺市称为“酸茄果”“四品茄”；贵阳市称为“毛辣茄”“毛辣果”；遵义市称为“洋海椒”“洋海茄”；普定县称为“东茄”；铜仁地区称为“洋来自”“洋海茄”。[①]

(3) 词素颠倒构成方言词。如热闹—闹热（贵阳、成都）；公鸡—鸡公（福建）；拖鞋—鞋拖（福建）；喜欢—欢喜（成都、贵阳）；早晨—晨早（广州）。

特有的方言词（字）。如侬—你（吴方言）；埋汰—脏（东北方言）；葳—假（贵州话）。

(4) 地名中显示地域的特点。地名是一种社会现象，也是一种文化现象。由于北方、南方特定的方位、地理环境、文化等存在差异，地名构成中形成不同的地域特点。北方平原多，因此地名中“庄”“营”“宫”“屯”“堡”“堂”等出现得较多，南方山、河流、溪流多，因此地名中多有“寨”“溪”“湾”“坪”“铺”“场”等。

(5) 从外来词中吸收。从外来词中吸收的方言词主要出现在沿海开放城市，由于其特有的地理位置和文化背景，使其在方言词中吸收了一些英语音译的词，如“沙发”“太妃糖”“模特儿”“派对”“巴士”“买单”“泊车”“比基尼”等。

审讯中，当事人的言语表达中大多会流露出其方言的特点。如

---

① 袁瑛编著：《案件言语分析与鉴定》，中国人民公安大学出版社2005年版，第68页。

“咱家那地方，弄点炸药还不是毛毛雨，小菜一个，找个旺秀（‘好手’之意）下手的话，解决得很干净，我们拿钱，谁也抓不着。我跟他说，别跟我玩什么虚头巴脑的活儿，我不认识什么大佬，一直都是单干，要想跟我玩虚的，借你个胆儿”。从使用语言中的“旺秀”“大佬”“虚头巴脑”“玩虚的”“借你个胆儿”看，表现出来的应为北方方言特征，而“旺秀”“跑路”应为东北方言。

二、年龄分析

不同年龄阶段的人在语言运用中也表现出不同的特点。从审讯意义上研究语言特征主要在于语用中所表现出来的年龄特点痕迹，这是语用主体必须经过的语言的形成、养成和定型时期，随着年龄的增长，语用主体生理和心理发育成熟，逐渐形成了带有年龄特点的主体语言特点，不同年龄阶段在思维、心理、逻辑方面的特点不同，语言特点也不同。

青少年语言特征：（1）使用新词和流行语。青少年语言的一大特点就是大量使用新词和流行语，表现为网络用语多，常夹杂英文，如“一起去 happy”“kiss”“我在 shopping 时买了一份报纸，哇塞！好爽！帅呆了！好 in 啊！一会儿发个 E－mail”“什么东东”“打铁”（往 BBS 和聊天室贴帖子）等。（2）填空式语言加上某一词缀构成新词。如（　）族，可演化很多，追星族、工薪族、月光族、上班族等。例如，某人于晚上 10 点从四楼的窗户进入事主家中，在家里进行了大面积的翻动，共找到现金 500 元，两瓶五粮液酒，出门时将物品放在客厅沙发上未带走。现场勘查时发现，犯罪嫌疑人曾将一个 30 公斤的保险柜从卧室中搬出来，放在一个桌子上。犯罪嫌疑人还从冰箱里拿出一听可乐喝。此外，此人还打开事主的计算机，留下一段话：“你们是一对多么美丽的夫妻，我是被迫从四楼进到你们家的，本来是想偷点东西，呵呵，可是你们家让我可以拿的东西也太少了，不过，你们可别去报警啊，那样我们就成了仇人了，你们放心吧，我说不准哪一天就让人给毙了，告诉你们，我可是个女贼，你们也别小瞧我，我可是很厉害的。穷人，小贝。”从此案作案的行为方式和留下的一段话来分析，此人为男性，年龄为青少年。从留言有两处错别字“近”“敝”以及言语特征上反映了青少年言语者的阅历浅、思想简单、言语狂妄的特征。

中年则沉稳、老辣、历练，多关联自己的工作、事业、家庭。老年人由于生活的磨炼和人生经历，语言除沉稳外，有的还表露出消极的特点，尤其一些身体状况不好或经历坎坷者，相对而言，老年人少言寡语一些。

三、文化程度分析

一般来说，文化程度高则逻辑思维能力强，认知水平高，语言表达能力强，其用词造句能力和水平高，用语丰富；反之，则为文化程度低。

图 1 为 2001 年石家庄发生的特大爆炸案件的报道。嫌疑人靳某超在案发后逃跑，在逃跑过程中给家人写了一封信，有专家对这封信进行了分析。靳某超在书写信封时页边距均不按格式写，整体偏离中心，在信中有许多奇怪的写法，运笔也不规范，且上下偏旁的字明显拉长，专家称反映出其随心所欲、不加约束，甚至无法无天的心理，当然，与其低层次的文化程度紧密相关。

文从其心 字如其人

——对特大爆炸案案犯靳如超笔迹的心理分析

于2001年3月16日凌晨，制造了震惊中外、致108人死亡、多人受伤的石家庄特大爆炸案的凶犯靳如超早已伏法。笔者作为一名文检人员，却试图从靳如超笔迹特征反映的角度，去分析一下靳如超的心理状态。这就是西方所称的笔迹心理分析，中国古代文化所言的笔相学。我们不应否认，笔迹检验的科学性不仅在于每个人的文化层次、社会经历和书写锻炼程度不同，很重要的一个方面是人们的性格、心理、生理也千差万别。从靳如超分别写给其父母和弟弟的两封信看靳如超书写特征的个性反映：

布局安排。首先看靳如超填写的两个信封，三款内容填写的就与常人不同，前两款"收信人地址"和"收信人姓名"填写正常，第三款"寄信人地址"就不再写入格式，也不具体甚至出现"中华人民共和国"的字样，这是一种放荡不羁故弄玄虚的心态表现。

看信的内容，在文字与纸张格式的摆布上（文字不写入格式），也显示出随心所欲、不加约束的性情。

页边状态。就给其弟的信而言（左右无格式限制），整篇文字与左纸边的对应形态基本呈半弧形，按西方笔迹学的评断："左页边弧形，书写人对过去与未来的关系处理不好。"靳如超正是一个典型的玩世不恭、积怨甚多的人。

上下延长。靳如超书写的字迹，一些笔画上下延长明显。如："好、月、中、到、外、我、抹"等字。西方笔迹学对此现象的阐述为：幻想、野心、迷信、专横、行事能力强。这种评价与靳如超的性格和行为能力（如实施爆炸的前后活动情况）是符合的。

标点运用。不能正确使用标点符号的人，在书写过程中，一般都采取不用标点或用圆点代替标点的作法。但靳如超书写材料的字里行间，都出现了太多的"；"。这是罕见的、不可思议的现象，是一种什么内在因素？我们分析是疯狂心理的表达和野性的发泄。

怪异写法。在靳如超的笔迹中，出现一些十分奇怪的写法，如"月"字的框架搭配的空间太大，"好"字的左右部比例悬殊，"子"的角度和运笔也很古怪。这些十分怪异的书写表现在我所接触到的笔迹分析中尚未看到有关论述。我们不妨将它们当成书写人凶残、狠毒、无法无天的心理体现，权当对笔迹分析理论的一点充实。（摘自《警视窗》第10期 王成纳文）

图 1：石家庄特大爆炸案件报道

某命案犯罪嫌疑人在审讯中供述："（被害人）身高在1.6米以上，听口音是北京人，体形一般，不算胖也不算瘦，一般化。头发披到肩，上身穿深色的休闲服，具体什么颜色记不住了，前胸那儿有拉链，休闲服是长袖的，头发上也没有什么配饰，里面穿了一个胸罩，什么颜色的记不清了。下身穿休闲裤，长裤里面穿三角裤，深红色的，脚上穿一双拖鞋，深色的。"从这一段供述中很难看出这是一个只会写自己名字、不识字的人说的话，其供述的真实性大打折扣。

四、性别分析

男女两性在生理结构、心理特点上的不同，使得他们在言语行为中表现出不同的语言特征，人们常说男性“粗声粗气”，女性“柔声细语”。美国语言学家萨培尔说：“语言有一个底座。语言也不能脱离文化而存在，就是说，不脱离社会流传下来的，决定我们生活面貌的风俗和信仰的总体。”男性女性的语言差异体现在：（1）叙述事件的差异。一般来说，男性关注结果，女性关注细节，女性对细节反复描述：“那天我们见面时，夜也深，天也冷，他（嫌疑人）口口声声说爱我，却丢下我自己走了，我们之间的恩恩爱爱、情情爱爱一笔勾销了。”男性则叙述：“我和她的事到此为止。”同一件事情，男女在叙述时反映出来的情绪情感截然不同。（2）男性语气坚决，在作案时往往还带有强制、威胁甚至凶狠：“兄弟们都准备好了，打算干他一票，让他们知道我们的厉害。”女性较委婉，比较注重心理和情绪的体验：“我们相识后一直把你当亲人，我牺牲了一切，什么也没得到……没想到是这个下场。”（3）男性口述时常带忌语、粗口。在刑事案件中嫌疑人常自称“老子”“爷”，常爆粗口：“傻×”“那小子敢和老子作对，以后别想安生”。

五、犯罪隐语、黑话

犯罪隐语、黑话是一种特殊的语言现象，是“语言中的语言”。隐语在我国明清时期江湖上称为“切口”，北方省市称为“春点”，北京称为“坎话”，现在又称黑话，还有的称为“春点”“唇点”“寸点”。犯罪隐语、黑话是在一定群体中流行的秘密、隐晦的语言。对于作案人来说，隐语、黑话的功用首先在于可用来表达某种不便公开表达的意思，从而筑起一道壁垒，使局外人无从窥视群体内部的秘密，如将白粉称为“白雪公主”，冰毒、摇头丸称为“美少女”，大烟称为“泡子”；同时，使用隐语、黑话强调群体内部的共同价值与态度，并表达对社会传统价值和政府的否定态度；此外，黑话有标签和身份证明作用，如果某一个体熟悉了黑话和暗语，也就意味着他获得了该群体的资格。嫌疑人群体黑话、隐语多种多样，并带有一定的地域性，大致可分为表明身份的隐语、描述案情的隐语、联络或特指某事某人某机关的隐语等。

犯罪隐语、黑话的语体特征：（1）一词多义。如女流氓一词北方称“丽子”，南方称“码子”，四川称“梭叶子”，云南称“皮蛋”。（2）一义多词。如对公安人员北京、河北一带称“雷子”，沈阳称“犊子”，南京称“钩子”，陕西称“把子”，云南称“老猫”。（3）一事多词。如供认犯罪事实在隐语中有多种说法，“吐了”“点水雀”“倒水”“叫鸡鸡”等，盗窃称为“摸包”“翻砂”“夺夺”等。2014 年 11 月 6 日嫌疑人张某发在某区某宾馆盗窃被当场抓获，经过突审，该人交代有数十人的江西籍盗窃团伙，通过审讯等侦查措施，将张某发、杨某水等 24 人抓获，其中江西籍 21 人，核实案件 105 起，总案价值 100 余万元。团伙中有 11 人有前科，反侦查意识强，作案专业，瑞金当地有约定俗成的“联保制”，如交代同伙，家人会在本村“消失”，所以他们坚守攻守同盟，侥幸心理严重。审讯开始，侦查人员和他们谈生活、家乡风土人情，拉近距离，给机会，开始当地将偷散客称为“飞沙”，偷宾馆饭店称为“上班”“发财”等，侦查人员用黑话、暗语发问，使对方感到我们对案件已了如指掌，打消了其侥幸心理。

六、案件性质分析

不同性质的案件由于其主体身份在文化程度、籍贯、年龄等方面的不同，其语言特点也不同，同时，由于案件性质的不同，证据特点和要求也不同，其语言特点也不同。如职务犯罪嫌疑人普遍文化程度高，年龄偏长，而暴力案件嫌疑人文化程度普遍偏低，且以年轻人为主，其语言特点则不一样。如证明黑社会性质组织犯罪案件的“组织特征”的证据是由大量的事件和团伙成员之间的语言呈现的，如成员供述：“我就听老大的，信他的邪，愿意为他赴汤蹈火”“如果我们是一盘棋，三弟是司令，我可能是旅长……”其语言特点既体现在其主体特点上，也体现在证据特点上。证明职务犯罪的证据中通过语言外显的诸如“大笔存款”“房产”“帮忙”“提拔”等。

专题四 审讯语言的语用原则与策略

语用学是一种语言功能理论，它研究语言使用人是如何在人的符号束、语境和智力的参与和干涉之下对于字面的含义作出解释的。[①] 语用原则是指说话如果不遵守它们便会引起交际失败的一套规则。语用策略是指说话遵守了它们便交际通畅、更好地达到目的的一套措施。简言之，语用原则是指如何使交际不失败，语用策略是指如何使交际更有效。例如，1965 年，某地委书记在礼堂做报告，时间过了近两个小时，书记突然停了一下说：“现在大家解放解放……（马上离开座位）”，大家立刻明白了“解放解放”的含义（上厕所）。从语用原则和策略来看，最恰当的说法是：“大家休息一会儿”，而这位地委书记的说法虽然不是最佳语用策略选择，但具有那个时代的语言色彩。

审讯语用应遵循言语交际的语用原则和策略，在审讯活动中根据不同的对象、不同的案件、不同嫌疑人的心理特点，选择适合的言语，这样才能达到审讯的目的。

---

① 钱冠连：《汉语文化语用学》，清华大学出版社 1997 年版，第 10 页。

一、量的不合作原则

指话语双方所提供的信息不按需要提供，有时超出，有时不足。审讯中侦查人员通常是提问者，出于策略的需要提问时往往不将自己掌握的案件信息、证据信息全部提供给嫌疑人，故意给对方某个信息，这种信息缺漏，为量的不合作，目的是期待对方（嫌疑人）补足。但有时也会信息冗余，给对方我们掌握充足证据的信息，以暗示对方不要再侥幸。一般来说，侦查人员在审讯中都是力求隐己露彼，因此，刻意信息不足和缺漏的情况较多，而冗余情况少。

如侦查人员问：“那天在越秀酒家，你们喝的是什么酒？”

嫌疑人回忆片刻：“好像是四川酒……”

侦查人员插话：“是啊，喝了不少吧！”

答：“是，泸州特曲，喝了5瓶。”

问：“当时都有谁在场？”

回忆答：“有高某飞，还有陈……”

侦查人员：“是陈某亮，1月10日晚上，又是你将他们召集在一起吧，干了什么？”

嫌疑人连喊：“我冤枉，我冤枉呀！”

侦查人员：“冤枉？我问你，进到商场后又来到女装柜台，干了什么？”

嫌疑人连哭带喊：“那天的事主意不是我出的，我跟着去的，他们下的手绑的人。”

本案审讯中如果嫌疑人认识到证明案件事实的证据已被掌握，他就会意识到对抗是毫无意义的，即使对抗也只能是挣扎的表现；如果他出于过分自信或盲目自信而认为侦查人员没有拿到他犯罪的证据，或者是所掌握的证据不能证实他犯罪，便会产生不同程度的侥幸心理；如果他对侦查人员掌握证据的情况还不清楚，便会在审讯中千方百计地试探摸底。基于此，侦查人员问话中采用的既有给予对方信息不足的语用策略（下划线部分），也有点出某个情节，给对方某个信息的语用策略。从使用证据角度为点滴使用证据策略，首先抛出“喝的什么酒”“干了什么?”“进到商场后又来到女装柜台”等点滴事实，给对方造成侦查员已掌握证据和事实的感觉，在此基础上，促使其交代问题。

北京龙潭湖公园一位钓鱼人发现湖边水湾处漂着一个蓝色旅行袋，捞上来打开一看吓了一跳，里面有人的胳膊，是碎尸。袋里尸块表明刀口利落，作案人力气大，有的似乎剁几刀才剁下来，像是力气不够，从法医角度看应该有一个左撇子。有人反映见过一高一矮两名可疑人。嫌疑人锉哥被抓获接受审讯，此人是外地来京务工人员，已经来京三年。先由一位副手进行审讯，按照方案一个问题一个问题地问，嫌疑人说了几起打架的小案子，说着说着没可说的了，场内沉寂。

侦查人员老宋摸出一根香烟，慢吞吞地问：“我问你啊（点着香烟，吐了一口），你，三年前来的北京?”

答：“对，三年前来的。”锉哥有些莫名其妙。

问：“北京好玩吗?”

答：“好……好玩。”

问：“那你和我说说，都去过哪儿？北京有哪些好玩的地方?”

“嗯?”答：“（有些愣）香山，颐和园，长城，中山公园……”

问：“还去过哪里?”

答：“十三陵，雍和宫，香山……（说了几十个地方）”

问：“还有吗?”

（苦思冥想）答：“没有了，就这些……”

嘭！（老宋忽然把桌子一拍）厉声喝道：“怎么就不提离你家一站地的龙潭湖公园?”

锉哥一听，腿都软了。

老宋继续狂轰滥炸：“你怕了，你别以为我们和你闹着玩，现在怕了，剁肉的时候怎么不怕……不过，揭发还是可以立一功的，给你提醒一下，左撇子，大高个……”

五分钟后，锉哥说了：“我只是跟着碎尸啊，我进门的时候，人早死了。”①

预审员老宋在审讯前让自己的副手先行谈话，其目的一是摸清对方的心理和态度；二是麻痹对方，使对方放松警惕。审讯中先迂回，让对方说，暴露出漏洞，然后在提问中点到为止：“你怕了，你别以为我们和你闹着玩，现在怕了，剁肉的时候怎么不怕……不过，揭发还是可以立一功的，给你提醒一下，左撇子，大高个……”可见，预审员的语用策略把握很得当，下划线部分侦查人员运用了量不合作，求简求省，信息缺漏的策略，不仅使嫌疑人明白，而且暗示效果也十分明显。

总体来说，审讯中给嫌疑人的信息通常不能太多，例如：“周某交代他从徐某强处拿赤企南 99 号大门的钥匙以后交给你和‘小贵州’、张某磊去盗窃放在一楼的两辆摩托车，你怎么解释?”“周某交代在喝酒时你们商量了两点：一是谢某军为什么要带人找周某，必须给个说法；二是徐某宝是‘祁东帮’的人，我们要徐某宝保证我们以后在金鼎不会出事。这些情况你当时知晓吗?”上述提问句子太长，暴露的信息太多，细节太具体，犯了审讯中隐彼露己的大忌。

二、意图原则

意图是指审讯或谈话所要达到的目的。意图是由目的分解而来，通常是由分配在一个个话轮之中的局部意向组成。审讯通常也是将获取嫌疑人供述这一总的目标分解在一次次的话轮之中，有时可能要绕弯子，使用一些策略才能达到目标。

---

① 萨苏：《京城十案》，金城出版社 2011 年版，第 64 页。

某年3月8日下午5时许，某分局接到居民方某乙报案：其父方某甲（男，42岁，黑车司机，暂住本市CP区某小区）驾驶吉利牌小轿车，经常在八达岭高速的桥下拉活，3月7日晚到目前一直未归，并且手机关机。接报后，分局侦查人员立即赶往现场走访其他出租车司机。有群众反映3月7日下午4时许，方某甲在某立交桥下拉黑活时，有3名陌生男子乘坐其出租车后去向不明。分局刑侦支队立即发协查通报，查找方某甲及其车辆的下落。

3月11日凌晨3时许，分局接到县Z检查站通报称：该检查站在盘查中查获协查通报中方某甲的汽车及4名犯罪嫌疑人（胡某、吴某、魏某、袁某）。分局刑侦支队侦查人员迅速赶往Z检查站，发现该车正是被害人方某甲所有的那辆车，并且在车内座椅上发现新鲜血迹。侦查人员立即将4名犯罪嫌疑人带回分局进行审查。通过几个回合的突审，犯罪嫌疑人胡某、吴某、魏某等人先后交代了这起抢劫杀人的犯罪事实以及袁某涉嫌包庇的犯罪事实。犯罪嫌疑人胡某伙同吴某、魏某于3月7日下午4时许，窜至本市某区某环岛东北角路边，以打车为名将拉客司机方某甲骗至本市“H市场”东门外进行抢劫。在抢劫过程中，吴某、魏某持随身携带的折叠刀朝方某甲的右臂上段、右前臂、左右手背、右大腿等处猛刺数刀，造成方某甲被扎伤肱动脉致急性失血性休克死亡。后胡某指使吴某、魏某将方某甲的尸体用胶带捆绑后，抛于本市某区N镇一大石坡沟内，并且抢得方某甲吉利牌轿车一辆（价值人民币4.6万余元）、中兴牌手机一部（价值人民币705元）。在这起案件中，犯罪嫌疑人袁某（系胡某的女朋友）明知犯罪嫌疑人胡某抢劫杀人，还将胡某带血的裤子进行清洗，毁灭证据。

根据胡某的供述和指认，侦查人员在N镇一大石坡沟内发现被害人方某甲的尸体，在N镇至G村拱形铁路桥下的泉眼附近，发现并提取了带有血迹的棉上衣、裤子、汽车脚垫、汽车座套等物品，经比对，上述物品与死者家属提供的情况一致。同时还查获了刀具、胶带等物品。至此，方某甲被抢劫、杀人案已成功告破。

根据嫌疑人的初步交代，侦查人员发现胡某是这个团伙中的老大，吴某和魏某是胡某的小兄弟，平时吃住全由胡某负责，袁某是胡某的女朋友。胡某等人长期无正当职业，没有合法的经济来源。在调查中还发现，犯罪嫌疑人胡某有抢劫罪前科，魏某在原籍涉嫌强奸系网上在逃人员。结合上述情况综合分析后，认为该犯罪团伙极有可能还犯有其他严重罪行。

在审查开始阶段，胡某表现相当自负，多次声称“要不是我姥爷去世，急着去张家口奔丧，你们不可能查到我”。针对胡某的性格特点和外围调查走访情况的反映，发现胡某长期无正当职业，一直以老大自居。胡某也很善谈，语言之中显示出很“仗义”，动不动就说“我在N镇如何，我对兄弟如何，有我一口饭，绝不会亏待弟兄”，颇有黑社会老大的“风范”。但是除了承认抢劫方某甲一案以外，其他一概不谈。几天下来没有任何进展，但是胡某上述表现也传递了一个信息，说明他非常相信同案人员不会交代他的问题，存在严重的侥幸心理。针对这种情况，侦查人员决定根据胡某的性格，以刘某之事为突破口，对胡某开始试探性的发问。

问1：“听说，你在N地区也算是响当当的人物，没有人敢惹你？”

胡某点头肯定。

问2：“听说你家里被人抢过？”

胡某点头承认。

问3：“你知道是什么人干的吗？”

胡某愣了一会儿反问：“你们知道是谁？”

问4：“你可能想不到，什么是灯下黑？”

胡某发愣。

问5："你对兄弟这么好，他不应该这么对你呀！"

答："这也是我弄不明白的事。平时偷了东西，我分给他的钱最多，还有一次偷完东西，他分的钱丢了，我也知道不是吴某就是魏某偷了，为了不伤兄弟感情，我什么也没说，把我自己的那份又给了他一半，你们说我当老大的不这么做还怎么着！"

问6："作为老大你明知道是谁偷了钱，却不管不问。你说丢钱的兄弟会怎么想你，而偷了钱的兄弟也会同样认为你软弱可欺。再有，你拿出自己那份钱分给丢钱的，大伙都认为你得到的那份多，这样下去，你哪还有什么威信呢，没有了威信谁还会跟你一起混呢？"

胡某沉默一阵后答："这都是他们跟你说的？"

问7："到现在你还当他们是你的兄弟呢，真够傻的。"

鉴于3名犯罪嫌疑人均供称从方某甲身上只搜出200余元，而预审员事先掌握在现场勘查时发现方某甲衣服内兜有600余元现金未被歹徒发现。

问8："你们这次到底抢了多少现金？"

答："200元。"

问9："你说，一个出租司机出来拉客身上至少应该带多少钱？"

答："怎么也得带五六百块的零钱。"

问10："对呀，那钱呢？"

答："我也怀疑呢，怎么这么点钱，肯定是他们做手脚了。"

问11："这就是你这些兄弟们干的事，你还犯糊涂呢，再不说吃亏的是你。"

答："我全说……"

此段审讯可分成三个话轮，问1至问7为过渡和铺垫，问8至问10逐渐接近目标，问11为点题。上述问话有三点启示：一是过渡和铺垫问话有时游离上言下语，但是属于相关问题。相关话语产生了足够的语境效果（语境效果越大，话语越相关），为后续的提问做好准备。二是实现最后任务之前将目的分解为一个的意图体现。上述审讯中分解为三个话轮，问 1 至问 7 为第一轮，问 8 至问 10 为第二轮，问 11 为第三轮。三是侦查人员受意图驱动，会有恰当的策略。话语是跟着意图走的，语用策略也是跟着意图走的。

三、得体原则

即在适当的时间、适当的空间，对适当的人说适当的话。言语得体与否不是语法或修辞上的事，而是语言符号之外的事，即对人、对事、对社会规范、对价值观念而言的事，前者说的是语言体系，后者说的是与人有关的语境体系。审讯的时间和空间是固定的，审讯对象则是变量。《论语·雍也》中说道："中人以上，可以语上也，中人以下，不可以语上也。"基本精神是说话不可不看对象。看对象是什么社会角色、文化程度、个性与爱好、家庭情况等。如果对着农民谈时尚、对着专家谈后现代效果可想而知。另一层意思是如果对象是某方面专业人士，那么要么不谈这一话题，要谈就要专业、内行。同时，谈话的态度和方式不能居高临下。审讯中需要考虑的主要因素有：

（一）嫌疑人的身份地位

身份地位往往影响对他人语用失误的容忍。一般来说，社会地位越高，说话者越是要谨慎。从说话者看，需要对说的话负责，且稍有不慎则容易引起听话人反感。所以，社会地位较高的恶人往往私底下和公开说话有两副面孔，私下说话放松、放心，公开说话谨慎。某地委书记私下曾发牢骚："房子可以让他们住，原则不能不讲。"他在这里使用的语用策略不会放在公开场合使用。汉语言文化里有"拖腔拿调"，这种说话方式通常在官员说话、长辈说话、权威人士说话中多见，腔调成为一种地位和权势的象征，显示其地位。反过来，社会地位低的人，往往对别人的语用失误不那么容易接受。比如，穷人或社会地位低的人，同样一句他认为不当的话，如果是一般人说的可以不计较，抱着一个容忍的态度，但如果是官员说的或者是有地位的人说的，他却要计较一番，这便是人的社会心理干涉言语行为。①

北京优秀预审员焦鸿林曾说，审讯中，第一，不打无把握之战，要了解对方，有前科和没前科不一样，农村的和城市的不一样；第二，要沟通，聊天时揣摩对方，抓住弱点谈；第三，要以感化为主，以聊为主。对不同的人说不同的话，文化水平高的，要注意行为举止、遣词造句；地痞流氓也可粗一些，需要时可以疾言厉色，有人吃软的有人吃硬的，根据不同的口味上不同的菜。

（二）宗教信仰

审讯中拥有宗教信仰的人对语用失误比较敏感。例如，有人指着木刻观音菩萨说“买回去”，也许有人会纠正：“请回去。”如果审讯对象是拥有宗教信仰的人，要尽量避免语用失误。

（三）谈话主题（话题）

在选择谈话主题时要对嫌疑人的知识背景、社会阅历、职业、个人特点以及兴趣爱好等方面综合考虑，选择谈话主题。审讯中可将话题分为试探话题、铺垫话题、突破话题、定案话题。

试探话题的目的是寻找审讯的切入点和突破口，同时了解审讯对象的思想状态、心理障碍、抗审能力、智力水平。主要内容是提出问题，了解审讯对象的态度和反应，发现线索。常用话题有：（1）当不了解审讯对象的想法时可问：我们今天为什么要请你来检察院？

---

① 钱冠连：《汉语文化语用学》，清华大学出版社 1997 年版，第 230 页。

(2) 当有一定证据可以初步认定时问：我们有充分的证据证明你的问题。(3) 当审讯对象东拉西扯时问：原因不需要你讲，需要你讲的是为什么要收这笔钱。(4) 当发现有一定嫌疑的人时问：你们单位这么多人（做这一行的人很多），为什么找到你，你知道自己应该怎么办。(5) 嫌疑人一开始就狡辩否认时可问：现在不是你有没有事的问题，而是你怎么交代的问题。没有想明白可以不讲，可以去想，给你时间。(6) 拘留（逮捕）后问：你的问题已经很清楚，对你拘留（逮捕）足够说明一切。你已经错过了一次机会，希望你珍惜眼前不多的机会。

铺垫话题是审讯人员根据案件具体情况、审讯目的和审讯对象的反应，进行心理影响和说服转化工作。主要内容有缓解对抗，转变认识，情感感化，消磨意志，等等。旨在抓住机会，开导、指引、紧逼，使审讯对象放弃抵抗，如实供述。主要有分析利弊、出示证据、揭露谎言、指明出路、点明事实等。常用的内容有法律规定、刑事政策、典型案件、前途出路。法律法规包括：一是关于是否构成犯罪的规定；二是关于立功、自首的规定；三是关于加重、从重和从轻、减轻处罚的有关规定；四是关于办案程序的规定；五是关于权利义务的规定。在运用刑事政策时说明对待审讯态度不一样宽严程度不一样，充分运用刑事政策，打好用足政策牌。

运用典型案件时应注意：一是选择的案件与审讯对象的案情有相似之处；二是选用在审讯对象身边的案件；三是实事求是地分析引导；四是讲究方式，注意反复使用与集中使用结合。抓住审讯对象的前途不确定的有利条件，从处理结果、家庭子女、社会评价、身体健康等方面指出前途出路。

定案话题主要围绕案件的认定进行，就相关问题进行深追细问。

话题选择要事先筹划，从审讯的目的和审讯对象的心态出发，有目的地设计话题，分阶段展开话题。

四、避免语用选择失误与修辞

避免语用选择失误是指在可能的说法中选择最恰当的一种。例如，某交钱、付款这一语言行为中，我们设定有四种语言行为，那么哪一种适合呢？（见表1）

表1：语用选择实例

<table>
<tr><td rowspan="4">“喂，一手</td><td>交钱</td><td rowspan="4">一手交货”</td></tr>
<tr><td>付款</td></tr>
<tr><td>交款</td></tr>
<tr><td>付钱</td></tr>
</table>

表1中，在整句话中，前面表达为“喂，一手……”，那么交钱、付款、交款、付钱哪个词合适？付款、交款有一点儿专业会计的味道，付钱属于正式语，只有交钱符合本例中言语者的说话情境、本意和角色特点。

避免语用失误的选择是从不触犯人际关系、社会规范的角度提出要求的，从不违反说话对象、时间、地点的合适性方面提出要求的。如“你看看你白活了这些年。你为社会做过什么贡献，只知道浪费粮食，纯粹是社会垃圾。你这叫顽固不化，你也是二十几岁的人了，你办的事多蠢……”，虽然对象是受审查的嫌疑人，侦查员本意也是教育嫌疑人，但由于语用策略选择不当，不仅没有取得好的效果，反而使对方感到的都是负能量，而且还容易引起对方的对立情绪。

以达到目的而言，避免语言选择失误是为了不触犯对方，而修辞则是使得言语者的话更有说服力和吸引力。所谓字斟句酌，遣词造句，以此提高语言表达情意的效果，也就是修辞。例如，“老来失节”往往形容职务犯罪嫌疑人，这一说法比较含蓄，而职务犯罪嫌疑人社会地位和文化程度普遍较高，“老来失节”给对方留了面子，易于使其接受；“雪堆里埋尸体”形容罪行难以隐瞒；“泥菩萨过河——自身难保”指同案犯难以自保；“猴子捞月”暗指嫌疑人不要存在幻想；“法网恢恢”形容法律的威严；“吃夜食”是指夜间作案；“风过尘起，雁过留声，人过留痕”是指犯罪会留下痕迹；“剥你的伪装”暗指嫌疑人不要再作伪供了；“偷鸡摸狗的事”比喻盗窃计算机等；“你是这伙人的头脑”一语双关指首犯；“你真聪明”形容嫌疑人狡猾。可见，使用比喻、一语双关等修辞手法，使得审讯语言更丰富，有利于实现侦查员策略意图。

某年9月12日某火车站发生爆炸，经侦查，于次日收审了重大嫌疑人谢某某，谢某某当过兵，现停薪留职个体经商。对于爆炸案谢某某拒不承认，于9月24日移交市局审理。

当将谢某某转押到市第一看守所后，立即换上囚服，宣布逮捕，开始讯问。预审员由一位年纪较大的科长担任，审讯只用了半天时间，谢某某就交代了犯罪事实。审讯笔录摘录如下。

问：<u>谢某某，你已经进来好多天了，你准备怎么办？</u>

答：（微笑）我也不知道怎么办。

问：你这些天来，不是说了许多假话吗，这对你以后是没有什么好处的。（话轮1）

答：（沉默）。

问：你究竟谈不谈，你是自己主动谈还是要留给别人谈？

答：（沉默）。

问：<u>你是13日被抓的吧？</u>

答：（点头）。

问：你已经进来十多天了。的确，9月12日那天你双腿挺有劲跑得快，但是你想想，为什么第二天就会落网呢？（话轮2）

答：（沉默，情绪有变化）。

问：13日被抓这意味着什

么？这样下去对你没有什么好处，其实那天的事你讲与不讲，对于我们没有什么关系，但对你来说却关系重大，如果想做人的话就争取时间把问题讲清楚。

答：（低头不语）。

问：本来你的家庭，你自己与我们党和国家都没有什么利害冲突，你自己读过书，参过军，受过党和政府的多年教育，你为什么要走到这一步呢？（话轮3，运用闪光点）

答：为了钱。

问：那你就应该把话讲清楚嘛！

在此段审讯中，侦查人员综合运用了语用策略，取得了较好的效果。既有量的不合作（下划线），如“你是13日被抓的吧？”这句一语双关的问话，言下之意“如果我们没有证据是不可能这么快就破案，你也不可能这么快就被抓获的”，审讯中没有提及爆炸二字，但侦查员的意图通过话轮贯彻得很明确，同时也体现了得体原则，针对谢某某曾经参过军的经历，运用闪光点教育谢某某。

专题五 审讯中的提问句式

审讯中的提问都是以疑问句的句式提出的。疑问句在审讯中起着主导作用，它在使用上比日常用语要求更严格，方法上也更具有技巧性和多样性，侦查人员根据不同的审讯环境合理地利用不同的疑问句式，为顺利突破各种案件，取得审讯的成功奠定基础。

一、审讯中常见疑问句式

疑问句从不同的角度，按照不同的标准可分为不同的类型，常见的有“两分法”（是非问、特指问）、“三分法”（是非问、特指问、选择问）、“四分法”（是非问、特指问、选择问、正反问）。邵敬敏在《现代汉语通论》中把疑问句从结构类型和交际类型进行分类，按照结构特点，分为是非问、特指问、选择问、正反问四类。[①]如“老刘今天请假了吗?”为是非问；“她什么时候去?”为特指问；“听你的还是听他的?”为选择问；“她来不来?”为正反问。比较上述四种疑问句类型，特指问包含特殊疑问词“谁、什么时候、为什么、如何、哪、多少、怎么”等，要求被问话人提供尽可能多的信

① 邵敬敏：《现代汉语通论》，上海教育出版社2007年版，第213~216页。

息。而是非问，对方只需回答“是”或“不是”即可，它的主要功能是进行信息确认，不需要被问话人提供新信息，审讯开头部分的是非问话主要是确认犯罪嫌疑人是否理解了自己的权利和义务。在信息收集部分，侦查人员使用是非问话主要是对案件的某些细节向犯罪嫌疑人进行求证，是非问对答话人具有很强的控制力。正反问在信息控制和胁迫力方面要比是非问话强烈得多，多用来质疑犯罪嫌疑人供述的真实性或要求犯罪嫌疑人澄清事实。这种问话形式的使用说明审讯中警察和犯罪嫌疑人之间的目的冲突性。而选择问是要求被问话人对所给选择项作出选择，问句中包含的信息量较大。

审讯语言和人们日常交际的语言是有所区别的。日常人们使用语言的目的是人际间的交流，而审讯语言使用的目的是让犯罪嫌疑人交代自己的罪行。它的特点在于其问答型的语言体式，有问有答，一问一答，形式简单，语言直接。但它在使用上比日常用语要求更加严格，方法上更具有技巧性。在审讯的实践中，运用最多的是特指问，其次是是非问，其他两种使用较少。有学者对一份警察审讯笔录做了分析和统计，疑问句共计591句，其中运用特指问占63%，正反问占33%，是非问占3%，选择问占1%。①

（一）特指问

特指问是指用疑问词来代替陈述句中的某一项，其句法特征是使用特殊的询问词，如“谁”“哪里”“为什么”等。在英语里人们把这些询问词叫作“wh-”疑问词。这类问句就是前面讨论的开放式的问话，问句的内容越宽泛，则要求答话人提供的信息越多，特指问又可分为宽式和窄式。“宽式”开放性问话索求的信息量不是一个字、一个短语、一个句子就能提供的。这正好符合审讯语言的需

① 叶宁：《警察讯问话语——基于语类整体观的研究》，浙江大学2010年博士论文。

要，因为提问不带有任何倾向性，也排除了暗示性，怎样答完全取决于被审讯人。窄式问责就某一个问题和事实发问，范围有所限定。当不想控制对方，而是想要让对方多说，多提供信息时就多用宽式开放式的特指问。

特指问在审讯中是使用最多的提问句式。例如，问：你是什么时候到北京的？答：我是2010年5月29日从武汉坐火车到的北京，和我一起来北京的还有小邓和矮子。问：你来北京干什么事情？答：我朋友阿飞让我和小邓到武汉找一名叫矮子的男子，让矮子和我们一起到北京帮阿飞买制造毒品K粉的原料，然后将原料运回桂林交给阿飞。阿飞答应事成之后给我和小邓4000元辛苦费。问：你是如何到的北京？答：5月29日阿飞派了一辆面包车把我和小邓送到桂林，我到桂林后拿着自己的身份证到飞机场取了到武汉的飞机票，飞机票是阿飞事前给我们订好的。我和小邓当天就乘飞机到了武汉，我下飞机后给矮子打了电话。矮子让我到武汉某个饭店门口等他。过了一会儿矮子过来了，我们三个人吃了一顿饭，然后到火车站买票。大概下午1点我们三个人乘火车到了北京，下了火车我给阿飞打电话说我们到了北京。阿飞说让我听矮子安排。问：你们为什么要到武汉找矮子？答：是阿飞安排我到武汉联系的矮子，矮子的手机号码也是阿飞给我的，阿飞让矮子带我和小邓到北京买制造毒品K粉的原料。我不知道阿飞和矮子是什么关系。这一段审讯中，侦查人员都是用特指问来向犯罪嫌疑人提出问题，犯罪嫌疑人在回答时，有时用一句话，有时用一大段话，这样审讯人员得到的信息量大，对案情了解也透彻，对查明案件也就越有利。①

① 王艳平：《论侦查讯问语言中疑问句的运用》，载《湖北警官学院学报》2012年第4期。

（二）选择问

这种问话并不要求答话人提供新的信息，只是提供两项或更多项内容供听话人选择，在句法上常用选择词“是”“还是”等，也有不用选择词的。如：“先生喝点什么？茶？咖啡？饮料？”这种问话属于窄式开放性问话。问话的内容越具体，答话人提供的信息就越少。例如：“捅出租车司机时你用的是单刃刀还是双刃刀？”“你是一个人去的还是和他一起去的？”“当时被害人脚上穿的是球鞋还是皮鞋？”犯罪嫌疑人回答这样的问题，会有三种方式：选择问话中的一种方式；对问话中的两种方式全部否认；否定提供的两种方式，另外提出某种方式。这种问话尽管提出了几种可选择的答案，但实际上也包括全部的可能性。而且这样的问话带有很强的暗示性，犯罪嫌疑人可以从中得知利用的证据是否正确，在审讯中，为防止泄露证据，预防其中的暗示性，要慎重使用。

（三）是非问

是非问在结构上和陈述句基本相同，只是语调变为升调，或句末带上语气词。是非问话是典型的“封闭性”问话，不要求答话的人提供新的信息，只要求答话人对问话信息、内容或命题加以证实，作出肯定或否定的回答。在审讯中，犯罪嫌疑人已作出确定的交代，仅责令其作出肯定或否定的回答，常用是非问。例如，问：“你单独或与人合伙做过生意、开办过厂吗？”答：“没有。”问：“你是不是向某某借过钱？”答：“是。”以上这段对话，是建立在前几次被审讯人交代的基础上的一段审讯实录。侦查人员只是在对问题作出正确与否的核实，并不要求被审讯人提供更多的情况。“你用的是不是这把匕首？”“这台笔记本电脑是你偷的吗？”这样的提问为封闭式，具有很强的“指示”性，何时使用这样的问话，要看审讯的具体情况。一般来说，当嫌疑人已经供述，案情基本明了，侦查人员对案情需要核实时使用。当然，这种问话在审讯这个语境中合不合适，合不合法，要看问的是谁，问的是什么，不能一概而论。首先是从形式上看，这些问话只要求回答“是”与“不是”就够了，即合乎语言法则；其次是只要求对方作“是”与“不是”的回答，正是审讯人员的策略和技巧，目的是运用这种问话来控制和支配犯罪嫌疑人。

（四）反问

反问句又叫反诘疑问句，也叫修辞问话。它不是有疑而问，也不是不知而问，而是无疑而问、明知故问、答在问中。通常用肯定的形式表示否定，用否定的形式表示肯定。在句式上句末也用问号，问话时用升调。在审讯中经常运用反问句。通常侦查人员提出两种选择，并暗示出其中一种是可能的，让犯罪嫌疑人作出肯定或否定的回答。如问：“我这有张照片，你拿过去看看。（王某接过照片看着看着，眼圈红了，手发抖，照片是一对男女合影……）”问：“你不要执迷不悟了，你再看看，这个女的脖子上戴的是什么？”答：“是项链。”问：“对，是项链，就是这条。好好看看，该不会生疏吧？”答：“是我的，是我最喜欢的一条。”问：“认出来了吧，我们刚从这位小姐身上拿下来，可它怎么会跑到她身上去了呢？”

在这个案件中，侦查人员通过要犯罪嫌疑人辨认其男友和另一个女青年的合影，特别是让其看清自己最喜欢的项链，居然戴在别的女人脖子上这个事实。在前面铺垫的基础上，最后用一个反问句，使犯罪嫌疑人醒悟，不再为其男友掩盖罪行，并供述了自己和男友共同入室盗窃的经过。

（五）回声问

审讯活动主要是通过侦查人员的问和嫌疑人的答两者互动来完成的。在提问的同时，审讯主体对犯罪嫌疑人的应答也很重要，这样也就常常用到“回声问”这种疑问句。回声问是有意重复前一个人说过的话来提问。例如，问：“2009年9月，你是否往银行存入一笔钱？”答：“我不记得了，没有。”问：“没有？2009年9月18日，你往工商银行存入一笔10万元，这钱是如何得来的？”在这个问话中，侦查人员说“没有”就是回声问。这个问句是由犯罪嫌疑人前一句答话形成的，侦查人员利用犯罪嫌疑人答话的尾部作为提问的一部分，表示侦查人员对犯罪嫌疑人回答的怀疑。这种问话在侦查人员掌握了确实证据的条件下使用，可以动摇其心理防线，促使其供述。

回声问在交际中还可表示惊讶和否定，如问：“你们单位的某某在哪个部门？”答：“已经去世了。”问：“去世了？什么时候？看他身体挺好的。”这个回声问是对一件意想不到的事情表示惊讶。再如，问：“你家孩子成绩好，又听话，你也不用操心。”答：“不用操心？怎么可能。”这段对话中回声问就表示否定。在审讯中，回声问在很多情况下，不但表示否定，还起着对犯罪嫌疑人的一种震慑、警告作用。

例如，问：我现在宣布，你被依法拘留了！

答：为啥？你们为啥要拘留我？

问：为啥拘留你？因为你犯罪，所以法律就要拘留你！

问：我犯什么罪啦？

答：你犯什么罪？你心里明白，难道要我们讲给你听。

侦查人员连用两句回声问（见下划线部分），表示对犯罪嫌疑人的严厉警告，也间接地表明了侦查人员对其实施拘捕是有法律依据的。

（六）正反问

顾名思义，正反问话是用肯定形式和否定形式把两个项目并列在一起，让答话人选择其中一项。因此，正反问实际上也是一种选择问。这是汉语特有的一种问话形式。正反问话也不要求答话人提供新的信息。例如，问：你偷没偷手机？

例：（节选）……

问：你是何时到婚姻介绍所登记的？

答：是2008年春天。

问：你登记的姓名、职业？

答：登记的名字是方某某，我说我是在服装厂打工的。

问：婚介所有无帮你介绍对象？

答：帮我介绍了几个，一般都是电话联系。

问：你和孙某某有无确定恋爱关系？

答：没有。

问：你和孙某某有无发生关系？

答：没有。

问：你有无和孙某某介绍说自己是办服装厂、做服装生意的？

答：没有。

问：你仔细回忆清楚。

答：没有。

问：你有无跟其他的婚介所介绍的对象见过面？

答：没有……

问：你和孙某某有无经济关系？

答：孙某某有时给我几百块钱花，让我买衣服。

问：你有无找孙某某要过钱？

答：没有。

问：孙某某有无找你借过钱？

答：（沉默不语）……

问：孙某某有无在银行给过你钱或让你陪着一起取钱？

答：没有。

问：孙某某有无给过你大数额的钱？

答：没有。

在这篇审讯笔录中可以看出，整篇问话以正反问话为主，这种单一的正反问话给犯罪嫌疑人的回答带来很大逃避便利，虽有问必答，但犯罪嫌疑人都用简单的“没有”或避重就轻的回答回避了实质性的问题。

有一些审讯中也存在着不少重复的没有实质内容的问话，如“你是不是……”“你有没有……”“你是否……”这样简单的问话，虽从形式上没有任何问题，但得到信息很少，不利于对案件的突破和深入。①

二、开放式与封闭式提问

疑问句的特点是提问的问题越宽泛，答话人的回话量就越大，表述的自由度就越高；反之，问题越狭窄，答话人的回话量就越小，表达的自由度也就越低。侦查人员所提问题传递的信息越多，犯罪嫌疑人对审讯人员的了解就越充分，达到一定程度时，就能判断出侦查人员掌握了多少案件情况和证据情况。

特指问为开放式问话，是非问、选择问、正反问为封闭式问话。廖美珍在《法庭语言技巧》中指出：“从问话给予答话人的答话余地来看，问话的开放程度是不一样的。因此，问话有开放性问话和封闭性问话之分。或者说，问话有开放性和封闭性的特点。”② 由于特指问包含的信息量最少，疑问程度也最高，既实现了侦查人员审讯的目的，又体现了审讯的策略性，同时又控制了信息量，在审讯中普遍采用。相反，由于选择问所传递的信息最为明确，指向性最强，侦查人员在选用这类句式时尤其要谨慎。在审讯初期，侦查人

① 王艳平：《侦查实践中讯问笔录存在的问题及完善措施》，载《云南警官学院学报》2014 年第 3 期。

② 廖美珍：《法庭语言技巧》，法律出版社 2009 年版，第 25～27 页。

员应以开放式提问为主，而当犯罪嫌疑人已经初步交代，案情基本明朗时则可采用封闭式提问，因为，封闭式问题能使侦查人员从微观上了解案情的细节。

开放式问话邀请答话者放宽其感知领域，而封闭式问话则对其实行限制。开放式问话诱发答话者的观点、看法、思想和情感，而封闭式问话通常只是寻求事实。开放式问话给人提供较大的选择余地，答话从理论上来说也是开放的，甚至是无限的。例如，“你知道今天为什么逮捕你吗?”这个问句就给答话人很大的选择余地，被审讯对象既可以答“知道，是因为……事”，也可以答“不知道，我不清楚你们为何把我带到这里”，而且这样的问话可对每一个被逮捕的对象使用。类似这样开放性的问话在审讯中被大量使用。为了验证这一点，有学者进行了调查统计，在随机抽取的讯问笔录中，每组选取 100 个疑问句进行统计测查。结果发现，每组开放性的句子都有 60 个到 80 个，占到了问句的 70% 左右。[①]

开放性的问话又可分为窄式开放性和宽式开放性问话。像用“谁”“什么人（地方）”“哪个（位）”“哪里（哪儿）”“什么时候”“多少（几个）”等，提问的疑问句问话要求回答简单、具体，属于窄式开放性问话。例如，“你住在什么地方?”“你在什么地方打工?”以“为什么（为何）”“怎么（怎样）”“什么”“如何”问话的句子，则要求的回答较为复杂，需要的信息量也就大，属于宽式开放性问话。宽式开放性问话需要答话者提供较为复杂的答话，而不是个别的词或短语，它要求答话量要大，答话人表述自由度也大。如：“你为什么杀这个出租车司机?”“你是怎么加入该团伙的?”“你为何要加入该团伙?”“你从中得到什么好处?”“你是怎么

① 王艳平：《论侦查讯问语言中疑问句的运用》，载《湖北警官学院学报》2012 年第 4 期。

到银行取钱的?”通过这样的提问，给犯罪嫌疑人回答问题创造了一个相对宽松的空间，回答可多可少，侦查人员可从犯罪嫌疑人的供述中获取较多的有关案件的信息，有利于案件的侦破。

封闭问话限制了答话的范围，一般只能从互相对立、互相排斥的两个方面选择一个，如答“是”或“否（不是)”，“对”或“不对”。在疑问句中，这类的句子以“特指问”“正反问”“附加问”为代表。例如，“你是否认识李某?”“你和他是恋爱关系吗?”这些疑问句对答话人回话的范围、信息量都有一定的约束，制约着被审讯人的回答。这样的问话，在想控制犯罪嫌疑人时可适当使用。

封闭性问话，由于所要求的答话的封闭性，限制了答话人发挥的自由，因此，问话内容越是具体，则问话人的控制力越大；在开放式问话中，问的问题越是宽泛，则答话人答话的量越大，答话人的表述自由度越大，问话人对答话人的支配力越小。我们了解了疑问句的这一特点后，在审讯时就可根据需要的信息量来选择合适的疑问句提问，以保证提出的问题合理、不偏不倚、有针对性。

例如，“是那个女的打碎了玻璃还是那个男的打碎了玻璃?”或问“是不是那个男的打碎了玻璃”？当采用这两种提问形式，其问题本身已经加入了新的信息时，被询问者则会认为答案就存在于问题中，因此，答话人常常会倾向于从中作出选择，而事实是花瓶并没有破或是女的打碎的。正确的提问应当是：“是谁打破了玻璃?”前者为封闭式提问后者为开放式提问，封闭式提问具有暗示性，且屏蔽了许多信息。

一般来说，问话索求的信息越多，则问话的疑问度越大；问话索求的信息越少，则问话的疑问度越小；问话的疑问度越大，对答话人的支配力越小，给予答话人的自由越大；问话的疑问度越小，对答话人的支配力越大，给予答话人的自由越小；开放性问话索求的信息多，所以疑问度大，支配力小；封闭性问话索求的信息少，所以疑问度小，支配力大；封闭性问话“诱导性”强，开放性问话“诱导性”弱或者没有（见图2）。

宽式开放特指问话	↓	问话支配力弱
窄式开放特指问话		索求信息量多
选择问话		问者疑问度高
正反问话		
肯定是非问话		
否定是非问话		问话支配力强
陈述式是非问话		索求信息量少
附加问话		问者疑问度低

图2：问话者的支配力从弱到强①

三、模糊用语提问

语言的非精确性，即模糊性是语言的本质属性之一。语言具有多义性，在不同的语境中表现出不同的意义，一般来说，立法要求精确，尽管立法者力求使用精确词语，但仍不能避免多义词语的出现，而且是经常和大量的，如轻微、严重等用语在法律文本中是经常出现的概念，但它们的含义是难以明确界定的。模糊用语有不同的表现形式，有的表现为内涵模糊，有的表现为外延模糊，有的表现为抽象模糊，有的表现为具体模糊，有的表现为质的模糊，有的表现为量的模糊，有的表现为上限模糊，有的表现为下限模糊，搞清楚语义模糊性的不同表现形式，对于深入认识语义模糊有重要意义。

一般模糊概念的内涵与外延都是模糊的，这是因为在一般情况下，概念的内涵和外延是互相依存的，根据外延概括内涵，根据内涵确定外延，外延模糊，内涵也模糊，反之亦然。如“笔”的内涵

① 曾范敬：《警察讯问话语批评分析》，中国政法大学2011年博士论文。

是“写字画画的用具”，就是根据它的外延（毛笔、铅笔、钢笔、粉笔等各种可以称为笔的东西）概括出来的；反过来，掌握了笔的内涵，又可以据此确定某个东西能否称为“笔”。“笔”的外延是明确的，内涵也是明确的。

抽象模糊是指词语的概括意义是模糊的，具体模糊是指词语在特定言语环境中的具体意义是模糊的。语义模糊性有时表现为抽象模糊，有时表现为具体模糊。如“人”的概括意义在现实生活中就其外延来说是相对明确的，包括所有的“人”，可是在特定的交际场合，“人”的具体意义可能是明确的，也可能会变得比较模糊，如宾馆里住满了“人”，这里的“人”指客人，他们家有三口“人”，这里的“人”指家庭成员，这两种意义都是比较明确的。

语义与数量有关的模糊语义，如表示时间、年龄、长度、体积、重量、方位、速度等意义的语义，其模糊性一般表现为量的模糊。如上午、中午、下午，少年、青年、中年、老年，远、近，高、矮，胖、瘦，轻、重，上、中、下，这些词的模糊性在于难以确定数量界限，这种模糊性也是最单纯的模糊性，比较容易确定隶属度，建立隶属函数。

当词语的语义表现为量的模糊或质的模糊时，一般可以分出上限和下限，如年龄的大小，大到什么程度，就是其上限；小到什么程度，就是其下限。又如“漂亮”“满意”等虽然属于质的模糊，难以直接量化，但是可以通过主观测评或择优对比等方法确定隶属函数，也转化为量的模糊，这样也就可以据其隶属函数确定其上下限。词语语义上下限的模糊情况，大致可以分三种类型：上下限都模糊、仅上限模糊、仅下限模糊。如“左右”“上下”“大约”与表示数量的词语组合时，一般都表现为上下限都模糊。如说一个国家或地区的人口数量时，虽然形式上是用多少亿、千万、百万等整数，但实际上不可能是精确的数量，只可能是概数。上限一般是不明确的，表示消极意义的形容词如“近”“短”“轻”“少”“瘦”等一般都属于上限模糊，下限明确。表示积极意义的形容词如“远”“长”“重”“多”“胖”等一般都属于上限明确，下限模糊。[①] 在复杂的审讯面前，语言表现为“知无不言，言无不尽”只是一个美好的愿望，“词不达意，言不尽意”才是语言表达中经常出现的实际写照。审讯本身的复杂性是模糊语言存在的土壤，实际存在的现象千差万别，有的无法量化，有的无法用确切的语言表达。

（一）审讯中模糊语言的适用范围

1. 带有预测或推断时常用模糊语。对犯罪嫌疑人的年龄、体貌特征进行推断时常用身高约 1.75 米，皮肤较白，体形偏胖等模糊词语。假如通缉令上对一名案犯的体貌描写为身高 1.73 米，额宽 12 厘米，耳长 6 厘米，腰围 95 厘米，从字面上看，这远比描述为身高 1 米 7 左右，宽额头、大耳朵、体态偏胖要精确，但从表达效果上来讲，我们不难感觉到后者带有模糊词语的描述更符合人们的认知心理，是更高层次上的清晰。

2. 表达不宜直言的事实、情景等宜用模糊语言。如对涉及国家机密的内容和隐私的案情以及淫秽情节及侦查手段的内容应该用模糊语言来表达。这样，既可以保证法律语言的庄重，也可以避免不良的社会后果。如果侦查中使用某种技术和手段通常会笼统地说“科技手段”。

3. 表达难以确定的时间、空间及无须准确描述的数量、频度等细节宜用模糊词语。如被告张某自今年春天起在海淀区北太平庄一

① 冀婷婷：《法律语言模糊性的语义学和语用学视角研究》，华东师范大学 2007 年硕士论文。

带入室行窃20余起，所窃财物价值为人民币50万余元……嫌疑人交代不清楚盗窃赃物的确切数字，而一时又找不到确切的证人证言的场合，就需要使用模糊词语，否则，不合乎实际。

4. 处于审讯策略的考虑，审讯中需要使用模糊语。2002年11月至2003年6月李某某先后诱骗5位卖淫女至家嫖宿后将卖淫女杀害。李某某被抓接受审讯。笔录摘要：

问：（出示王的照片）你认识这人吗？

答：不认识。没有印象。

问：你平时都在哪里拉活？

答：……

问：（追问李的活动，是否认识王）……

答：（急躁）你们凭什么找我，她不见了和我有何关系？

问：（抓住破绽）谁告诉你她不见了？

答：（愣了一会儿。低头不语）……

问：（紧盯对方……突然站起来，走到他身边）你把她卸在哪儿了？

答：海淀那边。

问：是啊，时间不短了，该臭了吧。

答：能给我一根烟抽吗？

……

“卸”意味“肢解尸体”，“臭”意味“腐烂”，虽然没有明说，但让对方感到我们什么都知道了。

（二）审讯中模糊语言的功能

1. 概括性。英国法学家哈特说：“任何语言，包括法律语言，都是不精确的表意工具，在内容上都具有空缺结构，即在特定情况下，字、词组和命题在其核心范围内具有确切性，但是随着核心向边缘的扩展，语言越来越不明确，不确定对法律的使用便存在多种解释。”审讯中侦查人员在说服教育的时候往往要用概括性的语言，将所要表达的内容凝练、突出重点。如侦查人员道："你的问题有多严重你自己心里明白，我们也清楚，你一定要认清自己的处境。你的态度一直不好，不能正确对待这个问题的严重性，这是危险的，对你不利。你要积极配合公安机关讲清自己的问题，争取好的表现，求得从轻处理。你现在的态度是与政府对抗，这是无用的徒劳的，我们多次找你教育你是希望你能如实交代自己的问题，一是我们对工作负责，二是对你本人负责"，这段话将坦白从宽的政策进行了分析和概括。

2. 信息功能。模糊用语的好处就是虽然表达不具体，但内涵丰富，信息量大。借助于模糊语言，使表达更加具有隐蔽性，同时也能表达相同的意思，既保证信息不缺失，也保护了受害者，例如"你家阁楼上那一刀一刀的东西是哪来的?"这句问话虽然指向性很明确，但"一刀一刀的东西"的描述则比较模糊。又如"你动了什么坏脑筋?"中坏脑筋的含义比较宽泛，信息含量大，既可以是盗窃，也可以是抢劫，还可以是其他，等等。在案情尚不十分明朗的情况下，这种模糊问起到了泛化问、开放问的效果。可见，有时用概念意义较为模糊的词可以使审讯语言更灵活，适应性更强。

3. 隐蔽功能。模糊语言能给侦查人员的审讯意图带来掩护作用。问："公安机关重证据，重调查，我们不会无缘无故抓一个人，你认真地想想为什么抓你？为什么会锁定你？这都是有证据依据的，我可以明确地告诉你，公安机关掌握了大量的证据，你犹豫的时间越长机会就越少。"侦查人员并没有具体说明是什么证据，而是用模糊语言"大量的证据"告诉嫌疑人我们有证据，并说道"我们不会无缘无故抓一个人，你认真地想想为什么抓你"，意味深长，含义丰富，给嫌疑人想象的空间。

专题六 提问的语言技巧

提问是侦查人员审讯意图的外化，是影响犯罪嫌疑人心理，获取口供的重要手段。因此，在审讯中如何设计好问题就成为侦查人员开展审讯的重要内容。问题是用来提出疑问和要求回答的特殊的思维形式，侦查人员在审讯中就是用这种思维形式来表达自己的思想的。在审讯中，提问是侦查人员审讯语言的具体运用，它的实用性使它不同于文学作品，它的法律性决定了要准确、严密，它的策略性又决定了要灵活、辩证。侦查人员应是驾驭和使用语言的能手，侦查人员在提高专业素质的同时，也要致力于语言能力的提高。

一、问题的逻辑

何谓“问题”？有关的定义有：“问题是要求回答或解答的题目”“问题即疑难，科学理论发现的起点。现代科学的发展表明，科学理论并不能简单地直接从经验事实中归纳出来，科学发现的过程，就是提出问题和解决问题的过程”等。根据“问句逻辑”的理论，每一个问题都限定可能回答的范围，依据该范围的特征，可以把问题划分为三类。

（一）是否型问题

对这样的问题回答“是”或“否”。事实证明，是否型的问题最有利于逻辑的设计和技巧的展开。例如，在2000年全国大专辩论会中一场题为“现代社会男人（女人）更累”的辩论中反方二辩的攻辩问题：“请教你一个问题，男人累，累在要达到社会时代，要符合社会要求，所以，他累吗?”（是否型问题）又如：“张某某是你的姐姐吗?”

（二）列举型问题

列举型问题要求列举必要的实例或性质来回答。列举型的问题往往是很难准备到位的，令人不知道如何回答才算完整、正确。

（三）寻求指令型问题

对这样的问题要求给出完成任务的办法或有关指示。例如，“请你解释刚才我们谈到的所谓‘防卫问题’?”或者“你叫什么名字”等都是寻求指令型问题。

在问句逻辑中问题本身都有真假值。问题的“真假”由回答确定，如果对问题做肯定的回答，就说该问题的值是“真”。如对“今天热吗?”这个问题，回答“热”时，这个问题的值是“真”的；如果回答“不热”，这个问题的值就是“假”的。问题的值共有三个：“真”“假”“不当”，所谓“不当”是指提问不当。把“不当”的问题从考虑的范围排除后，问题的值只有“真”与“假”两个。这种说法对于是否型问题是显然的；对于列举、寻求指令两种类型问题的真假判断标准是：给出的回答是明确的、有效的（按回答可以得到正确的列举或正确的指令），就认为问题的值是“真”的；反之，如果回答给出的列举或指令是错误的，相应的问题就取“假”值。有真假值的问题是“当”的、“有意义”的问题。

二、问题的分类

问题可以按照不同的标准分为不同的种类，从提问的策略意义的角度来看，我们将问题分为以下几种①。

（一）基础性问题

基础性问题就是关于嫌疑人基本情况方面的问题。按照《刑事诉讼法》相关的规定，第一次审讯要问明嫌疑人的基本情况。诸如，姓名、年龄、职业、民族等。这一类问题似乎和案件事实本身关系不大，但是，一方面它是案件事实的一部分；另一方面通过审讯基本情况可以防止发生张冠李戴的错误，同时也可以缓解紧张对立的气氛，并考察对方的能力、态度、心理状态等。

（二）一般性问题

又称过渡性问题，是指那些与案件有关系，但是又不是明显关系的一类问题。与基础性问题相比一般性问题与案件事实的关系要直接一些和明显一些，而且一般性问题通常容量比较大，审讯者在探索、试探对方。例如："你近来动过什么坏脑筋？""今天，我们找你，你心里应该知道为什么吧？"由于一般性问题问域宽，容量大，使嫌疑人无法从中捕捉过多的信息，也就难以制定防御体系，从而可以减少审讯的阻力。

（三）切入性问题

是针对案件的具体情况而设置的问话。通常是选准了一个突破口时，为了突破案件使用的。例如："昨天晚上 11 点钟的时候你在哪里？""你家里顶棚上的钱是哪来的？"由于切入性问题与案件事实有着直接的关系，双方往往是针锋相对，因而审讯这一类问题要有备而来，要有所准备，要有策略意义。

---

① 杜雄柏：《讯问中"问题"的逻辑要求》，载《中国人民公安大学学报》2002 年第 3 期。

（四）实质性问题

又称激发性问题，是指那种容易刺激被审讯者并引起被审讯者某种特殊心理反应的问题。这类问题的语言形式不是单纯的问句，而是虚实结合，即疑问加陈述的句式。例如："你不说，难道别人也不说?""你隐藏的那个东西，你就肯定我们找不到吗?"这种明确肯定某种情况存在的同时提出的问题具有很强的"进攻"性，能使对方明显感到侦查人员的确已经掌握了一定的证据，但又不明白到底掌握了哪些证据，因而内心十分矛盾、恐慌，缄默不语吧，又怕难以抗拒；和盘托出吧，又存有蒙混过关的侥幸心理。

三、常用提问方法

按照提问的形式划分，提问一般分为直接式和间接式。直接式是直捣问题的核心，而间接式则是从外围入手，迂回渐进。这两种提问方式是对单个问题的提出方法。例如，"你叫什么名字"是直接式。同样是审讯嫌疑人的姓名身份，可以问："还是剥下你的伪装吧！藏头还会露出尾。不要等我一点点地揭穿。"又如，丈夫涉嫌杀妻案件，此人家里养了一条看家狗，家里来生人就会叫个不停。妻子是深夜被害的，根据调查，这家的狗一夜都没有叫。如果是直接式提问可以问："据我们调查，你家昨夜没有外人来，你要说清楚，谁干的?"如果是间接式则可以问："据我们了解，你家的狗昨夜一夜都没叫啊，你怎么解释呢?"言下之意就是你如果解释不了，那么"你"就有重大嫌疑。

审讯要弄清楚一个犯罪事实或揭露一个矛盾，光靠提出一个个的单个问题，往往是难以实现的，一般需要技巧和方法，需要一组提问。而且这一组问题，也不是简单地把几个问题相加就能够实现的，需要把若干单个问题经过认真地合乎逻辑地编排，形成问题系列，才能达到策略的目的。侦查人员要有的放矢地提出一系列问题来攻击对方，直指其要害。这种提问有很强的技巧性，可迫使对方难以招架，无力还手，为自己创造良好的主动优势。在实践中，侦查人员可以按照策略的要求对问题设置一个大致的设计和构思，但是，很难做到对每一句话的设计和安排，所以，事先编组很难做到，而系列提问并不要求做到事先对每一句话的设计和安排，只是按照策略的需要和要求做一个大致的构思，并根据实际情况予以调整。审讯中常用的提问方法有以下几种：探索式提问、陷阱式提问（又称迂回式提问或圈套式提问）、循序式提问、跳跃式提问、无关式提问、纵横式提问。

（一）试探摸底——探索式提问

此方式是为了试探犯罪嫌疑人虚实底细而编排的问题系列。一般用于初讯和初次接触新问题或重大问题。提出的问题最好与犯罪表面看起来无关或关系不大，用语委婉含蓄，提出的问题要少，容量要大，可以穿插进行“火力侦查”。使用探索式提问不一定能马上获得口供，但是能起到了解对方心理、态度等作用，为下一步审讯创造条件。例如，某某犯罪嫌疑人为一农村青年，公安机关已经掌握其盗窃罪行，此人还涉嫌散发反动传单，传单是伪造的笔迹。公安机关以盗窃罪将其拘留。此案审讯的重点应该放在散发反动传单上，但预审员考虑到对方对此防御很严，戒备心理很强，所以运用探索式提问，以试探对方虚实底细。审讯笔录摘录如下：

问：你动过多少坏脑筋？（此问用语模糊，容量大，但是审讯人员有一定的倾向性，因为传单属于意识形态范畴）	答：报告政府，我这个人文化程度低，动不了多少坏脑筋，还请政府多多帮助。（此答看出犯罪嫌疑人防御能力很强，

主动提出文化程度问题，可见对传单问题很警觉，但是口风不硬，为自己留下后路）

问：（将计就计，避实击虚）我先不管你文化程度高低的问题，先交代你的盗窃问题（麻痹对方）。

答：（放松警惕交代盗窃问题）。

问：（打断）盗窃问题先交代到这里吧。我们回过头来看看你的文化程度高低问题。你文化程度低就更应该好好学习向政府靠拢，文化程度低并不可怕，还可提高嘛，怕就怕你用那并不高的文化程度去干一些坏事。据我们掌握，你的文化程度是足可以干一些坏事的……

上述审讯中使用了试探式的系列提问，从预审员第一句问话“坏脑筋”就体现了预审员试探嫌疑人的认罪态度的目的，同时“坏脑筋”包含的信息量大，但指向明确。而嫌疑人的回答反映了其具有很强的防御能力和对付审讯的经验，对此，预审员避实击虚，转而让其交代已经有证据证明的盗窃案件，嫌疑人放松警惕交代盗窃案件，预审员又打断他的回答，重提文化程度的问题，敲山震虎，声东击西。整场审讯的目的并不在于要马上拿下其散发反动传单的问题，但是，摸清了其态度，并给嫌疑人一定的敲打。

（二）迂回式提问——陷阱式提问（圈套式提问）

陷阱式提问法是指在提问时常采用暗含前提的复杂问题，使对手承认你所设计的前提，不由自主地进入你所设计的陷阱。陷阱式提问法表面上是“投其所好”，使对方以为回答此问题易如反掌，殊不知对方的答辩思维早就在发问者的预料之中，结果对方在不知不觉中正中发问者下怀。一般说来，陷阱式提问法的问题是一环紧扣一环的，在预期对方错答的主线上步步紧逼，而对方一旦回答了第一个问题就无法不回答后面紧随而来的问题，直至最后鬼使神差地背离自己所持的观点和立场，当对方如梦方醒时已掉入陷阱之中。

例如，有一次邻居偷了华盛顿的一匹马，华盛顿带了警察向邻居索要这匹马，邻居却声称这匹马是自己的。华盛顿用双手蒙住了这匹马的眼睛，说：“请问，这匹马哪一只眼睛是瞎的？”邻居说：“马的右眼是瞎的。”这时华盛顿放开右手，马的右眼并不瞎。邻居马上改口说：“我说错了，马的左眼是瞎的。”华盛顿放开他的左手，马的左眼也不瞎。邻居还想狡辩：“我又说错了。”警察说：“是的，你说错了须把马还给华盛顿先生！这匹马不是你的。”在这则小故事里，华盛顿是在马眼并不瞎的情况下做了一个圈套，问哪一只马眼是瞎的，而暗含“马有一只眼睛是瞎的”前提，邻居果然中了圈套，以为马眼总有一只是瞎的，出于侥幸心理胡乱猜测，一错再错。当然使用这种提问方式要承担一定的风险，如果邻居事先仔细看过马的眼睛，就不可能上当了。因此使用这种陷阱式提问法很讲究时机，通常是在对方放松警惕时出其不意地突然提问。在对一嫌疑人进行作案时间的排查时，嫌疑人提出自己在案发时正好在云南西双版纳旅游，审讯人员问：“你是坐火车去的还是乘飞机去的？”

答：“坐火车。”这一回答正好说明嫌疑人根本没有去西双版纳，因为，西双版纳只通飞机和长途汽车，根本不通火车。

某派出所民警小王受理了一起很棘手的案件。其案情是：河西村村民毛某从集市上买的两头黑头小白猪不见了，一头重 30 公斤左右，一头重 22 公斤左右。经多方查找，发现在本村村民孟某家里。孟某却说是几天前从亲戚家中买来的，最终双方僵持不下，毛某便到派出所里请求处理。在询问了双方当事人后，小王接着又走访了孟某的亲戚。孟某的亲戚说：“那两头小猪是我卖给孟某的。”在这种情况下，小王到孟某亲戚家中查看了他的母猪和猪崽，发现花纹品种与孟某家的基本相同，两家所说的猪的特征也相符，但其亲戚家最大的猪才25公斤。小王对调查材料分析后发现，在孟某及其亲戚家的材料中，除猪的大小轻重上有出入之外，别的都完全相同，再想找到卖给毛某猪的卖主更是难上加难。这两头小猪到底是谁家的呢？为了查个水落石出，经认真分析，小王决定在小猪的大小斤两上做文章。于是，他再次传唤了孟某。

由于是第二次打交道，孟某显得泰然自若，小王先和他攀谈了一些生活琐事，孟某立刻眉飞色舞地吹嘘起来："我从小放猪，是养猪的行家。"

小王趁机追问："老孟，你说草猪长得快呢，还是公猪长得快？"

答："当然是草猪长得快了。"

问："那么一天最多能长多少？"

答："根据我的经验，一天最多能长0.6公斤，这主要看饲料怎么样了，如果是玉米加瓜干，一天顶多长八九两。如果是豆饼、花生饼，一天能长1斤左右。"

问："你主要喂什么？"

答："我主要喂瓜干。"

问："你买的那两头猪多长时间了？"

答："四五天了。"

问："这段时间长了多少斤？"

答："由于刚买来，小猪不爱吃，只长了1.5公斤，否则的话在我手里最少能长2.5公斤。"

问："你买时有多少斤？"

答："大的30公斤，小的22公斤左右。"

问："那么买时这两头猪在你亲戚家中是大的还是小的？"

答："是中等大的。"

问："小猪刚开始时跟母猪一块喂长得快呢？还是分开长得快？"

答："当然是跟母猪一块喂长得快。"

问："那么为什么你买的中等大的猪现在反比你亲戚家中同母猪一块喂的最大的还大呢？何况你又是用瓜干当饲料！"

答："这……"

孟某这位"行家"终于不能自圆其说，不得不交代了与亲戚串通企图侵吞他人财物的违法事实。民警小王在审讯调查这起棘手的案件时，没有直截了当地去审讯"这两头小猪究竟是不是你家的?"，他知道这样问是不会问出个所以然的，还会把案件酿成更为棘手的疑案。他采取故意兜圈子的方法，像闲唠嗑拉家常似的，首先平静地谈了些生活琐事，解除了对方的紧张情绪，接着提出些琐碎的表面上与案件好像没有什么联系的问题，使对方陷入圈套。

（三）层层剥笋——循序式提问

此方式是将问题按照个别到一般的顺序编排的问题序列。实践中此方式最为常用，它是以归纳法为基础的编排顺序，通常用于证据不足，犯罪嫌疑人狡猾，审讯意图已经暴露或无法隐瞒的时候。先从局部问题开始问，然后提出更重要的问题，直至问题的全部，回答了局部问题，在逻辑上，归纳起来就等于无法否认全部的整体了，也就是说，回答了前一个问题，就无法否认后一个问题。

迂回式提问和循序式提问都是按逻辑顺序编排的提问序列，两者都是从外围入手，扫清外围，逐步深入。但是两者的区别为一个是从一般到个别提问，另一个是从个别到一般提问，另外迂回式提问一定要隐蔽自己的真实意图才有可能成功，而循序式提问则无法隐蔽或没有隐瞒自己的真实意图。

犯罪嫌疑人胡某，男，20 岁，原为北京某艺术学校临时工，因涉嫌盗窃张大千、齐白石、傅抱石等人 30 余幅画被拘留。侦查员掌握的证据有：（1）学校对藏画进行鉴别、拍照、挑选时胡某作为临时工来往搬运，有接触藏画的条件；（2）胡某的同事证明胡某原来用一个军用黄书包，后来改用一个大的折叠塑料包，失窃的名画都短于60厘米，此塑料包能装下；（3）据认识胡某的人反映，胡某从学校不辞而别后经常去沙板庄文物交易市场；（4）胡某居住的附近一工厂保卫科的人证实，曾在该厂浴室一个长时间锁着的更衣柜里发现30余幅画，不久后一个年轻人来浴室找画，称爱好画画花钱买的仿品，保卫科让他签字后领走，签的名字就是胡某；（5）在扣押胡某的物品中有几张自制名片，都是和艺术有关的职业。胡某有重大嫌疑，对胡某进行了审查审讯。

问：你中学毕业后干什么活？

答：我妈是电梯工，托人帮我在艺术学校找了个临时工的活，干了一段时间后，我不干了，去汽修厂了。

问：你在艺术学校时具体干什么？

答：值班、打杂什么的。

问：还干了什么，你再想想。

答：没有了，就那些活。

问：艺术学校整理画册你不是帮忙搬运了吗？你不应该忘记啊！

答：（不语）。

问：藏画室发生了什么事情吗？你为什么躲着藏画室？

答：（不语）。

问：你上班时带不带包？

答：带。一直是那种小的军用黄书包。

问：不对吧，有人看见你用一种大的塑料包。

答：（犹豫一会儿）啊，那是后来。

问：为什么要换书包？

答：为了装雨衣。

问：据我们了解，那是冬天，没有下雨。

答：为了防下雪。

问：下雪还用穿雨衣吗？

答：（不语）。

问：退一步讲，雨衣也能

装进那个黄书包，为什么要换这个大的？

问：（出示胡某的自制名片）这些是你的吗？

答：是。

问：（又拿出一张，胡某紧张）我给你念念，张某某，是美术界老行家，专门从事文物鉴定，家住……电话……你认识他吗？

答：（不语）。

问：看看这张，于某某，专画彩蛋，服务部营业时间：……这些名片有相同之处吗？

答：（不语，紧张）。

问：你一般都去什么地方洗澡？

答：有时在家里，有时到外边。

问：你去过××工厂澡堂洗过澡吗？

答：去过。

问：在那里锁过什么东西吗？

答：当然，洗澡得锁衣服呀。

问：取衣服难道还要收据签字吗？

答：（手颤抖）给我一支烟吧。

（胡某紧张，接烟时掉在地上）。

问：你说说，艺校名画被盗是你干的吧？

答：（点点头）。

胡某交代了他假借借书看将钥匙骗到手，打开藏画室盗窃名画，后转移至其父亲处的犯罪事实。

上述审讯中预审员通过四个方面层层揭开整个事实：首先从嫌疑人曾经的工作，画室搬运工问起，确认其有作案条件；其次是核实作案的工具，即嫌疑人曾经突然换过一个大的塑料包；再次是从嫌疑人家里搜出一些名片，证明其具有销赃的条件；最后是曾在澡堂存物，藏匿赃物。嫌疑人在这四个方面的问题得到核实后，整个案件事实就基本突破了。

（四）打破防御——跳跃式提问

将不同逻辑阶段的问题按照特定的逻辑顺序提出。这种提问方法是审讯人员已经掌握了证据，而嫌疑人又不交代，并有严密的防御体系。在编排时，跳出嫌疑人编排好的防御体系，审讯其没有防备或防备薄弱的事实，跳跃既要在嫌疑人意料之外，又要在其思维能力之中，使嫌疑人的防御体系混乱，来不及建筑防御体系，陷入被动。此法表面上看起来没有什么规律，实际上是一组精心编排有一定用意的系列问题。

例如，北京某电器公司王经理被害，公司医务室医生欧某云因与王某关系暧昧，后被王某抛弃，所以有作案动机。在审讯欧某云时预审员运用了跳跃式的提问方法，打破了嫌疑人的防御体系。

问：叫什么名字？

答：欧某云。

问：多大岁数？

答：35岁。

问：职业？

答：公司医务室医生。

问：你们公司出事了，你知道吧？

答：公司传达了。

问：你想没想到会找你了解情况？

答：(摇头)。

问：你们经理王某被害，希望你知道什么讲什么，尽量讲清楚。

答：我什么都不知道，你让我讲什么。

问：你认识王经理吗？

答：当然认识。

问：你接触过王经理吗？

答：接触？王经理常到我们医务室量血压。

问：<u>你和他单独接触过吗？</u>（从认识到接触再到单独接触，步步紧逼）

答：（片刻）没……没有。王经理很热情，他一再说要帮我介绍对象，我还给过他照片呢。

问：介绍了吗？

答：介绍了。

问：你们王经理是礼拜几被害的？（从介绍对象到被害人被害时间的跳跃）

答：大概是礼拜六吧。

问：嗯？

答：也可能是礼拜四。

问：说得准确点。

答：是礼拜四。

问：礼拜四这天你看见王经理了吗？

答：见到了，那天他来我们这里量血压，是刘大夫量的，那天下班还是我和刘大夫一块走的。

问：刘大夫看见你进家门了吗？

答：没有，我们不住一块。

问：那天你几点到家的？

答：大概晚上7点。

问：那天晚上下雨了吗？

答：下了。

问：是你到家前下的还是到家后下的？

答：（沉默）。

问：淋没淋雨难道你不记得吗？

答：是到家后下的。

问：你知道王经理有几个家吗？（从追问下雨问题跳到王经理的家的问题，因为王经理是在其养父家被害的）

答：我……我不知道。

问：平时没听说吗？

答：听说好像是两个家，一个是他自己家，另一个是他养父家。

问：他养父家在什么地方？

答：好像是丁字街吧。

问：王经理去过你家吗？（逆向跳跃）

答：没……没有，我没去过他家，他也没去过我家。（这一回答中已经露出破绽）

问：你指的是没去过他家，还是没去过他养父家？（审讯人员及时抓住破绽）

答：嗯……（擦汗）都没去过。（防御体系已经崩溃）

问：今天先到这儿，有些问题你不要急于回答，好好想想。有句老话叫作，若要人不知，除非己莫为。

在这一段审讯中，审讯人员通过几次跳跃（即下划线语句），打破嫌疑人的防御体系，然后抓住破绽进行追讯，使得对方防不胜防，在审讯中处于被动。

（五）旁敲侧击——无关式提问

此方式是审讯人员为查明某个问题，提出一些表面看起来似乎与犯罪事实无关，但是其实有着实质关系的问题。无关提问的目的：一是稳定嫌疑人的情绪。二是转移嫌疑人的注意力。由于提问的问题似乎与案件没有直接的关系，嫌疑人可能会感到放松，认为公安机关没有掌握相应的证据。三是与嫌疑人建立良好的人际关系。四是发现与案件有关的线索和内容。无关问题的话题主要有：自然现象，如天气、家乡的地理环境、风土人情、个人兴趣爱好、个人家庭情况和学习情况、工作经历等。

如某预审部门在办理一起流窜案件时，犯罪嫌疑人在近一个月的审讯中一句话也不说，对立情绪十分严重。为了打破僵局，审讯人员采取聊天的方法来缓解对立情绪，预审员和嫌疑人天南地北地“闲聊”，开始时嫌疑人充耳不闻，根本听不进去。几天后，嫌疑人渐渐地开始听了，也有所反应了，不自觉地加入了聊天的行列，预审员抓住时机，让嫌疑人讲一个故事，嫌疑人勉强说“不会讲”。预审员继续聊天，一会儿聊莎士比亚的剧本，一会儿聊长城，一会儿聊北方的气候，一会儿聊南方的河流……闲聊中预审员故意“顺便”问嫌疑人：“你说这电影好看吗?”“你习惯那边的气候吗?”通过闲聊，嫌疑人渐渐透露出：“我没看过这么多书，我们那是小地方，接触不到这些名著。”“好多电影没看过，我家那边不是每天放电影，只有一家电影院。”“葵扇在我们那边家家都做，是副业。”“我不敢下河游泳，因为我老家的河受海潮的影响会突然深起来，淹死过人。”通过聊天零零散散收集的线索，归纳起来可以勾画出嫌疑人的相关情况：一是犯罪嫌疑人居住在一个小镇规模的地方，只有一家电影院；二是嫌疑人家乡有一条河，因为会受海潮的影响说明距离海不远；三是嫌疑人家乡的副业是葵扇，几乎家家都编制。据此，审讯人员展开调查，发现广东新惠某个城镇与这些特点很相似。预审人员前往广东新惠调查，在当地公安机关协助下，终于查清嫌疑人的真实身份。

东北某市公安局审理一起盗窃案件时，嫌疑人自称叫“李明”（化名），据“李明”陈述，“自小流浪，1 岁时妈妈改嫁，父亲死后自己一人四处讨饭为生”。预审员问其“原籍”在哪里，他说他不知道什么叫“原籍”，也不知道自己是哪里人。问其犯罪事实，说除偷了一个“大电影”（指电视机）外没有其他问题。让其签字，他说一天书也没有念，不会写字。“李明”佝偻着腰，眯缝着眼，衣着破烂，衣襟和袖口被油渍蹭得锃亮，脸上的污渍将皮肤颜色完全遮住，浑身散发一股汗臭，一口黄牙，至少几个月没有洗脸刷牙。从外表看，此人像一个流浪的盲流。

问：这几天你都在想什么？

答：我什么也没想。

问：你对你的问题怎么想的？

答：我没有别的问题了。

问：你都到过什么地方？

答：西安、太原、大同、北京、天津。

问：你对北京很熟悉吧？

答：我只是去过。

问：你对北京最熟悉的地方是哪里？

答：火车站。

问：你什么时候离开北京的？

答：有二三年了。

问：你怎么离开北京的？

答：我是盲流，想到哪里就到哪里。

问：你是在什么情况下离开北京的？

答：（低头沉思了一会儿）

北京的饭不好吃，我穿得不好，人家不让在北京待了。

问：对这个问题你能说实话吗？

答：我说的都是真的，信不信由你们。

问：你过去是干什么的？

答：我记得开始我和爸爸要饭……

预审员故意漫不经心指着窗台上的一盆君子兰问：你看这是什么？李回答：花儿。（儿化音很重）

问：说说你的问题？

答：偷了一个“大电影”（指电视机）。

问：你在撒谎。事实上，你从来没要过饭。

答：（看了预审员一眼，就低下头，不语）。

问：你的伪装应该揭掉，你扪心自问一下，我们不了解你的情况吗？你现在这种苟且偷安的生活心里舒服吗？

答：我说的都是真话，我爸死后，我一直当盲流。

问：你不要用盲流来掩盖你的真相。

答：我也不愿意当盲流。

问：你不想跑有两个原因：一是你想掩盖你以前的历史和罪行；二是你想找避风港逃避打击。（“李明”愣了一下，抬头看了预审员一眼）

审讯人员继续和他聊天。通过和他聊天，了解到：（1）从口音看，李某回答问题时总是慢声细气用方言回答。一次，预审员故意漫不经心指着窗台上的一盆君子兰问：你看这是什么？李回答：花儿。儿化音很重。在以后的审讯中，几次不经意地露出北京地区的方言把“跑”说成“颠儿”，把散步说成“遛弯”。（2）从其原籍和现住址看，他自称是河南人，根据同监室的人反映，他经常谈论北京的“米粉肉”“炸酱面”等，对北京的大街小巷、商店等很熟悉，还常常讲一些北京看守所的伙食好坏、犯罪黑话等。审讯中，预审员故意说一些河南的生活习惯和地理特点时，他却哑口无言。（3）从身世看，李某自述他从小就在各地流浪，但预审员问他一些大城市的火车站等，他却不知道。（4）从知识面看，他在审讯中装着愚昧无知的样子，把电视机叫作“大电影”，但据调查，他在销赃时不仅说出电视机的名字，而且对电视机的性能、价格等介绍得很详细。据同监室人员反映，他有时还讲一些国外的风土人情、生活习惯，这绝不是一个连电视机都不认识的盲流所能具备的。（5）从文化程度看，他连自己的名字都不会写，但据同监室人员反映，他常常偷偷看书、看报，还看小说。一次，一个同监室的人出了一个字谜，内容是上面是“竹”，下面是“土”，左边是“木”，右边是“月”，中间填上一个字变成四个字，他毫不犹豫地填上一个“其”字，然后得意地说“上念箕，下念基，左念棋，右念期”。这说明，他不仅识字，还有一定的文化。（6）从作案手段看，他虽然交代流浪了十余个城市，但只在两个城市作案两起。这两起都是撬门破窗入室作案的，盗得物品在市场销赃，不像是偶犯。

（六）系统口供——纵横式提问

此方式是将问题按照案件纵向和横向的发展编排的问题系列。这种方式一般在审讯的后期都要使用，它使口供系统和完善，或者是在犯罪嫌疑人承认犯罪但是供述不彻底的情况下使用。一般来说，纵横式提问是基于嫌疑人已经认罪，愿意供述的情况下将其供述做系统性审讯和记录的一种方法。如果将犯罪的起始时间作为横坐标，那么，每个时间段上所发生的事情（也就是需要问的问题）则是纵坐标。例如，嫌疑人柳某涉嫌入室盗窃，柳愿意供述。那么，侦查员审讯时可将案发这一天的时间作为横坐标，将起床、出门、到达犯罪地、进入被害人家、离开直至回家这几个时间点发生的事情作为纵坐标，好处就是犯罪事实逻辑关系清楚、层次分明、事实及人物关系等清楚。

例如，问：你知道为什么拘留你吗？

答：知道，是因为打劫出租车的事。

问：你把事情经过详细交代一下。

答：昨晚大约10点我在城东路中建大厦旁边拦了一辆红色的出租车。上车后我对司机说去度假村那条路。当车开到中州宾馆附近时我从后裤兜里掏出事先准备好的水果刀，抵住司机脖子叫他掏出钱来。司机从上衣口袋掏出一沓钱递给我，求我：钱你拿去放我走吧。我说：你把我送到体育场旁边的建筑工地我就放了你。当车开到东阳路派出所门口时司机突然停车跳下来往派出所跑，一边跑一边喊有人打劫。我慌忙跳车逃跑被路边的几个人截住，送到了派出所。

问：你上出租车时是坐前排还是后排？

答：前排司机旁边。

问：你拿刀威胁司机时原话是怎么说的？

答：快把钱掏出来不然要你的脑袋。

问：你为什么要打劫出租车？

答：我没钱抽白粉了，就想办法弄钱。我以前开过出租车，被人打劫过，觉得打劫出租车司机这种方法比较简单也安全，于是就想到打劫出租车。

问：你打劫到多少钱？

答：约1000元。

问：你打劫用的水果刀从哪里来的？现在在哪里？

答：刀是从家里带的，逃跑时太慌了，可能丢在出租车上了。

……

在上述审讯中，犯罪嫌疑人承认自己的犯罪行为并交代了作案的时间、地点、侵害对象、犯罪经过。需要特别指出的是，根据有关规定犯罪嫌疑人在公共交通工具上实施犯罪，要记录清楚三个地点，即上车地点、实施犯罪地点、下车地点或被抓获地点，若犯罪嫌疑人没有陈述清楚侦查人员则要就具体地点进行提问。接下来侦查人员针对犯罪嫌疑人陈述中不清楚的要素进行提问。“你上出租车时是坐前排还是后排?”就犯罪过程中的细节提问使整个作案经过更加具体、清晰。“你为什么要打劫出租车?”问的是作案目的；“你打劫到多少钱?”问的是作案金额，属于犯罪结果；“你拿刀威胁司机时原话是怎么说的?”和“你打劫用的水果刀从哪里来的? 现在在哪里?”这两个问题问的是作案的手段及作案工具的来源和下落。审讯笔录紧紧围绕犯罪构成的要件和要素进行提问，突出重点，还原犯罪事实。另外笔录中还对涉及案件性质、法律责任、量刑轻重的关键情节和证据进行审问，抢劫犯罪区别与抢夺、盗窃犯罪关键特征是犯罪嫌疑人是否采用了暴力、胁迫或者其他对人身实施强制的手段。上述片段中详细记录了犯罪嫌疑人用随身携带的水果刀抵住司机脖子并威胁司机“快把钱掏出来不然要你的脑袋”，这一关键情节有作案工具、有暴力手段、有胁迫侵害对象的原话，给案件的定性带来了很大的帮助。①

下面是对一起涉嫌杀害同居女友的犯罪嫌疑人王某的审讯。

问：我们是××分局刑侦大队民警，你要如实回答我们的问题。你叫什么名字?

答：养父叫我强，王强（化名）。

问：你没有户口，你的身份证呢?

答：我在不懂事时就被人捡了。

问：为什么有王某某这个名字?

答：是以前一起做事的人

① 魏瑞霞：《试论讯问笔录正文部分的写作》，载《法律写作》2010年第2期。

的名字。

问：还有什么名字？

答：王某，我瞎编的。

问：你养父呢？

答：也姓王。

问：他现在在哪儿？

答：我离开后就再也没有接触了。

问：你的真实年龄是多少？

答：45～50岁这个阶段。

问：你知不知道公安局为什么抓你？

答：李某被我掐死了。

问：然后呢？

答：然后给她背上山了。

问：具体什么时候的事情？

答：阳历年前后。

问：什么叫阳历年？

答：就是2010年前后。

问：就是2010～2011年吧。什么时间，是白天还是晚上？

答：白天。

问：几点钟？

答：中午12点左右。

问：你是怎么动的手？

答：用手掐死的。

问：为什么掐死她？

答：因为她说要几万块钱，限我几天给她，不给就掐死我。所以我先将她掐死，不想让她搞死我。

问：你想把她掐到什么程度？

答：我想搞死她。

问：她为什么问你要几万块钱？

答：因为她跟了我一年左右时间。

问：你们什么关系？

答：反正说夫妻也算，说情人吧一直都在一起。

问：她问你要几万块钱做什么用？

答：她说她父亲死了要埋。

问：你掐的时候心里怎么想的？

答：也没怎么想，她要搞死我，我属于自卫。

问：你们讲了多久的话？

答：五六分钟。

问：你们平时关系怎么样？

答：反正女人爱唠叨，女

人都这样……

问：案发当天中午掐死她后你做了什么？

答：也没做什么。

问：你去哪儿了？

答：做工去了。

问：然后呢？

答：做完就回来了，天都黑了。

问：回来后呢？

答：我就热了剩饭吃。

问：吃完呢？

答：看了看电视，晚上10点左右背她出去。

问：具体几点，有10点吗？

答：10点左右吧。

问：用什么背的？

答：毛毯。

问：什么样的？

答：花的，浅红的。

问：毛毯多大？

答：2米。

问：什么质地？

答：毛的。

问：用毛毯干什么？

答：裹住她。

问：裹成什么样子？

答：就是系上。

问：全身裹住了吗？

答：裹住了。

问：怎么背的？

答：就背在后背。

问：然后去哪儿了？

答：后山。

问：还带了什么东西？

答：带了二甲苯。

问：前几次为什么说是汽油？

答：反正都是可以燃烧的。

问：带了多少？

答：……

问：（用矿泉水瓶）装了几瓶？

答：一瓶半。

问：塑料瓶用什么装的？

答：编织袋。

问：什么颜色的？

答：红白的。

问：有没有蓝色？

答：有吧。

问：从哪儿出发？

答：从楼上……（打断）

问：去哪里？

答：去后山。

问：为什么去后山？

答：以前走过，那儿有个工地。

问：你对工地熟悉不熟悉？

答：以前在工地做过工。

问：走哪条路去的？

答：就那条……

问：就是带公安去过的路吗？

答：是。

问：从哪儿进去的？

答：……

问：就是坡那里。你背着她能上去吗？

答：能。

问：路上碰到人了吗？

答：碰到了。

问：认识吗？

答：不认识。

问：有没有讲话？

答：没有。

问：你就继续走你的，上去干什么了？

答：给她丢那儿了。

问：丢哪里？

答：一个靠山坡的平地上了。

问：她的姿势什么样？

答：……

问：面朝上还是朝下？

答：侧身的。

问：脚朝哪里？

答：脚朝哪里……那个……（未做回答即被打断）

问：然后做什么？

答：往毛毯上浇二甲苯从前到后，然后把瓶扔了。

问：扔到什么位置？

答：毛毯上。

问：什么位置？

答：上半身，然后点火。

问：什么位置？

答：侧面点的火。

问：火烧到什么样？

答：点完我就回去了。

问：用什么点的火？

答：打火机。

问：打火机呢？

答：被你们拿走了。

问：我们去你家有一小瓶矿泉水里面是什么？

答：就是二甲苯。

问：是不是和现场一样的？

答：时间长了我记不清了。

问：毛毯哪来的？

答：商贸城买的。

问：什么时候买的？

答：买了四五天了。

问：为什么要烧她？

答：也是恨她……花了这么多钱落得这么个下场。

问：她身上有什么东西？穿什么衣服？

答：白上衣,牛仔裤,高帮鞋。

问：她身上的东西呢？

答：她把我买给她的东西全部给我了。

问：什么东西？

答：项链……（打断）

问：项链呢？

答：放到我家插线板盒子里了。

问：还有什么？

答：手机……（打断）

问：手机呢？

答：丢到××那儿了。

问：案发当天上午干什么了？

答：做事去了。

问：几点回来的。

答：上午10点多。回来买材料，然后买了点菜就回家了。

问：买了什么菜？

答：豆腐，白菜。

问：中午和谁一起吃的饭？

答：李某。

问：吃的什么饭？

答：白菜、豆腐、豆芽。

问：有没有吃肉？

答：有。

问：吃的什么肉？

答：五花肉。

问：吃完呢？

答：她就讲七讲八的，骂骂咧咧的。

问：你杀她的事情告诉别人了吗？

答：没有。

问：她家人呢？

答：她妈妈给我打过电话，我什么也没有说。

此案中，嫌疑人对自己的犯罪事实愿意供述，侦查人员则可采取纵横式的提问方式将案件事实捋清，上述审讯笔录证明力并不强，主要原因就是事实并不清楚。一般来说，在犯罪嫌疑人愿意供述的情况下首先要让其自由陈述，这是开放式审讯的需要，也是形成一份系统、完整笔录的需要。上述审讯中侦查员问："你知不知道公安局为什么抓你?"答："李某被我掐死了。"问："然后呢?"答："然后给她背上山了。"下划线部分应问："将犯罪事实详细谈谈。""你是怎么动的手?"这一问应为开放式提问："将犯罪事实详细谈谈。"而"为什么掐死她?"这一问为审查动机，此时犯罪事实还未展开，问得过早，使得这一部分的问题不在一个思维逻辑范围，条理乱。一般来说，审讯犯罪事实要按照犯罪的时间顺序推进，也就是顺序推进，上述提问的顺序为"案发当天中午掐死她后你做了什么"，然后"案发当天上午干什么了"，其顺序为倒叙，使得前后逻辑关系较为混乱。答：项链……（打断）问：项链呢?答：放到我家插线板盒子里了。问：还有什么?答：手机……（打断）频繁打断对方的话也是审讯的大忌。

四、审讯中的语言转换

由于被审讯对象文化程度不同、籍贯不同，表现出来的语言特点也不同。一般来说，他们在陈述案情时具有口语化的特点，也会出现语义歧义的现象。审讯用语要准确，不能夸大，不能随意缩略，遇到可能出现歧义的语言应转换，还原客观事实。如"从那天起我就一直想找机会整他"，"整"在这里有两种理解：一种理解为通过非暴力手段整治使其"吃苦头"，另一种理解为使用暴力手段伤害其身体甚至剥夺其生命。这两种不同的理解对在犯罪主观构成要件上确定犯罪嫌疑人是否构成犯罪、构成何罪有着直接关键的影响。因此，必须进一步问清楚犯罪嫌疑人说的"整"字是哪种意思并在笔录中准确记录下来。为了避免不必要的语义歧义，审讯中的语言最好使用“共核语”，即人们日常生活和工作中经常使用不容易发生歧义的语言。例如，妻子还可以称为老婆、媳妇儿、家里的、糟糠、屋里的等，“妻子”“老婆”为共核语，审讯中我们常问：“你妻子（老婆）在哪儿工作?”在理解上不会发生问题，如果问：“你屋里的（糟糠或家里的）在哪儿工作?”就可能发生歧义。又如，问：“你多大了（或年龄多少）?”人们都能明白，如果问：“你贵庚（芳龄、春秋、高寿、年方）多少?”则不好懂，而且不一定符合语用原则。

例如，某贩毒案件中嫌疑人交代道：“那天下午我拿着白面就去他家了，正好他家没人，就他自己在家，我放下东西就走了”，审讯中侦查员要注意将“白面”转换为“海洛因”或“冰毒”等具体物品，否则无法认定嫌疑人的贩毒行为，笔录也没有证明力。再如，盗窃犯罪嫌疑人供述道：“那些偷来的钱我都给造了。”侦查员应该转换问：“造是什么意思?”答：“就是花了呗。”“造”是北方方言，多理解为“花”了，为了避免歧义，影响口供的证明力，应转换，由“造”到“花”语义明确，说明了赃款的下落。

例如，问：那人长什么样？答：让我想想，过去好长时间了，记不太清了。对了，个子挺高，有 1 米 8 左右，有点胖，其他特征想不起来了。

这是非常典型的口语表达，“让我想想”“过去好长时间了”“对了”属于过剩信息，记录时很可能过滤掉，精简为问：那人长什么样？答：身高约有 1.8 米，体态偏胖。语言精练了，案件事实没有变，但语言比较正式，个性化的特点不明显。对此类情况可根据具体情况，适当保留，不仅可以反映案件事实，还可以反映陈述者记忆、表达、个性及心理的特点，显得更为真实。

又如，问：你把你杀人的详细经过讲一下。

答：今年年初，我从大姐、二姐处听说，大姐夫丁某某经常打骂我大姐，我心里很难过，大概是春节过后的2月上旬，我单独找到丁某某，质问他为何对我大姐不好。他说我大姐什么都不懂，没情调，他还说，如果我愿意与他好，他就对大姐好。开始我不同意。丁某某又讲，如果我不同意，他就不管大姐和孩子，自己去耍。我想了一下，觉得反正自己命苦，只要他对大姐好就可以了。于是我就答应与他好，与他私通。他开始对大姐好起来了，但没隔多久，我又听说丁某某在外面找“小姐”、赌博等，每天晚上都是深更半夜才回家，回家便强行叫大姐做这做那，稍不如意就拳打脚踢。他还说，我们全家都是女人，把他奈何不了。今年5月1日，我们皮鞋厂开始放假，我就给丁某某打传呼，叫他到租房处吃饭，他说5月2日过来。2日那天我准备了酒菜，约下午3点钟丁某某来到我这里，在喝酒时，我就质问他，他开始不承认，后来就发火说，现在哪个男人不在外面耍，你们几姐妹简直少见多怪。又过了一会儿，他叫我不要生气了，他要睡会儿觉。他上床后，又叫我上床陪他睡。他当时只脱了外衣，一上床就睡着了，我靠在床上胡思乱想，想起我们对他那么好，而他仍然对我大姐很坏，越想越生气，当时也不知怎么想的，我就下床取下门上挂着的毛线，绞成毛线绳，绞好的毛线绳约有2米长。我将毛线绳套在他的脖子上，又将毛线绳穿过床头靠背的小洞里，在靠背的另一面系紧毛线，并顺手抓起一个白酒瓶猛砸丁某某的头部，一下子就把瓶子打烂了，丁某某的头被打出了血，后来我又将一张大理石茶几搬过去压在了丁某某的身上。当时我心里很恐慌，也不敢再看他，就赶快抓了一件白色中长衣服跑出了门。

问：继续讲。

答：我到新街菜市场一杂货店外的公用电话给我的男友李某云打了电话，我告诉他出大事了，他叫我马上去他那里。我立即乘出租车到了他的住处。他听说我杀了大姐夫后，立即拿了一把砍刀带在身上，与我回现场去查看。当时已是晚上10点多了，我在现场门外几十米的地方等他，他很快就出来对我说，丁某某肯定是死了，只有连夜把他运出去甩了。我和李某云又去刚才打过电话的那家杂货店买了4个编织袋，回到住处，由李某云肢解尸体，我协助他将头装进一个编织袋，躯干装进一个编织袋，两只手臂装进一个编织袋，两条腿装进一个编织袋，然后我以给别人送货为名包租了一辆“火三轮”，车开出城外后，由李某云将编织袋扔掉，我则在车上看守，并对司机说这是给别人的样品。

问：抛尸的具体地点和尸体的具体部位在什么地方？

答：“火三轮”开出××区进入A县境内的赵家湾采石场时，我们先将最重的躯干部分扔掉，随后在赵家湾青岗林扔了两条腿，后来，又叫“火三轮”转弯去了B县，过了××大桥以后，来到一个已经废弃的石灰厂侧，我们又将头和两只手臂扔掉。

问：你们抛完尸体回到住处的时间是多少？

答：回到住处，大约是凌晨5点钟，我和李某云用水冲洗了现场，烧毁了带血的衣物，天已大亮了。

问：你和李某云到底是什么关系？

答：是恋人关系，我们已经同居生活。

问：李某云是什么时候离开杀人现场的？

答：把杀人现场清洗后，李某云突然对我说，不好，砍刀弄丢了，可能掉在某个抛尸地点了，上面有指纹，我是有前科的，公安局肯定找得到我。他叫我给他1000元钱，他说要暂时找个地方躲一躲，等风头过了再与我联系，说完就匆匆离去了。直到6月12日我被抓为止，我们都没有联系过。李某云走后我很害怕，又跑到另一工友处去暂住。

问：你杀丁某某的事，除了李某云之外，还告诉过谁？

答：没有告诉过其他人。

问：还有什么要补充的吗？

答：没有了。

实践中，在侦查员问“你详细说说作案经过”这个提问时通常是已经综合了数次的提问与回答，这样就形成了上述完整流畅的笔录。从这份笔录可以看出，犯罪嫌疑人对案情的供述十分流畅、清楚，并且语言很干净，没有一般口语中表现出的反复、强调、语气词等特征。这种清楚、流畅、语言干净的背后必须有如下情况做支撑，即犯罪嫌疑人文化素质较高，有非常强的口头表达能力、心理素质相当好、视杀人如寻常事、记忆力超强、有强烈地想要表达自己杀人事实的冲动。唯有这样素质的人才可能很顺畅地叙述自己杀人的事实。在现实中，这种情况比较少见，其真实程度难免让人怀疑。在实际的审讯过程中，侦查员一开始都是交代政策、说服、教育、攻心，犯罪嫌疑人可能像挤牙膏似的吞吞吐吐。这个过程是复杂的、反复的。这样作出的笔录不能说完全不真实，因为它都是犯罪嫌疑人供述的内容。但审讯笔录的真实性不仅是指记录的内容真实，还包括形式的真实，即犯罪嫌疑人是如何将其犯罪事实说出来的过程。因此在记录犯罪嫌疑人对犯罪事实的供述时，必须还原真实的问答过程。因为没有还原问答过程，犯罪嫌疑人很容易翻供。在上述案例中犯罪嫌疑人实际上不太可能如此流利地、顺畅地说话，更不用说是在述说自己的犯罪事实。类似的案件犯罪嫌疑人当庭翻供而引起舆论大哗，原因之一就是当庭宣读的犯罪嫌疑人的供词不像是犯罪嫌疑人说的。真实的情况是，在审讯过程中，嫌疑人处于一种特定的心理状态，并且是在特定的环境中，因此在回答提问时有着与这种心理状态和环境相适应的特征，这种特征要通过他回答问题的内容和语言形式表现出来。嫌疑人在整个审讯过程中出于趋利避害的心理一般不会主动提出新话题，更不会回答审讯人员尚没有提出的问题。嫌疑人一般都是直接回答问话中的核心问题，问什么答什么。对于犯罪嫌疑人而言，一般情况下是不太愿意过细地讲述作案过程的，因此，他对作案过程的供述是概括的、断续的，缺乏条理的，而且一般不做阐述。要做到真实，就应该呈现出上述特点。①

五、提问的不当模式

（一）提问的顺序不当

许多侦查人员提出问题的顺序与侦查对象回忆和描述案情时大脑思维活动的过程和特点不相吻合。由于侦查人员提出的问题常常不合时宜，随意偏离侦查对象正在表述的大脑图像，结果使侦查对象难以专一地、连续地、完整地完成某一特定大脑图像的表述。这种现象主要表现为有些侦查人员提出问题的顺序颇为任意随便。其表现为，其一，交替提出知觉属性不同的问题。如先问一个视觉方面的问题，再问一个听觉方面的问题，而后又回到视觉方面的问题上去。这种知觉属性不同问题的任意交换使侦查对象的记忆损失达19%。其二，交替提出知觉属性相同，但应依据同一大脑图像回答的问题。如先问嫌疑犯的面部特征，再问裤子颜色，接着又问眼睛。

① 李华文：《讯问笔录写作过程中的还原意识》，载《四川警察学院学报》2012年第6期。

注意，眼睛和面部特征的问题同源于嫌疑犯面部在侦查对象脑海中留下的大脑图像，因而应依据同一大脑图像进行回答，所以应相继提出。如果在这两个有密切联系的问题间任意插入一个与面部大脑图像毫不相干的颜色问题，侦查对象的回忆难免受到影响。其三，交替提出细节性问题和一般性问题。如先问细节性问题："枪是什么颜色的?"再问一般性问题："他为什么开枪?"而后又是细节性问题，显而易见，上述几种任意随便的提问方式都可能以某种形式，或多或少地妨碍侦查对象连续地、系统地回忆和供述。

（二）提问的语言不当

主要有以下表现：（1）使用否定性措辞。有些侦查人员不以肯定形式提问，如"你还记得……"而以否定形式提问，如，"你不记得……"用否定形式提问微妙地暗示，侦查人员并不认为对方知道问题的答案，因此，它极易使侦查对象产生某种逆反心理，结果使其不愿集中精力回忆。所以，应使用肯定形式提问。（2）使用非中性措辞。有的侦查人员提问时不用中性措辞，如："你能描述一下对方的肤色吗?"而用非中性措辞，如："对方的皮肤黑吗?"这种问法给人的印象是，侦查人员是想证实某种假设。使用非中性措辞提问常常暗示着，问题本身的描述是正确的。因而容易导致引供。这种问法可能诱使侦查对象脱离自己的实际记忆，而按问题暗示出的描述进行回忆。这必然导致供述中虚构成分的增加。（3）使用不恰当的语言形式。有些侦查人员提问时使用的语言形式要么过分正统、拘泥，要么过分偏颇、难懂。不恰当的语言形式还体现在使用过于刺激性的措辞。例如，"你是怎么强奸（或者杀人）的"？这无疑会使侦查人员和侦查对象之间构成某种心理隔阂，这种隔阂对审讯工作的顺利进行极为有害。没有轻松的气氛，缺乏相互间信任，嫌疑人就不可能在正常的心理状态下从容不迫、无拘无束地展开供述。可见，侦查人员亦应是驾驭和使用语言的能手。

（三）轻易发表判断性评论

有些侦查人员常对案情或侦查对象做判断性评论，如："案发后你衣着凌乱而别人却衣帽整齐，这不奇怪吗？""你难道不生气吗？"此类评论除使侦查对象顿生戒心或具有某种引导作用外绝不会给侦查工作带来任何帮助。所以，应力戒判断性评论。

（四）频繁打断对方描述

侦查人员首先要求对方根据记忆对案情做叙述式描述，这无疑是应该提倡的。但侦查对象的叙述常被侦查人员以各种形式打断。侦查讯问中约有35%的正确情报来自侦查对象最初的叙述式描述。因此，妨碍侦查对象顺利完成这一"描述"，可能会丧失有价值的情报。我们必须意识到，打断侦查对象描述将会导致两个特殊问题：其一，侦查对象精力难以集中。其二，屡遭打断之后，侦查对象会自然而然地预感到讯问过程中还将被打断多次。一旦侦查对象预感到即将被打断，他便会按预计的时间从简回答，适可而止。

专题七　构建会话沟通式问话语言

会话沟通式问话语言实际上是引入日常会话的相关因素，弱化审讯者和犯罪嫌疑人之间的悬殊权力不对称关系，从而提高审讯效果，实现审讯目的。

在大多数的会话中，参与者的地位和权势是平等的。但是在审讯中，双方是不平等的，访谈者拥有提问所有问题的权力，发出各种指令的权力，引入所有话题的权力。在审讯中，除上述的优势权力外，审讯者还有指控、否认、警告、抱怨和评价犯罪嫌疑人的权力。如果我们的目的是让犯罪嫌疑人自愿提供信息，承认犯罪，我们就应该使这一交际事件越类似于会话越好，因为会话中较为平等的地位更容易让犯罪嫌疑人自愿供述。如何使侦查人员和犯罪嫌疑人之间悬殊的不对称权力关系变得不那么悬殊呢？在审讯中，会话式审讯可以通过如下手段实现：审讯者询问而不质疑、引出而不逼迫犯罪嫌疑人说出事情发生的经过、探究而不质问、引领而不支配。警察审讯者通过放低身段，削弱权力不对称，采用会话式而不是审问式，使审讯对象在供述时犹如在进行日常会话，而不是作为警察局里的一位被控制的，处于防御状态的犯罪嫌疑人。

一、会话沟通式问话语言的要素

在会话沟通式问话语言应用中，侦查人员与犯罪嫌疑人通过各种沟通渠道发送、传递、接收、反馈信息，这其中包括语言渠道、副语言渠道和非语言渠道。一般来说，沟通渠道的流畅程度受到渠道容量的限制，同时在沟通中交际双方也存在着碰撞和摩擦，沟通的背景环境也潜藏着干扰因素，这便导致了沟通不畅的情形，影响了沟通的效果。但这些现象在审讯中的存在有其合理性，毕竟侦查人员和犯罪嫌疑人各自掌握的信息在质和量上不对等。由此，我们也可以描述出完整的会话沟通式问话语言模式应当具备的特点，即会话沟通的主体、会话沟通的信息、会话沟通的背景。

（一）会话沟通的主体

侦查人员和犯罪嫌疑人是会话沟通的主体，两者通过信息的发送、传递、接收、反馈这样交替往复的过程共同推进审讯的进行。侦查人员与犯罪嫌疑人的关系问题是研究会话沟通问话模式的基础。毋庸置疑，如果侦查人员能够与犯罪嫌疑人在审讯中建立良好的关系，并能做好相互之间的沟通，不但对顺利获取犯罪嫌疑人自愿、真实的供述和辩解大有益处，而且能够提高审讯的效率，节约刑事诉讼成本。反之，如果侦查人员与犯罪嫌疑人没有处理好关系，则容易导致审讯走向僵局，甚至会成为暴力审讯的导火索。

（二）侦查人员与犯罪嫌疑人的会话沟通离不开信息传递，事实上，会话沟通模式就是通过会话的言语交际方式传递并理解信息的过程

这种信息的含义我们应当作广义的理解，即会话沟通的信息不仅包括与案件相关的人、物、事的描述，还包括赋予信息更多含义的思想、感情、态度、意见、感受等主观方面的内容。在会话沟通

式审讯中，侦查人员与犯罪嫌疑人之间不是简单的信息传递，而是重在对信息的理解。一方传递的信息只有被另一方理解，沟通才有意义。完美的沟通如果存在的话，应是经过传递之后，接收者所认知的想法或思想恰好与发送者发出的信息完全一致。① 当然，会话沟通模式是在审讯的语境之下建立的，信息的范围离不开审讯目的和策略的制约，侦查人员在审讯中往往通过发送模糊信息实施审讯策略，目的就是使犯罪嫌疑人对信息产生偏差进而判断错误。

（三）审讯是一种特殊的互动性社会活动，参与互动的双方受到所处的背景要素的制约和影响

首先，审讯发生在一定的社会观念环境之中，社会传统文化与追诉理念对审讯产生了重要影响。例如，我国传统思想强调“舍小家而顾大家”，这就造成整个社会对个体成员利益的轻视。体现在审讯中，即表现为强权的追诉色彩浓重，而对犯罪嫌疑人权利重视的不足；“口供至上”的证据观念使得包括犯罪嫌疑人在内的诉讼参与人在传统意识中都将口供视为“证据之王”，在这种观念的引导下，公、检、法三机关对口供产生了极大的依赖性，而犯罪嫌疑人、被告人在审讯、审查起诉、法庭调查中也将口供视为决定自身命运的关键因素，因而拒供、抗审、翻供现象普遍存在。其次，制度环境因素对审讯产生影响。无论是古代法律制度对刑讯制度的详细规定，还是现代法律确立的辩护权、不得强迫自证其罪、非法证据排除等一系列刑事诉讼的基本原则，这些都对审讯的实施产生了决定性作用。审讯程序受到了法律的规制，进而制约了侦查人员的权力，也对犯罪嫌疑人的权利保障产生影响。不能忽略的是，审讯程序是一

---

① ［美］查尔斯·贝克：《管理沟通》，康青等译，中国人民大学出版社 2003 年版，第 295 页。

项国家权力占主导地位的诉讼活动。从刑事诉讼发展的现状可以看出，目前世界范围内总的趋势是加强犯罪嫌疑人的权利保护，借此制约侦查人员在审讯中的权力，但同时又在竭力维护侦查人员在审讯中的优势。因此，审讯程序始终处于获取犯罪嫌疑人口供与保护犯罪嫌疑人权利的矛盾之中。[①] 在会话沟通式语言环境下，审讯的制度环境应当尽量保证主体之间的平等沟通。侦查人员能够在审讯中不以权压人，尊重犯罪嫌疑人的人格、情感和需求，不伤害和侵犯犯罪嫌疑人的基本权益，不剥夺犯罪嫌疑人在审讯中的话语权，保障犯罪嫌疑人在自愿、知情、意志自由的状态下表达，并进行自我辩护。最后，审讯自然场景也对审讯中的会话沟通产生影响。审讯的自然场景是指审讯发生的空间，包括审讯的地点和审讯场所的室内布置。为了保障会话沟通的顺利进行，审讯室应当以安全、保密为基本条件，并消除侦查人员与犯罪嫌疑人之间的物理隔阂，为会话沟通式语言的应用发挥提供保障。

二、侦查人员问话语言问题分析

理性地看，我们不能否认审讯中双方的对抗、冲突。侦查人员以生冷、粗暴的问话与犯罪嫌疑人进行“白热化”的、“针锋相对”的交锋在有的审讯场合并不一定弊大于利，但这并不足以全面概括侦查人员与犯罪嫌疑人之间的关系。审讯中侦查人员和犯罪嫌疑人之间不只存在对抗和冲突，对抗和冲突并不完全是从审讯的开始阶段一直持续到结束。且在冲突与对抗的情景之下，审讯往往效果不好，甚至容易陷入僵局。从审讯问话语言的角度看，存在的主要问题有：

---

① 徐美君：《侦查讯问程序正当性研究》，中国人民公安大学出版社2003年版，第64页。

（一）在语言交流过程中，侦查人员具有更强的话语权，体现了机构话语的特点

审讯参与双方为侦查人员和犯罪嫌疑人，侦查人员的审讯行为以国家强制力为后盾，推行强制性的审讯模式。这种强制性的审讯模式体现在侦查人员将语言表达与各种资源结合运用，对犯罪嫌疑人进行约束和控制。无论审讯中是疑问句语言还是祈使句语言，无不体现着祈使义的语言功能，即侦查人员通过审讯要求并促使犯罪嫌疑人对案件事实作出真实、完整的供述。这种祈使义的语言特征契合了审讯的目的，呈现出侦查权在审讯中强制性的特点。而在这种权力表达的机制中，犯罪嫌疑人处于被动接受的处境。传统侦查学的研究中将侦讯双方视为本质上的对抗、冲突关系，尤其是在审讯特点的表述上，可以从一个侧面窥探到侦查人员和犯罪嫌疑人的对抗和冲突被描述得非常激烈。例如，“我们与审讯中所面临对象的关系是执法者与被惩罚者的‘你死我活’的关系，被审讯者的供述与交代意味着将要受到法律的制裁，因而这种抗拒心理始终贯穿在审讯的过程中”。[①] 又如，“在对事实、观点、方式的认识不一致时，或任何一方的忍耐、谅解达到一定程度时，矛盾就会由缓慢、隐蔽的形式，转化为不可抑制的表面形式，形成较为激烈的表面化冲突。随着审讯工作的进行，冲突进一步发展，达到白热化程度，就会形成激烈冲突”。[②] 可见，以往对审讯的认知是侦查人员与犯罪嫌疑人的对抗、冲突贯穿于审讯的整个过程，并随着审讯的推进冲突会进一步发展变化，甚至形成“你死我活”的“白热化”程度。这样的认知必然导致对抗、对立。

---

① 吴克利：《审讯语言学》，中国检察出版社 2012 年版，第 38 页。

② 王怀旭主编：《侦查讯问学》，中国人民公安大学出版社 2004 年版，第 11 页。

（二）一元化的信息传递方

对于审讯而言，其本质上是信息的获取、传递和固定的过程，这一过程的结果是获取犯罪嫌疑人的口供。通常审讯的话语权集中在侦查人员一方，侦查人员动用包括语言在内的多种方式和工具，强势地要求犯罪嫌疑人供述。侦查人员业已形成的根深蒂固的职权思维，造成了实体与程序、效率与公平、打击犯罪与保障人权的失衡。在审讯中，侦查人员往往以“先入为主”“以我为主”的思维模式要求嫌疑人供述。究其主要原因是，侦查人员将审讯视为一种目的行为，而没有将犯罪嫌疑人纳入真正的交往行为中。侦查人员为了实现获取口供的目的，以目的作为行为的依据，语言暴力等就很可能成为获取口供的主要方式。①

（三）问话语言的偏向

语言是审讯主要的交流工具，在侦查人员与犯罪嫌疑人沟通中扮演了非常重要的角色，二者通过语言交流观点、表达态度和意图。审讯的过程也是侦查人员与犯罪嫌疑人运用语言重现“事实”的过程。这其中包括三种“事实”：一是案件的客观事实；二是侦查人员所认为的案件事实，即侦查人员立足前期掌握的证据和线索，运用判断、推理等思维活动而形成的对案件的认识；三是犯罪嫌疑人所认为的案件事实，即犯罪嫌疑人从自身角度对案件事实的认知。在审讯的语言交流中，侦查人员与犯罪嫌疑人往往使用不同的语言来描述各自的“事实版本”，并力求说服对方相信自己的“事实版本”。犯罪嫌疑人有时候会根据自身的目的，在描述“事实版本”时进行修饰、更改、隐瞒、撒谎，或者犯罪嫌疑人本身就对案件事

---

① 徐清：《哈贝马斯的沟通行动理论对刑事诉讼法的意义》，载《云南大学学报（法学版）》2014年第4期。

实完全不掌握、部分掌握，或者由于客观原因遗忘了案件事实。上述种种原因造成了犯罪嫌疑人描述的“事实版本”与案件真实情况不相符。那么，侦查人员在审讯中运用问话语言构建的“事实版本”就一定是朝着客观事实的方向吗？根据对审讯语料的分析，发现侦查人员在审讯过程中，存在着语言偏向的现象。也就是说，侦查人员在审讯中倾向于描述自身想要构建的“事实版本”而展开问话，而对犯罪嫌疑人的答话则往往向不利于犯罪嫌疑人的方向解释，并且将双方的对话固定在审讯笔录中。一般来说，审讯中侦查人员诱导性提问、改述回答、打断话语、语言指令等行为都存在语言偏向的表现。

例 1：诱导性提问

问：你在 84 路公交车上偷了什么东西？

答：一部手机。

问：白色的手机？

答：嗯。

在例 1 中，侦查人员根据前期掌握的案件信息，形成了自身对案件事实的认知，即被害人被盗的手机是白色的。那么，侦查人员为了获取符合自身“事实版本”的回答，便在提问中暗含了希望得到的答案，于是采用了诱导性的问话语言。

例 2：改述回答

问：你们怎么打架的？

答：我们一开始只是相互骂，双方都比较激动。接着，他冲上来打了我胸口一拳，我就从地上捡起一根木棒打了他的头，当时他的头就出血了……

问：你用木棒砸了对方头部什么位置？

答：就是头顶那里。

问：砸了几下？

答：只有一下。

在例2中，侦查人员为了描绘犯罪嫌疑人作案过程的严重性，在问话中使用暴力色彩更加严重的动词“砸”代替了犯罪嫌疑人答话中的“打”，使得作为证据的犯罪嫌疑人供述更加符合侦查人员追诉的目的。

例3：打断话语

问：你为什么参与抢劫？

答：我那时候身上没钱了，自己来苏州一个月也没找到工作，朋友、老乡（打断）……

问：行了，你也不用多解释，你的意思就是没钱才想到抢劫呗。

答：是的。

在例3中，侦查人员通过审讯调查犯罪嫌疑人的作案动机，犯罪嫌疑人意图对抢劫的动机做更进一步的解释，来减轻自己在犯罪主观故意方面的严重性。但是，侦查人员打断了犯罪嫌疑人的答话，并替犯罪嫌疑人做了总结，即“没钱才想到抢”。这表明，侦查人员在获取犯罪嫌疑人关于作案动机的初步供述后，完成了侦查人员自身关于犯罪动机的“事实版本”构建，已经达到了审讯目的，犯罪嫌疑人任何附加解释都会被认为是多余的。

例4：语言指令

问：你们抢劫时带了什么家伙？

答：我们什么家伙都没有带，就是用拳脚打的。

问：那皮某某拿的木棍是哪里来的？

答：我没有看见皮某某拿木棍。

问：你再好好想想，皮某某是否拿木棍了？

答：我确实没有看见皮某某拿木棍。

问：你们一起作案，你居然没看到？怎么让人相信你？你不珍惜机会，谁也帮不了你！

答：我真的没跟你们撒谎，我没看到皮某某拿木棍。

问：他没拿木棍，难道是你拿了？还是别人拿了？你要老实交代！	答：我没拿。好像是有人拿了木棍，但是我没注意是谁。

在例4中，侦查人员调查结伙抢劫犯罪的作案工具情况时，犯罪嫌疑人对“皮某某是否拿了木棍”做了否定性回答，侦查人员依次使用“再好好想想”“居然”“难道”等一系列带有胁迫性的词语质疑犯罪嫌疑人的答话，并最终使用指令性的语言要求犯罪嫌疑人“老实交代”。侦查人员运用这种隐性的不当语言，使犯罪嫌疑人完全成为遭受语言暴力胁迫的对象，只能作出“好像是有人拿了木棍，但是我没注意是谁”的回答，但是这种回答的自愿性和真实性都是值得怀疑的。可见，侦查人员正是运用高高在上的话语权完成了自身“事实版本”的构建。

言语交际是有目的性的社会活动，侦查人员欲构建的“事实版本”与犯罪嫌疑人的“事实版本”存在着一定的目的冲突性。从上面的案例和分析中，我们发现侦查人员通过问话的语言偏向努力地构建自身的“事实版本”，以达到预期的审讯目的。在这种问话模式下，侦查人员与犯罪嫌疑人的互动是不对称的，侦查人员往往利用自身的法律知识优势和权力优势，对犯罪嫌疑人的答话加入个人的诠释和推衍。犯罪嫌疑人由于法律知识的匮乏或者意志的屈从往往会接受侦查人员构造的“事实版本”。必须强调的是，在这样一种语言机制下，侦查人员把自己对案件事实的想法和观念强加给犯罪嫌疑人，很可能造成犯罪嫌疑人作出违背自身意志自由或者是与案件事实不相符的供述。

(四) 问话中的“有罪预设”

在审讯中，特别是在第一次审讯中，侦查人员往往存在“有罪预设”的问话模式。这种现象的出现可能是由侦查人员固有的思维习惯造成的，也可能是侦查人员运用语言策略的结果。例如，“我们希望你能够认清自身所处的形势，老实把自己的犯罪行为交代清楚”“今天我们提审你，你把犯罪事实说一遍”“你把犯罪的事实讲清楚！争取从宽处理”“你把自己抢劫犯罪的事实跟我们说清楚”这样的语句，在这几个例子中，我们发现侦查人员在问话之中出现了“老实交代”“犯罪事实”“抢劫犯罪”等词汇。这样的问话具有“有罪预设”的典型性，其基本意思就是预设犯罪嫌疑人的确实施了犯罪行为，必须将自己的罪行坦白出来。而我国《刑事诉讼法》作出具体规定，未经人民法院判决，对任何人不得确定有罪。那么，侦查人员至少是已经对犯罪嫌疑人下了定论。这样不但违背了“无罪推定”的原则，而且侦查人员内心一旦确定了犯罪嫌疑人就是作案人，就会导致侦查人员在审讯过程中，依照自身的内心确认和现有证据，努力运用各种手段去构建案件的“事实版本”。当然，这种关于案件的“事实版本”是侦查人员作为“导演”，而犯罪嫌疑人作为“演员”共同完成的。在这样一个状态下，大多数犯罪嫌疑人只能按照侦查人员的要求去做。原因在于，侦查人员在审讯的一开始就确定了审讯的走向，即“你犯罪了，老实交代问题”！那么，在“导演”和“演员”之间，从一开始就丧失了会话沟通的基础。

三、会话沟通式问话语言应用

诚然，在审讯中引入会话沟通式语言不可能完全背离资源现状和利益机制的约束，但会话沟通式问话语言的应用不需要侦查机关增加任何的硬件投入和软件支持，它只寻求一种合理的交际模式和侦查人员一方作为会话沟通的发动者进行内心调整，把以往凭借强势的权力推进审讯转变为一种基于双方关系基本平等的对话形式。对于具有丰富互动资源和强势权力的侦查人员来说，这实际上就是一个角色选择和定位问题，如果侦查人员减弱甚至放弃权威话语角色，而选择一种平等地位关系角色，则更有利于犯罪嫌疑人的自愿供述，而自愿供述正是现代刑事诉讼所期待的。当然，我们完全可以预想到会话沟通式问话语言推进中存在的种种困难，这也是审讯中长期存在的深层次的弊病。

（一）树立应用会话沟通式问话语言主导审讯的理念

应用会话沟通式问话语言进行审讯对于侦查人员来说，理念的转变至关重要，毫无疑问，这也是最困难的。

1. 强化犯罪嫌疑人在审讯中的主体地位。法律所规定的权利与其说是在立法中体现出来的，倒不如说是通过法律的应用体现出来的。[①] 因此，应用会话沟通式问话语言，侦查人员应当将“权力外衣”脱掉，并在每一次的审讯中对犯罪嫌疑人的权利进行尊重和保护，这是应用会话沟通式问话语言进行审讯的决定要素。

2. 奉行理性的审讯理念。传统的审讯并不排斥双方的沟通，只不过这种沟通主要以线性沟通模式为主，沟通被描述为信息传送者对信息接收者所做的事，而交流沟通少。侦查人员凭借自身的机构权力优势，运用包括非法手段在内的各种方法迫使犯罪嫌疑人作出供述。这种不理性的行为，造成了现实的两难窘境，即一方面难以保障犯罪嫌疑人的基本权利，另一方面难以使犯罪嫌疑人做出自愿、真实的供述。构建会话沟通式问话语言模式，就是让审讯走上理性的道路。那么，什么是审讯应当秉持的理性呢？近年来，刑事诉讼法学界热议的“协商性司法”“恢复性司法”等话题，其核心都是通过主体的参与，主体间的沟通与商谈，实现纠纷解决的目的。[②] 既

---

① 廖美珍：《问答——法庭言语互动研究》，中国社会科学院2002年博士论文。
② 唐力：《论协商性司法的理论基础》，载《现代法学》2008年第6期。

然确立了犯罪嫌疑人在审讯中的主体地位，那么主体之间的沟通便有了可能和必要。审讯中要遵守以理服人的原则，摆事实、讲道理，唯“理”是从，以达成共识。[①] 因此，审讯的改革不仅体现为体制和机制的变革，更重要的是探寻如何让审讯走向理性之路。

3. 会话沟通式问话语言为审讯策略服务。语言本身就是策略的体现，它服务于策略。会话沟通讲究真诚、平和，是利导式审讯策略的核心。审讯中的会话交流不同于日常会话，为实现会话沟通式问话语言审讯的有效性，应对语言技巧与策略进行调整。关键在于，侦查人员在审讯中运用语言策略应当满足沟通交流的需求。因此，语言的运用不能干扰到犯罪嫌疑人供述的自愿性，不能阻碍犯罪嫌疑人通过作为符号的语言来表达自身权利，这也应当成为评判“威胁、引诱、欺骗”语言的重要标准之一。

（二）会话沟通式问话语言的实现

1. 促进会话沟通中的“合作”

根据语言学研究达成的共识，人类在会话的过程中需要遵守一定的原则。问答是会话的典型形式，我们研究审讯中的问话语言不可能回避相关的会话规则。美国语言哲学家格莱斯（Grice）1967 年在哈佛大学做讲座时提出了“会话合作原则”，并在 1975 年出版的著作《会话和逻辑》中发表。这是至今影响力最为深刻的会话语用原则。格莱斯认为，人们在进行会话交际的过程中总是寻求相互配合，为了能够达到相互理解的目的，人们都遵守着某些合作的原则。按照格莱斯的观点，会话双方受到合作原则的支配，人们在日常的会话中合作原则确实是普遍存在的。但是，在审讯中，侦查人员与

---

① 陈弘毅：《法治、启蒙与现代法的精神》，中国政法大学出版社 1998 年版，第 14 页。

犯罪嫌疑人的言语交际往往违反了“合作原则”。例如，犯罪嫌疑人的谎言、沉默、语言对抗、合作程度的不足和超量等都是对“合作原则”的违反。在大多数情况下，审讯双方的目的是冲突的，因此，侦查人员与犯罪嫌疑人的会话整体上表现出不合作的特征。但是，审讯的过程往往是由“不合作”向“合作”转变的过程。同时，从纯交际话语层面分析合作，我们认为只要一方对启动话语的一方作出了（口头）反应，就应该视为合作，这是一种最起码的合作。在此基础上，寻求会话合作向“质”“量”“相关”“方式”等方面深入。我们选取了一个伤害案件，该案在第一次审讯失败后，更换了侦查人员，改变了审讯策略，进行了第二次审讯。笔录摘要如下：

问：你叫什么名字？

答：（沉默）。

问：今年多大了？

答：34岁。

问：和我同年的嘛。有孩子了吧。男孩？女孩？

答：男孩。

问：想孩子了吧。孩子肯定也想妈妈了。

答：（眼圈发红）我的事咋办啊？

问：昨天我们的同事问你，就是要抓紧处理你的事，可是你不配合。

答：我冤枉啊！你们看。（解开衣扣，露出胳膊上的划伤）

问：情况我们了解了，事情的起因不是偶然的，责任也不在你一方。既然我们管了这事就会秉公处理的，你要放心，要信任我们。

答：（哭泣）是王某先挑事的，我才划的她。

问：你不要哭，好好地谈，只有谈出来，事情才有可能弄清楚。

答：（稳定情绪，陈述）。

在审讯的最后，侦查人员告诉她，之所以拘留她，是因为她的行为触犯了法律，涉嫌故意伤害，这是有法律依据的，钱某彻底转变了态度。

同一个案件同一名嫌疑人，不同的侦查人员运用不同的语言策略，效果截然不同。在第二次审讯中，侦查人员加强了与嫌疑人的会话和沟通，抓住了“同龄人”“孩子”“抓紧处理”“事情的起因”“责任”等几个要素，运用会话沟通式问话语言的模式进行了审讯，缓和了矛盾，消除了对立，建立了会话沟通的渠道，使嫌疑人由“不合作”转为“合作”。

2. 适当引入赞誉

赞誉的基本含义就是在会话沟通中尽量多赞赏或肯定对方，而少去贬损或否定对方。任何人都有自身的优点和缺点，犯罪嫌疑人同样存在自己的闪光点。侦查人员可以运用“闪光点”激发其荣誉感和尊严感；可以对其表现予以肯定和赞扬来激发其对未来的希望和对前途的展望；可以对其爱好、兴趣表示关注，并表示“我也有兴趣”使其感到认同感。通过正面的鼓励，表明社会并没有对其完全否定，通过这种途径激发的积极情感体验往往是犯罪嫌疑人供述动机形成的诱因。①

例如，问：你有话为什么不能好好说？

答：我没有什么好说的！脑袋掉了也不过碗大的疤。

问：你怎么会有这么大的火？

答：别人要是想着法子整你，你会不来火？

问：在这项工程上，你起早贪黑，整个人都扑在工地上，为了节约用钱，你跑市场压价格为国家节省了大量的资金，这是你的贡献，也是我们今天找你谈的一个方面，你火什么？在我们的办案人员中有没有因

① 毕惜茜：《审讯原理与技巧》，中国人民公安大学出版社2013年版，第276页。

为个人关系跟你过不去的？还是有谁得罪过你？你莫名其妙地发火到底是怎么回事？

答：有人想利用我管理的工程整我，借你们的手把我送进大牢，要置我于死地。

问：你有功劳、有成绩，别人为什么非要整你呢？

答：（不语）。

问：如果你没有其他的"错"，别人也整不了你，正因为你有其他的"错"，别人才跟你过不去，才举报你。如果你能够正确对待这个事情，认识问题改正错误，争取从宽处理，那么别人不是也整不倒你吗？相反，你采取消极的对抗，不愿意承认"错误"，那么司法机关就会从重处理，这就正好迎合了那些想整你的人的心愿，你这不是在干蠢事吗？

答：（点头不语）。

问：你是聪明人，工作能力强，有事业心，引起别人的忌妒是难免的，但是你没有把事情办得完美，你的工程账目混乱，你自己也用了不少钱，这样就给别人提供了口实。我想这也不是什么大不了的事情，关键在于你如何处理、如何认识，你能够认识错误，以后吸取教训，就不会再犯类似错误。你说对不对？

答：（点头不语）。

问：我们没有一个人有想整你的意思，能够拉你一把，就不会推你一把。只希望你能够认识问题，改正错误，你刚才不是说脑袋掉了也不过碗大的疤吗？死都不怕还怕承认错误吗？况且你的那些事情都是明摆着的，你说不说它都存在，我想关于账目的问题还是由你自己来说为好。

答：好，我自己用的钱我退出来……

此案中，犯罪嫌疑人在开始阶段抵触情绪强烈，对外界的否定信息是排斥的。侦查人员在问话中肯定了犯罪嫌疑人的工作能力和取得的成绩，同时指出其工作成绩中也伴随着“错误”。这样一种语用行为给了犯罪嫌疑人一个合情合理的台阶，不但化解了犯罪嫌疑人抵触、对抗的心理状态，还促使犯罪嫌疑人开始坦白。

3. 注意运用同情

审讯中遵守“同情准则”的目的是寻求双方在情感上的共鸣，从亲情、良知入手对犯罪嫌疑人进行情感感化，满足其正向的情感需求。在审讯中，侦查人员注意捕捉嫌疑人的情感薄弱点，如家里有困难、本人身体不好、犯罪“事出有因”等，审讯中对犯罪嫌疑人的困难和境遇表示同情，从犯罪嫌疑人的角度出发，寻找到双方的情感沟通基础，与犯罪嫌疑人建立起情感的共鸣，使双方的沟通从“同情”向“达理”转化。例如，刘某（男，46 岁，曾因抢劫被判刑四次）涉嫌故意杀人。据劳改机关管教反映，刘某“平日沉默寡言、心理素质好、有很强的反侦查能力”，审讯中刘某摆出一副无辜的架势，口口声声说“我没罪，凭什么抓我”，并反问侦查人员“去年某日你吃的什么饭，你记得清楚吗”？拒绝在拘留证上签字。面对这种情况，侦查人员连续几天没有提审刘某，并让监所安排给他理发等。五天后侦查人员提讯刘某。在刘某面前，侦查人员始终没有透露半点案情和线索，而是对刘某开展心理攻势。在审讯中，每每谈到他的父母和妻子时，刘某的脸上总会有一丝难以言状的情绪掠过，但很快就被他掩饰过去。侦查人员及时察觉到他的情感变化，分析刘某对父母和妻子有愧疚。侦查人员对刘某说道：“你是一个男人，你有父母、有妻子，你父母养育你不容易，自从你呱呱坠地，到你长大成人，你的父母付出的太多了，你父母的付出无非是让你成人后生活得幸福，希望你能过上好日子，到他们老了以后，得到你的照顾，你现在这种情况怎么尽孝！你拍拍胸脯想一想吧！你以前是受过公安机关处理的人，你的妻子罗某深深地爱着你，对你的过去从不计较，一个女子从外地来到北京，现在无依无靠，只有你是她在北京唯一的亲人，你的亲人盼着你早日回到家中，希望你能过一个普通人的生活。你再想想，被害人也有父母，也有子女，他们也盼着亲人早日回家，失去亲人的感觉如何你自己应该清楚。”刘某潸然泪下。此例中，侦查人员在会话过程中引入了同情准则，从人之基本情感出发，唤起犯罪嫌疑人的亲情感受，通过这个切入点唤起双方情感上的共鸣，为侦查人员与犯罪嫌疑人的进一步沟通奠定了坚实的基础，取得了良好的效果。

在审讯中增加如下“会话因素”，可以使审讯更像是会话：（1）使用会话的非正式口语语体，而不是惯例化的司法法律语体。（2）多使用私人评价语（如慰问、关心等）。（3）采用多语调而不是单一语调进行问话。（4）经常使用反馈话语标记（如“嗯”“啊”“对”）。在日常会话中，听话者使用反馈标记说明他在认真听讲话人讲话。在不打断讲话者的情况下，示意继续会话。这种反馈是礼貌的、合作的。这告诉犯罪嫌疑人这是一场会话而不是一场审问。

根据会话参与者权力关系的平等程度，我们可以区分为警察审讯、询问和会话三种交际模式。三者所蕴含的权力关系强度由强到弱。警察审讯是机构性质最强、参与者权力关系最不平衡、问者权力最大而答者权力最小的问话方式，是权威性地、指控式地获取犯罪嫌疑人口供的过程。一般性访谈或是询问则是一种寻求事实的过程，它是发现答话者所知、所为、所想的中性努力。审讯和询问虽然都是问，但是审讯即审问，传达的是问话人和答话人之间的不平等关系，而询问则没有这些意义，传达的是问话人和答话人之间的平等关系。无论是审讯还是访谈询问都不同于会话，会话更为开放和自由。在会话中，参与双方权力关系基本上是平等的。会话最能导致答话者自愿、任意地自我供述，而自愿供述正是警察审讯所期待的。如果犯罪嫌疑人自己供述了罪行，这个审讯就是成功的。如果审讯者一定要把犯罪嫌疑人逼到墙角，完成这个任务的难度就会大大增加，而且会引来种种批评。审讯越类似于询问，其受到的批评质疑就会越少。

例如，问：听说你在校读书时就是高才生？

答：对，还一直是班干部，如果不是下乡，我早就大学毕业了。

问：回城就当了干部？

答：不，刚回城安排当工人，但不到一年就转干了。

此案中，犯罪嫌疑人在审讯开始时态度蛮横，拒不合作，与警察针锋相对。但是，警察没有硬碰硬，而是采用了积极礼貌策略，关注犯罪嫌疑人的兴趣，谈及犯罪嫌疑人从知识青年到干部的身份转变，照顾了犯罪嫌疑人的心理，从而产生了积极效果。犯罪嫌疑人开始讲述自己的辉煌历史，使得对立气氛得以缓解。但是，当问到问题要害时，犯罪嫌疑人产生了动摇，侥幸心理开始作怪。犯罪嫌疑人低头犹豫不决，警察利用犯罪嫌疑人虚荣心强、吃软不吃硬的个性特点，有意赞扬犯罪嫌疑人，对其表示了尊敬之意。犯罪嫌疑人最终供述了犯罪事实。例如，答：你说实话，你对我这个人有什么看法？问：据我的观察，你聪明好学，多才多艺，珍视感情，注重名誉，讲义气。但也有缺点，有骄傲情绪和个人英雄主义。这件事的发生就事出有因。答：在这个时候，能得到你这样的理解和评价，虽死无憾。

由此可见，在警察审讯中，审讯者有时需要暂时假装放弃自己的权威地位，减弱与犯罪嫌疑人之间的权力不对称关系，采用礼貌策略，尊重犯罪嫌疑人，鼓励犯罪嫌疑人给出更多的阐述和信息，这样可能会获得更好的审讯效果，更高效地实现审讯目的。

专题八　审讯语言应用分析

一、实例分析

笔者以同一起案件的同一名嫌疑人先后接受两名侦查人员审讯的录音录像整理的笔录（语料）为样本（审讯 1，审讯 2），从提问句式、审查语言技巧、突破方式等方面进行分析。

案件基本情况：犯罪嫌疑人邓某，男，1966 年出生，为某市中级人民法院审判员执行二庭副庭长，涉嫌受贿接受检察机关审查。

（一）审讯 1

问：你从什么时候开始正式从事执行局工作？

答：2000 年至 2001 年，具体时间记不清了。

问：又是在什么时候提的助审担任审判员呢？

答：我调过来时就已经是审判员了。

问：是 2000 年开始的吗？

答：对。

问：你现在副庭长的职务是什么时间正式任命的？

答：2002 年 5 月正式任命的。2001 年任命但没批，但在那儿工作，当时庭里搞主审法官，庭里有四个主审法官，我是其中之一，后来任命副庭长不知是因时间不够还是因为什么，也任命了但一直没批下来。

问：你担任执行局法官的主要职责是什么？

答：按照各种判决、裁定、调解书中生效的内容和各种法律文书去执行。

问：你在担任某市中级人民法院执行局法官期间有无犯罪行为？

答：应该没有，没有。

问：有还是没有？

答：应该没有。

问：那好！我问你几个问题，你要如实回答。某省高级人民法院2002民（1）中字62号判决书是你执行的吗？

答：我执行的判决书多了，你给我说得具体点。

问：下面给你看一下这个判决书。(递给邓某判决书)

答：(看了约两分钟）这个判决是我执行的。

问：你执行的依据是什么？

答：依据发生法律效力的判决书。

问：也就是依据判决书中提到的生效的判决内容？

答：对。

问：那好，你把这个判决的执行情况具体说一遍。

答：这个判决好像是2002年9月的事儿，有一天上班，我们孙庭长把我叫到他办公室，给我拿了一份判决和一份材料告诉我说这个案子让“我”去办。然后我接过这案子，就按程序去办了。当时庭长就说这案子是有上级领导过问的，要认真办。因为一般的案子有庭长过问的话，都比较重视。就这意思，你们知道领导有些不好跟别人说的话。我看了看材料，因为当时我跟葛某一个班。这个判决有两次判决，一次是发回重审，然后又判了一次，维持原判了，我们主要以最后一个判决为主。因为时间长了，我好像记得是北京的一个化工公司和鹏程公司房地产的一个事。我把案子拿回去看了看，因为是领导交办的，当时北京的化工公司还来人了，他们申请执行，过程就是这么一个过程。然后领导说，你抓点紧、注点意，尽量保证满足执行人的要求。

问：你怎么执行的？

答：化工公司和鹏程公司因为楼的事。第一个过程要重新测绘，因为楼还没盖完他们就发生争执，判决要求现有东西就给他交接，在确权后直接交接，因为当时的房子是鹏程的。

问：邓某，我打断你一下，问个问题，你说孙庭长说这个（判决）是高院领导关注的，高院领导有书面批示吗？

答：这个东西现在谁也不会有批示。

问：有还是没有？

答：你要这么说就不合适了，因为任何领导都不会有这方面答复的。孙庭长跟我说的，我是副庭长，要服从庭长，这个东西怎么给批示呀？领导给你个案子，你就按照他的要求去做，有的东西不可能有文字。

问：你是说没有，是吧？

答：对，但他是这样说的。

问：行，够了。我再问你，你是严格按照判决书中的内容去执行的吗？

答：我是按照判决书的内容去执行的，后来领导对这个执行有过指示。

问：谁？

答：孙庭长。因为他是庭长。

问：什么指示？

答：他曾经要求我们对这个判决做些变更的方式，然后我们就去做了。

问：什么变更方式？

答：确完权以后要进行重新测绘，因为当时那个楼投的钱和实际是有差距的，需要找法院委托的一家测绘公司，测绘完成后鹏程公司这个楼应该给化工公司，化工公司应该给鹏程公司 120 多万元，具体多少我忘了。化工公司不愿意交这个钱，不愿意给对方，他们就找孙庭长。具体来找我的是一个来自北京的，叫庄某风什么的，庄某风去找的孙庭长，他跟我说不愿意交这个钱。有一次孙庭长就问我怎么办，我说测绘已经出来了，按照规定应该出裁定，判决定的是以实际测绘为准。确完权后，产权归化工公司，化工公司应该付126万元。当时就做了这么一个裁定，裁定是我写的，但这个事情是孙庭长跟我说的，也是按照孙庭长的意思办的。庄某风是领导引荐给我的，因为他先找的领导，然后才找的我。确权后，我们做了第一个裁定，确权归化工公司，然后化工公司给126万元。这个裁定书我们那儿应该有，你们也应该看见过。

问：化工公司给谁126万元？

答：给鹏程公司。

问：为什么要给？

答：因为按照原来的投资数额还不够，这个楼盖完后实际花的钱比原来给的钱多，你如果要楼要给别人钱。这是测绘出来的，有测绘单位的证明，这个你不应该问我。

问：实际上化工公司有没有给鹏程公司126万元？

答：嗯，实际上这时候的事，应该一步一步说。第一步确权时就应该给人家，但没给。

问：为什么没给？

答：化工公司没给，我不清楚为什么。它不愿意给。

问：接着说。

答：确完权后应该执行了，姓庄的就去找领导了，确定楼是他的了，他不愿意出钱。

问：先把执行的过程说清楚。

答：先要确完权，然后将裁定书给双方，才能生效，判决并没有确定应该给多少钱这楼归谁。

问：第一份裁定书是不是已经确权了？

答：确了。

问：最终的执行是不是按照第一份裁定书执行的？

答：对啊。在执行过程中，

化工公司姓庄的去找领导了，不愿给钱，孙庭长就把我叫过去，说化工公司不愿给钱，就问我怎么办合适，处理一下。

问：处理一下什么意思？

答：就是怎么能解决这个问题。

问：孙庭长让你处理一下，是让你依法处理还是违法处理？

答：他说的这意思大家都明白。

问：是依法处理还是违法处理？

答：他说的是按照正常处理。那意思大家都明白，不言而喻，如果他不找我说，这126万元按照执行早就该给了，但是领导找我的话，大家都不言而喻，谁都明白怎么回事。

问：正常处理是依法处理还是违法处理？

答：在两者之间也叫正常处理，只要不违法都叫正常处理，只能这么理解，你不能要强调。我只是个执行者，是按照庭长的指示去做，我是副的，我只能协助他工作。他说你再把卷看一看，我就看了，按照规定我是不能看卷的，按照裁定执行就完了。卷中有合同规定，必须在两年之内交付完成。

问：有吗？

答：有，好像是合同第5条。

问：判决书中有吗？

答：判决书中没有。

问：那我们执行的依据是判决书还是合同？

答：应该说执行的是判决书。但是领导说了让你给处理一下，那么怎么处理呢？虽然拿不到桌面上来，但我明白，化工公司不想出这个钱。

问：所以你给他找茬儿，是这个意思吗？

答：意思是这样，但是你找茬儿，需要能拿到桌面上的东西。

问：找茬儿就是找一个理由？

答：对，就是找一个能拿到桌面上的理由。我就将卷调出来看了一下，合同中有约定，两年内必须完成交付，已经过了两年了，我就和孙庭长说，合同中约定这个楼现在应该完建，可是现在是在建。化工公司那位姓庄的说："要是将楼盖完了，对方还要花钱，就不应该我花了。请人做完评估后，将楼盖完还要花660多万元。"我提出合同中规定楼必须是完建工程，你看可不可以形成完建工程。

问：我打断你一下，你作为一个执行法官，你依据的是法院生效的执行判决还是什么？

答：应该是生效的执行判决，但领导有话，我就按照领导的意图办，将它（执行）做得完善。

问：你怎么做的？

答：在建和完建有很多区别，我就写了一个完建，经过庭长同意，我就发了一个裁定，裁定都是按照程序走的。

问：什么程序？

答：承办人写吧。

问：这个裁定有没有经过审判委员会讨论？

答：裁定不需要经过审判委员会讨论，有主管人签字就可以了，盖章不需要我盖。至于需不需要审判委员会讨论，这是有规定的。

问：裁定的内容是什么？

答：一是将在建工程改为完建工程，二是建成完建工程还需要逾600万元，一折抵，化工公司这100多万元就不用给了，鹏程公司再给化工公司500多万元这事儿就完了。就这么一个裁定，你们卷里面应该都有。

问：我给你出示一下相关的几个裁定。某省某市中级人民法院2002第40-1号，第40-2号，第40-3号，第40-4号，第40-5号民事裁定，你看这些是不是你作出的裁定？

答：（接过裁定书，看了约半分钟）这些裁定书应该是我做的。

问：你说孙庭长让你这么做的，有书面材料吗？

答：书面的没有，但是当时在他办公室有人在场。

问：你们的工作程序是什么？是不是应该有书面的请示和书面的批示？

答：孙庭长跟我说，就不需要批示了。

问：他是以庭长身份跟你说还是以个人身份跟你说？以庭长身份应该怎么说？

答：他就是庭长，就是以职务身份跟我说。他只要在单位跟我说你去做一个裁定，然后按正常程序给我批了盖章了，这就对了。

问：他只是跟你说的，没有书面材料，对吧？

答：嗯。起码他知道。

问：当时你说有人在场，都有谁在场？

答：姓庄的在场，姓庄的跟孙庭长熟，而不是和我熟，每次谈话他都在场，他先找的领导，再找的我。

问：还有别人吗？

答：后几次有别人，还有别的公司的人，在孙庭长的办公室。第三次有姓庄的和大连的一个人。

问：都是你们单位之外的人吗？

答：对。

问：你们对此案的执行为什么先后下达了五份民事裁定书？

答：先说明，裁定书我个人是发不了的，是应该按照一定程序发出的。

问：你将发裁定书的程序说一下。

答：比如说我受领导指派，我可以写，写完后我在负责的程序上签字。上一级发都有一套程序，比如从办公室，由领导签文，最后谁核发谁负责，这不是我能核发得了的。我能做的只是将它写完，然后送给领导。

问：具体承办人是不是你？

答：是我，但我写不起法律效率，这盖章不是我能做的。

问：这五份裁定书是否都

是依据你的法定程序作出的？

答：有些地方是不对。第一份、第五份应该是正确的，但第二份、第三份、第四份因为是领导过问的，有些不对的地方。因为裁定书我不能随便改，我否定的裁定书我自己是改不了的，我不能一个人否定一个，因为否定一个是要经过开会研究的。但是领导让你这么做了。

问：哪个领导？

答：孙庭长。

问：有书面材料吗？

答：我先说明一下，他要改这个，如果没有审委会的核签，也发不出去啊。至于说怎么发出去的，我就不知道了。我是一个执行者，我写的能不能用是另一回事。

问：你的意思是第二份、第三份、第四份是领导过问的是吗？

答：对。但我认为第一份、第五份是按照程序走的。

问：你是否有权力超越民事判决书确定的内容和范围作出裁定？

答：我没有这个权力，如果我这么做了，领导就直接给否定了。

问：第二份、第三份、第四份裁定的内容是你拟定的吧？

答：对，我是受领导安排拟定的，是我拟定的没错。

问：你作为一个法官，长期从事工作，你知道你拟定的东西会给被执行人造成损失吗？

答：客观上鹏程公司受了一点损失，但并没有让所有裁定都受损失，实际上让鹏程公司感觉到不公了，这个我承认。但并没有造成具体的给付损失，因为最后鹏程公司也没给钱。

问：你第一份裁定中规定的 126 万元，鹏程公司收到了吗？

答：没收到。

问：根据你的这几份裁定，鹏程公司还有权利收吗？

答：从法律上讲，没有权利收。但先声明，裁定我可发不了。

问：你为什么这么做？

答：第一，这是领导交办的案件，不是按照正常程序由内勤交给我的。第二，领导交办的，不要让领导有为难的地方，我这也是向领导请示的事儿，因为我只是副庭长，实际上人家都是找的庭长，然后庭长找的我，并不是有些事直接跟我说，比如说青岛那个代理人，我也不知道啊，后来他还给过我钱。

问：你的意思我听明白了。一些人通过私人关系找到庭长，然后庭长找到你，实际上是违背了民事判决来作出一些裁定。你这么做从中得到什么好处了？

答：我没得到什么好处。他们给过我（钱），但是我们单位曾经问过我这事，我就把这个情况给说了。

问：你把他们给你钱的经过说一下。

答：那姓庄的，实际上不是化工公司的，而是一个房地产公司的，这后来我才知道。2002年11月左右，我们吃第二次还是第三次饭的时候，具体时间想不起来了。他到我办公室，走的时候扔了一个信封，里面有3万块钱（人民币），当时我不知道这里面是什么，他并没有说，当他走后我看了才知道。事后我打电话跟他说："怎么回事啊？"他说："你就拿着吧，挺辛苦的。"这事因为是领导交办的，所以我觉得不合适，我要是把钱都退回去，交纪检，肯定让领导吃不了兜着走。我就到我们单位委托评估的部门去，委托评估的主任和我说这事儿是他们委托处理的，你得把钱交给他们，后来我就把钱交给委托评估的部门了。给的是一个叫什么卫某的，他给我开收据了，到我们单位能查到，我把3万块钱交给他了。我说这是他们给的委托费，就这么给了。

问：现在咱们继续谈，你认识常某芳吗？

答：是我同学的妈妈。

问：你和常某芳有经济往来吗？

答：我喝点水吧。（侦查人员给邓某倒水）

问：你先喝，喝完以后咱们谈。

答：（喝水）。

问：我先跟你说一下，咱们这是讯问室，讯问室有规定，你要想休息等讯问完了再休息。继续谈咱们的问题，你和常某芳有经济往来吗？

答：我要是说这个事儿，有什么说法吗？

问：你先回答我的问题，把情况先说一下。

答：你要这么说的话，我一个人也说不清。我想问一下，我要说这个事儿的话，是不是有什么说法啊？因为既然咱们提到这个事儿了。

问：一开始都跟你说了，我们是以受贿罪对你立案侦查，我们掌握了你大量涉嫌受贿的证据材料，说还是不说你自己好好想想，因为可以认定你的行为、你的事儿构成受贿。

答：我要说了能从轻吗？

问：你要说了我们肯定会体现政策的。因为宽严相济是党和国家的一项重要司法政策，在这个政策当中明确提到对严重的犯罪分子的从宽情节和对轻微犯罪分子的从严情节都要体现，对犯罪分子的实际处理和诉讼程序当中也要体现。

答：你说这宽能宽到什么程度？

问：宽到什么程度？把你的问题实事求是地说清楚，不该拿的钱退回来，对你的问题做一个深刻的认识，在将来对你的处理上肯定要依据相关的法律对你从宽处理。

答：你说的这个从宽还是没一个界限，我觉得这有点虚啊。我其实还有些事儿呢，但是我要说了你能宽到什么程度呢？

问：你要说的都是你应该说的，将来检察机关和法院都要对你从轻处理。

答：我说完这事儿能取保吗?

问：取保是根据你的犯罪事实、情节以及退赃情况来综合考虑的。

答：我要是退赃了呢?

问：你要说了这是你的一个从轻处理的情节。

答：我要说了，把钱退了，其实有些事儿并不一定是受贿，但有些事儿是不应该的，这我承认。你刚才说了受贿罪的定义，我觉得自己并不是受贿，其实我也没什么要说的，但是我要是说了的话，我觉得要给我心里一个谱，毕竟是第一次讯问嘛。在执法过程中什么该做什么不该做，该做的事情我们心里跟明镜似的，不该做的我们心里也跟明镜似的，所以我想知道能不能给我取保候审?

问：取保候审是一项严格的法律制度，取保候审的申请、批准、执行有一套程序，我们无法当场给你答复能与不能，如果你有取保候审的申请我们可以向领导反映。你以前也是搞法的，相关的法律知识你也清楚，司法机关办案，重证据不轻信口供，如果没有口供，证据确实充分一样可以定案，对吧?就你说的取保问题，有相关的法律规定，你提的这个申请，我们会向检察长做汇报，检察长会在七日之内给予答复的，听清了吗?

答：听清了。

问：那你把和常某芳的经济往来情况说一下。

答：常某芳是我的一个同学的母亲，她在市南区有一个官司找我，法院判决她获胜了，而且也确认那个房子是她的了。我和她女儿是同学，有一天她找我问能不能帮她解决一个问题。我说，您说，有什么问题我能帮您?她就说，在市南区打官司赢了，确认她的那个房产了，但是她不想要房子，她就想卖掉，我觉得是啊，因为她那房子也不住，她有房子，也有点钱，但她想卖掉可是卖不了，因为法院的执行过程比较长，她就说能不能跟那个谁说说，把这个事儿快办一下。我说，你打算怎么着？她说就想把这个房子给卖了。我明白她的意思，因为对方也老找，虽然赢了，但对方老申诉，她就想赶紧把房产证办下来。她和我说完这个情况，我就说我去给你问问吧，我就去市南区的执行局找了周局长，名字我想不起来了。我就将这个情况和他（周局长）说了，执行时排着个儿地走，有快有慢，周局长就把这个事儿给办了。首先，光有判决书她到房产局办不了产权证，她就要求能不能下一个裁定和一个协助执行通知，到房产局就能办这个事儿。我说我能帮你催催，因为都是干这行的，同行都能帮着做，我就到了市南区执行局，执行局说行，就帮着快点，没过几天就给办了。办完以后人家（常某芳）就去办房产证，因为她（常某芳）那是两套房子，好像一个是公寓另一个是写字楼，周局长给办完以后我就把东西拿回来给了她（常某芳）。常某芳就跟我说，能不能找人帮我卖了，我说多少钱啊，我没弄过这事儿，她说公寓5000元（每平方米）卖了就行，写字楼7000元（每平方米）卖了就行，只要卖了就行了。我说我给你问问吧，因为咱们干这个接触的人也多。

问：我打断你一下，她说把这个公寓和写字楼卖了，产权证办下来了吗？

答：还没呢。她拿了裁定和协助执行通知办产权证，她在办产权证的过程中就问我能不能把房子给卖了，因为她要这个也没有用，位置也挺贵，公寓，还有一小楼，也住不上。我说行，帮你联系吧。我就和我那个书记员葛某说，我一同学她妈要卖房子，给找找主儿，这就是正常的人事关系，后来葛某还真找到人了，一个姓顾的，后来我也见到这人了，公寓好像是卖了5700元/平方米，写字楼好像是卖了7000元/平方米，她（常某芳）也同意卖了。我同学她妈说卖5000元就行，这样呢我和葛某一商量，还有利，我帮你卖了不还能挣点钱嘛，就这么着答应下来了，后来这房子不是卖了嘛。

问：哪个房子卖了？

答：两个房子都卖了。一个是卖了5700元/平方米，一个是卖了7000元/平方米。

问：一共卖了多少钱？

答：好像一个是160万元，另一个我忘了，现在记不清了，我同学她妈肯定知道，这是2002年11月的事儿，具体时间我记不清了，大约就是那个时间。卖了以后，我和葛某就把那个差价分了，我给葛某大概二十几万元吧，因为她妈说你把这个房子卖了就行，卖的钱给她就行了。那写字楼比较好，卖的钱更多。

问：写字楼卖了多少钱啊？

答：具体多少我忘了，反正写字楼一平方米能挣2000元，公寓是一平方米挣700元，写字楼属于商品用房，本来比公寓卖得就多。卖了后，我们俩拿的差价，我给了葛某24万元，有这事儿。但是我觉得这事儿也不是受贿，她（常某芳）就要5000元/平方米，就给她卖了。

问：邓某啊，你觉得你说的是实话吗？

答：是实话啊。

问：嗯，咱们中国有句老话，要想人不知，除非己莫为啊！

答：嗯，你说，有什么地方己莫为了？

问：这房子、这产权证是谁，我们都已经调查了，与你说的并不相符。

答：你说哪儿不相符？

问：这个产权证应该是常某芳的。

答：对。

问：你怎么卖的？

答：产权证是常某芳，常某芳卖给别人啊。

问：办理过户了吗？（打断邓某，紧接着问）

答：嗯（犹豫一下），办理过户了。你要不办理过户人家也不给你钱啊。

问：我们查的事实是没有办理过户，这个房子依然是常某芳的。

答：你拿这个我看看？她要没卖人家怎么能给钱呢？你把她没卖那证据给我看看！

问：这证据到时候会给你出示的。

答：没有吧？咱这么说啊，给钱那个人是把钱打到我妈的账号里的，他怎么没给钱呢，已经打到我妈账户里了。

问：我再问你啊，常某芳委托你卖房，有相关的委托书吗？

答：你可以问她啊，先说明第一条，那钱要转到我妈的账号里，她要不让转我妈的账号里那钱怎么能拿啊？买卖双方得有协议啊，对不对？买卖双方要不写人家，人家也不会买啊，你得有房产证啊。

问：办理相关的过户手续是不是你跟着去的？

答：我帮着她办的，但具体的签字还是得她签啊，没有她的签字和本人身份证是过不了户的。她肯定过户了，不过户那钱人家肯定不会给的啊。她走的是我母亲的账户，那还有错啊。书记员葛某介绍的那姓葛的是把钱打到我妈的账号里，当时还怕他不给钱嘛，那还有错啊。

问：也就是说卖公寓和写字楼是先把钱打到你的账户上？

答：打到我妈的账户上了。

问：你妈的账户是多少？

答：两个楼都卖了，卖的差价我和葛某分了，这没错，但是你要说这是受贿，怎么个受贿法？

问：我现在还没跟你说这是受贿，你先把事实说清楚。

答：我说得挺清楚了，你

还要问我什么?

问：卖公寓的差价是多少钱?

答：公寓是160多平方米，一平方米差价是700元，你算算是多少钱，那是分的。

问：这两套房子一共差价是多少钱?

答：这个差价具体数额可以算。

问：具体多少钱?（打断邓某）

答：大概有好几十万元吧，具体数额我想不起来了，因为我给了葛某24万元，我出钱我肯定记得清楚。

问：也就是说这两套房子的房款，都是打到你母亲的账户上?

答：第一个打到我母亲的账号上，第二个没打到我母亲的账号上。

问：第二个是怎么交易的?

答：那我就不太清楚了，反正是我挣了钱了。交易是我们帮着给联系的，当时还要算账，还要交税，算一算值不值，别交完税我就不挣钱了。我得算这个税钱，因为她妈（常某芳）当时卖这个房子时是一分钱不交，她说你帮着我做去，钱呢回来我给你补，而且有些钱是我们先垫的，比如说第一个税钱，都是葛某掏钱先垫的，常某芳一分钱没交。

问：什么税钱?

答：就是去办房产证时交的，因为原来那房子是集体的房子。

问：交了多少税?

答：当时常某芳是一分钱没有，最后好像交了20余万元的税钱。

问：两套房子一共（交了20余万元税）还是一套房子?

答：应该是两套房子一共。刚开始交了是120余万元，后来我们去找他们，慢慢地减少，但钱肯定是我们自己掏的，葛某拿自己的钱垫的，然后那谁才给的钱。我们挣的差价那钱没给姓常的……

问：（打断邓某）一共交了20多万元税是吧？

答：对。

问：那你们一共从常某芳那儿要了多少税钱？

答：当时房地产交易中心一共要127万元，然后我们跟常某芳说，她说我没这么多钱，你们先垫，我们说垫行，因为我们挣了那个差价，就说拿差价垫那个（税）钱是不是合适，后来算来算去不合算，光第一套房子就不合算。就问常某芳能交多少钱，她说能交10万块钱左右就不少了，她说然后你再拿房卖。因为我们想赚那个差价，就得想办法，常某芳就能交50万元还是49万元，说你们想办法去吧。

问：她那49万元税钱交给你了吗？

答：她就一开始给过我9万块钱，当时以为交不了多少钱，因为我要补那个房钱，一算还挣不着什么钱，就和常某芳说要她交这个钱，常说太多了，只能交50万元。后来常某芳说你们去努力吧，看怎么能把税钱降低一点。然后她给了我9万块钱，我确实拿过那9万块钱，这没错。

问：9万块钱是现金还是卡？

答：现金。

问：从哪儿拿的啊？

答：（我同学）她妈妈给的。

问：这9万块钱是分几次给的？

答：一次给的。

问：拿什么东西包着？

答：是报纸吧还是什么。就一个纸包着9万块钱，100块钱一张的。

问：在哪给的？

答：我印象中是和她妈说这个事儿的时候，她妈说确实没钱，她妈说大侄子，说心里话，如果这房不卖，别人还会找麻烦。我尽量给她（常某芳）卖了，但卖的前提还得交税，必须过户到她（常某芳）名下才能卖。我们当时算的是为了挣她那个差价，所以说就和她说清楚了。

问：（打断邓某）常某芳一共给了你9万块钱？

答：这事办完了之后还给了我40万块钱，因为当初不是说给50万块钱嘛。

问：她总共给了你49万元税钱？

答：对。

问：你们一共交了多少税？

答：一共交了20多万元。税钱要多了，我就得拿那个差价钱补，我就挣不着钱了。

问：常某芳知不知道你们一共交了20多万元税？

答：她后来知道，她说要交这100多万元税她也交不了。

问：她为什么不向你要差价啊？

答：她找我的目的首先是把房产证办下来把这房卖了，我只要卖了，我给你钱，该给你多少钱给你多少钱，她是这么说。

问：她希望你帮忙办？

答：我跟她说阿姨我一分钱不要你的，但实际上我是挣差价的。

问：她妈怎么说的？

答：我说我一分钱不要你的，我给你跑，把房产证办下来后该交的税你交。我就没说我多卖的钱，她妈只说每平方米卖够5000元就行，这是她妈的要求，这事儿你要不信可以问她妈去，当时这房价还不便宜呢，5000元在青岛这地方还算高的呢，市政府那地方才卖5000元，她的房子（常某芳的房子）在哪呢，在鸟儿路那呢。我算的是写字楼能多挣钱，那个房子能少挣就少挣了。这样我和葛某说，这房子是我同学的母亲的，我就和阿姨说我一分钱不挣她（常某芳）的，但是税你该交多少交多少，我就将人家房产局的票给她（常某芳）看，您看这上面要交127万元的税，是127万元还是137万元我记不清了，反正绝对是这数。后来我到这房地产交易中心去了，我就和人家说能不能少交，因为我要算我的利益，后来算算，这都是有审批的啊，后来交了20余万元。是23万元还是多少万元，反正是交了，有票据为证，确实交了。因为她妈许诺给我50万块钱税钱，当时不是127万元税钱吗，后来办完证她妈还没给我钱，我让她妈写了一张欠条，你把欠我的钱给我，我就把房产证给你，她知道是我自己搭的钱，等签完协议，那人给了第二笔钱，她妈就把那笔钱给了我，没给葛某，日后我跟葛某分了这没错，但是我觉得这不是受贿。

问：先别说这事儿的性质，先将这事儿给说清楚了。我问你啊，当时说是127万元或者137万元，怎么最后就变成了20多万元的税费？

答：当时事儿是这样，这个税不是我能决定的，我和葛某不是中院执行的嘛，经常去房产局做一些事儿，就认识了一个姓林的主管，我先问的他，他说按规定就这么收，然后就把单子拿出来了，说你有什么要求就要和他领导说，因为葛某和他特别熟，我并不熟，葛某去市南区房地产管理局办的这个事儿，房子在市南区啊。因为这里面有利嘛，葛某就从中跑。这个姓林的我见过，房地产中心的主任。

问：打断你一下，你说葛某和房管局的人熟，那你们在平时办案的时候和房管局的人不认识？

答：嗯，葛某认识，我不认识。我见过他们，但不熟，甚至我与他们没在一起吃过饭。业务往来我们庭里面有，但我本人没有。我是中院的，葛某认识他们市南区的，葛某通过工作和他们确实很熟，要不葛某不会这么积极地做，后来不还分钱了嘛。

问：刚才我问你和房地产管理中心……

答：（被邓某打断）我本人不熟，葛某具体去办。我呢，去过，见过那个姓林的，不瞒你说，事后我还让葛某给过姓林的 5 万块钱呢，你看人家多帮忙，因为我们挣钱了，有钱大家一块挣。

问：他（林某）提供什么帮助了？

答：那么多的税费，130 多万元最后降到 20 多万元，这都是他做的，并不是我们能做的。

问：怎么做的？

答：他说找领导了，我们只是走程序，这是他们能做的，他们内部有规定，他们怎么去打这个擦边球是他们房地产公司做的。

问：行，我再问你，你在为常某芳联系房产的时候，当时青岛市有没有俗称挂免，也就是税费减免的政策？

答：这个减免应该问房地产中心，我们不能确定，我们提出什么要求，能不能给是由他们决定的，不是你说给我减免就减免的。

问：（迅速打断邓某）就是这个政策当时有没有？

答：应该有，有。要没有他也减不了，这个事儿不是我们决定的，是他决定。

问：这个税费实际是 20 多万元，你收常某芳 49 万元？

答：对。

问：常某芳知道这事儿以后，跟你联系过没有？

答：她说过这事儿。

问：她怎么说的？

答：她看了 100 多万元那个票，这个都不是我出的，是房地产中心出的，她应该给我 50 万元，实际给了我 49 万元。她把房子卖完以后又给了我 40 万块钱，这个时候一共给了 49 万元，没错，然后我就把一些票据给她了，她就看到实际交的费用是 20 多万元，她曾经问过我，说大侄子，那个钱你到底交多少。我说您看，您目的已经达到了，您说您拿到房产证把房卖了，我把事儿给您做成了，您就不应该再说别的了，您已经占便宜了，阿姨后来就没再说，这是实打实的。您就要那个数，确实也把房给卖了，而且您也没给我50万元，就给了我49万元，房地产交易局的东西您也看了，您就不应该说，阿姨就没再说过。

问：常某芳发现税费没交那么多，这话你们说开了？

答：对，说开了。后来阿姨就没再说过这事儿了。因为她闺女跟我是同学，要不是王甲和王乙找我，我也不可能帮她妈做这个事儿。但是我当时的理由是，阿姨您说卖多少钱，我就帮您卖了就完了。

问：你收的这个差价，就是49万元减去20多万元的差价，这个差价都做什么用了？

答：具体做什么用我记不清了。我跟她妈说清了这个事儿，她妈就不再说这个事儿了。我还跟我同学王甲说这个钱的事儿，我说你妈问我钱的事儿，后来王甲说我妈糊涂，这就千谢万谢了，要不这个房子人家根本给不了她。钱想不起来干什么了，反正钱肯定在我这儿。我们除了挣的钱分的以外，我是拿的这钱给的葛某啊，还是什么，反正我给了葛某24万元，剩下的钱就我自己得了。当时算完账，因为葛某也不傻，我们俩一起做的事儿，应该得多少钱他心里跟明镜似的，我们俩挣的钱肯定是一人一半，具体的事儿不瞒你说，我也没太细算。因为那个写字楼面积挺大的，不是简单地说100多平方米，公寓是100多平方米，我们俩挣了点钱。

问：你是否退回了常某芳一辆汽车？

答：嗯。我那辆汽车也不能叫退，是我开着的，她就说她要开，我说您要开那您就拿走吧。这都是后事儿了。

问：这车是谁的呀？

答：这车是我买的呀。

问：户名是谁的呀？

答：户名我记得应该是我

们家谁呀。应该是我的名字。

问：那你户下的车为什么要给常某芳开呀？

答：这都是后话。2004年王甲跟我说，她妈也不懂事，她也明白，票才花20多万元。我跟她说，你妈要觉得亏，你就把车开走。其实我已经挣着钱了，我挣着这差价了。因为王甲跟我关系很好，我说你要愿意拿你就拿走。我挣的那个差价比较多，当时也就没在意。

问：什么车呀？

答：蓝鸟吧。

问：几年了呀？

答：要到现在也就三四年。

问：当时这辆车大概值多少钱啊？就是开三四年之后。

答：反正买的时候20多万元。

问：等于你是觉得这事儿不合适，把这车……

答：是这样，她闺女跟我说她妈有点叽叽歪歪，我说你妈要是想要，你就把这车开走吧。

问：你当时也没说给？

答：这车应该还是我的，你开去吧，王甲她妈有点叽叽歪歪，我说你把车开走吧。当时也没说给她，也没说别的，因为我和王甲是同学，客观上我也挣着钱了，至于王甲说这件事儿，实际上这是她妈不对，她也知道她妈叽叽歪歪，结果她开了那车了，她妈后来什么也不说了。

问：常某芳已经是一个岁数很大的老太太了，她自己没有必要开车。

答：是啊。

问：她的身体状况也不适合开车。

答：后来她闺女开走了。

问：这个卖房子的事儿，等于常某芳心里别扭，那把车给她闺女干什么呀？

答：判决是把房子给常某芳和她闺女的，不是只给常某芳一个人的，是两个人的产权，她闺女好像在北京哪家公司做事儿，判决的时候是给她闺女的，然后她闺女写的她妈的名儿，这房子她妈能挣这么多钱买吗？

问：这辆车你是退给了常某芳还是……

答：（被邓某打断）这不叫退，这产权是我的，这不能叫退，我给她闺女开了，那房子是她闺女的呀，她老太太怎么能挣那房钱，她闺女因为在北京公司里有股权，人家才退的她闺女房子，她闺女写的她妈的名儿，这不能说是她妈的东西，从法律上说是她的，但她们是一家人啊。

问：那为什么这个事情自始至终都是常某芳在找你呢？

答：这房子实际上是判给王乙和她妈的，并不是只判给她妈，王乙写她妈的名儿，就成她妈的了，老太太会做什么生意啊，为了她妈在青岛所以写的她妈的名儿，但是这里面有一个房子写的是王乙的名儿。

问：你以前作为法院的法官，不知道如果判给常某芳和她闺女的话，常某芳也有所有权？

答：从法律上讲，这房子写谁的名儿就是谁的，但是从客观事实上，岁数这么大的老太太，她能挣到这房钱吗？她一辈子工资也挣不了一套房啊。你得客观地说啊，这个房子是王乙的房子不是她妈的房子。写她名儿就是她的，有时候我们还写孩子的名字……

问：（打断邓某）这辆车现在还在常某芳闺女那儿开着吗？

答：对。但客观上产权是我的呀。

问：没有过户，是吧？

答：对呀。

问：常某芳为什么不要这20多万元的差价？

答：她跟我说的时候是这样，就说这一次，后来她闺女跟我说，我说啊，阿姨，你这已经赚了，而且按照您的要求已经给您做了，该花多少钱您应该知道，而且这钱刚开始都是我们花的，您就不应该再提这个了。她后来是因为看到这个，她一辈子也没挣着钱，我想要是我爸我妈看到这个也会这样计较，但是咱们作为年轻人来说肯定就要算这账，她闺女就跟我说，你看这东西，我们努力给你，所谓核销这账，核销税都是努力出来的。

问：你认为常某芳不要这一笔钱的原因是（什么）？

答：常某芳没要这一笔钱是因为后来和她说开了她就没再要。

问：她跟你要过？

答：她提过这事儿。

问：你和她说开了后，通过办理这个事儿，常某芳得了便宜了，所以我帮了忙了，你得了便宜了。

答：我先给你垫钱做这个事儿，你答应给我50万元，你只能交50万元的税。

问：你帮助她做这些事情？

答：钱都是我垫的，葛某垫的。

问：帮你垫付这个房产税，并且在办理房产的过程中，她省钱了，通过你和葛某的关系，是不是省钱了？

答：省钱了，我说阿姨您就不应该再说这个事儿。

问：是基于这个原因常某芳这20余万元就不再要了？

答：她就不再提这个事儿了。因为她答应给50万元，但实际上就给了49万元，还差钱呢，从客观上说，老人你挣她一点钱她心里可能就不舒服，别看她嘴上应得对，但是实际上她确实知道应该多少钱，第二回说是57万元的时候，都没敢给她看，因为她交不起这么多钱，我们一步一步给她做。当时去找核销这个人，你看怎么能给核销，他说这事儿我们做不了主，要去找领导，后来他们也是层层请示，层层批准，这不是咱们自己能做到的，葛某具体去办的这些事儿，这事儿完了后，因为我们挣着钱了，就让葛某给了他5万块钱，确实也给过。

问：行了，你这个事儿，

刚才也说得差不多了，你认为你这个事儿是什么行为？

答：我这也不叫受贿，我这儿也没有利用什么职务。

问：你刚开始也说了，你这个事儿能不能从轻处理，我想这件事儿上，你心里也应该有一个数。我就问你，你这个行为是什么行为？

答：我这个行为最起码不违法吧，即使擦边也不违法，我没有利用我的职务，我只是想挣这个钱，这钱可能有点灰，这我承认，最多也就违反一些条例规定，不能说是受贿。我觉得你刚才说了我两件事儿，这两件事儿我都不是受贿。第一件事儿我拿了他那个钱我给他交那什么了，我没要；第二件事儿我实际上挣的是差款，我没挣到这个钱啊。毕竟咱们在这个系统，你这么一说了，我将来在单位，你再一采取强制措施……

问：（打断邓某）我再问你，你的第二个事儿，这29万元，49万元减去这20多万元差价，你说和常某芳说开了，说这个事儿你帮大忙了。

答：后面这个不是我帮忙你就交得多。

问：（打断邓某）那这是不是帮忙？

答：我跟她闺女也是这么说的，有些东西是拿不到桌面上说的，比如说我去找人家，你能说我给人家5万块钱吗？不能说吧，我说了不等于害别人吗？这个社会里头都有一个原则，公平原则吧，你帮人家，你去求人办个事儿你不给人家好处啊，这个好处有的说叫行贿，有的其实也不叫行贿，你找人家托个孩子上学你还得给人家买个项链的吧，你说叫行贿吗？给的数额大你就认为是行贿，那你得看这个数额怎么个大法。

问：你做的两件事，一是找青岛市南区法院尽快开《执行通知书》，二是找交易中心尽快办理、降低费用？

答：我先说明啊，我是找了市南区法院执行主任了，因为这是正常渠道，他应该办的事情，只是加快，如果说这个违法，那么我们作为执法者都明白，这明显不是违法，只是加快这个程序。

问：加快这个程序对常某芳有没有好处？

答：加快程序对常某芳有好处（比较激动），我先问一句话啊，人家来找我就是为了加快程序得到（突然停止），快，好处就是自然的，人之常理。如果我这个时候向你要5万块钱去给你做这个事儿，去加快程序去，这我有条件的，我没有，这是后来因为卖了房了，涉及税钱了，是我替她给的。

问：（副讯人员）刚才你说卖房的钱是你办理房产证。你收的这些钱愿不愿意退赔？

答：如果严格说啊，这个，这个……

问：（打断邓某）愿意退赔还是不愿意退赔？

答：我这跟退赔没关系，如果组织说这钱不该得，我可以退；如果组织说这钱没有什么不该得的，因为这个是灰色的，我没有违法的地方，我毕竟给她跑、给她做、给她托人，这件事儿上我没有利用任何职务上的便利啊，我只是做了我工作之外的事儿。

问：这个事儿的对与错现在我们不去说，只说你得的这些钱你愿不愿意退赔？

答：这个没有退赔的关系吧。你要是定了性了，才存在退赔的关系，你现在没说。你说我涉嫌这个，这个涉嫌我跟你说我没有任何利用职务之便的地方，如果你要定我受贿，前面这个事儿我一分钱也没得到；后面这个事儿，你说我卖房得了钱了，我确实卖房得了钱了，但是我没有任何编造虚假事实的地方，没有任何利用职务之便的地方。

问：邓某，今天由于时间关系，咱们谈话先谈到这儿，我个人认为你的问题还没有全部、彻底地交代清楚，但是你今天说的问题我们会进一步详细核实，咱们下回再谈，好吧。

答：好。

问：你今天说的内容是否都属实？

答：属实。

问：有什么需要补充的吗？

答：我看完了才能补充啊，咱俩谈话我没什么补充的。

问：待会儿你看下笔录，看看有没有什么需要更正的地方。你孩子现在几岁了？

答：10岁了。

问：你因为受贿被拘留他知道吗？

答：现在还不知道。

问：作为一个父亲，应该给孩子做一个榜样。

答：榜样分怎么做，我没有觉得我在这里面有什么错误的地方。

问：你觉得拿这钱合适吗？

答：我现在觉得没什么不合适。第一，我认为我做的这件事儿，跟我的职务无关；第二，我做出的事儿本身挣钱，是在她约定的前提下，而且本身也确实把这个事情做到了，达到她预想的目的，我也得到钱，应该是双赢，至于她妈后来对这事儿怎么看，按照你们所说的，你让我看一下她妈所说的，行吗？她妈怎么说的我想看看。

问：可以，下回给你看。咱们谈的内容都已经记入笔录了，今天咱们要谈的就是你的一些个人情况。

答：老人嘛，咱们这都是一开始事先指定好的，后来你看那个票少了，我跟她闺女说，咱们都是年轻人，有些事情我不能跟你妈说，我跟你妈说了等于毁别人，这很简单的一个例子。我和我同学处到这种关系，明着说我不挣你妈一分钱，但实际上我是通过另一……因为她妈跟我约定。我挣这个钱，我没有职务，不是利用任何职务去挣这些钱，是通过葛某去市场上找一些人。

问：青岛市南区法院和你们中院是什么关系？

答：从法律上说应该是上下级监督关系，但是人家是一级法院，按照规定除了上诉案件根本就管不着人家。

问：你们平时在业务上有联系吗？

答：业务上除了上诉案件别的都没什么，第一，人事关系不归这管；第二，人家所有的事情都由人家处理，工资也不从这边发，我们之间只是同事关系，因为中级人民法院……

问：法律有明确规定上级法院和下级法院是指导关系。

答：指导关系人家可听可不听啊，不是必须听啊，他们听当地政法委的，听区长区政府的，不听我们的呀。按照法律关系，你提出一个参考意见人家可听可不听，再说我跟人家也没有直接的隶属关系。

问：这指导关系是不是有关系？

答：你要说关系人家所有人都有关系，你不能这么解释，这指导关系人家可听可不听，何况这个案子跟我们又没有指导关系，它只是一个加快的事儿嘛。

问：我指的是平时。

答：指导关系不是决定关系。首先说第一条，除了上诉的跟上级法院没有任何关系，这不像检察院是上级领导下级，法院这个关系从法律上根本不存在，法律有明确规定，中级人民法院就审理中级人民法院的，你只是拿出个意见，这拿意见谁都可以拿，最后人家听院长的，并不听你的，人家只是采纳，即使采纳了，也并不一定说你说得对。

问：行。对你这儿我们今天谈了，你有什么对其他人揭发检举的？

答：我认为没有什么揭发检举的，有些事情都是些人之常情的事儿，按说有些事儿我刚才都不应该跟你们说，有些事情我跟她姐说起来，但是我跟她爸没说，人之常情的事儿，不能把有些事儿强加到意愿，但是呢咱也不能说潜规则怎么样，这个社会还有一个人际关系，比如你求人家办事儿，比如钱少了，那你自然就要报答别人，至于怎么报答呢，有些人甚至就是不光彩的，但是这种不光彩对于你来说你就应该这么去做，给孩子安排上学啊，买煤气罐给票少啊，你不得请人家吃顿饭吗？这道理都一样，只不过数额大一点而已。

问：你是不是经常帮着朋友做一些联系买卖的事情？

答：也不是所有人都能做。因为她闺女跟我是同学，而且王甲找我的时候说是她妈，我想要是老太太就帮着做吧……

问：我们问的是你在平时工作之余是不是帮着朋友做这样的事儿？

答：应该有过。

问：那就跟房地产交易中心比较熟了？

答：那倒不一定。我知道，主要走某市中级人民法院，我只是知道有这么个机构，程序这么去做。当时她妈拿着那个判决书到房地产交易中心去办房产证人家不给办，她妈也不知道怎么回事，然后就来问我，我说拿着这判决书本身是能够办理，但是中国目前执行就是不行，她说为什么，我说他就一定要一个裁定，一定要一个协助执行通知书才给你办。

问：像刚才你说的潜规则，房地产交易中心它是个什么行政级别？

答：房地产交易中心从实体上说它就是个企业，因为它是个公司，但是客观上它又是政府，咱们国家这事儿你也说不清楚，就跟足球协会似的。

问：照这么说任何事情都必须执行这个潜规则了？

答：嗯，他不给你办你也没办法，其实她妈拿着判决书应该给办，但人家就不给你办，所以她才到执行庭要一个执行的裁定，然后她就到执行庭去排，等着去吧。我只是说你能不能快点把这东西给做出来，这个东西是人民法院的程序，反正人家有判决书嘛。

问：这房地产交易中心的人经常……

答：（接讯问人员的话）他为难你。

问：给了钱以后就快？

答：那没给钱，当时也没给钱，我跟房地产交易中心也不是给的钱，他办完以后的事儿才给那个，咱客观说，按说这个我都不应该给说出去，这可不是说给钱人家就给你办的，他就要你那个，你拿着判决书，他就不给你办，常姨她没办法，就问我，我就告诉她要到执行庭去开通知。实际上是房地产交易中心故意刁难人，判决书是国家司法文书，起法律效力的东西，你为什么不执行啊？他就不执行，那老百姓就没办法。其实她拿着这个，没有这些程序，人家照样做，这多一道程序，逼着人家到执行庭又跑一趟，就得拖，一拖拖好长时间，半年以后再给你办你也没脾气。只不过这个能不能快点，后来她妈才说的，我就把这房子卖了。不知道你们知不知道青岛房子这价儿，2002 年房价正低的时候，卖不出去房，而且她那写字楼那么大，谁买啊？这不还得找有能力的单位嘛。

问：待会儿把这笔录打出来你看看。

统计显示，上述审讯共有 184 个相邻对，涉及的提问句式包括特指问、是非问、选择问、回声问、反问、附加问等。具体句式的出现频数如下（见表2）。

表 2：审讯笔录提问句式统计

<table>
<tr><td>项目</td><td>频数</td><td rowspan="8">特指问：73
其中宽式：44
窄式：29</td></tr>
<tr><td>特指问</td><td>73</td></tr>
<tr><td>是非问</td><td>65</td></tr>
<tr><td>附加问</td><td>4</td></tr>
<tr><td>反问</td><td>1</td></tr>
<tr><td>正反问</td><td>2</td></tr>
<tr><td>选择问</td><td>11</td></tr>
<tr><td>回声问</td><td>1</td></tr>
</table>

统计显示，特指问数量最多，为73，是非问65，选择问11，其他为少数。特指问为开放式问话，分为宽式和窄式。上述问话中宽式问话含有“为什么（为何）”“怎么（怎样）”“什么”“如何”，为44；窄式是以“什么（人、地方、时间）”“谁”“哪个（单位、个人）”“哪里（儿）”“多少（几个）”为疑问词的特指问话，为29。封闭性问话是指是非问话、选择问话、正反问话、附加问话。

（二）审讯2

问：（基本情况，告知权利）（略）。

问：那么好，下面咱们开始讯问。首先你是否实施了受贿犯罪行为或其他犯罪行为？

答：没有。

问：咱们刚才讲了你是因为涉嫌受贿被立案侦查的，那么所谓立案就是在掌握了你一点犯罪证据的基础上，需要追究你一定刑事责任的基础上再进入立案程序。你是搞案件的法官，虽然在执行局不搞刑事案件，但是对证据的概念，我想咱们是同行，都应该对它有所理解。没有一定证据的情况下是不会进入立案程序的。

答：你把证据拿来让我看看。

问：现在不是跟你出示证

据的时候。我问你，你是否实施了犯罪？你说没有，那么现在有些问题需要你来回答，好吧？

答：你说你有证据，我应该看看，以证明我有罪。

问：到出具证据的时候自然会给你出具，你是什么时间担任青岛市中院执勤局执勤员的？

答：我忘了，你们不是有证据吗？就自己去调呗。

问：请你直接回答我的问题，证据是证明你犯罪的，如果你认为你自己没有犯罪你可以对自己做无罪或者罪轻的辩解。对于你的任职情况，希望你不要有任何情绪，配合检察机关把问题讲清楚。你是什么时间到执勤局工作担任执勤员的？

答：担任执勤员这个具体的时间我记不清楚了。

问：刚才你讲过，我们也从你单位调取了相关的履历，你是从2002年4月，明白了吗？这个时间你记清楚。

答：这个是你们说的时间。

问：你可以回忆一下。

答：我不确认。

问：我所讲的这个时间是从法院依正当程序调取的。那么你在执勤局担任执勤员，你的工作职责范围是什么？

答：负责执勤。

问：那么作为法院的执勤员，应该怎样履行执勤程序？

答：听领导安排。

问：那么你在执行一个案件的过程中你的依据是什么？这是你的本行，咱们不需要说得太复杂，简单点就可以了。

答：执行裁定书。

问：对，你们的判决书，裁定书对吧？都得要按照生效的判决书、裁定书去执行，是这个意思吧？

答：是这个意思。

问：咱们不是搞一个工作，所以有些涉及执行方面的东西还得向你请教。简单地说应该是按照相关生效的执行或判决来开展你的执行工作，对吧？

答：对。

问：那么我问你个问题啊，你是否认识常某芳？

答：你说的是谁？

问：常某芳，这个人你应该不会陌生。

答：我认识一个叫常某芳的。

问：那你怎么认识的？

答：我记不太清楚了。

问：她的女儿你认识吗？

答：她女儿谁啊？

问：王甲。

答：我不知道你说的哪个王甲。

问：你是从哪个学校毕业的？

答：从青岛大学。

问：那王甲想起来了吗？

答：我是有个同学叫王甲。

问：常某芳的女儿是王甲，常某芳你应该认识吧？

答：常某芳我认识。

问：那你是否为她办理过阳光大厦公寓楼20C以及写字楼20JF房屋产权的有关裁定与协助执行通知书，这两个手续你提供过什么帮助？

答：你说的那个裁定我现在想不起来，我具体办过没办过，办的哪一个我想不起来。

问：想不起来？

答：嗯。

问：这个裁定书包括协助执行通知书，是涉及阳光大厦公寓楼20C以及写字楼20JF，一个写字楼和一个公寓楼。

答：好像有这事。

问：有这事，这两份法律文书是中院出具的还是基层院出具的？

答：我能看看吗？

问：我刚刚跟你讲了我们出示调取证据会有一个过程，该让你看的时候会让你看的，咱们现在先说事好吗？你想想是中院出具的还是哪个局出具的？

答：我印象中中院没有出具过。

问：嗯，知道哪个局出具的吗？

答：我不清楚。

问：经过我们查证出具这两个法律文书的是市南区法院执行庭，那刚才你也回忆了好像是有过帮她办这件事的事情，那么常某芳为什么找你，你们怎么谈的呢？

答：常某芳找我，是因为我……这个事儿……我想想啊……常某芳确实因为这个事找过我。

问：她跟你怎么说的？

答：她说她打赢了一个官司，这个裁定书也下了，但是执行不了，让我帮忙。

问：她要是没有这两份文书会有什么影响？

答：没这两份文书她执行不了。

问：她要这两份文书是为了干什么？她的官司打赢了，打赢了就涉及房子的归属问题，怎么证明房子归属？房产证，房屋所有权证，如果没有法律的这两个文书，是不是会影响这两个证的办理？对吧？

答：对。

问：那么她遇到这两个难题来找你了，是吧？

答：她就是让我帮她执行。

问：但是你在中院，出具这个文书包括她打赢这个官司的所在法院都是市南区法院，找他们没有办下来，是吧？

答：对。

问：那么你出面这事就给办好了？

答：她是想让我去跟他们说一下，给市南区法院说一下，因为我在中院这边。

问：而且也是执行二庭的领导？

答：对。

问：那么你找的谁，跟人家怎么说的？咱们都是同行，都有个三前两后的，而且她这个事情也不是说非要违反一些规定来办，可能因为法律执行案件比较多，有个排队，有同行或领导关照一下可能会比较快一些，那么你找的谁，怎么说的？

答：我当时给那个市南区法院执行局的一个叫徐某川的说过。

问：跟他说的？他以前在执行庭任什么职务啊？

答：他以前是执行庭长，我记不太准。

问：跟他怎么说的呢？

答：我跟他说赶紧把那事儿给帮忙办了，那是我同学她母亲。

问：这样跟他们讲的？

答：简单打了个电话。

问：从你跟他说到两份手续出来间隔时间长吗？

答：你所说的那两份手续指的是哪两份手续啊？

问：就是市南区法院给出的房子的裁定和协助执行通知书。

答：他应该是先出的裁定。

问：这个先后顺序没有关系，从你跟领导打完招呼之后到常某芳拿到这个手续去房地产交易中心办房产证，这个时间长吗？

答：多长时间算长啊？

问：你自己感觉，她办这个东西两三个月都没办下来，你自己可能没用这么长时间，半个月十天一星期下来，那当然算快了，你是属于哪种情况？

答：这个中间多长时间我搞不清楚，反正就是我打过招呼。

问：那大概多长时间？

答：房产证办下来也不快。

问：证办下来快不快？从她拿到这个手续可以去房产部门办，这个时间长不长？

答：她这个裁定书好像是前面几天先出来的。

问：那看来你还是帮了常某芳的忙了。

答：帮了忙。

问：是这样啊，咱们老百姓可能遇到相关问题都摸不着头脑，我刚讲过了，人熟好办事，咱们都是搞这行工作的，通过你出面把这个事情尽快办下来了，你认为如果你不是执行局的执行员，不是法院的工作人员，那么市南区法院会应你的要求把这个问题尽快解决吗？咱们客观地说。

答：不会。

问：你也非常爽快啊，咱们的特殊身份在这，都是搞这项工作的。这个问题咱们先放一放，另外我再问你一个问题啊。你是否帮常某芳办理了写字楼20JF的房产证？这里需要说明啊，这件事啊……

答：这件事是常某芳自己去办的。

问：自己去办的？你需要回忆一下，这个毕竟时间比较长了，它涉及两套房产，一套20C的公寓楼，还有一个写字楼，一个大，一个小，那么涉及房产证的时候可能涉及办税金额大小的问题，相关金额比较大。

答：我对税这方面不太了解。

问：不太了解？我们可以慢慢来回忆这个问题，常某芳我们已经找过了，她对这个问题找你怎么谈的、怎么办的跟我们已经说得非常清楚了，这是第一。第二，市房地产交易中心办证的人员我们也找过了，他也谈到了这件事情上是谁来找他谈的，咱们不需要列举第三或者第四，所以这件事情希望你能恢复一些记忆，如果你有些事情想不清楚，我们会客观地给你一点提示。首先讲讲这个证你是怎么帮她办的？跟你是怎么说的？她遇到什么难题了？

答：我就打了声招呼。

问：找的是谁？

答：我就给徐某川打了电话让他尽快弄一下。

问：那是法院的，现在我们谈的是市房地产交易中心。

答：这个中间怎么操作的我不清楚。

问：你没有找过市房地产交易中心的人吗？

答：我跟他们有打过交道，但是因为这个事没打过交道，记不准了。

问：我刚刚跟你讲过了，房地产交易中心的人我们已经找过了，他也能够讲清楚，常某芳也能讲清楚，围绕同一个房子的房产证，她找的谁，房地产中心的人也能想起来谁找的他们办的，这里他们没有提到你所说的一些人，自己办的事情，这又不是说像昨天吃什么饭今天吃什么饭了一样记不住。

答：你说一下他们是怎么说的帮助我回忆一下。

问：你看你又开始出现这个问题了，这个证据，不管是涉及书证还是相关证言，我们在侦查阶段第一有一个保密问题，第二该出示的时候我肯定会客观地向你出示给你提示的。但是你现在所讲，在房地产交易中心办这件事情，你想不起来是不是自己办的，这有点离谱太大。

答：我觉得不离谱，这个事情我确确实实想不起来，我印象之中我就只是打了个招呼，我跟那个房地产交易中心，我不是他们的交易人员，我是执行局的。

问：你印象之中只找过南区的老徐是吧？

答：对。

问：交易中心的人你没有直接去找过吗？

答：我跟交易中心的人很熟，包括他们的主任啊，经理啊，我很熟，因为这个事找过没有我说不准。

问：有句话说啊，说帮朋友忙帮一件印象会深一点，帮十件、帮百件印象可能就模糊了，这百件如果都发生在交易中心，你刚才这样的回答我们可以理解。交易中心的人你很熟，但是涉及写字楼办房产证这样的情况不是经常出现，常某芳找你这样的事也不是老有，如果我天天跟房地产交易中心的人打交道，我办的这个工作那说起来我可能真的记不清了，所以你尽量回忆一下，这件事情你找的交易中心的人，怎么提的？

答：这件事我印象中是带常某芳一块去过交易中心。

问：找的谁呢？

答：找的他们大堂经理，好像是叫林某来着。

问：跟他怎么说的？

答：我没跟他说什么，常某芳去办的。

问：那你带她去的意义何在？她是不认识这个地方还是怎么着？我想不会，你出面必定有你出面的道理和作用，这咱们非常客观地讲，对吧？

答：她就是对房地产交易的这个流程不太熟悉，她带着我就是做一个顾问、咨询吧。

问：我跟你说啊，她要是对这个流程不熟悉，大厅都有相关的文字规定，也有相关人员给她提供咨询。你是法院执行局的法官，你刚刚也讲了你跟房地产交易中心的人非常熟，很多人都很熟，那么你带她去不可能只是给她介绍一下如何办证的程序，对不对？咱们有些问题，说白了非常浅的问题，不在记忆恢复不了范围内的问题都没有必要在这个环节上浪费你我的时间，你说呢？

答：没有，我跟房地产交易中心没有打交道。

问：那么你带她找大堂经理做什么？

答：我就是带她过去，没有找大堂经理。

问：她为什么需要你带她过去？

答：我给她做这个咨询，因为我跟她的女儿是同学。

问：我刚刚跟你讲过了，你去有你去的作用和必要，不是一个简简单单的咨询，包括常某芳本人，交易中心的人和相关人员我们都找过了，这些证据涉及你在里面参与了，也起了作用，不是像你所讲的，只是去带她认认门的问题，对不对？

答：我讲的不是只是带她去认认门，我是给她做法律咨询去了，就是给她帮忙去了，她是我同学的母亲，我肯定要给她帮忙了，这个人之常情你也可以理解，大学同学，关系非常好，她目前对这些东西不太懂，给我打电话我说行，我就跟她去了。

问：你现在这么讲没有关系，因为事实只有一个，你也清楚，我们也清楚，如果你的讲法离事实偏离太远了，那是你的问题，不管别人会给你怎么样的压力，如果你讲的这个内容离咱们所谈的事实太远的话，出现任何问题由你来承担。但是我还有一句善意的话，我希望你能够把这个环节给我回忆清楚。

答：我基本上已经回忆清楚了。

问：找交易中心的人，你去没去？找什么人怎么谈的，这个环节很简单，对不对？在这个环节上咱们已经耽误很长时间了。

答：这个你可以拿证据来。

问：证据方面我已经讲过了，我说常某芳对这件事情有没有找过你她有说法，交易中心的人也好领导也好，谁找他办的这件事人家也能说得很清楚。他们有没有因为这件事直接跟常某芳有过交谈交涉人家也很清楚，现在中间的只有你，你对这个问题的回答是，你说你没有去办这件事。

答：这个你说的有证人证言证明我跟他们交涉过，但是我这算不算一个被告人的陈述或者说犯罪嫌疑人的一个辩解，我这算不算一个证据。

问：你的口供当然算一个证据，但这个证据只能用来印证其他问题，在本案中，你的口供就是口供。你进行无罪的或者罪轻的辩解是你的权利，但是你必须实事求是。

答：我确实实事求是，我能够记起的就是这些，我没有跟房地产交易中心的人直接交涉，是常某芳去办的，这个我觉得你作为检察官可以去调取一些书面证据，当时到底是谁签的字，谁办的证这不就清楚了吗？

问：那么按你所讲，你只是找了南区的徐法官，至于徐法官是怎么找的交易中心怎么办的证你不清楚？

答：对。

问：好，那么常某芳找你是怎么谈的？为什么办这个证要找你，公寓楼的证她自己就办了？这个写字楼的证为什么她不自己去办呢？

答：第一个她找我是想让我给市南区法院打个招呼。

问：这个事我插句话啊，因为她有了这个手续了，从法院的办理环节就已经结束了，下面一个环节是对着房地产交易中心，跟法院没有任何关系了，对吧？那么她这个写字楼为什么迟迟没办，而公寓楼办得很痛快，我了解的一个原因就是公寓楼需要办税的金额比较小，她能承受，而写字楼办税的金额比较大，相对来讲加起来要达到120多万元，这是她迟迟没有去办房产证的原因，那么她找到你是为什么？为什么你去找市南区法院而不是去找房产中心。你说你不认识，没关系，那么你回答我常某芳为什么要找你办？你是怎么帮她解决这个难题的？事实结果是办下来了，相关的房产证领取签字手续也的确需要当事人本人，但是中间关系的作用不是她能够完成的，我话说得非常直接，咱们不需要绕弯子，现在你只需要回答我她为什么找你，找你怎么谈的？

答：她找我就是让我给她提供点法律咨询，也不是说法律咨询，就是说让我帮她个忙跟她一块去。

问：那么你找市南区法院的老徐是为什么啊？找他怎么说的啊？

答：我跟他说就是让他尽快把这件事给处理了。

问：对啊，这个事指的什么事儿？

答：就是让他帮常某芳把房拿了。

问：把房产证赶紧办下来？可房产证涉及的金额达到100多万元呢，这件事情很难办啊，在你们当地办这件事情有没有什么其他灵活变通的方式啊？

答：我刚刚跟你说了，这个预期需要多少钱办税，在税这个方面我不清楚。

问：我说在你们当地办这件事情有没有什么其他灵活变通的方式啊？用你们当地的话，我们是北京的，我也学了一个，有没有什么叫“挂”啊？给“挂”起来是什么意思啊？

答：我不知道这个跟这个案子有什么关系。

问：这是办这方面证的一种捷径的称谓，你是青岛的，在你们青岛当地有这么一种称谓，所以我要向你请教。

答：我的理解大概就是，我推测啊，我不太理解，我推测这个“挂”就是暂时缓缴的意思。

问：暂时缓缴啊？怎么说呢？稍微有点谱但不完全正确。

答：那我就不知道了。

问：那咱们还是这话，在你不知道我也不知道的情况下咱们拿事后的证据来说话，好吧？

答：对，你现在就可以拿出来证据吗？

问：我再次跟你讲，现在不是出示证据的时候，需要跟你出的时候我肯定会跟你提出的。那么围绕这个房子，你有没有向常某芳要过相关税费啊？

答：我是跟她说过让她交。

问：交多少？

答：交多少具体这个数……四五十万元吧。

问：能有谱吗？

答：大概就是这么多。

问：那这四五十万元，你让她来交这税费是四五十万元，她交这税费给你是什么方式？全是现金吗？还是其他方式？是一次还是两次？还是多次？

答：对不起，我要对刚才讲的更正，不是四五十万元，是二三十万元。

问：二三十万元？那你四五十万元的概念是怎么来的？

答：记不准了，我现在说得算，刚才说得不算。

问：那么二三十万元这个钱她是以什么方式分几次给你的？

答：她这个钱交给房地产交易中心了，我不知道，房地产交易中心给她出具了手续。

问：她没有直接交给你是吗？这个你记得很清楚是吗？

答：很清楚。

问：我们要是有证据证明她有把钱交给你呢，我觉得最好不要因为你的记忆不清最后产生一个没必要的结果就是你对这个问题不配合。

答：我配合，我完全配合，我就算是前后有点疏漏，隔了这么多年了记不准，我觉得这是可以理解的。

问：那我再问你啊，你说这个钱没有经你手，都交给房产中心了，对吗？

答：对。

问：是以什么方式交的？

答：这个你得问常某芳嘛。

问：你了解吗？如果你不了解你就说不了解。

答：我不了解。

问：你印象中是20多万元？

答：好像是。

问：这个数是谁跟你说的？

答：好像是听常某芳说的。

问：她交税交多少？这个数字怎么是听她讲来的？按照正常逻辑，我刚才问过你，你这件事情找的市南区法院的老徐，让他来帮忙，不管是疏通关系也好还是找交易中心也好，把这个证尽快办下来，涉及多少税你不知道，她找的谁，怎么说的你不清楚，对吧？那么这个事情到底要交多少税费，这个信息传达还是应该由你这再回到常某芳啊。你刚刚跟我讲的是常某芳在跟你讲，她是来求你办事的，你刚才说这个问题说反了，说矛盾了。

答：不矛盾，她就是大概

跟我讲了一下她交了20多万元，我也没细问，我们一块开车去房地产交易中心，大概就那样提了一下，我也记不准。

问：那这数是谁跟她说的？

答：这应该是房地产交易中心要多少她就给多少，她就这样告诉我，就这样。

问：你说是房地产交易中心跟她说的？

答：对。

问：那我刚才问你有没有向常某芳要过相关税费你说要过；要了多少，你说是四五十万元，然后你更正，我要的不是四五十万元，我要的是二三十万元，但是金额变化的同时，你并没有改变是你向她要的这种方式，这种你向她要的方式你需要改变吗？如果你改变我们也如实记录，我允许你记忆错误。

答：我刚才根本就不是这样说的，我刚才说的是房地产交易中心问她要二三十万元，不是我问她要的。

问：一是我们对你说的话要如实记录，二是我们现在同步录音录像，第一次问你这个问题的时候你是怎么回答的？

答：我回答的就是房产交易中心问她要的钱，我没和她要过。

问：我问的是为了房产证办税问题你有没有问她要过相关税费帮她办这件事，如果你没听清楚我跟你重申我刚才的问话，没关系你现在可以更正。

答：我更正，如果我这样说过我更正，这是房地产交易中心问她要的。她交税费我问她要干什么啊。

问：为什么要同步录音录像啊？就是为了在这个过程当中谁记忆不好啊，避免一些扯皮问题。

答：行，澄清事实，把我说的事实给记下来。

问：你所讲的情况税费要的多与少是房地产交易中心要的？

答：对，房地产交易中心问她要的钱，要了二三十万元然后她随便跟我聊过，我知道，就这事。

问：20 多万元？你没有经手这个钱？

答：我没经手，我跟交易中心也不打交道。

问：跟交易中心也不打交道，交的钱是二三十万元是吧？你老是让我给你出示一些单据，我也得满足一下你的要求，你下面要看的这张单据是我们依法从招商银行调取，常某芳在你名下存了40 万元的现金。

答：对，有这事。

问：那你跟我说这是什么钱？

答：我跟常某芳借过钱，我买车的时候跟她借过钱。

问：你买什么车啊？

答：我买宝马车的时候和她借的钱。

问：你跟她怎么说的这事？

答：不是，是奔驰车，奔驰 300，她是我同学的母亲嘛，我和她先借点钱。

问：你什么时候买的车啊？

答：买的时间我忘了，我就买了这一辆车你可以去查一查。

问：刚刚给你看的这个你看清楚了吗？是这个事吗？

答：对，是40 万元。

问：2003 年8 月，经我们查证，你的车在2002 年就买了。

答：我开始的时候是刷的卡，也不是刷的卡，是分期付款。

问：你这点能记清楚吗？

答：能记清楚。

问：那我查怎么是全款啊。

答：分期付款，全款你可以拿证据告诉我是全款。

问：还是这样啊，一是构成时间，昨天我们有同志专门就这个问题取过证，围绕这辆奔驰车。

答：我是分期付款，你们那个证据我不知道你们是从哪得来的。

问：那么这个构成时间上跟你说的借款时间上出现了矛盾，你怎么解释啊？

答：跟你说了，我之前欠着奔驰那卖车人的钱呢，后来人家一直问他要车钱我就赶紧借钱还人家了。

问：那你跟她那儿借款有什么手续吗？

答：借款没手续。

问：那你为什么要在这个时间，办这个证的时间跟她借钱呢？这是一种巧合吗？

答：我觉得应该是巧合。

问：你跟她之前有什么经济往来吗？

答：之前有没有我记不清楚了，我就知道这40万元是我和她借的钱。

问：你跟她借这个钱的时候证办下来了吗？

答：什么证？

问：当然是写字楼的房产证了。

答：这个我不知道。

问：你跟她谈这件事，借款的时候，房产证办下来了吗？

答：我没有把这个联系起来，我和她借钱就是借钱。

问：这可以说是两件事，但两件事也可以有个时间排列顺序，你借钱的时候这个房产证是不是办下来了？

答：这两个事我不把它们弄到一块，我和她借钱的时候我就是说买车借人钱了，想尽量快点还。

问：好，我来告诉你，在这笔钱打到你账户里的时候，包括你提取的整个过程咱们都调取了，这个时候正处在办证期间。邓法官，这个钱跟办证期间到底有没有直接联系，我希望你能够考虑清楚。你有没有因为这个事情借款，包括借款的事情到底是不是因为还车钱，这个事情不是你一个人说了算的问题，用证据说话，都得讲这个，而且这个事情也不是说一个人来办的。你所说的是从朋友那儿借钱，说分期付款，拿这个钱来还朋友的钱，你的朋友对这个问题能不能给你证实，你很清楚，对吧？那么你拿着这个钱，常某芳为什么要给你，你跟她是怎么讲的，包括你出现了一个记忆错误，四五十万元又马上更正，这个情节，说明什么？有几个巧合，你所说的金额四五十万元跟我们掌握的常某芳给你打钱的金额相符，在为什么给这个钱的说法上，姑且用你的话，不清楚？办这个证是不是你直接找的交易中心的人同样有证据证明，你所说的这个南区交易中心的法官他同样有证据证明，但是你不能忽略你法官的作用，如果没有你的作用，这两件事情不可能办下来，因此我要提醒你：这个事情已经摆在这，这个钱已经摆在这，包括钱的往来情况都已经调查完了，我觉得我们对这种问题根本就没有必要耽误太多时间，它在桌上明摆着，就跟我们看到的这个杯子一样。

答：对，它这账上写的40万元，但是它根本就没写着40万元到底是干什么用的。

问：这个钱你提取了吗？

答：这个钱，提取没提取我也忘了。

问：忘了咱们就用证据说话来帮你想起来，给他出示40万元的提取证明和常某芳给他存40万元的证据。

答：那我就提取了，有证据我才能想起来内容，想起来事情。

问：常某芳给过你现金吗？

答：给过没给过我现金我忘了，我当初是不是和她借的40万元我忘了，反正就是说借点还车钱，大概就是四五十万元。

问：我也不知道是你记性不好还是太大方，对借款问题上这么随意，也没有任何手续。

答：常某芳有钱，他们家有的是钱。

问：她有钱就不会为这100多万元办写字楼的税费耽误时间了，咱们回到问题上来，她有没有给过你现金，给过多少？

答：她给过我现金，我印象中她给过我9万块钱。

问：在哪儿给的？

答：具体地点忘了。

问：有可能在哪儿啊？

答：有可能在我家或者她家。

问：为什么给你钱啊？

答：我和她借钱了。

问：这是什么原因啊？

答：这40万元跟9万元都是还车的钱。

问：你跟她借钱的时候讲清楚这个原因了吗？

答：我说得很清楚我回头要还她的。

问：就是说你问她借这个钱就是为了还朋友的借车款。

答：对，还钱。

问：那么你借钱这件事除了跟她说过还跟谁讲过？

答：没跟别人讲过。

问：没跟别人讲过，借钱也没有手续，这9万块钱也是还车款，对吗？我刚才跟你讲过了，关于这件事情我们有一系列的证据来证明到底是常某芳讲得对，还是在有些环节上你讲的跟事实有出入，在这件事情上我也不想浪费太多时间。还有一件事要向你了解一下，你是否执行过把彭真花园3期裙楼执行给青岛保恒公司啊？

答：有这回事。

问：这个案子是怎么到你手里的？

答：这是局里交给我的案子。

问：你应该知道彭真花园合建在你们院曾经发生过一起民事诉讼案件，对吧？那么你要执行这个案子要执行一些判决和裁定，那么你依据的判决是什么判决啊？判决书的号码是多少？

答：记不住了。

问：大概意思是什么啊？

答：就是把楼判给青岛公司，付点违约金，大概就是这样，你要是把判决书拿过来我可能记得住。

问：你是不是记反了？事情过去的时间比较长，判决书的大概意思如果让你来看的话会耽误很长时间，但是跟你记忆的正好相反，这个申请执行人是哪个单位？化工公司，对吧？那么被执行人是你刚刚说的青岛房地产开发有限公司，判决结果你记得不太清楚，咱们可以根据判决书跟你讲一下。

答：你可以跟我说个大概。

问：根据中院的判决结果，涉及的这套房产所有权人要判给化工公司。

答：要把楼给人家？还要支付违约金。

问：对，他们不服就申诉到高院，你所要执行的就是要依据省中院包括高院的判决书，结果就是要把这个楼给人家，化工轻工业总公司，对吧？所有权人你也清楚了，那么在青岛中院的判决结果中是否涉及你执行裁定的青岛保恒公司，在它的执行判决书里涉及没有？

答：没有涉及。

问：那么既然判决结果中没有涉及，而且根据判决结果，彭真花园 3 期 B 座所有权应该是属于化工轻工业总公司而不是保恒公司，那么你为什么要把标的物执行给保恒公司呢？你的依据是什么？

答：有执行裁定书没有？

问：裁定执行书是你自己来完成，但是你在做执行裁定书的时候的依据只能是生效的判决，生效的判决咱们已经谈过了，不再赘述，它的内容结果是给化工公司。

答：这个你就直接问。

问：我刚刚已经直接问你了啊，你为什么要把这个楼给保恒公司？保恒公司跟咱们这个案件本身没有什么关系，它也不是这个房产的所有人，那么你裁定给它了，你的依据是什么？谁找过你，怎么谈的？

答：这个，复杂。我直接说吧，这个事当中我有错误，但是不构成犯罪，这个执行裁定没有根据判决书来做，这个是犯过错误，但是这个是受我们那个庭长孙某杰的支持，孙某杰让我这么干的，这个事我是听他的。

问：就是说没有按照原判决书来执行？

答：对。

问：那么除了听你们庭长的意见，这个案件中涉及的保恒公司也好，包括说原执行人员化工公司，这两个单位和其他单位的人他们有没有找过你？

答：找过我，我都跟孙某杰在一块谈。

问：他们提出了什么理由？孙庭长也好，你也好，是怎么答复人家的？

答：这个执行裁定书里面有。

问：那么咱们来恢复一下记忆，首先从你这发出的民事裁定书一共有五份，涉及房产内容的有几个环节，第一份涉及这个房产的最终所有权给了化工公司，第二份、第三份和第四份，分别涉及金额减少以及应化工公司的要求把这个房产裁定给其他第三方，这里涉及宏大公司和保恒公司，而为什么宏大公司没有裁定成这里面也提到了，就是没有能力借，因此你发出了第四份裁定书来把你的第三份裁定书废除掉，最后这个房产到了保恒公司，这是裁定书的大概意思，你有印象吗？这是一个大概意思，其中还涉及一些原因，这个楼本身按照原裁定，它是一个没有完工的楼，没有完工的楼按照原裁定，该怎么样就怎么样，交付给化工公司就可以了，但是在你的裁定书中却提到了因为这个楼没有完工没有完善需要进一步施工，所以需要被执行人，也就是鹏程公司来支付相应的完工款项达600多万元，这个你是怎么做的，谁跟你说的？包括把这个标的物裁定给最终的保恒公司。

答：这个事，鹏程公司跟化工公司有个合同叫联建合同，他们当时合同里写的是两年之后交一个全楼，结果他们没交，没交一个建好的楼而交一个建了一半的楼，那他肯定是想占便宜。

问：这个对方的理由和意图你是怎么知道的？

答：盖好的楼肯定是花的钱多，对不对？这点应该是个事实，没盖好的楼肯定花的钱少。

问：但是对方签这个合同包括是不是想赚钱，少钱的理由跟你作为执行法官来讲我想没有任何关系，你只需要按照原判决来执行就是了，它是一个完整的楼就是一个完整的楼，你去执行就罢了，但是不是完整的楼你也应该按照执行的要求来做，但是按照你的几份裁定书来讲，你并没有按照原来的执行去做，而是把它作为一个没有完善，需要对方支付的一个理由，当然了，最后这笔钱对方也没有得到，但是影响这个结果的是由于你的四份裁定把这套房子给到了保恒公司，你为什么这么做呢？这样做对对方有什么好处，对化工公司包括保恒公司有什么好处啊？

答：这个庭长怎么安排我就怎么做。

问：作为你来讲，如果按照原判决书来执行了，你的工作环节就算完成了，对吧？如果化工公司要把这个楼卖给谁，是宏大公司还是保恒公司是他们双方之间的一种交易，那么要交易，房产过户就要产生税费，对吗？

答：这个我不懂。

问：房产过户要产生税费这是一个非常浅的道理，咱们买房买车都得交税。那么现在由于你的裁定，应属于化工公司的房产不需要缴纳这些税费就转到了保恒公司，这对对方有什么好处呢？

答：这个我不清楚。

问：那么我们现在回过头来看，从现在来看你实施前的行为，你不管是受谁指使，但是真正操作的人是你在出这个裁定书，裁定这个房子越过了两级直接给了保恒公司，刚才道理都给你讲了，你的职责就是按照判决去执行，完事，画句号，下一个案件，他拿到房产之后卖给谁是他的事，按照国家税法，他应该缴纳相关税收，但是事实证明由于你的裁定书根本就不需要化工公司把这房子办理相关纳税手续和变更手续，直接就从彭真公司到保恒公司了，国家税收呢？你有没有责任啊？不管你明智不明智你有没有责任？

答：这个事我是受指使，犯过错误。

问：那你的错误在哪儿啊？我听来听去没听出来你错在哪儿啊。

答：我的错误就是不应该听领导的这样做。

问：那么你因为这个行为造成了这个损失你有没有责任？

答：有责任，我有责任但却是比较轻的责任。

问：这个轻与重咱们国家法律有相关规定，咱们要从轻，包括这个罪最后定不定，不是你说了算也不是我说了算，我只是履行我的义务来把这个相关手续查实清楚，那么作为你来讲，这个事情是不是你实施的，为什么实施，也有相关证据证明，但是在这件事情发生的情况下，尤其是职务犯罪，要的是一个本质态度，更何况你的特殊身份，我想在这个问题上，你能够说清的情况下，咱们国家司法的宽限相关政策也会非常明确体现的，所以说无论是法律规定还是从同行来讲，本身这个案件交给我办理也是个缘分，交给其他人咱们就擦肩而过，而且我们年龄差不多，我可能大你几岁，在这个行业里头工作年限多几年，所以在这件事情上有点失误没有关系，那么眼前的事情怎么把握，不能说因为这件事情我害怕受到处理我就不去讲。

答：这个事情我一开始就承认我有错误，你没说我就承认我有错误。

问：这点我们非常肯定，这是你一个积极的态度。

答：但是我要向检察官说

明，收集犯罪嫌疑人证据要全面收集，罪轻罪重无罪的证据都要收集，所以我觉得我只是跟着孙某杰干事，我觉得这方面的证据需要检察官收集。

问：都是跟着孙某杰干的啊？

答：对。

问：这个证据我们肯定要调取的，而且他如果哪些地方不能如实讲清楚他就要承担相应的责任，这个你放心。那么回到刚刚的问题上，说到责任，我们首先讲到认罪态度的问题，刚刚我们讲了两个问题，一是帮常某芳办证的问题，二是后面3期楼的问题，你呢对这两个问题都做了客观的供述，那么还有两个问题需要弄清楚。刚刚你提到这个车了，用你的解释来讲有40多万元是找常某芳借的，那另外50多万元呢？这车100多万元呢！

答：那50多万元是我父母给的，我母亲以前在机电公司工作，我父亲是青岛工程学院的老教授，他们给的钱，包括房子都是。

问：你的父母能给你证实这个问题吗？

答：能。

问：我想在这个问题上咱们别让老人太操心，如果你讲的是事实的话我们会换一种非常变通的方式跟老人来谈这个问题，包括你现在的情况我们也会换一种老人能接受的方式跟他们谈，但我希望你这个剩下50多万元的来源不要伤老人的心，如果有其他的来源我希望你讲清楚，这是我对你的善意的提示。

答：这是父母给的。

问：除了在青岛有你的住房外，在其他地方你还有没有住房？

答：没有。

问：那据我们调查你在北京大兴还有套住房。

答：北京大兴……哦，这个我记错了，这房子都是父母给的钱买的。

问：多少钱啊？

答：具体数额我记不清楚了。

问：什么时候买的啊？

答：时间我也记不清楚了。

问：那我们查证是2004年。

答：那就是2004年。

问：2004年买了房子，在近两年当中拥有了上百万元的奔驰车，在办证当中出现了所谓借款四五十万元。

答：我那奔驰车还欠着人钱呢。

问：咱们把话说在前面啊，这房产车辆，包括40多万元的来源，你能够说清楚我觉得对你来说有益处，你如果说不清楚包括你说的不是实话的情况下，经过我们查证有些该归谁归谁，什么叫该归谁归谁啊，它属于哪个问题的，我们也不会错位，不属于哪个问题的，我也给你介绍一条罪名就是巨额财产来源不明罪。

答：第一，我那不是巨额财产；第二，我那来源很明确。

问：一套房子一辆车它能不能达到巨额财产来源不明罪我们很清楚。

答：检察官我想问你啊，什么叫巨额财产来源不明罪？

问：巨额财产来源不明罪按照我国《刑法》的相关规定，你作为当事人来讲，国家机关工作人员，除了你的正常收入之外，对于超过立案标准金额的你无法说清其合法来源，从我们办案角度来说，如果你的这些钱的来源跟我们谈论的这些问题能够联系在一起，它归类，如果来源无法讲清楚的达到立案标准的，就属于刑法所规定的巨额财产来源不明罪。

答：但是检察官请你注意，我的财产来源是很清楚的，或者刚才我没有说完，但是来源很清楚。我父母给了我一笔钱，我妻子去世的时候也留给我一笔钱，我妻子以前是有工作的，这些钱足够我买房买车的。

问：这些东西，咱们用你的话来说还是得用证据说话，你的收入你爱人的收入包括你父母的收入包括工作年限，这是通过数字计算很容易得出的，咱还别说支出，咱就说收入跟你这些钱的来源是不是合得上，会不会有很大差额，这个都不用去争执，我只是跟你说你要是能讲清楚来源最好，如果你讲清楚经我们查证不是，你无法说明其他理由来源的，那么就是巨额财产来源不明罪。回到咱们前面谈的问题，你刚刚对彭真花园这个问题的态度不错，觉得自己是有责任的，错误的，那么你对这个问题怎么认识啊？这是什么性质的问题啊？

答：这是什么性质的问题，我认为是滥用职权，被人指使滥用职权。

问：法条有没有这个规定咱们暂时不去考究，但是没有你说的这个罪名。

答：我希望检察官把被人指使这些证据调查清楚。

问：好，一定会按你说的去调取，但是调取完了是不是被人指使得按调取回来的结果说话，是吧？你刚说知道是滥用职权，但你是执行局的法官，我们国家《刑法》第九章有个规定，叫作执行判决裁定滥用职权罪，就根据这个问题更具体化，因为你是执行庭执行局的法官，在执行判决裁定的过程中利用了你的职务之便，没有严格按照原判决裁定执行，知道吗？滥用你手中的这种权力，超越你的权力去办这件事情，给国家，包括集体财产造成重大损失，这种损失数字……

答：这个损失主要是孙某杰承担。

问：这个责任该谁承担谁承担，我希望你对这个问题保持一个良好的状态，那么除了这些问题你能认识到是这种情况，你对其他的行为有什么认识啊？你是因为涉嫌受贿而被立案侦查的，但最终结案也可能不止一个罪名，但是首先我要告诉你，你是因为这个问题被立案侦查的，你对这个问题怎么认识啊？

答：我没有受贿。

问：那么你从常某芳那里拿了钱，还是按你讲的是借款是吗？这个你需要更改吗？

答：不需要更改。

问：那么你从化工公司这边拿过什么钱吗？有什么不正常的经济往来吗？

答：没有不正常的经济往来，你所指的拿钱是怎么拿钱？

问：你就回答我有没有不正常的经济往来就可以了。

答：没有不正常的经济往来。

问：在谈的过程中你有没有要检举揭发的？

答：我检举揭发孙某杰。

问：这个如果经我们查证属实，按照我国刑法规定：提供重要线索从而得以侦破案件，是可以从轻或减轻处罚的，我希望你说的情况经过我们查证是你说的这种情况，那咱们谈话就先到这，对此次讯问和全程录音录像有什么意见和想法吗？有什么都可以提出来，没关系，咱们下次还可以再谈。

答：我补充一点，前后我有更正过的地方，以更正后的为准，其他的没有了。

问：那么在整个录音录像过程中，你认为你的身体状况和思维状况如何？

答：清醒，前后有不一致的地方以更正后的为准。

问：对你上述所涉嫌的问题，你的供述是否都是属实的，有没有更正或者补充的了？

答：属实，没有。

问：如果有希望你提出来。

答：我希望看一下笔录。

问：一会儿会让你看笔录的，此次讯问到此结束，一会儿我们把讯问笔录打印出来，你阅读一下有没有记录不对或者不准确的地方提出来，并要求更正或者补充，经过你确认无误以后在每页的最下端签名，然后在最后一页的下面写上几页笔录，本人看过，签名，时间，按上手印就可以了，听清楚了吗？

答：听清楚了。

问：这有个问题我需要补充问你一下，你曾经有没有向一个姓常的人要过几十万元人民币啊，这个问题咱们也客观地讲啊，我希望你把这个问题回忆清楚。

答：我觉得你这个问题问得不太具体。

问：你帮她办过什么事没有？

答：叫常什么？多少万元？

问：几十万元，大概三四十万元吧。

答：这个我说不准。

问：这个事你先回忆一下有没有，咱先不说这个钱是什么钱。

答：没有。

问：你印象中没有？这记得准吗？

答：记得准，我是向常某芳借过钱。

问：不是这个人，我刚问你那个姓常的跟这个常某芳不是一个人。

答：不是一个人就没有。

问：房子记不清多少钱，包括什么时候买的，对吧？

答：哪个啊？

问：房子，大兴那套房子，你不是说不上来是多少钱，是父母帮忙买的吗？对吧？

答：具体多少钱我忘了，这个是父母的钱买的。

问：你刚刚说那个交易大厅大堂经理是叫林某吗？

答：是。

据统计，上述审讯共有188个相邻对，涉及的提问句式包括特指问、是非问、选择问、回声问、反问、附加问等，具体句式的出现频数如下（见表3）。

表3：审讯笔录提问句式统计

项目	频数	
特指问	99	特指问：99，其中宽式：60，窄式：39。
是非问	36	
附加问	26	
反问	20	
正反问	14	
选择问	10	
回声问	2	

统计显示，上述问话中特指问仍然是最多数，为99，其次为是非问36，附加问26，回声问最少。

（三）两场审讯比对分析

笔者将两场审讯中提问句式进行了统计（见表4）。

表4：审讯1与审讯2统计

<table>
<tr><td>审讯1</td><td colspan="2">频数</td><td>审讯2</td><td colspan="2">频数</td></tr>
<tr><td rowspan="2">特指问</td><td rowspan="2">73</td><td>宽式44，占60%</td><td rowspan="2">特指问</td><td rowspan="2">99</td><td>宽式60，占60.1%</td></tr>
<tr><td>窄式29，占40%</td><td>窄式39，占39.9%</td></tr>
<tr><td>是非问</td><td colspan="2">65</td><td>是非问</td><td colspan="2">36</td></tr>
<tr><td>附加问</td><td colspan="2">4</td><td>附加问</td><td colspan="2">26</td></tr>
<tr><td>反问</td><td colspan="2">1</td><td>反问</td><td colspan="2">20</td></tr>
<tr><td>正反问</td><td colspan="2">2</td><td>正反问</td><td colspan="2">14</td></tr>
<tr><td>选择问</td><td colspan="2">11</td><td>选择问</td><td colspan="2">10</td></tr>
<tr><td>回声问</td><td colspan="2">1</td><td>回声问</td><td colspan="2">2</td></tr>
</table>

可以看出，虽然是同一案件的同一嫌疑人，不同的侦查员的语言、运用的策略等各有特点。

1. 从侦查员提问句式看

（1）可以看出，侦查员使用特指问话的比例要远远高于其他形式的问话。如“你现在副庭长的职务是什么时间正式任命的?”“你怎么说的?”等。审讯 1 和审讯 2 中宽式和窄式提问比例基本相同，宽式都为 60% 左右。如“你担任执行局法官的主要职责是什么?”“这样做有什么好处?”等。窄式为 40% 左右。如“你从哪个学校毕业的?”“交了多少税”等。这说明在信息收集阶段的主要目的是获取案件事实和索求信息，而特指问话是事实调查的主要工具。侦查中，审讯者不仅承担着程序性地对犯罪嫌疑人基本情况和身份进行核实的任务，更要承担起主体部分对犯罪事实的调查任务。审讯中，除使用窄式特指问话来获取案件时间、地点、人员、凶器等细节问题的信息外，还需要更多的宽式特指问话来查明案件经过、犯罪嫌疑人动机等细节。另外，宽式特指问话赋予犯罪嫌疑人以较大的供述空间，体现供述的自愿性特点，也可以使侦查员获取更多的案件信息。

（2）是非问话在两次审讯中均占第二位，审讯 1 为 65，审讯 2 为 36。是非问话是封闭性问话，它的主要功能是进行信息确认，不需要答话人提供新信息，对答话人具有很强的控制力。如“你在担任中级人民法院执行局法官期间有无犯罪行为?”“这个钱你提取了吗?”“最终的执行是不是按照第一份裁定执行的?”等。一般来说，开头和结尾的是非问话主要确认犯罪嫌疑人是否理解了自己的权利和义务。在信息收集部分，警察使用是非问话主要是对案件的某些细节向犯罪嫌疑人进行求证。通过问话，警察承担了信息的作者（author）和发声者（animator）角色，而让犯罪嫌疑人承担起责任者（principal）的角色。在开头和结尾的程序性权利和义务告知部分，侦查员代表的是机构，犯罪嫌疑人答话是对自己权利和义务理解的回应，因而就承担起了自己理解、履行或行使自己的权利和义务的责任。在信息收集部分，侦查员问话中信息的作者和发声者是侦查员本人，而不再是机构。问话的目的就成了让犯罪嫌疑人确认或否认问话中的信息，从而承担起话语的责任者角色。这一问话模式是否引入新信息的决定权在侦查员，是侦查员要求犯罪嫌疑人对违法事实进行确认。在信息收集部分是非问句使用如果比例偏高，容易引起人们对审讯者“诱供”的怀疑。[①] 两场审讯，虽然审讯 1 和审讯 2 中是非问都列居第二位，但两者是非问的数量差距较大，审讯 1 的是非问比审讯 2 的是非问多 29 次。

（3）正反问话数量两场审讯不一，审讯 1 为 2，审讯 2 为 14，后者比前者多 12。如：“你在其他的地方还有没有住房?”又问：“你在担任中级人民法院执行局法官期间有无犯罪行为?”

答：“应该没有，没有。”

问：“有还是没有?”可见，正反问话在信息控制和胁迫力方面要比是非问话强烈得多，多用来质疑犯罪嫌疑人供述的真实性或要求犯罪嫌疑人澄清事实。这种问话形式的使用说明审讯中侦查员和犯罪嫌疑人之间的目的冲突性。

（4）附加问话数量两场审讯不一，且差距较大，审讯 1 为 4，审讯 2 为 26，数量差为 22。如：“你的朋友对这个问题能不能给你证实，很清楚，对吧?”“你出面必定有你出面的道理和作用，这咱们非常客观地讲，对吧?”附加问话一方面显示出信息控制和胁迫力方面同样比是非问话强烈得多，另一方面显示出问话者的自信和对局面的掌控。

（5）选择问话数量两场审讯接近。审讯 1 为 11，审讯 2 为 10。选择问话为封闭性问话，对答话的范围进行了严格限制，如：“执行的依据是判决书还是合同?”嫌疑人只能从两个互相对立、互相排斥

① 曾范敬：《警察讯问话语批评分析》，中国政法大学 2011 年博士论文。

的选项中选择一个。

从总体上看，上述审讯中侦查员利用问话形式，特别是封闭式问话形式对审讯场面实现了控制。审讯 1 中特指问宽式问话为 44，窄式为 29，封闭问（除去反问）为 83，审讯 2 中特指问宽式问话为 60，窄式为 39，封闭问话为 88。两场审讯宽式问话为 104，封闭问话为 171。可见，侦查员充分利用了问话技巧，成功地对犯罪嫌疑人施加了控制和约束，达到获取信息和确认信息的双重目的。开放式问题有助于从宏观上把握案情的全貌；封闭式问题则能使我们从微观上了解案情的细节，两者各有所长，不可偏废。但是，在侦查的初期犯罪嫌疑人还没有供述或没有完全供述时，一般要使用开放式来提问。许多侦查员却厚此薄彼，过多地使用封闭式问题。这难免会产生三个问题：第一，审讯对象回答封闭式问题时，精力不像回答开放式问题时那样集中，往往是问得快，答得急，问题刚一提出，回答应声而至，极为简略。审讯对象几乎没有深入思考的余地，回答完问题之后，审讯对象被动消极地等待侦查员提出下一个问题。这显然是主次不分，本末倒置。因为，审讯本应是侦查对象对案情在自己脑海中留下的大脑图像的积极的、自主的表述过程。违背了这一点，侦查对象的记忆必然会受到影响。第二，封闭式问题要求得到的情报都被限制在特定的范围之内，有关嫌疑犯身高的问题只能取得身高的情报，有关衣服颜色的问题只能了解衣服的颜色，问题的参量被明确限定。所以一旦审讯对象认为已经提供了某个特定的问题所要求的情报，自然会就此而止，中断叙述。由此产生了两个局限性：其一，如果侦查员提问时遗漏了某个问题，与之相应的情报就会丧失。其二，即使审讯者提出了所有自认为与案情有关的问题，他所无法预料的特异性情报如嫌疑犯的右手无食指也不可能得到。第三，过多、过早使用封闭模式提问易导致引供和指名指事问供之嫌。

从整体上说，较为理想的提问模式是，先提综合性的开放式问题并允许嫌疑人自主地、尽可能详细完整地回答和描述。而后，如果发现侦查对象的回答中漏掉了某些事实，即可随之提出细节性的封闭式问题做进一步的了解。一般来说，问话形式、疑问度、信息度、支配力以及诱导性等各种层面和关系归纳如下：[①]

①问话索求的信息越多，则问话的疑问度越大；

②问话索求的信息越少，则问话的疑问度越小；

③问话的疑问度越大，对答话人的支配力越大，给予答话人的自由越小；

④问话的疑问度越小，对答话人的支配力越小，给予答话人的自由越大；

⑤开放性问话索求的信息多，所以疑问度大，支配力小；

⑥封闭性问话索求的信息少，所以疑问度小，支配力大；

⑦封闭性问话“诱导性”强，开放性问话“诱导性”弱或者没有。

日常话语中，各方权力关系较为平等，参与者对问话形式具有相类似的占有权和选择权，因问话形式而表现出来的权力不平等不明显。但在机构话语中，在权力不平衡的说话者之间，更强大的说话者往往会更多地利用不同类型问话来控制和影响权力弱小的一方。从问话为答话设定的可能范围来看，答话选择的范围越广，则意味着问话对答话的控制越小。但从信息量角度来讲，问话控制力越小，答话自由度越大，则索求的信息量越大，同时也说明问话者对某一问题的疑问程度越高。宽式开放特指问话，问话支配力弱；窄式开

① 曾范敬：《警察讯问话语批评分析》，中国政法大学2011年博士论文。

放特指问话，索求信息量多；选择问话，问者疑问度高；是非问话支配力强，索求信息量少；附加问话，问者疑问度低。从获取信息而言，审讯中在获取案件事实阶段应该更多地运用宽式问话，一方面宽式问话面宽，给嫌疑人自由陈述的机会，可以就案件事实全面陈述，同时又可以为自己辩解；另一方面宽式问话更有利于建立起侦讯双方的交流关系，有利于审讯的展开。

对两场审讯分析还发现，审讯 2 中附加问话数量较多，为 26，比审讯 1 多 22。附加问为陈述句加问句组成，说话者的目的不在疑问，而是加强语气，一般用降调。如："他喜欢踢足球，不是吗?""你应该遵守交通规则，对吧?"说话者本意并不是疑问，问话者心中早有定论，只寻求认同。譬如在审讯 2 中侦查员利用附加问话："得按调取回来的结果说话，是吧?""房产过户就要产生税费，对吗?""那我再问你啊，你说这个钱没有经你手，都交给房产中心了，对吗?""只是去带她认认门的问题，对不对?""你出面必定有你出面的道理和作用，这咱们非常客观地讲，对吧?"可以看出，侦查员通过附加问的方式对问题加以强调和肯定，显示出侦查人员的自信和优势。

2. 从侦查员对犯罪事实的切入方式看

两名侦查员在问完其是否实施了受贿犯罪行为并得到嫌疑人否定自己的犯罪事实后开始切入事实。

审讯 1

问：你在担任某市中级人民法院执行局法官期间有无犯罪行为?

答：应该没有，没有。

问：有还是没有?

答：应该没有。

问：那好！我问你几个问题，你要如实回答。某省高级人民法院 2002 民（1）中字 62 号判决书是你执行的吗?

答：我执行的判决书多了，

你给我说得具体点？

问：下面给你看一下这个判决书。（递给邓某判决书）

答：（看了约两分钟）这个判决是我执行的。

问：你执行的依据是什么？

答：依据发生法律效力的判决书。

问：也就是依据判决书中提到的生效的判决内容？

答：对。

问：那好，你把这个判决的执行情况具体说一遍。

答：……

审讯1这一段审讯共有7个相邻对，其中2个宽式特指问，1个窄式特指问，1个是非问，2个选择问。从数量上看只有7个相邻对，显然侦讯双方往来的回合少，意味着侦查员比较直接地切入犯罪事实。上述笔录显示侦查员直接从判决书切入犯罪事实。

审讯2

问：那么好，下面咱们开始讯问。首先你是否实施了受贿犯罪行为或其他犯罪行为？

答：没有。

问：咱们刚才讲了你是因为涉嫌受贿被立案侦查的，那么所谓立案就是在掌握了你一点犯罪证据的基础上，需要追究你一定刑事责任的基础上再进入立案程序。你是搞案件的法官，虽然在执行局不搞刑事案件，但是对证据的概念，我想咱们是同行，都应该对它有所理解。没有一定证据的情况下是不会进入立案程序的。

答：你把证据拿来让我看看。

问：现在不是跟你出示证据的时候。我问你，你是否实施了犯罪？你说没有，那么现在有些问题需要你来回答，好吧？

答：你说你有证据，我应该看看，以证明我有罪。

问：到出具证据的时候自然会给你出具，你是什么时间担任青岛市中院执勤局执勤员的？

答：我忘了，你们不是有

证据吗？就自己去调呗。

问：请你直接回答我的问题，证据是证明你犯罪的，如果你认为你自己没有犯罪你可以对自己做无罪或者罪轻的辩解。对于你的任职情况，希望你不要有任何情绪，配合检察机关把问题讲清楚。你是什么时间到执勤局工作担任执勤员的？

答：担任执勤员这个具体的时间我记不清楚了。

问：刚才你讲过，我们也从你单位调取了相关的履历，你是从2002年4月，明白了吗？这个时间你记清楚。

答：这个是你们说的时间。

问：你可以回忆一下。

答：我不确认。

问：我所讲的这个时间是从法院依正当程序调取的。那么你在执勤局担任执勤员，你的工作职责范围是什么？

答：负责执勤。

问：那么作为法院的执勤员，应该怎样履行执勤程序？

答：听领导安排。

问：那么你在执行一个案件的过程中你的依据是什么？这是你的本行，咱们不需要说得太复杂，简单点说就可以了。

答：执行裁定书。

问：对，你们的判决书，裁定书对吧？都得要按照生效的判决书、裁定书去执行，是这个意思吧？

答：是这个意思。

问：咱们不是搞一个工作，所以有些涉及执行方面的东西还得向你请教。简单地说应该是按照相关生效的执行或判决来开展你的执行工作，对吧？

答：对。

问：那么我问你个问题啊，你是否认识常某芳？

答：你说的是谁？

问：常某芳，这个人你应该不会陌生。

答：我认识一个叫常某芳的。

审讯2这一段审讯共有14个相邻对，其中3个宽式特指问，2个窄式特指问，3个是非问，4个附加问。侦查员运用了不同的提问方式与嫌疑人展开了周旋，并且没有直接切入判决书的执行问题，而是从关系人常某芳入手以渐进的方式迂回切入。

3. 从侦查员对嫌疑人提问的应答看

审讯1中，嫌疑人就从宽问题向侦查员提出了问题（即画线部分）。

答：我要说了能从轻吗？

问：……

答：你说这宽能宽到什么程度？

问：宽到什么程度？把你的问题实事求是地说清楚，不该拿的钱退回来，对你的问题做一个深刻的认识，在将来对你的处理上肯定要依据相关的法律对你从宽处理。

答：你说的这个从宽还是没一个界限，我觉得这有点虚啊。我其实还有些事儿呢，但是我要说了你能宽到什么程度呢？

问：你要说的都是你应该说的，将来检察机关和法院都要对你从轻处理。

答：我说完这事儿能取保吗？

问：取保是根据你的犯罪事实、情节以及退赃情况来综合考虑的。

答：我要是退赃了呢？

问：你要说了这是你的一个从轻处理的情节。

答：我要说了，把钱退了，其实有些事儿并不一定是受贿，但有些事儿是不应该的，这我承认。你刚才说了受贿罪的定义，我觉得自己并不是受贿……所以我想知道能不能给我取保候审？

问：取保候审是一项严格的法律制度，取保候审的申请、批准、执行有一套程序，我们无法当场给你答复能与不能，如果你有取保候审的申请我们可以向领导反映。你以前也是搞法的，相关的法律知识你也清楚，司法机关办案，重证据不轻信口供，如果没有口供，证据确实充分一样可以定案，对吧？就你说的取保问题，有相关的法律规定，你提的这个申请，我们会向检察长做汇报，检察长会在7日之内给予答复的，听清了吗？

答：听清了。

一般来说，审讯是通过审讯者的提问来推进的，但有时犯罪嫌疑人也会提出一些问题，需要审讯人员来回答。从应答技巧上看，审讯的特点决定了应答虽然是回答问题，但是在句式语气上并不全是肯定陈述句，它的句式结构有肯定语气的陈述句"你有权利请律师"，或者答曰"可以满足你的要求"，有否定句式"你说的不是真话""你没有权利这样做"，有反问句式"你做的事情难道你心里还不清楚吗?"。由于应答的程度、范围、语气、语调直接关系到犯罪嫌疑人心理的转化方向，它可能是犯罪嫌疑人态度转化的临界点，也就是说转化为走向供述还是继续拒供的临界点，因此，策略、妥善的应答对审讯的顺利推进起着重要的作用。

在审讯中常常需要面对嫌疑人提出的条件和各种要求，对这些问题的应答体现出预审员对法律、政策的掌握，也体现出审讯策略方法的应用，也是侦查员应对和应变能力的体现。上述审讯从总体上看，侦查员对嫌疑人在回答问题时比较宽泛和笼统，有的问题回答不够从容，应答技巧有待提高。侦查员要善于应答，通过巧妙的应答来突破对方的控制，摆脱提问所设的圈套，使对方的控制失灵，提问的目的落空，并由被动转为主动，陷提问者于被动，以达到利己的目的。侦查人员在应答前要尽量把需要回答的内容想好，先要厘清自己的思路。如果犯罪嫌疑人的问题很庞杂，可以迅速地将这些问题分类。看哪些问题可以回答，哪些问题不能回答；哪些问题可以简单回答，哪些问题需要详细回答；哪些问题可以直接回答，哪些问题需要避实就虚；哪些问题可以正面回答，哪些问题需要巧妙回答。应答的策略不同，效果也不一样，可以说，在关键时刻，应答的好坏决定了审讯的成功与否。

一般来说，对于犯罪嫌疑人的提问，无论是提条件还是要求，审讯人员应及时应答。能够当场回答的尽量当场回答，如果常常以“要研究”“要请示”为由搪塞、拖拉，则容易引起嫌疑人的不信任。当嫌疑人提出要求时可根据情况在不违背法律的情况下予以满足。当嫌疑人提出条件时还需注意的是通常可以反提条件。

如嫌疑人提出“想见见母亲”，答：“按照法律的规定，侦查期间不允许接见。但是考虑到你母亲身体不好，年纪大，如果你能够配合侦查，把问题及早说清楚，我们可以为你积极申请。”如犯罪嫌疑人提出“我的事情能判几年？”或者“能不能少判几年？”等类似的问题，就可以采取设定条件回答的方法，遵循这一方法，就上面嫌疑人的问题，可以这样应答：“这就要看你的问题有多大了。”或者回答：“这就要看你对待问题的态度了，如果是积极的态度来协助问题的查清，是有利于你的。”这样应答，既合法、实事求是，又有利于自己，使自己处于主动地位。如嫌疑人问自己可能判几年时，可以反诘应答：“你认为会判几年？”“没有想过。”“既然没有想过怎么会提这个问题呢？我看，等你的问题说清楚了，结果自然就会知道。”反诘应答简明有力，嫌疑人难以抵挡。

审讯1中，面对嫌疑人提出的取保候审的问题，侦查员可以将取保候审的条件讲清楚，并反提条件让对方将问题讲清楚再谈取保的事情。对于从宽也是如此，把从宽的法律讲清楚，指出从宽的前提是讲清楚问题。

二、审讯中的提问与应答情境

在常规审讯中，常常接触到的是一些常用的提问和对嫌疑人提出条件和要求的应答，而这些常见的常规性问话和应答也有策略方法的体现。

（一）提问情境

之一：侦查员问：你说说这起案件的细节，受害人是怎么死的？嫌疑人答：我那时很紧张，很多事情都忘了。

面对此情景，你该怎么继续？

（1）低头做笔录。

（2）不正面看嫌疑人，回避其目光。

（3）看着嫌疑人，眼光有鼓励之意。

分析：低头做笔录。此时最好不要做笔录，做笔录容易使对方紧张。不正面看嫌疑人，回避其眼光。容易使嫌疑人继续逃避。看着嫌疑人，眼光有鼓励之意。这是正确的做法。

之二：嫌疑人：我看见他包里有很多钱，我实在控制不住自己了。

面对此情景，你该怎么继续？

（1）你偷了多少钱？

（2）你怎么偷的钱？

（3）你没有控制住自己……

分析：你偷了多少钱？改变了话题，有些突兀，不是十分妥当。你怎么偷的钱？转移了话题。你没有控制住自己……这是正确的做法，以启发对方继续说。

之三：嫌疑人：那天，我喝了很多酒，后来我就去他家（被害人）……（杀人）

面对此情景，你该怎么继续？

（1）你喝的什么酒？

（2）是啊，喝多了酒控制不了自己了……

（3）你怎么杀的他？

分析：你喝的什么酒？改变了主题。是啊，喝多了酒控制不了自己了……这一问法较好。附和对方以减轻道德压力，同时缓和气氛，张弛相济。你怎么杀的他？稍后再问较妥当。

之四：嫌疑人：我们夫妻感情不好，经常打架，很长时间不说话。我厌烦了，不愿这样过了。

面对此情景，你该怎么继续？

（1）你们为什么吵？

（2）怎样才能改变这种情况？

（3）所以你就杀了她？

分析：你们为什么吵？这是较好的做法。可和对方拉近距离，渐渐进入主题。怎样才能改变这种情况？属于开放式提问。此时不适合讨论这一话题，容易离题，无法获取我们想要的信息。所以你就杀了她？这样提问太急了，双方容易呛住。但是如果此时的嫌疑人已经完全动摇也可。

之五：嫌疑人：我们打架是由多种原因引起的，主要可能因为我老不回家吧。

面对此情景，你该怎么继续？

（1）为什么不回家？

（2）你不回家，你老婆生气吗？

（3）你觉得自己对吗？

分析：为什么不回家？较好。开放式问题，有助于获得有用信息。你不回家，你老婆生气吗？偏离了主题。你觉得自己对吗？这一提问无法获得有用信息。

之六：嫌疑人：我家里很穷，欠了很多债，为了还债我在工地打工，晚上还要看大门。

面对此情景，你该怎么继续？

（1）你欠了多少钱？

（2）很辛苦吧？

（3）这两份工作满意吗？

分析：你欠了多少钱？这一问题不是当前的关键问题，提法不是十分准确。很辛苦吧？提问较好，有情感作用，可拉近双方距离，有利于审讯的展开。这两份工作满意吗？偏离了主题。

之七：嫌疑人：那天，我累了一天，我老婆还让我去帮她家干活，我气急了，我们就打了起来。

面对此情景，你该怎么继续？

（1）你生气了，然后做了什么？

（2）你详细描述一下当时的情景？

（3）你们怎么打的？

分析：你生气了，然后做了什么？可以。时机成熟时这样问可获得有用信息。你详细描述一下当时的情景？较好。开放式问，能获取较多信息。你们怎么打的？偏离主题。

之八：嫌疑人：当时天黑，看不清那个人，只看见一辆小汽车把她拉走了。

面对此情景，你该怎么继续？

（1）你撒谎，你老实交代。

（2）天太黑，什么都看不见是吗？

（3）说说小汽车的情况？

分析：你撒谎，你老实交代。容易引起对立。天太黑，什么都看不见是吗？属封闭式问题，等于你替对方回答了问题。说说小汽车的情况？较好。可以由此问题延伸获得有用信息。

（二）应答情境

审讯实践中，侦查人员在常规式的审讯中常常需要面对嫌疑人提出的条件和各种要求，对这些问题的应答体现出侦查员对法律、政策的掌握，也体现出审讯策略方法的应用，也是预审员应对和应变能力的体现。

之一：侦查人员：我们是市公安局办案人员，现在开始第一次审讯。首先告知你的权利义务。这是权利义务告知书，你看看。

嫌疑人：我眼睛老花，看不清楚。

侦查人员：……

嫌疑人：我要求你回避。

侦查人员：……

嫌疑人：如果不回避，那现在你不能问我。

侦查人员：……

嫌疑人：我拒绝回答问题。

侦查人员：……

嫌疑人：能不能从宽处理我？

侦查人员：……

分析：对于“我眼睛老花，看不清楚”这一问题侦查员可以向他宣读权利义务告知书；对于回避的要求，按照法律可以提出回避的申请，但在上级批准之前不停止侦查活动；对于拒绝回答问题的提法可以告知相关法律，即对侦查人员的提问要如实回答，与案件无关的问题有拒绝回答的权利；对于从宽的解释要说明，从宽要依据法律，不仅看你的犯罪事实，还要看表现。

之二：侦查人员：我们是公安局的侦查员，现在开始第一次审讯。首先告知你的权利义务。这是权利义务告知书，你看看。

嫌疑人：我现在要见我的律师。

侦查人员：……

嫌疑人：我拒绝回答任何

问题。

侦查人员：……

嫌疑人：我犯了什么罪把我弄到这里来？

侦查人员：……

嫌疑人：什么是诈骗罪？

侦查人员：……

嫌疑人：我想见见孩子。

侦查人员：……

分析：可向嫌疑人解释相关的法律，按照法律的规定，不涉密案件嫌疑人有权会见其聘请的律师，但应是事后会见，而不是讯问现场会见。对侦查人员的提问要如实回答，与案件无关的问题有拒绝回答的权利。应告知嫌疑人涉嫌的罪名，向嫌疑人解释什么是诈骗罪。对于提出想见孩子是可以理解的，但在侦查期间按照法律的规定不允许会见。如有特殊情况可以考虑，但是现在首要的是把你的问题讲清楚。

之三：侦查人员：我们的宽严相济的政策你应该了解……

嫌疑人：能宽到什么程度？

侦查员：……

嫌疑人：可以放了我吗？

侦查员：……

嫌疑人：为什么不给我取保？

侦查员：……

嫌疑人：……（翘起腿）

分析：对于嫌疑人提出的“宽”到什么程度的问题，需要解释有关的法律和政策的精神，宽到什么程度要看你的犯罪事实和你的态度，有一点可以肯定，只要你积极配合对你的量刑有好处。现在放你为时过早，因为你的情况还没有查清楚。你可以提出取保候审的申请，经审查符合条件的可以取保候审。对于嫌疑人翘起二郎腿的情况要予以阻止。

参考文献

1. ［苏］H. N. 波鲁鲍夫：《预审中讯问的科学基础》，冯树梁译，群众出版社 1985 年版。

2. ［美］佛瑞德·英鲍等：《刑事审讯与供述》（第 5 版），刘涛等译，中国人民公安大学出版社 2015 年版。

3. ［英］古德琼森：《审讯和供述心理学手册》，乐国安、李安等译，中国轻工业出版社 2008 年版。

4. ［美］Richard A. Leo：《警察审讯与美国刑事司法》，刘方权、朱奎彬译，中国政法大学出版社 2012 年版。

5. ［美］阿瑟·S. 奥布里、鲁道夫·R. 坎普托：《刑事审讯》，但彦铮、杜军译，西南师范大学出版社 1998 年版。

6. ［美］菲利普·津巴多等：《态度改变与社会影响》，邓羽等译，人民邮电出版社 2007 年版。

7. 赵桂芬：《供述心理与讯问对策解密》，中国人民公安大学出版社 2009 年版。

8. 汲潮：《预审员的札记》，群众出版社 1982 年版。

9. 李杰群主编：《非言语交际概论》，北京大学出版社 2002 年版。

10. ［美］迪·金·罗斯姆：《地理学的犯罪心理学画像》，李玫瑾译，中国人民公安大学出版社2007年版。

11. 薛宏伟、吴昌森：《审讯对策学》，群众出版社1988年版。

12. 韩国权、薛宏伟：《实用讯问语言》，群众出版社1990年版。

13. 金瑞芳编：《审讯心理学》，杭州大学出版社1990年版。

14. 徐加庆等：《讯问言语学》，中国人民公安大学出版社1992年版。

15. 齐文祥等：《刑侦讯问》，警官教育出版社1993年版。

16. 田景继、沈其昌主编：《实用讯问学》，成都新闻出版局准印1993年版。

17. 胡关禄主编：《侦查讯问学》，警官教育出版社1998年版(2001年7月修订)。

18. 周水清：《审讯与取证技巧》，警官教育出版社1997年版(2001年修订)。

19. 王怀旭主编：《侦查讯问研究与应用》，中国人民公安大学出版社2004年版。

20. 季宗棠：《审讯侦查理论与实践》，中国人民公安大学出版社2001年版。

21. 徐美君：《侦查讯问程序正当性研究》，中国人民公安大学出版社2003年版。

22. 孙长永主编：《现代侦查取证程序》，中国检察出版社2005年版。

23. 卞建林：《美国联邦诉讼规则及证据规则》，中国政法大学出版社1998年版。

24. 陈光中主编：《沉默权问题研究——兼论如何遏制刑讯逼供》，中国人民公安大学出版社2002年版。

25. ［法］卡斯东·斯特法尼等：《法国刑事诉讼法精义》，中国政法大学出版社 1999 年版。

26. 蔡墩铭：《刑事证据法论》，五南图书出版公司 1997 年版。

27. 樊崇义主编：《刑事审前程序改革实证研究——侦查讯问程序中律师在场（实验）》，中国人民公安大学出版社 2006 年版。

28. 汪海燕、岳占新主编：《破案的逻辑艺术》，中国法制出版社 2009 年版。

29. 姚国庆编：《博弈论》，高等教育出版社 2007 年版。

30. 杨宇冠：《非法证据排除规则研究》，中国人民公安大学出版社 2002 年版。

31. 毕继万：《跨文化非语言交际》，外语教学与研究出版社 1999 年版。

32. 徐加庆：《侦查讯问策略与技巧》，中国人民公安大学出版社 2007 年版。

33. 吴克利：《镜头下的讯问》，中国法制出版社 2016 年版。

34. 罗大华、何为民主编：《犯罪心理学》，中国政法大学出版社 2007 年版。

35. Wrightsman、Lawrence S.：《司法心理学》（*Forensic Psychology*），吴宗宪等译，中国轻工业出版社 2004 年版。

36. 李安、房绪兴：《侦查心理学——侦查心理的理论与实践》，中国法制出版社 2005 年版。

37. 张振声：《警察心理学》，中国人民公安大学出版社 2003 年版。

38. 刘宗粤：《引导的心理策略》，中央党校出版社 1991 年版。

39. 甄贞等编译：《法律能还你清白吗？——美国刑事司法实证研究》，法律出版社 2006 年版。

40. 孙娟、冯威、沈佳：《警察沟通艺术》，中国人民公安大学出版社 2008 年版。

41. ［美］ Elliot Arronson 等：《社会心理学》，侯玉波等译，中国轻工业出版社 2005 年版。

42. ［美］ R. A. 巴伦、D. 伯恩：《社会心理学》，黄敏儿、王飞雪等译，华东师范大学出版社 2004 年版。

43. ［美］ V. Mark Durand 等：《异常心理学基础》，张宁等译，陕西师范大学出版社 2005 年版。

44. 宋英辉、吴宏耀：《刑事审判前程序研究》，中国政法大学出版社 2002 年版。

45. 刘汉清主编：《侦查人员心理概论》，警官教育出版社 1997 年版。

46. 张保平等编：《犯罪心理学》，中国人民公安大学出版社 2006 年版。

47. 郑旭：《非法证据排除规则》，中国法制出版社 2009 年版。

48. 李玫瑾：《犯罪心理研究——在犯罪防控中的作用》，中国人民公安大学出版社 2010 年版。

49. ［苏联］ 拉·别尔金：《刑事侦察学随笔》，群众出版社 1983 年版。

50. ［美］ W. 杰瑞·奇泽姆、布伦特·E. 特维编：《犯罪重建》，刘静坤译，中国人民公安大学出版社 2010 年版。

51. 陆伟民：《人工智能技术及应用》，同济大学出版社 1998 年版。

52. ［英］ 芭芭拉·亚当、［德］ 乌尔里希·贝克、［英］ 约斯特·房龙：《风险社会及其超越：社会理论的关键议题》，赵延东等译，北京出版社 2005 年版。

53. ［美］佛瑞德·E. 英鲍、约翰·E. 莱德、约瑟夫·P. 巴克利、布莱恩·C. 杰恩：《刑事审讯与供述》（第5版），刘涛等译，中国人民公安大学出版社2015年版。

54. ［美］斯图尔特·罗素、皮特·诺维格：《人工智能：一种现代的方法》，殷建平等译，清华大学出版社2013年版。

55. ［美］阿瑟·S. 奥布里：《刑事审讯》，但彦铮译，西南师范大学出版社1998年版。

56. 邓明：《侧写师》，化学工业出版社2013年版。

57. 于根元：《应用语言学概论》，商务印书馆2006年版。

58. 殷相印：《警察言语修辞研究》，东南大学出版社2012年版。

59. 袁传有：《避免二次伤害：警察讯问言语研究》，外语研究与教学出版社2010年版。

60. 邵敬敏：《现代汉语通论》（第2版），上海教育出版社2007年版。

61. 何自然：《语用学概论》，湖南教育出版社2000年版。

62. E. Shepherd, *Aspects of Police Interviewing*, The British Psychological Society, 1993, Vol. 18.

63. G. Daniel Lassiter, Christian A. Meissner, Police Interrogations and False Confessions: Current Research, Practice, and Policy Recommendations, American Psychological Association (APA); 1 edition, March 15, 2010.

64. Charles L. Yeschke, Charles C. , Interrogation: Achieving Confessions Using Permissible Persuasion, Thomas Pub Ltd; 1 edition (June 30, 2004).

65. David Walsh, Gavin E. Oxburgh & Alison D. International devel-

opments and practices in investigative interviewing and interrogation (Vol. 1), Routledge, 2016.

66. David E. Zulawski, Douglas E. Wicklander, Practical aspects of interview and interrogation, CRC Press, 2002.

图书在版编目（CIP）数据

心理突破：审讯中的心理学原理与方法 / 毕惜茜著.—2版.—北京：中国法制出版社，2020.12（2025.11重印）

（司法实务技能培养丛书）

ISBN 978-7-5216-1454-1

Ⅰ.①心… Ⅱ.①毕… Ⅲ.①审理-司法心理学 Ⅳ.①D90-054

中国版本图书馆CIP数据核字（2020）第223506号

策划编辑：陈兴（cx_legal@163.com）

责任编辑：陈兴　孙静　　　　封面设计　李宁

心理突破：审讯中的心理学原理与方法

XINLI TUPO：SHENXUN ZHONG DE XINLIXUE YUANLI YU FANGFA

著者/毕惜茜

经销/新华书店

印刷/北京虎彩文化传播有限公司

开本/880毫米×1230毫米　32开　　印张/18　字数/434千

版次/2020年12月第2版　　2025年11月第10次印刷

中国法制出版社出版

书号ISBN 978-7-5216-1454-1　　定价：86.00元

北京市西城区西便门西里甲16号西便门办公区

邮政编码：100053　　传真：010-66031119

网址：http：//www.zgfzs.com　　编辑部电话：010-66070046

市场营销部电话：010-66033393　　总编室电话：010-63141606